불량소녀들

불량소녀들

'스펙터클 경성'에서 모던걸은 왜 못된걸이 되었나

한민주 지음

Humanist

일러두기

1. 본문에 인용된 글의 경우 글이 발표된 당시의 맞춤법을 그대로 따랐다. 단, 띄어쓰기는 현대어에 맞게 통일하였다.

2. 인용문에서 필요한 경우 괄호 안에 의미를 부연하였다.

3. 한자어는 의미상 구분이 필요한 경우 〔 〕 안에 병기하였고, 외국 인명은 처음 한 번 원어를 병기하였다.

머리말

근대 인쇄술의 발명과 매체의 발달은 시각 중심의 문화가 형성되는 결정적인 계기가 되었다. 마르틴 하이데거(Martin Heidegger)가 근대의 시각문화적 특징으로 언급한 '세계상의 시대'는 그림으로 파악되고 이해되는 세계를 의미한다. 세계를 그림으로 파악하고 대상화하는 시각문화는 응시와 관찰자적 경향을 띤 구경꾼을 탄생시켰다. 1933년 4월호《별건곤》표지는 경성의 구경꾼을 재현하고 있다. 그들은 "춘곤"으로 표상되는 근대적 일상의 나태, 지루함을 느끼는 군중이기도 하다. 사자가 "자-여러분, 우리 일제히 하품이나 크게 한번 합시다"라고 말하자 봄날의 동물원에서 단

《별건곤》 표지 (1933.4.)

장을 짚은 신사도, 양장을 한 여성도, 동물원을 구경하는 모든 군중이 사자의 하품을 따라한다. 이 모방은 단순한 모방이 아니다. 군중은 이미 시각의 주술에 걸려 있어, 자신의 신체적 리듬 감각이 반응하고 있는 것이다. 하품의 연쇄 작용은 근대 감각의 자동적 마취 현상을 보여준다. 이때 시각적 쾌락은 근대가 제공한 무기력한 일상을 버티는 위안의 방편일 수도 있다.

또 다르게 철창 안의 사자는 자본주의 상품성을 표상하는 쇼윈도 안의 마네킹처럼도 해석된다. 그래서 사자의 하품은 '유행' 현상처럼 번진다. 유행은 이미지의 형태로 수용자에게 다가와 갖가지 물신성의 환각을 불러일으키며 욕망을 추동시킨다. 이처럼 매체에 의해 반복적으로 제시되는 이미지가 그 수용자의 인식 체계를 구성하는 것은 현대에도 여전히 적용되는 일이다. 나는 근대의 시각적 헤게모니 속에서 새롭게 출몰한 낯선 것들이 여성성과 동일시되는 비유들을 수없이 보았다. 그것은 마치 조선인들이 새롭게 맞닥뜨린 근대를 표현할 수 있는 방법이란 오로지 여성의 신체 이미지밖에 없었던 것처럼 보일 정도였다.

그런데 안타깝게도 근대 여성들의 시각성은 하나같이 '불량'이라는 말로 표현되고 있었다. 이는 근대의 시각성과 여성의 불량성은 따로 존재하는 것이 아니라 양립하는 것처럼 보이는 현상을 낳았다. 여성들의 시각성은 자본주의 상품성을 의미하는 장식성에 대한 비난으로 이어졌다. 심지어 남성 지식인들은 근대 여성들에게 "장신구를 버려라"라고까지 단도직입적으로 선언할 정도였다. 나는 이 책에서 근대 여성의 정체성을 형성하는 데 관련된 시각적 장식성이 어떻게 당대의 지배 담론과 상호작용하며 여성의 근대적 주체성을 부여해나갔는지를 추적하고자 한다. 서구 문명의 이입과 더불어 여성해방의 주창은 근대의 혁신이다. 그러나 봉건적인 구태를 과감히 벗어버리고 남성과 동등한 권리를 인정받고자 했던 신여성들의 행보는 '가정에서의 해방'과 '성에서의 해방'이라는 두 가지 모토로 축약되어 아주 단선적인 것으로만 인식되었다.

그리고 식민지 경성의 황홀경은 동경과 공포의 이중적인 것이었다. 그것은 근대에 대한 조선인들의 이중적인 반응이기도 하였다. '과도기'에 놓인 조선인들의 불안을 잠재울 수 있는 '불량'의 수사는 신여성을 타깃으로 삼았다. 사람들은 두려움을 해소할 창구로 신여성이라는 새로운 것을 악용하게 되었던 것이다. 그래서 사람들이 신여성을 바라보는 시각의 이면에는 부정적인 관점이 들어 있었다.

나는 식민지 근대성의 특수한 히스테리 증상이 여성의 장식성을 근대의 과잉으로 연출하였고, 그 여성의 장식성에 대한 도덕적 비난을 통해 신여성 이미지를 악과 유혹으로 폄하하였다고 주장하고 있는 것이다. 그러한 여성 대중 장식에 대한 비난은 진열대 위에 반복적으로 생산되는 대량생산품의 반복 형식을 그대로 투사한 것이었다. 따라서 이 책은 시각문화 속 불량소녀들의 대중장식성에 가부장적·자본주의적 시각 양식이 투여되었음에 주목하고 있다.

식민지 시기, 자본주의 도입에 따라 근대로 변모한 경성 거리에 등장한 신여성은 상품 전시 방식과 동일한 효과를 거두며 스펙터클한 존재로 인식되었다. 또한 미디어는 그들을 스캔들적 존재로 만들며 대중적 이미지로 소비하기 시작했다. 당시 모던걸 담론의 큰 특징은 실제 모던걸보다 그 모던걸을 재현하는 남성의 목소리가 더 지배적이었음을 지적할 수 있다. 신문과 잡지에 재현된 모던걸은 대부분 남성 관찰자의 시선으로 분석된 재현물이었기 때문에 실제 그들의 목소리를 들고 그들의 심경이 어떠했는지를 명확히 짚어낼 만한 자료는 사실 많지 않다. 그래서 하나의 사회적 현상으로서의 모던걸에 대한 남성 관찰자들의 판단 기준도 불분명하였다. 당대의 담론을 살펴보면, 여성들에게는 장식물 하나만으로도 '불량'이라는 수사가 따라붙었다. 물론 이러한 가치관이 문제적임을 인식하는 목소리도 없지 않아 있다.

여성 이미지에 관한 어떤 특정 관념이 그 시대 풍조를 반영한 것으로 볼 때 '과도기'라는 수사의 남발처럼 근대에 직면한 조선인들의 위기의식이 '불량' '꼴불견'이라는 수사들로 표출되었음을 알 수 있다. 따라서 근대 시각문화 속 '불량소녀'가 어떻게 만들어지고 이데올로기화되었는지를 추적하는 과정은 특정 여성 이미지를 이상화하고 매도하는 방식이 일반 여성에 대한 감금과 규율의 기제로 확대될 수 있음을 인지할 때 매우 필요한 작업이라 할 수 있다.

이 책은 한 여성의 일대기처럼 구성되었다. 근대 시각문화의 형성 속에 출현한 여학생과 직장여성 들이(1부) 사회에서 표출되는 양상들을 아이콘으로 유형화하여 살폈고(2부), 그들이 졸업 후 가정의 영역으로 편입해가며 '교양'과 '취미'라는 명목하에 현모양처의 이데올로기와 자본주의 경제체제를 구현하는(3부), 즉 여성의 인생 행적을 따라가는 구성 형태를 취한 것이다. 근대의 그녀들을 따라가며 불량의 스캔들이 무엇에서 비롯되었고, 그러한 도덕적 평가가 합당한 것인지를 판단해 볼 수 있는 기회가 되길 바란다.

2017년 8월

한민주

차례

2부 신여성상

그녀는 스캔들과 함께 왔다

이 책은 음란하고 방종하며 유혹적인 '불량소녀'로 낙인찍힌 근대 여성들에 관한 이야기이다. 1920년대 조선의 여성들은 유행을 좇아 새로운 의복과 장신구로 자신들의 외양을 꾸미기 시작했다. 신식 구두와 모자·안경·양산·시계 등이 모두 새롭게 외양을 장식하는 상품이었다. 이들은 세습적 신분이 아닌 장식을 통해 스스로를 남과 차별화하는 방식으로 정체성을 형성해갔다. 그러나 1920년대 식민지 조선의 여성들 사이에서 부상한 소비문화는 가부장적 사고와 효용주의에 입각한 생산주의 가치관에 의거하여 비판받았다. 소비의 주체로서 이들은 허영과 사치에 물들어 미풍양속을 해치고 탈선한 존재로 폄하되어 공공 재판을 통해 욕을 먹었던 근대 조선의 마녀들이기도 하다.

근대는 시각을 특권화한 시각 중심의 세계였다. 사진이나 영화뿐만 아니라 인쇄 기술의 발달에 힘입어 상품의 이미지가 곳곳으로 전달되었고, 대도시는 광고로 충만한 스펙터클의 장이 되었다. 조선인들 역시 1920년대에 이르러 서구의 대도시 문화와 접촉하기 시작했고, 적극적으로 동참하는 집단도 생겼다. 이는 전근대와 달리 개인이 화려한 시각문화의 충격에 훨씬 빈번하게 노출되는 것을 의미했다. 경성은 전근대적인 식민지 조선에서 근대적인 시각 장치가 만들어낸 '불야성'의 판타지를 담고 있는 공간이었다. 경성의 대로와 백화점, 상가와 영화관, 박람회를 방문한 사람들은 근대 도시의 광채를 경험할 수 있었다. 조선인들은 화려한 근대 도시에서 매혹적인 구경거리를 제공받았을 뿐만 아니라 스스로 구경거리를 갈망하는 적극적인 '구경꾼'이 되었다. 익명의 군중이 대도시가 제공하는 시각적 자극에 몰입하는 순간 구경꾼으로 재탄생하였던 서구 시각문화사의 도정과[1] 마찬가지로, 경성의 도시 인프라 구축이 조선에서도 구경꾼을 탄생시키는 핵심 동인으로 작용하였던 것이다.

이 시기 '모던걸'로 대표되는 조선의 신여성은 새로운 문화의 선도적 체현자이자 구경꾼들의 시선이 머무는 가시적 존재였다. 미국의 '플래퍼(flapper)'를 그 전신으로 삼은 조선의 모던걸은 남성의 영역으로 여겨지던 '거리'로 나와 자유롭게 활보하면서 스펙터클의 한 축이 되었다. 리즈 코너(Liz Conor)는 1920년대의 상품 문화에 등장하는 스펙터클한 여성의 아이콘들을 유형화하면서 근대 여성의 정체성이 상품 문화에서 특별한 역할을 수행하기 시작한 데 주목했다. 그녀는 이 시기에 여성들이 시각적 효과를 인지하고 스스로를 전시하는 자의식이 싹트기 시작했다고 주장한다.[2] 그러나 식민지 조선에서 '모던'하게 보임으로써 '근대성'을 체현하려 한 '모던걸'은 '못된걸' '뺏걸', 즉 '불량소녀'로 번역되고 이미지화되어 미디어를 통해 대중에게 반복적으로 각인되었다. 따라서 근대 여성의 이미지, 특히 '불량소녀'라는 이미지는 미디어의 산물이라 할 수 있다. 이들은 미디어가 반복적으로 제공하는 각종 스캔들 때문에 '불온한 대상'으로 규정되었다. 로라 밀러(Laura Miller)는 사회의 평판에 반복적으로 노출됨으로써 결국 상징적인 사회질서 안으로 되돌아오는 여성들에 대해 언급하며, 사회체제를 안정화하기 위해 불안한 것들을 체제에 위해되지 않는 것으로 만드는 미디어 복구 기능이 두 가지 전략으로 실현되고 있음에 주목했다. 하나는 비웃음이나 조롱으로 그들의 행동을 하찮게 여기거나 자연스럽게 받아들이도록 하는 것이고, 다른 하나는 그들을 아예 사회규범에서 일탈한 비정상적인 존재로 규정하여 다른 영역에 속하는 존재로 분류해 버리는 것이다.[3] 이 두 전략은 모두 불량소녀에 대한 사회의 긴장을 완화시키는 역할을 한다. 따라서 대중은 긴장이 완화된 상태에서 그들에 관한 스캔들을 접할 수 있게 되는 것이다.

미디어는 신여성의 이미지에 성적 의미를 부여하거나 신여성을 흥미로운 스캔들의 주인공으로 만드는 데 가장 큰 역할을 했다. 미디어가 제공하는 이미지는 하나의 매체에서 다른 매체로 전파되고, 전파된 이미지는 고정관념으로 자리 잡는다. 즉, 신여성을 둘러싼 '고정관념'은 조선의 대중이 그들을 바라보는 사회적 스크린이 된다. 따라서 매체가 신여성의 불량스런 이미지 형성에 어떤 영향을 끼쳤는지를 검토하는 것은 이 책의 중요한 목적 중 하나라고 할 수 있다.

'불량소녀', 그녀는 항상 규범 사회의 타자이다. 그래서 심판의 대상이 되기 쉽다. 누군가를 불량자로 매도할 때 사람들은 먼저 질서를 상기시키고, 이를 근거로 혐의자를 고발하기 시작한다. 냉전 종식 후 미국은 외교 담론 속에서 '불량국가'라는 단어를 거론하기 시작했다. 이 같은 담론에 따르면 불량국가는 국제법, 즉 국제 질서를 위반하는 국가이기에 비난받고 처벌받아 마땅하다. 하지만 자크 데리다(Jacques Derrida)는 미국은 자국의 이익을 위해 벌인 전쟁을 합리화하기 위해 불량국가라는 수사가 필요했다고 주장한다.[4] 즉, 어떠한 권력이든 자기 권력을 비호하고 합리화하기 위해 '불량'이라는 수사를 필요로 할 수 있다는 주장이다. 공동체를 수호한다는 이유로 특정 대상을 '불량'으로 규정하는 논리는 신여성을 이미지화하는 방식에도 내재해 있었다. 근대의 담론장에 등장한 이래 신여성은 소문과 불가분의 관계에 놓여 있었다. 특히 여학생을 둘러싼 당대의 지배 담론은 갖가지 소문과 험담의 형식을 취해 여학생을 서사에 등장시켰다. 여기서 주목해야 할 점은, 소문이란 공동체 내 화자와 청자의 공감대를 토대로 정착되고 확산된다는 측면에서 공동체 구성원들의 사회적 인식과 욕망을 반영한다는 것이다.

"지금 조선 사회는 십팔 세기와 이십 세기가 한 집 살림을 하고 잇다"[5]라는 발언처럼 1920~30년대 조선 사회는 모든 방면에서 혼돈에 휩싸여 있었다. 그 가운데서도 여성을 남성 의존적인 존재로 규정해온 사회에 문제를 제기하며 젠더 역할의 변화를 요구하는 신여성들의 등장은 기존의 젠더 관념, 즉 기존 사회질서에 대한 도전이자 위협이었다. 그리하여 미디어는 여성 인구의 극히 일부에 지나지 않는 신여성을 스캔들의 주인공으로 재현하기 시작했고, 식민지 시기 담론의 권력을 쥐고 있던 지식인들은 불량소녀를 배척하고 이와 대조되는 이상적인 신여성상을 전파하기 위해 열변을 토했다.

시인 김억(김안서)은 "남존여비라는 좁고 어둠은 곳에서 갑작히 남녀동등으로 해방되야 지내간 인습에 대하야 반대적 태도를 일부러 취하는 것이 조선의 모단걸"이지만, 사실 "모든 것이 다갓치 과도기에서 자리를 잡지 못한 판이니 모단걸만을 잘못이라 할 수도 업는 일"이라고 모던걸을 옹호하는 듯하면서도 "그러나 모단걸이 모단걸답게 나아가는 곳에 엇더한 것이 생길는지 생각하면 남성으로는 안심하고 긴 잠을 잘 것이 아니"[6]라며 가부장적 질서가 위협받는 데 대한 불안을 드러낸다. 심훈은 단편소설 〈여우 목도리〉에서 생활고 때문에 진 빚도 청산하지 못했으면서 아내의 값비싼 여우 목도리를 사는 데 상여금을 다 써버리고 마는 관청 고원 최군의 하루를 통해 자신의 생각을 드러낸다.

> 두 달씩이나 상여금 핑계만 하고 밀려나려오든 싸전과 반찬가개며 나무ㅅ장 앞을, 죄진 놈처럼 고개를 푹 숙으리고 지나첫다. 안해는 의기양양해서 구두 뒤ㅅ축이 얕어라고 골목 속으로 달랑거리며 들어가는데, 몸이 출석거리는 대로 목에 휘감긴 누!런 짐승이 꼬리를 살래살래 내젓는다. 최군은 어쩐지 여우에게 홀린 것 같엇다. 안해가 목도리에 홀린 것이 아니라, 저 자신이 두 눈을 뜬 채 정말 여우헌테 홀려서, 으슥한 골자구니로 자꾸만 끌려들어가는 것 같엇다.
>
> ― 심훈, 〈여우 목도리〉 (《동아일보》 1936.1.25.)

소설 속 남성이 들었던 호곡성(狐哭聲)은 근대 소비문화에 반영된 젠더의 정치학이 드러나는 지점이다. 즉, '소비=여성=허영'이란 등식을 만들어 여성을 단죄하려 했던 시절의 단상이 그대로 투영된 것이다. 《조선일보》에 재현된 "눈섭 길고 입술 붉은 서울의 녀자" 또한 "이 땅의 사나희가 따이아몬드를 안 사준다면" "'아라비아' 사나희나 '아푸리카' 늬그로에게라도 식집을 가겟"고 "그곳 사나희도 안 사준다면" "화

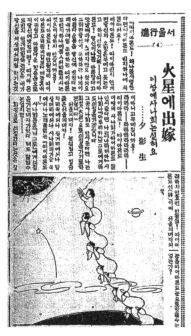

〈서울 행진(4) '화성에 출가'〉(《조선일보》 1929.11.4.)

성으로 쉬집을 가"겠다고 "자리 속에서나 길거리에서나 밥상머리에서나 사나희의 가슴 속에서나 노래 불르는",[7] 지구 밖으로 퇴출시키고 싶은 '불량녀'에 다름 아니었다. 이에 대한 신여성들의 반응은 어떠했을까?

그들은 도라서서는 점잔케 부르짓는다. '조선의 신여성이여! 웨 그대들은 허영의 길로만 다러나느냐? 어쩌자고 그대들은 이 쓰러저가는 사회를 돌보지 안느냐? 조선의 여성이여! 그대들은 분을 바르지 마러라!

금가락지를 빼여버러라! 비단 치마를 버서노아라! 그리고 두 팔 것고 엇저고' 하며 '그대들은 강하여지거라! 굿세여지거라!' 하고 그럴연然하게 굴지만 한편으로는 '여보게 신흥사新興寺 안 나가려나, 택시를 불넛네!' 따위 수작을 다방골 큰 골목에서 호긔 잇게 뿌리며 '내가 사랑한다는 기념으로 이것을' 하며 보석 반지를 선사한다, 진주 목거리를 사보낸다 하야 자기의 훌늉한 완구를 삼으려고 가진 추태를 다하고 잇다. 그가 만일에 자기의 희망대로 완구가 되지 안으려고 하여보아라, 그들은 또 다시 도라서서 무슨 수작을 떠들어놋는가?

– 장어진, 〈조고마한 반항〉(《신여성》 23〜24쪽, 1931.1.)

뒤이어 장어진은 "그대들이 부르짖는 것은 빤히 들여다보이는 수작"이라고 남성 지식인들의 표리부동함을 비난한다. 기득권을 차지하고 있는 남성들은 '근대'에 맞추어 형식의 변화만 꾀할 뿐이라는 것이다. 그래서 "만일에 그대들이 진심으로 여자와의 평등을 바란다면 그 야심, 그 속 검은 배짱을 청산식히고 나서 희망하"라며 사회의 기득권자인 남성들이 먼저 인식을 바꾸어야 한다고 목소리를 높였다.[8] 주요한은 여자가 모이면 공론이 많다고 하여 '간(姦) 자가 생겼다'고 비아냥댔지만 신여성에 관한 소문은 주로 남성 주체의 욕망을 반영한다는 점에 주목할 필요가 있다. 비록 소문이 구여성의 입을 통해 발화되는 수가 많더라도 그 소문의 심연에는 익명의 화자인 남성 주체의 가부장적 시선과 욕망이 내재되어 있었기 때문이다.

"조선 사람이 술밧게 먹을 것이 또 잇"[9]냐는 푸념 속에 담긴 식민지인의 좌절과 절망감은 식민지 시기 내내 멜랑콜리의 정조로 남성 지식인들의 정신세계를 구조화했을 것이다. 그러한 정조 속에는 가학과 피학의 정신적 메커니즘이 도사리고 있다가 희생양을 요구한다. 무질서를 바로잡는다는 명목으로 마녀로 표상되는 가시적 희생양을 찾게 되는 것이다. 조선인들이 접한 근대는 '제국주의' '소비' '계급' 같은 낯선 단어들이 뒤얽힌, 새롭고도 두려운 시공간이었다. 이 책은 '근대'라는 새로운 시공간에 대한 두려움과 불안을 '불량'이란 말로 형용하여 여성들에게 투사하는 방식을 살펴볼 것이다.

이 책은 조선의 여성들이 독립을 표방하며 '인형의 집'을 빠져나오는 이야기에서 출발하여, 이들이 민족이나 국가, 자본주의 사회라는 훨씬 더 '큰 집'의 이데올로기에 의해 '불량'으로 매도되고 끝내 가부장적인 구질서 안으로 회귀하는 과정을 자본주의 경제체제와 스펙터클이란 시각문화 현상 안에서 탐구해보는 체제로 구성되었다.

1부에서는 군중의 욕망을 자극하는 근대의 시각문화 장치들에 대해 정리하려 한다. 1부의 1장에서는 먼저 시각문화가 대도시 '경성'을 구축해가는 방식을 살펴볼 것이다. 그것은 근대 도시의 불량성을 드러내면서 권력을 내면화하는 방식이었다고 할 수 있다. 즉, 근대 도시의 불량스런 풍경들은 시각화되어 볼거리로 제공되는 동시에 감시되고 관리되어야 할 대상으로 등록되었다. 경성의 대로변에 들어선 백화점과 영화관, 각지에서 모여든 인파로 북새통을 이룬 박람회, 운동회 등은 그 자체가 스펙터클 문화를 대표하는 시각 장치들로서 1920~30년대 식민지 조선에서 스펙터클 사회의 맹아를 감지할 수 있게 하는 요소들이다. 기 드보르(Guy Debord)는《스펙터클의 사회》에서 소비 자본주의 사회의 권력이 구사하는 모든 제도적·기술적 수단과 방법 들이자 현란한 장치를 통해 감각적으로 수용되는 스펙터클은 탈정치화의 수단으로서 사회의 주체를 마비시키는 역할을 한다고 하였다.[10] 이것은 시대정신이 미학의 옷을 입고 군중 속에 잠입한다는 의미에서 발터 벤야민(Walter Benjamin)이 '정치의 미학화'로 규정했던 것이기도 하다. 경성의 스펙터클 문화 역시 휘황찬란한 볼거리로 조선인들을 현혹하며 탈정치적인 군중으로 훈육하는 기능을 하였다고 볼 수 있다.

1부의 2장에서는 카메라의 시선으로 본 경성이 근대적인 남촌과 전근대적인 북촌으로 이분된 공간으로 나뉘면서 사진이 민족의 현실을 체감하는 기제로 작용하였음을 확인하는 한편, '서울 구경', '거리 구경'에 나선 구경꾼과 산책자들이 시각문화 장치들을 체험하며 스펙터클 사회의 일원으로 편입되는 과정을 살펴볼 것이다. 근대 도시를 배회했던 산책자(Flaneur)들이 관찰자의 시선으로 도시를 재현하며 근대성을 구현했음은 벤야민의 통찰에서 이미 시사된 바다. 식민지 시기 조선의 산책자들 역시 관찰자의 시선, 즉 카메라의 시선을 담지한 채 '1일 1화(一日一畵)'의 형식을 빌려 현실을 그림으로 재현했다. 〈도회풍경〉·〈도회점경〉 같은 만문만화들이 그 예이다. 최영수의 만문만화 〈춘광점묘(1)~(6)〉(《동아일보》 1934.3.30.~4.6.)를 보자. 여기서 산책자는 풍경을 스케치하는 '만화자'로 등장하여 자신의 존재를 알린다.[11] 산책자는 "공원 하나, 원유지(園遊地) 하나, 휴게소, 산보지(散步地) 하나 갖지 못한 서울에 오직 하나인 창경원으로 십 전(十錢)짜리 봄을 사러가는 무리"[12]들의 행렬에 끼어 동물원으로 향한다. 젊은 연인들이 구경거리를 찾는 근본적인 이유는 '봄'에 있다. 계절과 감각을 의미하는 동음이의어로서 '봄〔春/視〕'이 의미하는 바는 매우 크다.

> 봄은 자연에 오기 전에 먼저 사람에게 오는 것이다. 마음에 봄이 오고 사지四肢에 봄이 오고 귀와 눈과 코와 입에 봄이 오는 것이다. 그리하야 봄 귀는 들리는 바를 봄으로 듣고, 봄 눈은 보이는 바를 봄으로 보고, 봄 마음은 봄 꿈에 헤매는 것이다. 그러키 때문에 창경원을 찾는 그들은 봄을 맞어서가 아니오, 자기의 봄 눈, 봄 귀, 봄 코, 봄 입 그리고 봄 마음을 위무慰撫하려는 것이다.
>
> — 최영수, 〈춘광점묘(3)〉 《동아일보》 1934.4.1.)

문제는 그 '봄'이 "십 전짜리 봄" "확실코 요지경의 봄"인 데 있다. 상자 앞면에 확대경을 달고 그 안에 여러 가지 그림을 넣어서 돌려가며 들여다보게 한 장치인 요지경은 광학 기술이 낳은 오락거리이다. 한편, 바네사 R. 슈와르츠(Vanessa R. Schwartz)는 근대의 대중문화를 시각문화

〈춘광점묘(1)〉(《동아일보》 1934.3.30.)

의 발달이라는 측면에서 조명한다. 시각문화 속에서 인간은 보이는 대상이 아니라 보는 주체로서 감시와 관음의 욕망에 사로잡힌 군중이다.[13] 이를 참고하여, 필자는 근대의 시각문화를 관찰과 감시로부터 전시와 구경으로의 시각적 전환으로 이해하지 않고 그 속에 두 가지가 동시에 작동하고 있음에 주목하려 한다. 따라서 이 책은 도시에 전시되어 있는 구경거리들을 구경하며 내면화되는 자기 규제에 주목한다.

1부 3장에서는 스캔들적 존재로서의 불량소녀에 대한 기원을 탐구한다. 근대 미디어는 여성의 새로운 정치적·사회적 권리를 주제로 많은 담론을 형성했다. 그런데 공적 영역에 진출한 조선 여성들에 대한 비판과 우려는 그녀들의 시각성에만 초점이 맞춰져 있었다. 여성의 새로운 외양 하나하나를 두고 공개 토론의 장이 형성될 정도였다. 왜 근대에 새롭게 등장한 '모던걸'이 '못된걸'로 조선 대중에게 인식됐던 것일까. 당대 불량소녀 담론에 대한 분석을 통해 이러한 의문의 해답을 찾아보려 한다. '뺏걸(bad girl)' 문화 수용 과정을 조선에서는 모던걸의 어떠한 측면들을 불량화의 인자로 치부하며 이미지화했는지를 정리할 것이다. 또한 스펙터클한 존재인 여성에 대한 감시와 규제가 어떻게 이루어지고 있었는가를 보여주며 '불량'이 규율 권력을 공고히 하는 기제로 작용했음을 밝히려 한다.

2부는 신여성의 도상이라 할 수 있는 직업부인들, 즉 레뷰걸·마네킹걸·애활소녀·스포츠걸의 특징 및 미디어가 그들에게서 불량성을 도출해내는 방식들을 규명한다. 2부는 지그프리트 크라카우어(Siegfried Kracauer)의 '장식(ornament) 모티프'와도 밀접한 연관을 가지고 있다. 여기에서 말하는 '장식'은 미술계에서 통용되는 장식일 뿐만 아니라 한 시대를 관통하는 알레고리이기도 하다. 장식의 출현은 파편화된 근대 대중의 등장과 밀접한 관련을 가지고 있다. 장식은 대중의 형태로 출현할 뿐만 아니라 사회의 유기체적 중심이 해체되면서 주변으로 밀려난 잔어의 이미지로 나타난다.[14] 개별적인 여성이 집합적인 '대중'으로 이미지화되는 것은 가부장적인 산업사회에서 어떠한 의미를 띠는가. 1920년대는 공연이나 전시뿐만 아니라 만화나 광고 같은 시각문화가 형성되면서 여성에 대한 시각적 재현과 그 공적 전시가 확산된 시기이다. 대중매체는 신여성들을 대중의 장식으로 재현하였고, 독자를 관음의 주체로 만들어나갔다. '여학교 순례' '기숙사 순례' '운동부 순례' '직업여성 순례' 같은 각종 '순례기'를 통해 '신여성'은 구경꾼의 욕망을 충족시켜주는 대상이 되었다.

3부는 문화·경제적인 차원에서 신여성의 장식 문화가 갖는 의미를 탐구하려고 한다. 이는 '심미적 자본주의'가 신여성을 미적 주체로 창조하는 데 적극적으로 나섰던 내막을 밝히기 위함이다. 이를 위해 1장에서는 식민지 시기 성행했던 상업 디자인의 문화·경제적 의미와 신여성의 관계를 규명한다. 마지막으로 2장에서는 근대 여성의 미적 취향이 어떻게 가정이라는 공간을 구성하고 장식하는 데 영향을 끼쳤는가를 살펴본다.

에필로그에서는 근대 여성의 교양과 취미에 관한 담론 속에 녹아 있는 심미적 주체로서의 신여성이란 사실 민족주의와 자본주의 경제 시스템이 만든 허구임을 확인하고, 기존 질서에 도전하는 여성들을 착한 여자와 나쁜 여자란 이분법 안에서 '불량소녀'로 호출하여 통제함으로써 위기를 관리할 수단으로 활용해온 역사적 정황을 살핀다.

이 책 전반에서 다루고 있는 당대의 신문과 잡지의 표지와 사진, 삽화, 만화 등은 무시할 수 없는 자료들이다. 이 시기 대중매체가 생산한 시각 자료들은 근대의 소비문화와 상품, 미의식과 유행 등에 관한 단초를 제공하기 때문이다. 식민지 조선인들은 책이나 잡지와 신문의 기사는 물론 그 안의 삽화와 사진, 연극과 영화, 박람회, 스포츠, 전시회 등에서 근대적인 인식을 접하고 근대적인 주체로 성장하기 시작했다. 이것들이 현실을 구성하는 기반이 되었으며 이들로 하여금 감시의 시선을 익히게 만들었다. 여성 잡지를 비롯한 근대 미디어는 여성들의 기대와 욕망을 충동하는 동시에 그 욕망을 관리하고 규율하는 장이었으며, 여성들이 근대적인 젠더 관념을 학습하고 형성하는 장이기도 하였다.[15] 따라서 이 책에서는 신여성을 대상으로 한 주요 이미지들을 찾아 그것들의 의미와 작용을 살펴볼 것이다.

이 책은 결국 '시각'에 관한 이야기이다. 신여성의 이미지가 어떻게 구성되고 어떠한 효력을 발휘했는가에 초점이 맞춰져 있다. 그래서 이 책을 읽다보면 신여성은 미디어가 그려내는 스펙터클로서 응시의 대상으로만 존재한 것이 아닌가 하는 오해가 일기 쉽다. 당대의 미디어와

소문을 통해서만 듣던 조선 신여성들의 실체를
확인한 어느 유학생의 말을 들어보자.

〈여성〉 (1937.6.)

> 제가 외국 잇는 동안 듯기에는 '우리 조선 신여
> 자들은 너무 사치하여저서 안 되엿서, 안 되엿
> 서' 하는 소리뿐이엿습니다. 요새 여학생들은
> 영어나 하고 음악이나 하고 몸치장이나 할 줄
> 안다는 둥, 요새 여자들은 의복을 너무 사치하
> 게 닙는다는 둥, 여러 가지 니야기를 귀가 찌여
> 지게 드럿섯습니다. 그럼으로 제가 본국 와서,
> 또한 이 점에도 상당한 주의심을 가지고 관찰하기에 니르럿습니다. (중
> 략) '우리 조선 녀학생은 사치하다' 하는 것은 저짓말이외다. 공연히 흠
> 을 잡으려고 '그 애 밧 뒤축이 닭알 갓다'고 흉보는 것과 꼭 가튼 심리에
> 서 나온 말에 지나지 안습니다.
>
> – 김성, 〈듯든 말과 다른 조선 신여성〉 (《신여성》 29〜32쪽, 1923.11.)

물론 이 역시 미디어가 생산해낸 글이다. 그러나 근대 여성이 관찰당
하고 관찰하는 시선의 역학관계 속에서 자신의 근대적 정체성을 확립
하고 있었다는 점을 간과해서는 안 된다. 1937년부터 1938년 사이 잡
지 《여성》에 재현된 삽화들은 '수면 위의 여성'이라는 동일한 모티프
를 차용하고 있다. 식민지 시기 신여성은 쇼윈도와 타자의 시선을 통
해 자아를 구성했지만, 동시에 자신의 내면을 들여다보는 성찰자의 모
습도 담지하고 있었다. 자신의 내면과 마주하는 신여성의 모습을 이
책에 많이 담아내지 못한 것이 안타까울 따름이다.

1부

군중의 욕망을 자극하는 시각문화

1장
근대 도시 경성의 스펙터클

빛의 세기, 불야성의 근대적 장치들

경성이 1920~30년대에 근대적 도시로 변모해가는 과정은 '시각'이라는 하나의 특정한 감각만을 발달시키는 근대의 도시 문화를 조선인들이 내면화하는 과정으로 이해할 수 있다. 당시 미디어를 통해 조선인들에게 지속적으로 제공된 시각문화는 구경거리를 갈망하는 대도시 군중의 욕망을 자극하는 데 집중되어 있었다. 그것은 또한 구경꾼의 욕망을 자극할 방법을 모색하는 데로 이어졌다.

근대에 이르러 도시의 화려함과 사치는 대중적인 것이 되었다. 그 첫 장면으로 경성의 불꽃 축제를 살펴볼 필요가 있다. 여럿이 모여 불꽃놀이를 구경한다는 의미의 '관화대회(觀火大會)'로 불리던 당시의 불꽃 축제는 주로 신문사나 관공서, 친목 단체가 주최하는 행사로서 한강이나 평양의 대동강 같은 큰 강가에서 오후 8시경부터 시작되었다.

불꽃 축제에서는 근대적인 "기계장치의 연화 수십 발"[1]이 밤하늘을 화려하게 장식했고, 점등 장치를 한 수십 척의 수상선(水上船)과 유화(流火)가 물결 가는 대로 흘러가며 어둠 속에 잠겨 있던 강을 환하게 비추었다. 강가와 철교 위는 이를 구경하려는 사람들로 인산인해를 이루었다. 우리는《매일신보》의 〈한강관화대회의 성황(2)〉이라는 기사와 사진으로 조선에서 근대적 의미의 구경꾼들이 탄생하는 광경을 목도할 수 있다.

> 경성 안은 남편을 향하야 저녁 때부터 움직이기 시작하얏다. 일즉 가지 안이하면 좌처坐處가 업슬 줄은 누구던지 짐작하는 바인 고로, 인왕산 머리에 저녁 해가 아직 놉흔 오후 다섯 시경부터 룡산-룡산-을 향하는 내디인 됴션인의 남려로소가 뒤를 이어 나와 뎡류소마다 뎡류소마다 구경판 갓고, 뎐차마다 사람을 넘치도록 시러가는 한편에 뿡뿡하는 자동차, 낑낑하는 인력거가 뒤를 따라 일시는 룡산 가도街道가 메여나갓다.
>
> – 〈한강관화대회의 성황(2)〉 (《매일신보》 1918.7.19.)

관화대회는 사실 "갑오(甲午) 이전 낙화(洛火)의 부활!"[2]을 부르짖는 '한강관화대회' 포스터 문구에서도 알 수 있듯이 '갑오 이전에 평양 대동강에서 성행하던 고례(古例)'를 계승한 것이었다. 근대 이전의 '낙화'는 향유자가 제한된 불꽃놀이, 즉 특권 계층의 전유물이었다. 그러나 이 시기에는 "수천의 유등(流燈)은 만천의 별과 같이 강심(江心)에 휘류(輝流)하고 사상(沙上) 일시 연소하는 기백의 구화(篝火: 모닥불)는 대공을 초(焦)하는 천하의 장관에 대하야 일일이라도 속히 강변 수만의 관람자 제군과 공히 박수 환호하고저 하압내다"[3]라는 광고의 문구처럼

〈한강관화대회의 성황(2)〉 《매일신보》 1918.7.19.)

매일신보사와 경성일보사가 공동으로 주최한 '한강관화대회' 포스터
(《매일신보》 1917.6.20.)

관화대회의 미와 오락성을 무작위의 관람자 대중과 '공유'하려는 의식
이 형성되기 시작하였다.

> 강 위에도 불이오, 강 속에도 불이오, 언덕에도 불, 공중에도 불빛이라.
> 그 장절쾌절壯絶快絶한 구경은 십만 관중의 정신을 황홀케 하얏스며 사
> 람이 이런 구경을 한번 하지 못하고 죽으면 실로 유감이 되겟다는 것은
> 만구동음이더라.
>
> – 〈광파채성光波彩星〉《매일신보》 1918.8.4.)

이 기사는 익명의 대중, 즉 구경꾼들이 근대적 시각 장치를 통해 황홀
경을 경험하고 그 감각의 경험에 매혹된 자들임을 보여준다. 이들은
이제 "꽃불은 어듸서 제일 잘 보히나"⁴를 고민하며 그런 곳을 찾아 나
서기에 이른다. 구경꾼의 욕망은 이처럼 '빛'을 향한 열망에서 시작되
었다. 그러나 십만 관중의 정신을 황홀케 한 관화대회의 불빛은 아쉽
게도 그날의 일기에 크게 영향을 받을 수밖에 없었다.

이러한 날씨의 한계를 넘어선 것이 바로 도시의 전등과 네온등이다.
1920~30년대 도시의 밤거리는 수많은 전등과 네온등으로 불야성을
이루었다. 19세기 말 근대문명의 원동력이라 여기며 전기를 도입한 이
래 조선인들은 그야말로 휘황찬란한 시각적 충격을 경험하게 된다. 그
러고 나서 1920년대에 전기로 빛을 내는 전등과 네온등이 경성의 대
로변을 메우기 시작하면서 조선에는 새로운 조명의 시대이자 감각의
시대가 열렸다. 그런데 조선 땅에서 어둠의 장막을 걷어낸 근대적인
공간은 '경성전기회사'가 생산하는 '전기'로 구축된 세계였다. 아이러
니하게도 '빛의 세기'는 외국자본의 침투와 함께 시작되고 만 것이다.

전기와 관련해 재미있는 일화가 하나 있다. 혼기를 놓친 한 처녀가 신문에 "나에게 빗〔光〕잇고 열 잇는 생활을" 달라는 요지의 광고를 했더니, 전기회사 직원이 눈치 빠르게 그 집을 찾아가 "당신의 가정에 빗 잇게 하려면 전등과 '까스'를 켜라"고 하였다는 것이다.[5] 그녀가 갈구한 빛은 연애나 결혼 혹은 무지에 대한 각성과 계몽을 의미한 것인지 모른다. 그렇다면 한 처녀의 빛에 대한 동경은 전기회사 직원의 물질적·경제적인 해석으로 인해 본연의 아우라를 상실한 셈이다. 조선이 자본주의 경제체제에 발을 들여놓은 이상, 조선의 별들도 그녀의 바람처럼 고유한 아우라를 상실하기 시작했음은 마찬가지였다. 강력한 인공의 빛에 둘러싸여 별빛을 모르고 사는 도시인의 눈에는 "네온싸인의 흐르는 광선이 농촌의 장경성(長庚星: 금성)가티 보이"[6]고, 그 여파로 도시 사람과 시골 사람이 서로 다른 세계상을 그리게 되었으니 말이다. 이처럼 전기와 가스로 가동되는 인공의 빛은 전근대와 근대를 가르는 지표가 되었을 뿐만 아니라, 자연이 가진 아우라가 상실된 인공적 세계 인식의 틀이 되었다.

〈불야성 풍경(1)〉(《동아일보》 1932.11.22.)

근대문명과 과학의 발달을 상징하는 전기 제품은 생활의 편리함을 도모하는 데 그치지 않고, 사람들을 도시로 빨아들였다. 광선에 본능적으로 이끌리는 것이 근대인의 생리라는 인식마저 생겨났다. 사람들이 광선의 유혹에 이끌려 모여드는 곳은 으레 불야성을 이루었고, 그

불야성의 빛을 따라 모여든 구경꾼들은 근대 군중의 형태를 띠었다. "노는 사람 일하는 사람, 이들의 노는 방식이 어떻든 일하는 일이 귀하든 천하든" 관계없이 선명한 네온등의 불빛에 매혹된 사람들이 "밤이면 한결같이 도회의 흥분을 맛보고"자 "가두로 가두로 몰려"나왔다. "그리하여 가두의 각처는 광선으로 음향으로"[7] 군중의 욕망을 자극하며 경성의 밤거리를 불야성의 거리로 만들려고 애썼다.

낮과 다를 바 없이 활기찬 경성의 밤, 그 세계를 채우는 구성원들은 "어름집에 숨는 사람, 실과전(과일가게) 압헤 서는 사람, 야시(夜市)로 밋그러지며 으슥한 골목으로 사라지는 사람, 화신상회로 밀여 들어가는 안악네며 선술집으로 쑥 들어서는 술친구들", 카페촌으로 몰려가는 "양복 청년과 중년 신사들"[8]이었다. "전등이 난무하는 서울의 밤거리에는 요정 가튼 유혹의 미소가 지상의 성운가티 몰여 흐르며 흔들"거리고 있었기 때문이다. 그런데 대도시의 소비문화가 불러일으키는 욕망의 근저에는 항상 유혹적 존재로서 여성이 자리하고 있었다. 아래의 신문 기사는 광선에 여성의 섹슈얼리티가 내재해 있음을 암시한다.

'네온싸인'의 천태백교千態百嬌는 도모지 도감적挑感的이어서 푸른빗, 붉은빗, 자주빗 등 령농이 맛치 태양의 광선과도 가티 레코트에서 굴러나오는 아리랑 고개를 스르르 넘어 이 구석 저 구석의 손님의 품 안에 안겨진다. 그리고는 광선은 또다시 훈훈한 포도주향 냄새를 담복 물고 번쩍꺼리는 인조견 치마에 활등가티 휘여진 저— 시약시의 엉뎅이를 주루루 밋끄러저 그의 발꿈치까지 떠러젓다가 도로 반사의 굴절을 일으키는 곳에는 무한한 흥분을 저— 손님에게 주는 것이다.

— 〈불야성 풍경(3) '카페 편'〉 (《동아일보》 1932.11.25.)

에로틱한 광선의 세계는 도시의 젊은이들을 한없이 유혹했다. 전등 불빛 아래 찬란하게 빛나는 백화점의 유행품들은 젊은이의 물욕을 자극했고, 카페의 불빛은 청춘남녀로 하여금 "도회가 아니고는! 현대가 아니고는! 차저볼 수도 업는 '데카단'극"[9]을 연출하게 했다. 불야성의 도시는 조선의 젊은이들에게 자아를 망각케 할 도취경을 제공했기 때문이다. 밀폐된 극장 안 스크린이 잠시 현실의 '나'를 잊게 하는 것처럼 말이다. 하지만 그들은 "피로한 꿈을 깨인 듯 극장 문 밖을 몰려나오면은 찬란한 불빛 오히려 쓸쓸"[10]한 현실과 마주해야 했다. 근대 조선인이 향유했을 시각문화의 밑바탕에 이러한 자아와 현실 사이의 괴리감과 멜랑콜리한 정조가 자리하고 있었다는 점을 간과해서는 안 된다.

대도시 경성은 식민지 조선인들에게 근대적인 시각 장치를 통해 조성된 '불야성'의 공간으로, 현실보다 더욱 현실같이 느껴지는 판타지의 공간이었다. 경성의 대로와 백화점, 상가와 영화관, 박람회를 방문한 모든 사람이 이 도시의 광채를 경험할 수 있었다. 그러나 불야성의 경성도 당국의 신호 한 발에 암흑천지로 변하는 시간이 있었다. 주기적으로 반복되던 그 시간은 판타스틱한 공간을 한순간에 정치적인 곳으로 변모시켰다.[11] 낮과 같은 밤, 밤이 없는 세계가 규칙적인 신호에 따라 암흑천지로 변하는 이 시간은 방공연습을 위한 '등화관제'의 시간이다. 《동아일보》는 이 시간을 "거리에는 경계하는 경관의 초롱불만 군데군데 빛이어 잇고 공중에는 우렁차게 들리는 비행기의 소리뿐"[12]이라고 묘사한다. 경성이란 도시 자체가 시스템에 의해 '온/오프'되는 거대한 조명 장치 같았던 것이다. 경성은 이처럼 불야성과 암흑천지를 주기적으로 오가며 판타지와 현실의 경계를 넘나들었다. 전쟁의 공포가 조선을 뒤덮은 1930년대 후반과 1940년대에도 이 판타지는 계속되었다. 불야성이라는 현란하고 매혹적인 이미지는 폭력적인 현실을 은폐하고 현실의 인간들을 판단 불능의 상태에 이르도록 그들의 감각을 마비시켰다.

근대의 도시 문화는 과도한 시각적 자극에 지배되는 근대 도시인의 전형을 창조하였다. "현대 과학의 끊임없는 자극에 극도로 첨예화"되고 "나날이 둔해"[13]져 "하로하로 마비되여가는 모더니스트들의 오관(五官: 다섯 가지 감가기관)은 살육적 강렬한 자극을 갈구하며 기괴한 독창을 차저 집중된다." "모던-의 색등(色燈)에 시각을 빼앗긴 그들은 드듸어 맹목이 되고 과민한 백치가 되"어 "그들의 마음 가운데는 어느새 부질없이 괴기를 찾는 일종의 엽기벽(獵奇癖)이 생"기고 만다. "그로테스크! 그로테스크! 나체화적 에로, 신화적 그로테스크, 이것"만이 그들의 "시들어가는 명맥을 끌고 나가는 위대한 매혹이요, 생명수"[14]가 되어버리는 것이다.

근대적 시각문화 장치(가): 백화점의 유혹

식민지 자본주의의 발달에 따라 조선인들은 미적·문화적 감수성처럼 소비의 감각을 익히기 시작했다. 무엇보다 대중잡지는 광고나 표지에 소비 욕망을 부추길 만한 이미지들을 실어 대중의 감각과 욕망을 자극했고, 백화점은 새로운 상품을 입체적이고 현란하게 진열함으로써 매출의 극대화를 꿈꾸었다. 특히 백화점이 등장한 이후로 여성과 소비의 상관관계는 더욱 긴밀해졌다. 1934년 《별건곤》 '신춘(新春)특집호'는 겨울 의상을 착용한 신여성을 표지에 등장시켜 봄을 맞아 여성들의 의상에도 변화가 있을 것임을 예고하는데, 표지 속 여인이 응시하고 있는 도시의 가로등은 백화점 쇼윈도의 휘황찬란한 조명처럼 근대인의 소비 감각을 '시각'이라는 특정한 감각으로 예각화하는 구실을 한다.

1920~30년대 경성에는 상가와 백화점, 다방이나 카페, 극장 같은 새로운 소비 공간과 문화 공간이 즐비하게 들어섰다. 그중에서도 백화점은 스펙터클한 건물의 규모와 설계, 인테리어 덕분에 조선인들 사이에 특별한 구경거리로 자리 잡았다. 무엇보다도 백화점의 거대

《별건곤》 신춘특집호 표지 (1934.1.)

한 규모는 조선인들에게 시각적으로 엄청난 충격이었다. 대형 백화점은 도시의 소비자는 물론이고 지방에서 올라온 구경꾼들에게도 문화 공간이자 오락장이었다. 최신식의 매장 설비에 온갖 상품을 진열해놓고 각종 편의시설을 제공했을 뿐만 아니라, 문화 강좌나 전람회를 열어 일반 대중이 쉽게 접근할 수 있었기 때문이다. 백화점은 수학여행 온 학생들이 서구의 일상 문물을 직접 견학할 수 있는 최신식 공간이었다.

불야성을 창조하는 시각 장치 가운데 도회인의 감정을 가장 흥분시키는 것 역시 백화점이었다. 첨단의 편의시설인 승강기를 타고 최신 유행품들로 가득 찬 매장에 들어가 모던한 매력을 풍기는 여점원들의 친절한 서비스를 받을 수 있는 백화점은 "참으로 도회인의 향락장이오, 오락장"[15]이 아닐 수 없었다. 안석주(안석영)는 만문만화 〈만추풍경(9) '승강기의 매력'〉에서 최첨단 기기인 '승강기'를 타려고 백화점

입구에 장사진을 친 군중을 재현했다. 그림 속 백화점 앞은 '승강기'를 타고 매장으로 향하거나 '백화점 상층 식당'으로 올라가려는 사람들로 북적거린다. 그의 표현을 빌리자면, "승강기에 밋"[16]쳐 "백화점 출근"을 하는 사람들 때문에 경성의 "다른 곳은 다- 흥정이 업서도" 백화점만은 번창했다. 1930년내에 규모가 큰 화신백화점보다 동아백화점에 손님이 더 많았던 원인도 승강기에 있었다고 하니, 승강기에 대한 조선인들의 호기심이 어느 정도였는지 짐작할 만하다. 사람들은 이제 백화점의 서구식 외관과 백화점이 제시하는 서구식 생활양식을 근대성의 구현으로 인식하기 시작했다. 그리하여 새로운 감각과 라이프스타일을 익히고자 '유행 제조기'[17]의 역할을 하는 백화점이 만들어낸 유행을 '습득'하기 시작했다. 백화점은 새로운 상품을 광고하며 사람들의 소비 욕구를 자극하는 한편, 유행을 따르지 않는 것이 마치 시대에 뒤떨

〈구녕 뚫린 군함에 국기를 달고〉
(《조선일보》 1933.9.22.)

〈백화점 견학〉 (《별건곤》 1932.11.)

어지는 일인 양 떠벌리며 유행을 전파
시켰다.

백화점·카페·극장·박람회·동물원
·유원지·건물의 광고판·네온등 같은
경성의 스펙터클은 모두 군중의 시선
을 끌어 그들을 소비의 주체로 만들기
위한 장치들이었다. "눈이 부실 뜻한
전장경쟁(電裝競爭)이" 치러지는 도시
의 거리를 거니는 동안 사람들은 "이
편에서 고만 정신이 황홀하고 기분이
유쾌하야 쓰지 말나도 쓰게만 꾸며노

〈만추풍경(9) '승강기의 매력'〉(《조선일보》
1933.10.29.)

흔 것"들 때문에 사지 않아도 좋을 물건들을 "피동(被動)이면서도 자동
(自動)"[18]으로 사 들고 나오게 되는 것이다. 특히 화려한 조명 아래 갖
가지 상품들을 진열해놓은 백화점의 쇼윈도는 '유리'를 매개로 시각적
황홀경을 제공했다.

> 유리창 만키로 동양의 첫재 가는 백화점! 유리창은 만하도 바람 한 덤
> 편하게 흘너들기 어렵게 된- 화신의 유리창이 만흔 덕에 밧게서 바라보
> 면 맛치 대서양상에 뜬 유람선갓치 조화도 보힌다.
>
> − 이서구, 〈종로야화〉(《개벽》 87쪽, 1934.11.)

일찍이 발터 벤야민이 《아케이드 프로젝트》에서 시사했듯이, 유리벽
너머로 상품들이 훤히 들여다보이는 상가의 아케이드는 몽환적인 분
위기가 연출되는 초현실적 공간이었다. 소비자는 이 몽환적인 통로를

걷는 동안 상품에 현혹되는 동시에 구매 능력의 부재로 그로부터 소외되는 자아를 발견한다. 이러한 이중성이 소비자의 상품 구매 욕구를 더욱 촉진시키는 까닭에 "이 진열장 앞을 오기만 하면 이 유행균의 무서운 유혹에 황홀하여 걸음 것기를 잊고 정신이 몽롱화하며 다 각각 자기의 유행 세계를 설계"[19]하는 지성에 이르고 마는 것이다.

1934년 5월 14일자 《조선일보》에 실린 안석주의 만문만화 〈폭로주의의 상가가〉는 유리와 철골로 지은 대형 백화점을 재현한다. 백화점 건축에 대형 유리를 사용하는 것은 "상품이 밧갓트로 보혀야만"[20] 소비자를 현혹할 수 있기 때문이다. 유리벽 너머로 보이는 백화점 점원들은 옷가지를 정돈하거나 차를 나르고 있다. 그런데 그녀들은 쇼윈도에 나란히 전시된 상품인 양 보이기도 한다. 게다가 점원의 시선은 유리벽 밖을 향해 있다. 이는 여성의 육체적 이미지를 상품에 덮어씌워 상품을 의인화한 것으로, 결국 여성을 성적 대상화하여 소비자를 유혹하

〈폭로주의의 상가가〉 (《조선일보》 1934.5.14.)

는 백화점의 판매 전략을 꼬집어 표현한 그림이다.

소비자를 현혹하여 사지 않아도 좋을 물건을 사게 만드는 백화점의 상품 판매 전략에 대한 부정적인 시각은 백화점이 만들어낸 유행을 좇는 여성들에게도 그대로 투영된다. "그것도" 사고 "저것도" 사러 "진고개로 가"자며 남성의 "겨드랭이에 백어 가튼 팔뚝을 꼿고서 뚱뚱한 사나희를 백화점으로 낙구어드"[21]리는 젊은 여성을 등장시킨 안석주의 만문만화 〈금풍소슬〉이나, 일본의 자본가들이 구축한 "진고개 2정목 3정목"의 백화점으로 향하는 여성들의 모습을 "입을 벌리고 정신 다 빠저서 헤엄치듯 거러가는 조선 부인들"[22]의 제의(祭儀) 행렬로 묘사한 《별건곤》의 기사가 한 예이다. 이들은 "여긔 물건만 몃 가지 사준다면 몃 번이든지 개가해 갈" 여성들이다. 이른 봄 백화점의 승강기 안팎 풍경을 묘사한 안석주의 만문만화 〈도회점경(1)〉에 등장한 모던걸도 예외가 아니다. 이에 따르면 백화점에는 단숨에 뛰어 올라가도 좋을 층계가 있건만 그 "성냥갑만 한 에러베타- 압헤는" "타고 올라가기 조하하는" 사람들이 "싸홈난 개미 떼가티 모혀" 서 있다. 그러나 "타고 보면 꼴이 구지레한 사람을 보기도 실혀하는 아씨가 기름을 짜고 섯스면서도 콩알 가튼 분갑의 거울을 들여다보고 콧등을 '파우다'로 깍고 점이고 하는 꼴을" 연출하고 있다. "승천하는 '에레베타-'에서도 녀신 행세"[23]인 것이다. 안석주와 같은 남성 지식인들의 눈에 비친 백화점은 유행을 좇는 모던걸들의 사치스런 소비 공간이었고, 소비 행위를 하는 모던걸들은 모두 백화점 안 전시품들과 같았다. 지식인들은 미디어를 통해 무분별한 소비를 조장하고 허영심을 부추기는 자본주의적 소비 문화가 조선의 경제를 더욱 피폐하게 만드는 원인이라 생각했다. 따라서 소비하는 조선 여성은 민족 자본을 강탈하는 식민지 자본주의 체제

〈금풍소슬〉《조선일보》1930.10.5.

〈1930년 녀름(5)〉《조선일보》1930.7.19.

와 동일시되었으며 계급적·민족적 차원에서 극렬한 비판의 대상이 되었다.

조선에서 백화점의 역사는 1906년 일본의 미츠코시(三越) 백화점이 경성에 지점인 오복점을 개설하면서 시작되었다. 1920년대에는 조선에서 활동하던 일본인 상인들이 연이어 백화점을 설립했다. 1921년 남대문로의 조지아(丁子屋)를 선두로 22년에는 미나카이(三中井)가 진고개에 둥지를 틀었고 이후 부산을 비롯한 전국의 주요 도시에 지점을 열었다. 1926년에는 히라타(平田) 백화점이 역시 진고개에 자리를 잡았다. 이들 백화점은 '진고개'로 표상되는 지금의 충무로 일대에 일본인 상가 지역을 형성하여 경성에 근대적 소비 공간을 구축하는 데 핵심적인 역할을 했다. 1930년대에는 조선인 자본으로 운영되던 상점들이 백화점으로 탈바꿈하기 시작했다. 1931년에 지금의 종로에 문을 연 화신백화점과 1932년에 개장한 동아백화점이 그것이다.[24] 그러나 몇 백 년간 조선 상업의 중심지로 번창했던 시전 상가가 몰락한 뒤로 간신히 명맥만 유지하던 북촌 일대의 재래시장이나 백화점은 하늘을 찌를 듯 높이 솟은 6층짜리 미나카이 백화점이나 조선인 고객 유치에 탁월했던 히라타 백화점, 거대 자본을 기반으로 조선 전 지역의 상계를 장악하려 한 미츠코시를 비롯해 진고개의 거리 좌우에 총총히 들어선 일본인들의 상점에 견줄 바가 못 되었다.

진고개를 들여다보고 갈 때에는 좌우로 즐비하게 늘어선 상점은 어느 곳을 물론하고 활기가 있고 풍성풍성하며 진열창에는 모두 값진 물건과 찬란한 물품이 사람의 눈을 현혹하며 발길을 끌지 않는 것이 없다. 더구나 사람의 마음을 들뜨게 하는 봄철의 밤이나 사람을 녹일 듯한 여름밤

에 이곳을 들어서면 백화가 난만한 듯한 장식이며 서늘한 맛이 떠도는

갖은 장치가 천만촉의 휘황 전등불과 어울려 불야성을 이루는 것을 볼

때에는 실로 별천지에 들어선 느낌을 주는 것이다.

− 정수일, 〈진고개, 서울 맛·서울 정조〉(《별건곤》 46쪽, 1929.9.)

"천백촉의 전등"으로 장식된 "불야성의 별천지로 변하야버린" 진고개

는 "조선을 떠나 일본에 려행이나 온 늣김"이 들 정도로 사람들로 하여

금 분할된 공간 인식을 갖게 만들었다. 그리하여 "종로 네거리 우리 동

포들의 상덤 디대로부터 북촌 일대의 횡덩그러케 비인 듯하며 어둠침

침한 그것에 비하야 모든 사람의 눈을 현혹케 하"는 그 광경에 조선인

들은 "우리 정신까지도 전부 거기에 빼앗기고" 말았던 것이다.[25] 이들

의 이런 비탄 섞인 자조는 별천지의 현란한 스펙터클 앞에서 조선인들

이 겪어야 했을 딜레마가 아닐까 싶다. 그렇다면 "실로 만흔 사람이 막

연한 목적을 품고 상품과 상품의 산 사이를 배회"[26]한 진짜 이유는 무

엇이었을까?

김백영은 1920년대 중반 이후 식민지 도시 사회에서 소비문화가 확

산된 것은 삼일운동과 그 이후 열렬하게 전개된 민족개조운동의 의도

하지 않은 결과물이었다고 말한다.[27] 자본주의가 생산해낸 문화 상품

들이 식민지인들에게 현실의 박탈감과 무력감으로부터 일시적으로나

마 벗어날 수 있는 환상을 제공했기 때문이라는 것이다. 식민지라는

현실로부터 벗어날 수 없다는 좌절감에 봉착한 조선인들이 상품 세계

에서 심리적 위안을 찾으려 했다는 이러한 해석이 무리는 아닐 듯싶

다. 하지만 이 시기 소비 실태를 고려해볼 때 소비의 유혹에 적극적으

로 응답할 수 있는 조선인들은 소수에 불과했다.

백화점은 도시인의 타락을 조장하는 곳으로 인식되기도 했다. "도시의 데파-트는 모든 것을 흡수하며 배출하며 제조하며 산출하는 것이니 도시인은 프랫트·홈과 가티 그곳을 드나들 때 자칫하면 데파-트 화장의 지배 혹은 유혹을 밧게 되"어 "데파-트의 여점원이 자기에게 반하야 웃는 줄만 알고 학교 단이듯이 매일 물건을 사러단이는 어리석은 남자"가 생기는가 하면, "쇼윈도에 진열하여 노은 코틔와 향수를 보고 오늘 저녁에는 엇던 놈이 걸여드나 하는 매소부(賣笑婦: 매춘부)"도 등장했다.[28] 나아가 백화점은 "절도, 유인, '깽', '스리' 등 온갖 죄악이 이것을 무대로 하고 성하게 행하여"지는[29] "범죄 제조장"[30]이라는 인식도 생겨났다. 즉, 백화점은 소비문화의 최첨단을 상징하는 화려한 외관 이면에 부유층 고객들을 대상으로 소매치기를 하는 전문적인 '쓰리 〔掏摸〕'꾼의 등장과 같은 새로운 사회문제를 야기하는 타락의 공간으로 인식되었던 것이다.

근대 시각문화 장치(나): 박람회의 오락성과 정치성

박람회란 일정 기간 동안 국가 단위 혹은 지역 단위의 산업·경제·교육·위생 등과 관련된 각종 물품들을 전시하고 이를 일반인이 관람하도록 기획된 행사이다. 박람회의 주요 요소인 '전시'는 근대 시각문화의 중요한 재현 형태라고 할 수 있다. 식민지 시기는 박람회의 시대라고 할 만큼 크고 작은 박람회들이 많았다. 조선에서는 1915년에 경복궁에서 '시정(施政) 5주년 기념 조선물산공진회'가 성황리에 치러진 것을 계기로 1929년의 조선박람회, 1932년 신흥만몽(滿蒙: 만주와 몽골) 박람회, 1940년 '시정 30주년 기념 조선대박람회' 등 대규모의 박람회가 경성에서 개최[31]된 바 있으며, 그 밖에도 다양한 종류의 군소 박람회와 공진회가 전국 주요 도시에서 개최되었다.

박람회는 도시의 구경거리로서 대중들 사이에서 커다란 인기를 끌었다. 박람회 구경을 나갔다가 길을 잃고 헤매는 시골 사람들이 많아 경찰 측에서 이들을 인솔하는 사람들에게 각별한 주의를 요청할 정도였다.[32] 이 시기에는 집 나간 처녀, 총각 들의 이야기도 쏟아져나오는데 알고 보면 박람회 구경이 가출의 원인인 경우가 많았다고 한다.[33] 박람회가 열리는 동안 신문들은 거의 매일 입장객 수는 물론 지방 특산품 직매장의 운영 상황, 각 전시관의 특징과 구경거리 등 박람회 관련 다양한 소식을 앞다퉈 보도하였다.

박람회의 가장 큰 특징은 규모였다. 박람회는 기존의 바자회나 전람회와 달리 막대한 경비와 수백 명의 인원을 동원하는 엄청난 규모의 이벤트였다. "미술관, 동식물, 명승고적, 텬연긔념물에 대한 출품을 진렬한 교육미술공예관을 시찰하고 (중략) 토목건축교통관을 보고 (중략) 위생관, 긔계뎐긔관을 보게 되는데 (중략) 이곳을 지나서야 비로소 박람회 구경을 마치게 되는데 그 굴곡된 각 관의 거리가 전부 팔십 리나 된다"[34]는 1929년 조선박람회 회장 구성 및 내부 시설 배치 소식들은 "전부 구경하랴면 삼일간은 걸린다"는 예측과 함께 수많은 관람객의 기대를 모았다. 《매일신보》는 1932년 '몽박람회 명일 개막(蒙博覽會 明日開幕)'을 알리는 광고 전단에 1만 6천 평에 달하는 박람회장의 〈평면 배치도〉까지 첨부하였다.[35] 이처럼 박람회는 규모가 엄청나다는 사실만으로도 조선 사람들의 주목을 끌기에 충분했다.

박람회가 대중적으로 흥행한 데에는 광적인 홍보도 커다란 역할을 했다. 박람회 홍보에는 부(府)·군(郡) 소재지마다 현수막을 걸고 광고

탑을 세우는 식으로 시각적 효과를 노리는 홍보가 주를 이루었다. "간판쟁이가 상점 간판에 글씨를 써도 입을 헤-버리고 우득허니 서서 보는" 조선 사람들은 "박람회 까닭에" "'아-치'를 세우는" 길모퉁이마다 "무데기 무데기"[36]로 모여들어 박람회를 알리는 선전탑과 화려하게 휘날리는 오색 종이에 경이의 시선을 보냈다.

당국은 박람회의 흥행을 위해 기생을 동원하기도 했다. 다음은 1926년 조선박람회를 앞두고 《동아일보》가 전한 기사이다.

왜성대倭城臺에 있는 데일회관을 보면 조선 각 도마다 비밀리에 장식을 하고 잇는 산업관을 위시하야 가정관, 교육관, 만몽관 등과 오락장으로

〈일요만화 '할 일 업는 사람들'〉
(《조선일보》 1929.8.25.)

는 동관의 중앙광장에 경성극장보다도 크고 우수한 무대장치로써 경성
본권반의 기생이 매일 출연할 터이며, 경복궁 안의 데이회장은 일본관,
기계관, 전기관, 경도京都관을 위시하야 (중략) 곡마단과 그 밧게 여러
가지 구경거리와 여흥장은 순 조선식의 건물로써 다섯 권번의 조선 기
생 진부가 출연할 터이며, 룡산역 압헤 잇는 데삼회장은 (중략) 수족관,
육군관, 교통관, 파노라마관 등 각종의 준비가 완비되엿더라.

— 〈관중을 저대佇待하는 삼처三處회장의 설비〉 (《동아일보》 1926.5.11.)

기생 조합의 기생들은 박람회의 취지를 알리는 슬로건이 적힌 어깨띠
를 두르고 양산을 받쳐 든 채 정해진 순서에 따라 행진하였다.[37] 기생
과 광대의 행렬은 그 자체가 하나의 스펙터클을 보여주면서 박람회는
일반인들에게 근대를 상징하는 각종 산물의 전시장일 뿐만 아니라 각
종 유흥거리가 마련된 오락의 장으로 인식되었다.

신문지상에 게재되는 박람회 화보 역시 시각적 효과와 오락성을 결
합한 것이었다. 미디어는 인기 절정의 박람회 소식을 화보란 형식에
담아 전달함으로써 구경거리에 대한 대중의 관심과 열망을 증폭시켰
다. 《매일신보》의 1932년 신흥만몽박람회 화보를 예로 들자면, 한번은
'만주 부대의 무기 일부' '아동국의 명물 소형 기차 시운전' '만주색이
풍부한 출품' '회장의 여간수'[38] 사진을 차례대로 배치하여 군국주의와
오락성을 뒤섞고, 한번은 '납량의 분수탑'이나 '여흥극장에 출연할 경
권번 기생 일동'[39]이란 제목의 사진들을 배치해 박람회의 흥행을 이끌
만한 요소를 부각시키는 식이었다. 후자는 다른 박람회 홍보에도 자주
사용된 방식이다. 조선일보사가 만몽박람회에서 매일 밤 8시부터 다음
날 새벽 1시까지 무료로 상영한 활동사진 역시 박람회장이 밤새 불야성

을 이룰 정도로 인기를 얻은 오락거리
였다.[40] 그런가 하면 1929년의 조선박
람회장에서는 어린이들을 위한 오락시
설이 오히려 어른들의 관심을 끌었다.

> 박람회에서 내세울 것은 아동국이랄 수
> 도 잇는 바, 이 나라는 개국하는 첫날부
> 터 어룬들이 점령하야서 아희들은 울고
> 도라서는 모양! 례복 입은 신사와 숙녀
> 들이 긔차·비행긔를 타고서 소리소리
> 지르며 깁버하는 꼴만 본다. 박람회 입
> 장료 삼십 전은 과히 빗싸지 안투군. 박
> 람회에서는 례복장이 만세다.
>
> ― 〈박람회 아동국에 례복장禮服匠이 만세!〉 《조선일
> 보》 1929.9.15.)

사진은 위부터 ― 만주 부대의 무기 일부(배
경은 야마다 신이치 화백의 파노라마), 아
동국의 명물 소형 기차 시운전, 만주색이
풍부한 출품, 회장의 여간수 (《매일신보》
1932.7.21.)

이처럼 미디어는 도시의 스펙터클로서
박람회의 시각성과 오락성을 적극적으
로 홍보하여 대중의 자발적인 관람을
유도하는 데 기여하였다. 그러나 박람회의 흥행에는 다른 요인도 작용
했다. 조선 총독부가 주최하거나 후원하는 박람회의 경우 각 관청은
'관람 관장회'를 조직하거나 박람회를 학생들의 수학여행지로 계획하
는 등 다양한 방법으로 관람객을 동원했다.[41] 그 때문에 "공진회니 박
람회니 하는 것이 잘하면 산업 발달에 유익한 일이 되겠지만" 유익하

냐 유해하냐의 여부는 "그 구경한 것을 실디에 리용하느냐 못 하느냐"의 차이로 판가름 나는 것인데, "조선서는 이러한 모임이 잇슬 때마다 각 군, 각 면에서 만은 사람을 권유하여서 구경을 보내기는 잘 하지만은 시골 사람을 끌고 와서 주마간산으로 끄들니고 마는 그 결과, 유익하고 유해한 것은 정말 큰 의문"[42]이라는 녹소리가 높았다.

근대의 박람회는 대중의 오락이라는 외장(外裝)을 두른 채 제국주의 산업의 진보를 알리는 상품을 선전하기 위한 프로파간다로 기능했다.[43] 국가 발전론을 위시해 이때 작동하는 진보의 수사(修辭)들은 국가가 민중의 편임을 강조함으로써 국가의 통치 이념을 정당화하는 기제가 되었다. 조선의 박람회에서도 제국주의와 식민주의가 '전시'라는 시각적 기술에 의지하여 교묘히 대중 속으로 파고들었다. 그러나 전시

〈박람회 아동국에 례복장禮服匠이 만세!〉
(《조선일보》 1929.9.15.)

라는 형식을 통해 대중에게 전달되는 시각 정보들은 전시 대상을 선별하고 그것을 제시하는 방법을 결정하는 과정에 이미 전시자의 주관적인 의도가 개입될 수밖에 없다.

1926년 5월 11일자 《동아일보》에 실린 〈조선박람회〉 포스터에는 의례복을 차려입은 조선 여성이 전면에 등장한다. 이 여성의 뒤로 박람회 제2회장인 경복궁의 정문과 경복궁 상공을 날고 있는 몇 대의 비행기, 그리고 관람하러 가는 사람들이 보인다. 포스터 안에 조선의 과거와 현재가 공존하고 있는 것이다. 다시 말해 조선 그 자체가 박람회란 공간에서 과거와 현재를 비교당하는 객체로 전시되고 있는 것이다. 박람회는 조선인들의 생활 방식과 관습, 제도 등을 근대적인 것들과 비교하고, 각종 통계 수치를 시각화하여 전시함으로써 '조선의 사정'을 적나라하게 드러냈다. 이러한 맥락에서 보면, 포스터에서 박람회장을 등지고 있는 조선 여성은 곧 전시된 '조선'이다. 여성화되고 타자화되

〈춘풍소풍(4)〉(《동아일보》 1935.4.23.) 단장의 인솔에 따라 박람회 구경에 나선 남녀노소를 한 화면에 담아 "이동박람회(移動博覽會)"라 칭한 그림이다. 이는 관의 기획하에 관람객으로 동원된 사람들이 실상 관람의 주체라기보다는 박람회라는 스펙터클을 연출하는 데 동원된 장치임을 시사한다.

〈조선박람회〉 포스터 (《동아일보》 1926.5.11.)

어 박람회에 전시된 조선인 것이다.

근대의 박람회는 인류학을 기반으로 미개한 원주민들을 전시하여 그들을 타자로 구축하였다. 신지영에 따르면, 박람회는 수집·분류·배열·전시·서열화를 통해 전시 대상을 서구적 과학문명과는 거리가 먼 야만으로 '보여줌'으로써 제국의 우월성을 확인시키는 도구로 만든다.[44] 따라서 1915년의 조선물산공진회를 비롯해 1940년의 조선 대박람회에 이르기까지 조선총독부가 주관하거나 후원한 박람회들은 제국 일본이 전시라는 시각 장치를 통해 식민지에서 제국의 우월성을 확인시키고 식민 지배의 정당성을 선전하는 장(場)이었다고 할 수 있다. 그렇기 때문에 조선인들은 문명과 평등이란 환상을 제공받는 박람회장에서조차 감시와 규율이라는 식민체제의 원리에서 벗어날 수 없었다. 신문들은 장내를 "전부 구경하랴면 삼일간은 걸"릴 만큼 규모가 큰 이 구경거리를 즐기려는 군중을 혼돈 그 자체로 재현하곤 했는데, 1929년 9월 13일자 《동아일보》가 게재한 사진을 보면 혼잡한 박람회장 사진의 전경(前景)은 구경꾼들을 통제하고 있는 경관들의 뒷모습이 차지하고 있다. 이때 신문 구독자들은 경관들의 시선과 동일한 통제의 시선으로 사진 속의 군중과 마주한다.

> 정말 털통가티 할 모양이다. 과히 넓다고 하지 못할 박람회 구역 안에 백오십 명을 세워노코 긔차마다 길목마다 경관 성이 싸힐 테니 아이고 무서워. 경계는 조켓지만 넘우 그러케 함부로 세워노타가는 서울 구경에 정신이 황홀해진 촌떼기 보따리들은 치를 벌벌 떨 터이니 총독부의 위엄 보이기는 천재일우의 조흔 긔회, 아이고 무서워.
>
> – 〈휴지통〉 (《동아일보》 1929.8.20.)

신문 구독자들은 이런 사진들을 보면서 그 어떤 행사보다 엄중한 통제와 경계가 이루어지는 박람회장의 분위기를 실감했을 것이다. 조선인들에게 박람회는 환상을 불러일으키는 흥행물인 동시에 다시 한번 제국의 통제와 감시를 체감해야 하는 가시 권력의 공간이었던 것이다. 게다가 1929년 당시는 계속되는 가뭄과 불경기, 재정 긴축 등으로 조선의 경제가 더 깊은 수렁으로 빠져들고 있는 시기였다. 이 와중에 진행된 박람회는 "통치 계급으로서는" "통치 이십 년의 선정을 선전하고 일본 자본가의 투자열을 고취하고" "지방 농민급 지주를 경성에 끄을어 모"아 "재경 대상인의 침체 상태를 타개"하여 "현 사회의 불안상을 제거하는 것으로" 선전되었지만, 조선 민중에게는 오히려 "대예산을 써서가며 통치의 선전과 자본가의 투자열과 지방민의 소비력을 일제히 경성에 모흐랴는" "넘우도 조선 현상을 몰이해하는 행동"이었다.[45] 따라서 박람회 준비에 열을 올리는 총독부의 처사에 조선 민중은 불만을 터트릴 수밖에 없었다.

〈미비하나 예정대로 개장, 정각 전에 만항万項 인파〉(《동아일보》 1929.9.13.)

박람회는 사람을 집합시키는 계획이다. 누구나 자유와 유쾌를 구하러 올 것이 사실이다. 그런데 총독부에 잇서서는 여하如何냐. 사만여 원의 미행 이동 경찰을 위한 예산을 적립하고 국경 일대급 요소요소의 경찰을 총출동시켜 상경인의 자유를 어느 정도로 불안케 하랴 안는가. 경찰의 간섭엔 누구나 부자유와 불안과 불쾌를 늣긴다. 더구나 조선가티 하급 경찰관의 무지몰상식한 경우에 의하야는 인권을 유린까지 하는 비신사적 대인 태도에는 분노의 염念까지 포회(抱懷: 마음에 품음)하지 안홀 수 업게 되나니 그것으로 상경자급 내경향인來京鄉人에게써 대한다 하면 관람객의 염증은 가히 추측할 수 잇다. 이러한 경험은 작추(昨秋: 지난 가을) 이동 경찰 실시 당시 오인의 체험한 호례好例이다.

– 〈박람회와 경계〉 《동아일보》 1929.8.21.)

박람회의 파노라마 장치 역시 식민지인들에게 현실보다 더 현실같이 느껴지는 판타지를 제공함으로써 현실의 감시 권력을 은폐하려는 전략의 일환이었다. '파노라마'는 박람회의 전시관을 소개할 때 빠지지 않고 언급되는 광학 장치로, 사실적으로 그려진 그림을 건물 내벽에 둥글게 건 후 관람자가 그 중심에 앉아 감상하는 것인데, 빛에 따라 전경(全景)은 변화되거나 입체화되었다. 파노라마를 감상하는 관객들은 자신들이 마치 세계를 한눈에 조망하고 있는 듯 느끼면서 자신들을 둘러싼 시공간을 파노라마가 의도한 대로 재편하고 이를 통해 인식의 변화를 경험한다. 근대적 시각 장치로써 파노라마는 관객을 '고정된 위치에서 동적인 이미지를 바라보는 정적인 주체' 혹은 '스펙터클에 노출되어 있는 수동적 주체'로 만드는 것이다. 또한 관객은 자신이 파노라마에 등장하는 '바로 그 장소'로 즉시 이동했다고 느끼는 극사실주의적 효과와 동시에 형언할 수 없는 숭고함을 느끼게 된다.[46] 이 같은 경험은 식민지인들의 근대적 자아 형성에 깊은 영향을 끼칠 수밖에 없었다. 당시 조선의 박람회에서 상영되던 파노라마는 일본에서 수입된 것들로써 본래 일본인을 대상으로 국가 의식을 고취하고 민족정신을 발현할 목적으로 제작되었다.

근대 과학을 응용하야써 찌는 녀름에도 서늘한 가을 맛이 나도록 하엿슴으로 이 회장에만 드러스면 맛치 선경仙境에 올으는 것 갓흔 늣김이 잇슬 것이다. 특히 그중에도 가장 이채를 발할 것은 전선 십삼도의 대표적 명승고적과 산과 강을 그대로 현출한 대'파노라마'〔全國圖〕야말로 무목습고茂木習古 화백이 심혈을 경쥬하야 제작한 것이다. 그중에도 일즉 일청전장日淸戰爭 때에 비장한 전사를 한 안성의 송긔松崎 대위 전사 장면은 안성의 배경과 인형을 써서 사적을 참조하야 만들어 노앗스며 평양의 대동강 부벽루와 한강, 압록강 등 보기만 하여도 시원한 설비가 준비되엇슴으로 과연 일반의 인기가 집중됨도 무리는 아니라 할 것이다.

– 〈이채異彩를 발하는 대'파노라마'〉 《매일신보》 1927.6.27.)

파노라마는 이처럼 식민지 조선에서도 청일전쟁 같은 과거의 전쟁을 기념하면서 국가의식을 고취하는 시각 장치로 활용되었다.[47] 특히 빛에 따라 변화하는 광경은 관람자의 시선을 사로잡았다. "전투의 실전과 기타 륙전·해전 등의 '파노라마'가 전개되"고 "일본군의 금주 입성의 광경도 보여주어" 무기와 전쟁의 실경을 구경하는 "일반 관람자로 하여금 전쟁 승리의 통쾌미를 맛보게 하여"[48]주는 가상공간 속에서 조선인들은 전쟁을 모의 체험하며 국가가 제공한 환상을 받아들였던 것이다.

박람회 열풍을 이용해 돈을 벌려는 사람들도 많아졌다. 가히 광풍이라 할 만한 수준이었다. "술장사 밥장사- 계집장사! 협심패! 날랑패! 부장자! 거편"들만이 아니라 평범한 시골 사람들도 박람회가 열리는 "한 달 동안에 거부가 되어 흥청거리고 살어볼"요량으로 "집 파라 논 파라 딸 파라!" 보따리를 들고 상경했다. 그야말로 "박람회광(博覽會狂)"들[49]이라 할 만했다. 그렇지만 공진회나 박람회 때문에 총출동한

〈봇다리 시대 '1932년 봇다리 세상(4)'〉
(《조선일보》 1932.1.28.)

이 "봇다리"들은 서울의 만화경에 홀려서 전 재산을 탕진하는 경우가 많았다. "현대 문명의 은택에 감격한" 그들은 "서울이라는 처참한 그 리면을 알 길이 업"었으니 "것치장에 그만 넉을 일어 입을 헤- 버리고 주머니를 톡톡 터러놋코는 전당 잡힌 제 집으로 밋바닥 뚜러진 고모신 짝을 끌고 울고 가"[50]기 십상이었다. "모든 것에 대감격하야 로상 입을 헤- 버리고 배를 쑥 내밀고 다니다가" 결국 "'스리'에게 은혜를 낏친"[51] 뒤에야 비로소 "서울 가서 돈 쓰라고 이 더위에 애써서 선전하는 박람 회"[52]의 모순을 깨닫게 되는 것이었다.

서울 구경

조선의 어느 여류 서양화가가 1년 만에 방문한 1920년대 중반의 경성 시가는 전차와 같은 근대적 운송 수단이 늘었지만 변호사 사무실이나 유흥가도 늘어 근대사회의 명암이 더욱 짙어졌을 뿐만 아니라 "쏙쏙 뽑은 청년 양복쟁이가 전보다 만하진 것 갓고 또 대모(玳瑁) 테 안경 안 쓴 사람이 업는 것" 같고 "여학생의 치마 기리는 작년보다 조곰 길어진 것 갓고 여교사 가튼 숙녀 처노코 왜사적삼, 생수겹 저고리 아니 입은 이가 별로 업는"[53] 자본주의 상품과 소비문화가 이미 활발하게 침투한 공간이었다. 그녀는 "경성을 드러서면 마치 반 간(間) 방 속에다가 잡 아느코 사방 창을 잠그는 것 가튼 기분"이 든다고도 했는데, 여기에는 조선에서 경성이라는 공간을 독립적으로 분리·구획하려는 의식이 반 영되어 있다. 식민지 조선에서 특화된 지역인 경성의 스펙터클 속에서 군중은 시각적 자극에 민감하게 반응하게 되었고, '시각'에 집중하는 구경꾼으로 재탄생했다. 《동아일보》의 만문만화 〈춘풍소풍(3)〉에 등

장하는 것처럼, 구경꾼들이 동
물원·식물원·운동경기 같은
근대적인 볼거리를 찾아 돌아
다니는 모습과 1920년대 창경
원의 주말 관람객 수가 2천 명
에 이르렀다[54]는 사실은 이 시
기에 구경 문화가 자리 잡아가
는 일단을 보여준다. 보통학교
대운동회를 관람하다가 한 달
전에 잃어버렸던 딸과 해후하
는 해프닝까지 벌어질 지경이
었다.[55]

〈춘풍소풍(3)〉《동아일보》 1935.4.21.

　다음은 안석주가 그린 만문만화에 등장하는 어느 시골 사람의 외침
으로, 이 시기 조선인들이 얼마나 구경거리에 열광했는지를 짐작할 수
있게 한다.

　이번 박람회에 서울을 가면 그 괴상한 요지경을 사가지고 오겟다. 이번
에 가면 '모-던껄'인가 '모던뽀이'인가 하도 떠드니 그것도 구경하여야
하겟다! '뻐스'라나 버선차라나 그것도 대체 무언지 보아야 하겟다! 그
리고 서울에서는 큰 길거리에서 코를 일허버린 사람이 잇다니 그건 엇
재서 그런지 내 코가 떠러저도 구경은 하여야 하겟다. 또 그뿐인가? 종
로 네거리에서도 사나희를 처가는 계집이 잇다니 그것 또한 큰 구경거
리다. 가자! 가자! 서울로- 박람회로-.

　　　　　　　　　　　　　– 〈도회풍경(4) '박람회광'〉《조선일보》 1929.6.8.

〈학생만화〉 (《조선일보》 1930.9.30.)

1930년 9월 《조선일보》에 재현된 만화를 보면 서울로 유학 보낸 딸을 보고 싶어 상경한 아버지의 눈에 "노랑머리 꼬리에 집신 끌든 자긔 딸은 간데 업"다. "시가 구경나선 부녀의 차림차리에 일 세기의 상거(相距: 거리)가 잇는 것"은 세대 간 차이를 드러내는 것일 뿐만 아니라 도회지 경성과 다른 지역들을 구획 짓는 것이기도 하다. 시골 사람들에게 경성은 별천지이자 알 수 없는 미지의 공간이었다. 그래서 행사 철이 되면 경성은 거리마다 서울 구경·꽃구경·박람회 구경을 오는 시골 손님들로 북적댔다. 하루에도 몇 천 명에 이르는 손님들 덕분에 도시는 이윤을 창출할 수 있었다. 그렇게 시골 손님들이 돌아간 뒤 "서울에 떠러지는 돈이 삼십만 원"[56]이라는 이야기도 있었다. 근대식 도로와 철도의 발달에 힘입어 1920~30년대에는 서울을 방문하는 시골 손님의 수가 엄청나게 증가했다. 1935년 4월에 창경원 벚꽃 구경과 수학여행을 위해 경성역과 청량리 정거장, 용산역에서 승·하차한 인원을 참고하면 하루 평균 3만 명이 서울 구경을 한 셈이었다.[57]

서울 구경이 이렇듯 붐을 이루자 신문이나 잡지에는 경성을 방문할 사람들을 위한 '경성 안내서'가 게재되기도 했다. 1929년 9월 《별건곤》 〈대경성호〉 특집기사 가운데 "2일 동안에 서울 구경 골고로 하는 법, 시골 친구 안내할 로순(路順)"[58] 같은 글이 그것이다. 하루 만에 다 보기 어렵다는 박람회 구경을 하려면 어떤 경로를 밟아야 되는지를 알려주는 기사도 있었다.[59] 외부인이 알아야 할 경성에 대한 정보를 시각화하여 좀 더 알기 쉽고 명쾌하게 전달하려는 시도도 있었다. 경성의 시가와 명승의 사진들을 모아서 대경성의 활동사진처럼 꾸민 사진 전람회나 잡지의 화보가 그것이다. 이를 통해 서울에 직접 가보지 못한 사람도 서울 구경을 할 수 있게 된 셈이었다.

당시 서울 구경은 대개 박람회장, 총독부 청사, 박물관, 조선 신궁, 진고개, 동물원, 식물원 순으로 진행되었다. 이는 경성의 스펙터클이 부각된 경로이다. 그런데 화려한 외관을 중심으로 짜인 이 같은 경로는 찬탄보다는 분노와 억울한 감정을 낳았다. 그것은 "78원 54전"이라는 경비에 비해 실속은 아무것도 없는 "멍텅구리 헛물켜기"였다는 평가에서도 확인된다.

> 상품 진열관을 보고 경성일보사를 보고 삼월三越이란 일인日人의 거상 점巨商店을 보앗다. 그리고는 또 업는가? 올치! 시골 사람으로는 더군다나 예전 갓흐면 명함名啣도 못 들일 창덕궁 비원을 보앗섯다. 불언궁중수不言宮中樹라든 그 지존의 지地를 보앗다. 그것 도한 광영일넌지? 그리고는 생각이 안이 난다. 구경은 이것뿐이다. 전후 9일 동안 차비, 식비, 잡비 아울너 78원 54전 쓰고 구경은 이것뿐이다. 생각하면 분한 노릇이다. 실속은 아모것도 업는 그야말로 멍텅구리 헛물켜기이엿다. 생각할사록 억울하다.
>
> — 춘파, 〈서울 구경 왓다가 니저버리고 가는 것〉(《별건곤》 130쪽, 1929.9.)

시골 사람의 서울 구경에는 반드시 회의가 뒤따랐다. 구경꾼 자신이 실속 없는 구경에 "못 보고 온 것, 니저버리고 온 것을 낫낫치 주서대며 후회와 차탄(嗟嘆: 탄식하고 한탄함)을 마지 안"[60]았던 것이다.

지식인들은 시골 사람들이 서울 구경 중에 "니저버리고 간 것"들을 따지기 시작했다. 그들에 따르면, 시골 사람들은 첫째로 "자기를 니저버리고 갓"다. 서울의 번화함과 박람회장의 복잡함에 혼몽(昏朦: 정신이 흐릿하고 가물가물함)한 상태에 빠져 "자기를 고대로 니저버리고 갓"다. 새롭게 접한 스펙터클의 환영을 의구(疑懼)와 공포 어린 시선으로 바라보다가 "부모도 니저버리고 처자도 니저버리고 친구도 니저버리고 자기 입엇든 옷까지 니저버"린 채 '조화(造花)'라는 소리만 연발하며, "농촌" 더 나아가 "조선이란 것까지 니저버리고 갓슬넌지" 모른다. 둘째로 시골 사람들은 정작 보아야 할 것들을 보지 못했다. "남촌 서울을 보앗스나" 조선의 현실이 고스란히 담긴 "북촌 서울은 못 보앗"다. 화려한 외관에 시선을 빼앗겨 정작 살펴야 할 '조선의 사정'은 돌아볼 겨를이 없었던 것이다.

그럼에도 서울 구경은 이 시기에 광풍에 가까운 문화 현상으로 자리잡았다. 서울에 갈 경비를 마련하기 위해 '도적질'을 하거나 학생들이 부모 몰래 상경하는 일이 계속해서 발생했다. 그리하여 시골 사람들의 눈에 서울이란 공간은 '불량'을 양성하는 그로테스크한 공간으로 재현되기 시작했다. 《별건곤》에 '골계소설(滑稽小說)'로 연재된 〈시골 아저씨의 서울 구경〉은 경성이 외지인들에게 어떤 공간이었는지를 보여준다. 이 소설은 서울 구경에 나선 순진한 시골 아저씨들이 극장에 갔다가 은군자(隱君子: 은근짜, 몰래 몸을 파는 여성)나 밀매음녀에게 끌려가서 돈을 다 빼앗기고 파출소까지 가게 된다[61]는 내용으로, 구경을 끝낸 두 시골 아저씨들에게 서울은 더 이상 화려하고 신기한 곳이 아니라

'불량함'으로 가득한 무섭고 두려운 공간이었음을 보여준다.《매일신보》의 〈향객의 서울 구경〉처럼 '미인'으로 표상되는 서울의 유혹에 넘어갔다가 후회하는 시골 사람의 모습을 재현한 만화도 있다.

민족주의자들은 시골 사람들의 서울 구경이 진고개의 무분별한 소비로 이어지고, 이것이 민족자본의 침체로 이어지는 것을 우려하며 조선 동포들에게 다음과 같이 경고했다.

캄캄하고 적적하고 무취미하든 '시골'에서 온 우리 동포들이 한 번 이곳을 구경하고 이 땅을 밟을 때에 얼마나 놀나며 얼마나 찬란할 것인가. 이 놀람과 찬란이 드듸여 부러움과 동경의 표뎍으로 변하야 그네들의

〈당선만화 '향객의 서울 구경'〉(《매일신보》 1925.4.17.)

머리속에다 깁고 기픈 인상을 남기게 되는 것이다. 서울 구경을 하얏다는 사람은 백이면 백, 천이면 천, 모다 진고개의 자태와 용모를 입에 침이 업시 칭찬하고 일커르게 되며 또 그다음 사람이 이것을 보고저 하야 서울 구경의 삼분지 이 이상은 이 진고개를 보고저 하는 심리로 꽉 차고 마는 것이다. 얼마나 이 진고개의 유혹이 강렬할 것인가? 그뿐인가. 여기를 구경하고 이곳에 홀린 사람은 '갑'이나 '을'을 물론하고 평생 소원이 '진고개 가서 그 조흔 물건이나 맛 조흔 것을 사보앗스면 죽어도 한이 업겟다'는 소리를 하게 되여 맛참네 그네들은 이 최고의 리상을 실현코저 그여히 서울을 다시 와서 바로 진고개로 간다. 그래서 무슨 물건이든지 사고야 말게 된다. 우리네 상뎀에도 잇지만은 진고개서 사가지고 가야 짜장 서울 구경을 한 보람이 잇고 자랑거리가 된다 하야 시골 사람 독특의 우월감이 생기게 되는 것이다. 그래서 이곳에 들어스면 고만 넉을 일코 말게 되면 거기서 한 가지라도 사야 마음이 풀이게 되는 것이다. 아! 그러나 그네들이 이로 인하야 조선의 살림이 죽어가는 사람의 피 말으듯 조선의 피가 말려드는 것을 꿈엔들 생각할 수가 잇스랴? 아! 이 무서운 진고개의 유혹!! 조선의 살림은 이 진고개 유혹의 희생이 되고야 말 것인가?

- 정수일, 〈진고개, 서울 맛·서울 정조〉(《별건곤》 45~47쪽, 1929.9.)

그러나 '진고개'로 표상되는 휘황찬란한 서울의 유혹에 사로잡혀 각 도에서 몰려드는 사람들로 서울은 인산인해를 이루었다. 서울 사람들 사이에서 이들은 "이웃 사람이 굶주리고 왼 마을이 바쁜 때에 서울 구경을 나설 수 잇는" "그래도 그만한 여유나마 잇는 이들"이거나 "여유도 없이 구경이 조타고 빗을 내거나 물건을 팔아가지고 오는 어리석은 사람들"[62]로, "적어도 서울 구경이니 인조견 치마 저구리 한 벌식은 가지고 드러오는 장사한테 이다음 추수하면 갚으마고 해가면서 해 입엇을 것이오, 차비하고 구경비 해서 몇 원은 가저야 하겟으니 당장에 양식을 팔어서 노자 해가지고 며느님, 시어머니, 실랑, 할아버지 할 것 없이 철도에다 돈을 펴며 와 가지고 경성에도 여기저기 돈을 펴 노러다니는 손님들"[63]일 뿐이었다. 그러니 이들은 장사치나 협잡꾼 들에게 손쉬운 먹잇감이 아닐 수 없었다.

1929년 《동아일보》(9.13.~11.1.)에 연재된 만화 〈말괄량이 박람회 구경〉은 시골 사람 털털이와 까불이 부녀의 박람회 구경이 한 편의 사기극과 다르지 않았다는 내용으로, 서울 구경의 허상을 드러낸다. 같은 해 《별건곤》에 실린 〈경성 와서 속아본 이약이〉는 순진한 시골 소년이 서울에서 사각모자 쓴 학생들에게 속아 기생집에 들러 밀매음까지 하고 그 삯을 지불했[64]다거나 박람회에서 약장수에게 '요술 약'을 샀는데 가짜 약이었다[65]는 식의 이야기로, 언제나 "서울은 낭이다!"로 마무리된다. 서울 구경은 사실 낭떠러지로 향하는 것과 같다는 의미였다. 사람들이 본 서울은 소문만 듣고 상상하던 그 서울이 아니었다. 이들은 귀향할 때까지 타자로서 서울이란 공간을 배회하기만 했기 때문이다.[66] 그래서 낭떠러지 같은 서울로 몰려드는 이 시골 사람들을 위해 《동아일보》는 "낭패하기 전에 니저서 안 될 것"이라며 잡지 《별건곤》 경성호를 필독하라고 당부한다.

이번에 서울 오는 사람은 오기 전에 미리미리 주의하여야 할 것이 잇스니, 첫재는 모처럼 온 길에 꼭 보아야 할 것을 빠치지 말고 잘 보도록 해야 할 것이오, 둘재는 호랑이 굴가티 무서운 서울에 와서 속지 말도록 해야 할 것이다. 더욱 박람회니 무어니 하는 긔회라 시골서 온 사람 속여 먹으려는 턴하 협잡군이란 협잡군은 모다 경성으로 모여든 판이니 이때에 오는 사람은 더욱 그것을 주의하여야 할 것인 바 속지 말고 정말 보아야 할 것을 똑똑히 보고 가려면 미리부터 이번 경성 개벽사에서 특별 편즙하야 오는 22일에 발행하는 《별건곤》 경성호를 주문하야 닑고 오는 것이 제일이다. (중략) 서울 와서 속지 말라고- 무서운 경성, 오대 마굴 내막 탐사기五大魔窟內幕探査記. 처음 올러온 시골 사람은 물론이요, 똑똑하다는 서울떠기까지 후려잡아먹는 무서운 마굴 다섯 종류의 내막을 세세히 탐사해내엇고 그 외에 또 스리도적 맛지 안는 비밀 방법과 각가지 협잡군의 협잡해먹는 수단까지 들처내여서 이것만 한번 닑으면 어떤 경우에라도 서울 와서 속을 까닭이 업슬 것이요, 또 시골 사람으로 서울 와서 속아본 실지 경험담도 만히 모아노흔 고로 남의 경험이 내 경험이라 이것만 닑어두면 속고 십허도 속을 수 업슬 것이다.

– 〈경성 올 사람 특별주의〉(《동아일보》 1929.9.21.)

'속지 않는 법의 체득', 이것이야말로 조선인이 진정한 근대인으로 거듭나는 방법이었다.

2장
대로문화와 여성 산책자

유토피아적인 도시계획, 카메라의 눈, 가상(街上) 스케치

근대식으로 지어진 건물들, 전차와 자동차를 비롯한 근대적 교통수단, 화려한 네온등을 장착한 백화점, 마네킹이 장식되어 있는 쇼윈도 등 행인의 시선을 사로잡을 만한 광경이 즐비한 도시. 1920~30년대 경성은 외관상으로 이렇듯 근대적 면모를 갖춘 도시로 발전해가고 있었다. 이 시기에 이르러 도시개조사업으로 새로운 도로가 건설되고 하천이 정비되어 이를 바탕으로 근대적 교통수단이 보급되었으며 행정 및 산업 시설이 마련되고 발전소와 체신국 같은 근대 시설과 기관이 도입되는 등 서울은 '구경거리'가 많은 곳으로 바뀌어갔다.

김기란은 도시개조사업을 통해 도심에 공원과 광장이 들어서고 실내 공연장이 설치됨으로써 '시각 중심 문화의 장'이 열릴 기틀이 마련되었고, 그렇게 조성된 광장에서 열리는 연설회나 강연회에서 관객들은 무대를 바라보며 시각 중심으로 세계를 인지하도록 훈련받았음을 지적하였다.[1] 비록 남촌의 화려함에는 미치지 못했지만, 종로의 길거리 역시 행인의 관람을 유도하는 '극장'의 역할을 했다.[2] 도시계획에 따라 재정비된 경성의 대로(大路)는 그 자체가 극장이 되어 거주민들의 관람을 부추겼던 것이다. 식민지 자본주의는 대로의 행인들을 건물 안으로 유인하기 위해 도시라는 공간 자체를 볼거리로 환원시켰다. 그리하여 새것을 추구하는 모던보이와 모던걸 들에게 시각적 쾌락을 추동하는 거리의 무수한 스펙터클은 거부할 수 없는 매혹의 대상이었다. 김백영은 이러한 현상을 두고 "식민지 도시 공간은 문명의 위광(威光)을 과시하는 제국의 스펙터클이 상연되는 극장이자, 인종차별적 양극화의 처절한 드라마가 양산되는 비극적 삶의 무대"[3]였다고 평가한다.

이러한 맥락에서 보면, 경성의 도시화 정책이야말로 조선에서 시각 중심의 문화가 조성될 수 있었던 결정적 계기였다. 경성은 도시 공간의 성장 및 발전을 지속적으로 담보할 제도적 장치를 마련해나갔다. 자동차와 전차, 버스가 복잡하게 얽혀 교통사고가 빈발하자 도로를 확충하고 교통체계를 재정비하였으며, 종로의 양 대로변을 가득 메웠던 구식 가옥을 허물고 그 자리에 높은 빌딩들을 세웠다. 또한 한강의 노들나루에 철교를 건설하고 철길을 놓고 주택가를 일사불란하게 정돈했다. 1930년대에 '대경성 건설 계획'이 입안되어 '조선 시가지 계획령'에 의해 시행되면서 신문들은 "허물 벗는 서울"[4]이 될 것이라 전망했다. 그러나 이렇게 계획된 도시 한편에서는 반드시 "게딱지 가튼 빈민굴이 즐비하게 드러서는 장면"이 연출되었다. 그것은 마치 빈민굴이 도시계획의 필수 요소처럼 보일 지경이었다.

관리자의 입장에서 도시계획이란 관리자가 도시를 읽기 쉽게 효율적으로 정비하는 것을 의미한다. 미셸 드 세르토(Michel de Certeau)에 의하면, 유토피아적인 도시계획 담론에 의거하여 건설된 도시는 합리적 조직화를 통해 모든 물리적·정신적·정치적 오염을 억압해야 한다.[5] 도시 '행정'은 도시의 여러 부문과 기능들을 분류해서 차별화하고 재배치하여 다룰 수 없는 것들을 배제시킴으로써, 기능주의적 행정의 '폐기물들(비정상·일탈·질병·죽음 등)'을 만들어내기 때문이다. 확실히 정부 당국은 경성의 근대화를 '빈민굴'과 같은 행정적 폐기물들을 정화하거나 제거하는 과정인 듯 선전했지만, 실상은 행정적 폐기물들

〈30년 후의 대경성 '흥폐존밍은- 부민의 각싱 여하'〉(《매일신보》 1926.1.21.)

이 도시의 발전과 더불어 계속 증가하는 모순된 형국이었다.

1920년대 중반에 1959년을 목표 연도로 설정한 '대경성 건설 계획'과 그 설계안이 제시되자, 신문들은 연일 그 내용을 기사화하였다. 기사는 대개 "아즉까지도 도회의 면목을 형성하자면 압에 시일이 한업시 멀 뿐 안이라 경제적으로 나날이 파멸되야가는 우리 사람들의 생활 상태를 살펴보면"[6] "도저히 락관은 못"하겠지만, "우리 됴선의 흥폐존망은 각자의 각성과 결심에 잇다"고 독려하며 30년 후 경성부를 그린 지도를 게재하는 식이었다.[7] 그러나 정부 당국의 도시계획은 비판을 피할 수 없었다. "세계의 어느 도회를 가든지 겨울이면 강시(僵屍: 얼어 죽

은 시체)도 날 것이요, 헐벗고 굶줄인 불상한 이이들과 거지가 업스랴마는, 소위 대경성이라고 자랑하는 서울 장안가티 그런 불상한 사람이 만흔 곳은 업슬 것이요, 더구나 금년가티 첫 치위에 벌서 강시가 근 십 명이나 되는 나라는 드물 것"인데, "그래도 경성부는 신청사만 지어"대는 형국으로 비쳤기 때문이다. 실제로 경성부는 고아원 같은 사회 구제 사업을 등한시하고 '신청사' 짓기에만 열을 올렸다. 그리하여 조선인들의 눈에는 "사선死線에 선 오백의 어린 혼! 도시화한 상징은 강시뿐!"이었다.[8]

관람자들이 경성을 보는 시선이 도시 설계자의 그것처럼 변화할 수 있었던 데에는 '카메라'의 역할이 컸다. 1920~30년대에 신문사들은 항공 촬영을 통해 경성을 해부하려 들었다. 동아일보사의 이길용 기자는 비행기를 타고 경성 상공에서 촬영한 사진들과 관련 에세이를 '부감기(俯瞰記: 위에서 내려다보며 쓴 글)'의 형식을 빌려 신문에 연재하였다.

눈 아래 잘 집을 깔고서……, 어느 학교 교가 그대로의 장안을 깔고 나려본다. 프로펠라도 몹시 빨르다. 내 눈도 몹시 바쁘다. 보구 싶은 곳은 많은데 날개 이편, 날개 저편으로 이것 찾는 사이, 저것은 지나가고 아직도 끝치지 안는 비에 젖은 안경을 훔치는 사이에 벌서 이두 저두 획획 지나간다.

– 〈신록新錄의 대경성 부감기(2)〉 《동아일보》 1933.6.6.)

상공에서 보면 "새 종류를 기르는 큰 철망"도 "따(땅)에서 보는 병아리만큼밖에"[9] 보이지 않는다. 게다가 타고 있는 비행기의 빠른 속도 때문에 보이는 모든 것들이 추상적인 기호로 읽힐 뿐이다. 그리하여 부감의 시선에서는 땅에서 볼 수 없었던 도시의 권력 구조가 보인다. 이는 "자동차 강습생들의 자동차 드라이브하는 양"과 "경성 운동장이 규모 잇게 놓여 잇"고 "새로 만드는 수영장의 공사도 제법 크게 벌어"[10]진 것을 보며 경성이 근대 도시로 변모해가는 모습을 확인하는 비행인 동시에, "속으로는 어찌되엇든 겉으론 평화하든 대경성의 장안"[11]이 실상을 드러내는 비행이었다. 창공에서 내려다본 경성은 "땅에 붙어 기는 집들과 하눌로 솟는 집들"[12]로 북촌과 남촌이 극단적인 대조를 이루며 "자리 좋은 곳엔 문화촌들, 자리 나쁜 곳엔 오막사리 토굴들"[13]이 뻗어 나가고 있는, 한쪽으로 기울어진 권력 구조를 함의한 공간이었다.

조선의 독자들이 이렇듯 기자의 시선을 빌려 근대문명의 상징인 비행기 안에서 경성을 내려다보는 경험을 하게 되면서 의외의 효과가 나

〈상공에서 본 대경성 시가〉(《동아일보》 1927.12.17.)

타났다. 조망하는 위치에서 전지전능한 시선으로 경성 시내를 내려다보며 의사(擬似) 제국주의자가 된 듯한 경험을 한 것이다. "저것이 동척(東拓)인가 본데, 그 옆으로부터 활등 휘든 둥그러진 남대문통의 길가는 듬성듬성 하눌을 정복하는 듯 위관(偉觀: 훌륭하고 장엄한 광경)답다. 그러나 땅 우에서 제가 젠 척 자랑하는 '미쓰코시'며 조선은행도 발 아래 깔고서 굽어보니 낮고 높은 차별"[14]이랄 게 없고, "총독부 앞으로 가로질른 길가상 어마어마하든 험상구진 철책도 기상(機上)에서는 담 없는 집으로밖에는 보이지 안"[15]았다. 부감의 시선은 식민지인들에게 자신들도 남촌의 일본인들과 다름없이 같은 위치에서 같은 것을 바라보는 평등한 존재이며 그들처럼 권력의 주체가 될 수 있다는 환상을 제공하였던 것이다. 이처럼 비행기 안에서 내려다본 경성은 식민성과 근대성을 동시에 환기시키는 공간이었다. 지상의 모든 사물을 한눈에 조망할 수 있는 위치에서 타자의 시선을 통해 세상을 바라볼 수 있는 카메라의 시선은 계몽과 국토 순례를 키워드로 삼아 조망자의 욕망을 반영하고 있었다.

1930년대에 카메라는 "현대인의 뱃곱"이라 불리며 모던보이가 교외로 나갈 때 반드시 지참해야 할 필수품이 되었다.[16] 카메라가 대중화되면서 조선에도 카메라 애호가들이 생겼다. 카메라 애호가들은 신문사에서 기획한 사진 공모전에 출품하기 위해 '예술사진'[17]을 찍거나 계절별 현상 사진 모집[18]에 응모하기 위해 피사체를 찾아다녔다. 신문사들도 농촌이나 명승지 순례, 절기별 혹은 산업별 '카메라 순례' 기사를 연재하여 카메라에 포착된 조선의 풍경을 지면에 담았다.[19]

카메라를 통해 세상을 보게 되면서 사람들의 시선에도 변화가 생겼다. 관찰자의 시선으로 세상을 볼 수 있게 된 것이다. 그런데 관찰자의 입장에 있는 카메라의 시선은 분명 이데올로기적이다. 카메라로 어떤 대상을 포착한다고 할 때, 우리는 카메라 렌즈를 특정 위치에 고정시킨다. 따라서 시계가 제한된다. 카메라가 담아낸 이미지가 아무리 사실적이라 하더라도 결국은 선택과 배제의 과정을 거친 결과물인 것이다. 다시 말해 카메라의 렌즈는 그것을 조작하는 사람의 의지에 따라 대상을 선택하고 클로즈업하며, 그렇게 생산된 이미지는 이미 카메라 조작자가 가진 이데올로기의 옷을 입은 피사체인 것이다.

《조선일보》의 〈캐메라산보(1)~(8)〉(1934.7.13.~7.24.)에서도 "측면에서 측면에" 카메라 앵글을 맞추며 도시를 누비는 산책자의 이데올로기가 명확히 드러난다. "서울의 외화는 급속도로 발전"하여 자동차와 전

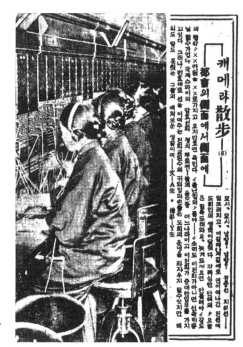

〈캐메라산보(6) '도회의 측면에서 측면에'〉
《조선일보》 1934.7.20.)

차, 인력거가 당나귀와 교자(轎子: 가마)를 대체하였지만 이도 "돈 잇는" 사람이나 누릴 수 있는 편리함이다.[20] 발전의 뒤안길에는 "새벽부터 밤까지 한시도 안질 사이 업시" 일하는 "뻐스껄"[21]과 "더워도 땀도 못 씻는" 전화교환수의 "애처로운 생활"[22]이 있다. "쓰리" 때문에 "돈지갑 든 가슴을 움켜잡는 인간"들이 자아내는 전차 안 풍경 역시 "이 사회의 일부분"[23]이다. 서구 문화가 "입에까지 밋치여" 입맛까지 서구화된 "도회 사람"들은 백화점 식당의 주 고객으로 변신하였고,[24] 정거장 플랫폼에서는 "농촌에서 득세"하여 도회로 입성하는 이를 "마지하는 사람"과 "도회에서 몰락"하여 농촌으로 돌아가는 이와 "이별하는 사람의 희비일교의 연극이 시간 시간마다 버려"진다.[25] 화려한 "일루미네이슌의" 불빛 아래서 "죄의 씨를 뿌리고 죄의 꽃을 피(우)는" 도회의 암흑가[26]는 근대 도시의 부패와 타락을 알리는 증표이다. 이와 같이 산책자는 자신의 이념에 따라 선택한 장면들을 카메라 렌즈에 담아 고발했다.

카메라의 시선은 관찰자가 되어 상대를 일방적으로 응시하는 시선이다. 따라서 관음의 쾌락을 동반할 수 있다. 기존의 근대 문화 연구도 관음을 근대 대중문화 전반을 관통하는 원리와 결부되어 있는 것으로 인식한다. 특히 '훔쳐본다'는 의미에서 '관음'은 여성의 육체나 성의 상품화와 관련된다. 천정환은 근대의 개방된 사회 공간 구조 속에서 '관음'과 '구경'이 대립되지 않고 동시성과 상호성을 띠며 공존했던 것이야말로 근대의 '시각'이 지닌 핵심적 속성이라고 지적한 바 있다.[27] 도시의 대로는 현실을 구경거리로 탈바꿈시켰다. 구경거리로 재현된 현실은 공유된 문화였으며, 사람들로 하여금 대도시의 문화에 참여하고 있다고 상상하게 함으로써 경험을 공유한다는 느낌을 자아냈다. 시각적으로 재현된 현실은 사람들에게 자신이 속한다고 생각하는 공유된 세계가 실제로 존재한다는 시각적 증거였기 때문이다.[28] 도시의 대로는 나아가 익명의 행인들마저 근대 도시가 만들어내는 스펙터클의 일부로 전환시켰다. 〈경성 가두인물전람京城街頭人物展覽〉은 "길거리에서 눈에 뜨이는 대로 인사도 통성(通姓)도 할 사이 업시 딸깍딸깍 찍어온 사진"[29]이다. 경성 거리에는 "복색으로만 보아도 별별 인물이 다 나"오는데, 익명의 행인들은 옷차림으로써 자신들이 근대 대로문화의 스펙터클임을 보여준다. 거기에는 "억개를 내노코" 다니는 "30세 부인"도 있고 "속곳 가랭이가치 넓은 양복 바지를 닙고 모던! 맵시를 자랑하는 학생"도 있다. "중국말 모르면서 중국복 닙은 부인"도 있고 "궁둥이의 곡선을 자랑하고 십어 하는 양장 미인과 단발랑"도 있다. 편집자는 "모아노코 보니 빠진 것이 더 만흐나 이것만으로도 서울 사는 사람의 마

〈경성 가두인물전람〉(《별건곤》 1929.9.11.)

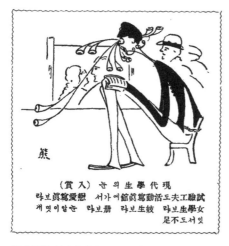

〈현대 학생의 눈〉(《별건곤》 1927.1.)

음의 움즉임을 짐작할 수 잇"
다고 이야기한다. 이들 모두
는 제 나름의 "모던-미(味)"
를 추구하고 있다. 동일한 시
야를 가진 개별 주체들은 서
로 비슷한 상상력과 인식을
가진 집합적 주체가 된다. 그
래서 잡지 편집자는 대로변
에서 발견한 익명의 주체들
을 하나의 프레임 안에 모아
둔 것이다. 물론, 당대의 감상

자들 역시 이 사진을 매개로 비슷한 문화적 상상력을 발휘했을 것이다.

경성의 대로변에 극장과 영화관이 들어서고 1920~30년대에는 카
페와 다방, 백화점이 등장하면서 조선에서도 '거리 구경'이 도시 문화
의 하나로 자리 잡았다. 대도시 경성의 거리는 근대적인 상품과 문화
를 진열해놓은 일종의 '아케이드'였다. 경성의 모던걸과 모던보이 들
은 이 아케이드를 활보하며 근대를 만끽했다. 상품을 실제로 구매하지
는 않더라도 상품이 진열된 거리를 '통과'하는 행위 자체를 '근대적'인
것으로 인식했기 때문이다. 그러나 도시를 "교류하는 군중은 무료 관
람객"이 되어 "뜻 아닌 구경을 억지로 하고 간"[30]다는 말처럼, 조선인들
은 시각의 지배를 강제로라도 체험할 수밖에 없는 환경에 놓였던 것이
기도 하다. 이런 식으로 시각적 자극에 민감하게 반응하는 아비투스를
몸에 익힌 대도시의 군중은 구경거리를 갈망하게 되었다.

도회의 무더운 여름밤! 시원하게 안저 한 시 반 분도 쉴 수 업고 누어 잇슬 수 업는 가난한 무리들에게는 오직 넓다란 길거리가 잇슬 뿐이다. 그러기 때문에 여름밤의 서울 시가는 쏘다저 나오는 가난한 집안의 남녀군으로 번창한 것이요, 더욱이 백화점 야시장에 길이 좁은 것이다. 물론 그 가운데는 유유이 호강스러운 서방님 아씨들이 발을 나란이 하야 것는 수도 잇다.

– 〈기자총출 '한 시간 밤거리 탐방'〉(《별건곤》 18쪽, 1932.7.)

대도시 군중의 구경거리에 대한 갈망은 이처럼 대로로 분출되어 도시인의 생활 자체를 구경거리로 만들었다. 대로변의 군중이 도시의 스펙터클이 된 셈이었다. 카메라의 시선으로 세상을 보게 된 근대의 산책자들은 어느덧 '카메라' 대신 '펜'을 들고 '거리 스케치'에 나섰다. 그들의 걷기는 '도시'라는 텍스트를 읽기 위한 가장 기본적인 방법이었다. '거리 구경'이 하나의 문화로 자리 잡으면서, 기자들은 거리를 둘러보며 흥미로운 장면들을 스케치했고, 신문사들은 전국의 일반 독자들을 대상으로 연일 '스케치문'을 공모하는 광고를 게재하였다.

"제목題 춘일 가상 소견春日街上所見"
서울이고 시골이고 봄날 거리에서 본 일은 무엇이든지 흥미를 늣기는 일이면 흐리지 안흔 관조觀照와 예리한 붓으로 심각하게 여실如實하게 해학미가 잇게 '스케취'를 하야 보내줍시오. 우수한 작에는 박사(薄謝: 소정의 사례품)를 드리겟습니다.

– 〈스케취문 모집〉(《동아일보》 1928.4.9.)

이와 같이 근대 도시와 미디어가 양산하고 고양한 '거리' 구경 문화는 도시 자체를 사회적 경험의 대상으로 만들었다. '걷기'를 도시의 구석구석을 다니며 얻은 경험을 바탕으로 공간을 재조직하는 행위로 만든 것이다. 따라서 도시의 거리를 '통과'하는 산책자의 시선은 근대적인 것일 수밖에 없다. 산책자는 도시를 걸으며 몇몇 장소를 선택하여 자신의 기호에 따라 특정 장소들을 선호하거나 꺼릴 만한 곳으로 구분한다.[31]

> 하루 여가를 기회하여 장안 가로長安街路로 돌아다니며 곳곳이 구경이나 하여 보자. 위선爲先 제일직선으로 널다란 서대문통으로 동대문까지 좌우 양편으로 벽돌집, 기와집, 양철집, 초가집 등이 즐비하게, 어떤 도회에 비해서도 과히 손색없다. 그중 구할 만한 가로街路이다. 그중 사람들도 천태만상으로 형형색색이 다 있다. (중략) 물론 도회처都會處이니까 외국 사람, 시골 사람, 서울 사람 모두 같이 모여 다니니까 그러하지만 참 별별잡색이 많다.
>
> 대로大路는 그만두고 좁은 행랑行廊 뒷골목으로 들어서자, 밤낮 위생이니 청결이니 하여도 추잡한 물건은 골목마다 진열하여 있고 똥오줌도 일정한 장소에 누지 못하나 보다. 좁고 좁은 골목에 밟히는 것은 똥오줌이요, 보이는 것이 추물醜物이다. 개기름 도는 기생 부모, 기름때 묻은 갈보 서방, 기침 쿨렁쿨렁 하는 아편쟁이, 천 냥 만 냥 하는 바람둥이, 기생 토벌 다니는 부랑배 들뿐이다. 하도 추물이 많아 구역이 나서 못 다니겠다.
>
> — 청거 이상돈, 〈가로잡관〉 (《삼천리》 101쪽, 1928.6.)

여기서 대로변은 "천태만상으로 형형색색"인 익명의 주체들이 모여 다니는 "구할 만한" 근대성의 표상이지만, 대로의 이면, 즉 도시 건설 계획에서 배제되어 있는 뒷골목은 "아편쟁이"와 "부랑배들"만 득실거리는 '근대의 오물'이다. 걷는 자가 그려낸 공간의 지도에는 대로변과 뒷골목이 다른 세상인 양 구분되어 대조적으로 배치되고 있는 것이다. 《동아일보》의 〈춘일가상소견春日街上所見(1)~(19)〉(1928.4.22.~5.3.)에 등장하는 공간들 역시 민족적 차별과 소비, 향락으로 타락해가는 사정은 마찬가지다. 근대 대도시의 "세기말적 퇴폐의 거리"에서 산책자들은 조선의 '군중'을 발견한다. 파괴와 혼란, 무질서와 충동을 함의하는 '군중'은 단어의 함의 그대로라면 제도권 밖에 있는 '불안의 원천'이다. 그러나 종로 네거리 한복판에 모여든 경성의 군중은 "외국인 관광단"과 "불상한 우리나라 사람"이 대치한 장면을 목도하면서도 당황한 "인력거군"과 인력거에 부딪혀 쓰러진 "노인", 인력거에 타고 있는 키 큰 "양인"을 "번가라 볼 뿐이오, 웃지도 안코 말도 업시 섯슬 뿐"[32]이다. 거리 한복판에 서 있는 광인은 "군중의 압헤 닐으드니 똥글한 눈알을 번쩍이고 햇슥한 입술을 떼이며 광인 일대(狂人一代)의 열변을 토하기 시작"한다. "갈오되 너이들은 짐승과 갓다. 오히려 짐승만도 못하다"[33]

　이처럼 1920~30년대에는 《동아일보》의 〈춘일가상소견〉을 비롯해 〈가두풍경〉(《중외일보》), 〈가상소견〉(《조선일보》), 〈가로소견〉(《중앙일보》) 같은 여러 신문과 잡지의 '가상(街上) 스케치문'들이 세태 풍자의 형식을 빌려 경성의 거리에서 벌어지는 일상의 풍경들을 도시의 스펙터클로 묘사하였고 나아가 경성 거리 자체를 스펙터클을 상연하는 극장으로 만들었다.

꼴불견 시리즈, 대경성의 해부

조선의 지식인들이 경성 시가를 "몬지와 가티 추악, 기만, 비밀, 음모, 유감이 뛰고 노는 가두(街頭)"[34]라고 규정하는 데에는 거리의 이중성이 중요한 계기로 작용했다. 가두만큼 민중의 생활이 적나라하게 드러나는 곳은 없다. 경성 거리는 경제적으로 여유 있는 민중들이 "환희"하고 "용약(勇躍: 용감하게 뛰어감)"하는 봄날의 거리인 동시에, 궁핍한 민중들의 "애수와 탄식"이 가득한 거리였다. 한숨짓는 민중들 사이를 "'째네트, 케이나'의 머리에 힌 구두를 뒤축 놉게 신고 '메린스' '보일' '오갠지' '송고직'을 걸치고 활발하게" 걸어다니는 "신여성들"은 신시대나 신조선의 상징은커녕 오히려 "변태의 표상"으로 비쳤다. 가난한 민중들은 값비싼 수입품으로 치장한 신여성들의 내면에 "비밀! 아비산 가튼 음모, 아편 가튼 유혹"이 가득 찼다고 상상했다. 즉, 신여성의 외장을 그녀의 내면을 들여다볼 수 있는 창으로 여겼던 것이다. 게다가 그녀의 내면을 채우고 있는 '비밀과 음모, 유혹'은 경성 거리에 먼지와 같이 흩날리고 있는 추악한 것들과 다르지 않았다. 신여성들은 그래서 "차마 볼 수 없는 볼거리"로, 말 그대로 "꼴불견"[35]으로 규정되어 도덕적으로 지탄받았다.

1920년대부터 소비문화시설이 본격적으로 등장하자 남촌과 북촌의 경계가 뚜렷이 나뉘었다. 무엇보다 산책자들이 경성을 걸으면서 남촌과 북촌의 장소적 특성을 찾아냈고 경계가 구획되었다. 북촌과 남촌은 외관부터 확연하게 달랐다. 전근대적 낙후성을 그대로 지닌 북촌에 비해 일본인들의 거주지였던 남촌은 넓은 도로와 하수 및 전기 시설이 구비된 근대 도시의 외관을 갖추고 있었다. 남촌과 북촌은 각각 제국주의자와 식민지인의 공간으로 인식되어 각 주체의 정체성 형성에 영향을 끼쳤다. 물론 적지 않은 수의 조선인들이 소비 활동을 매개로 이질적인 두 개의 공간을 넘나들기도 했지만[36] 경성의 조선인들 대부분은 '절대 빈곤'에 시달린 것으로도 모자라, 경제 대공황의 칼바람이 몰아친 1930년대에는 "실업 시대"[37]를 맞이하여 실질적인 구매 능력이 부재한 상태에서 도시의 화려한 소비 유흥 문화를 접해야 했다. 식민지 지식인들의 눈에 당시의 경성은 "한마디로 하면 자본주의 도시인 경성으로 변하여"가고 있었다. "모든 봉건 유물은 쫓기고 자본주의의 제요소가 변화스럽게 등장"하는 반면에 자본주의가 낳은 "대량의

〈꼴불견집 '가두에서 주은 그림'〉 (《동아일보》 1932.9.4.)

빈민도 늘어"가고 있었다. 즉 "부호와 걸인, 환락과 비참, 구(舊)와 신(新), 이 모든 불균형을 사십만 시민 위에 '씩씩'하게 배열하며 경성은 자라"[38]나고 있었다. 따라서 산책자가 되어 경성의 동서남북을 오가며 지식인들이 목도한 "대경성의 종로 네거리"는 "언제 보와도 오즉 쓸쓸할 뿐"이었다. 특히 "조선의 수부(首府), 대경성, 인구가 35만이나 살고 잇는 곳인가 하고 생각하면, 더 쓸쓸"[39]한 곳으로 느껴질 뿐이었다. 근대사회로 진입했다는 경성이 그들의 눈에는 모든 것이 불균형한, 중산계급이 몰락하고 부랑자와 위조 여학생, 협잡꾼과 걸인 들이 길거리에 넘치고 밀매음이 판을 치는 타락한 세계, 그리하여 우울의 정조만 흐르는 세계일 뿐이었다.

이렇게 식민지인들의 울분과 자괴감, 그리고 문명인이라 자처하는 무리에 대한 열등감이 얽힌 가운데 미디어들은 그런 감정들을 토해낼 희생양 찾기에 나서면서 '꼴불견 시리즈'를 폭발적으로 생산해냈다. 특히 남촌 진고개에 나날이 느는 조선 여성들을 대표적인 꼴불견으로 지목했다. 그들에게 조선의 여성들이 "치마 저고리에 게다짝을 끌면서 '옥상' 꽁문이를 딿어다니는 모양은 우습기도 하려니와 비통한 쇼크를 받고도 남"[40]을 만한 것이었다. 〈서울의 눈꼴틀리는 것(1)~(8)〉(1929.6.1.~6.12.)이란 《동아일보》의 연재만화는 미디어가 조선 여성을 '꼴불견'으로 재단하고 도덕이란 잣대를 들이대어 평가하는 방식을 잘 보여준다. "일 업시 타고 도는 오락 자동차 우의 배 터지게 쁘로조아 신사의 입에서 먹은 '쎄어'와 '사이다'가 '깨스'가 되어 종로의 몬지를 적실 때에 동록(銅綠: 돈 욕심)이 다닥 실은 어여쁜 여자의 얼굴에서는 서양 냄새 나는 분가루가 깨솔린을 소독"[41]하고, "상투에 갓 탕건이" 오히려 "경이의 존재"인 "문명 리긔를 이용하는 대경성"에서는 "'키톤' 모

자에 라발통 바지에 '조끼'식 양복저고리"를 입은 "모던뽀이를 흉내 내
는 뽀이"가 "사치라이트가티 휘둘르는 시선이 '스톱'되는 곳에는 미녀
가 향긔를 뿜는"[42]다. "마음의 추(醜)"를 모른 채 "미(美)에 충실한"[43] 모
던걸은 "나비의 알까듯 류행을 맨들고"[44] 다닌다.

그러나 이 같은 화려함의 이면에는 정화 시설조차 제대로 갖추지 못
한 민중의 생활[45]이 있다. "공동의 동산"이란 이름이 무색하게 "토디 중
개꾼, 협잡꾼, 뿌로커 들의 밀회 장소"로 이용되며 "허울 조흔 부랑군
수용소(浮浪軍收容所)"[46]로 전락해버린 파고다공원[47]에서는 "그날 먹을
것 업는 가난한" 민중들이 그들에게 주머니를 털린다. 이들의 상황은
모던보이나 모던걸과는 완전히 딴판이다. 만문만화 마지막 에피소드
의 주인공으로 등장한 '술 취한 여자'는 앞의 상황에 대한 도덕적 평가
가 수렴되는 지점이다.

〈도회가 그리는 만화풍경(5) '진고개'〉(《동아일보》 1933.9.10.)

남자가 집 안에서 기저귀 세탁을 하고 여자가 가두에서 자동차를 내달
릴 새 세긔新世紀가 오는지 알 수 업스나, 이러한 것은 그때로 밀우고 아
즉까지도 여자가 술집 문 아페서 비틀걸음 치는 것은 눈골에 알맞은 일
이 못되는 모양. 그러나 이것만은 장차 올 새 세긔의 전위 행동前衛行動
이라면 넘우나 동전 한 푼에 한 주먹씩 하는 마마콩만한 가치도 발견할
수 업다. 여자의 주정은 그들의 감정이 단순한 그것만큼 표정도 단순한
까닭인지 구역이 나서 혼자보기가 앗갑다.

– 〈서울의 눈꼴틀리는 것(8) '술 취한 녀자'〉(《동아일보》 1929.6.12.)

이 시기에는 마치 시대의 모순이 그들의 탓인 양 여성들에게 도덕적
인 책임을 전가하려는 이미지들이 적지 않다. 특히 걸아(乞兒)들과 신

〈서울의 눈꼴틀리는 것(8) '술 취한 녀자'〉(《동아일보》 1929.6.12.)

여성이 대치한 상황에서 신여성을 회피하는 모습으로 재현하여 신여성 전체를 계급적·민족적 문제를 회피하거나 무시하는 이기적인 집단으로, '꼴불견'으로 매도하는 방식이 그 전형이라고 볼 수 있다. 이같이 '가상잡관(街上雜觀)'들은 신여성과 그들의 근대적인 외양을 시각적으로 재현하는 데 치중하며 '모던걸'과 사치스럽고 향락적인 '소비문화'를 '꼴불견'으로 지목하였다.

꼴불견들을 찾아 재현하려는 욕망은 근대 도시의 이면을 해부하려는 욕망과 맞닿아 있다. 그리고 도시의 이면을 들여다보려는 욕망은 근대 도시 자체가 비밀을 안고 있다는 상상에서 비롯된다. 이는 이미 상상을 넘어 상식인 듯 여겨지고 있었다. 게다가 자본주의와 결합한 미디어들이 관음의 욕망을 양산하기 시작하면서 《조선일보》의 〈야경성 순례기(1)~(8)〉(1925.8.23.~9.2.)처럼 경성의 밤거리나 경성의 어두운 면을 담으려는 기사들이 신문에 자주 등장했다. 수많은 전등으로 불야성을 이룬 경성의 밤은 "침묵의 밤"이 아니라 사람들로 북적이는 야시장 풍경처럼 "움직이는 밤이오, 소래 치는 밤"[48]이었지만, 왕성한 도시의 밤 한편에는 도시인의 '비극적인 삶'이 자리하고 있었기 때문이다. 신문사들은 "깃붐의 밤 서울, 서름의 밤 서울"[49]이라는 주제로 서울의 두 가지 이미지를 대비시켜 보여줌으로써 도시의 이면이 지닌 비극성을 드러내려 하였다. 예를 들면, 서울의 공원은 "젊은 청춘이 모혀드는 안식과 정숙의" 공간으로 "남산 밋 한편 공원에서는 우슴소리"가 가득하지만, "탑골공원에는 오즉 음울한 긔분"만이 감돌 뿐이다. 일본인이 많이 거류하는 장충단공원에는 "욱어진 숲 사이로 뎐등"이 비치고 "차점이 잇고 그 안에는 보기 조케도 차린 일본 젊은 남녀들이 웃"고 있으며, "수해 한재로 살 수가 업느니 물가 등귀로 살 수가 업느니

하여도 각 료지집에는 손 끈칠 날이 업"[50]지만, 탑골공원에는 옛날 타령을 일삼는 갓 쓴 노인들만 모여 음울한 분위기를 자아낼 뿐이다. 미디어는 이처럼 북촌과 남촌으로 분할된 공간이 상징하는 불균등과 불평등을 강조하는 데서 나아가 홍등 아래 눈물짓는 여자들의 "인육 시장"인 유곽을 통해 "문명한 도시의 암흑면"을 보여주기에 이른다.[51] 무엇보다 "밤 아홉 시만 되면" 경성 시내에서 가장 "널직널직한 곳, 큼직큼직한 대문 압"에 "부모처자 혹은 혈혈단신"으로 누워서 "하눌로 이불을 삼고 대지 우에 잠자는 사람"[52]들을 언급하는 지점에서 식민지 현실

〈야경성 순례기(3) '문명한 도시의 암흑
면! 전개된 인육의 시장'〉(《조선일보》
1925.8.26.)

의 불공평함과 비극성이 가장 극명하게 모습을 드러낸다.

"활동사진관에 가서 세계(世界) 미인을 구경하는 것"[53]과 진고개 구경이 없다면 "빠작하는 도회에서 신경쇠약에 고생하는 서울의 청년들은 너머도 불상할 것"이라는 어느 산책자의 말은 유흥에 빠져 그냥 하는 소리가 아니었을 것이다. "고속도 문명의 부산물. 현대인의 병적 향락 생활. 그것이 곳 짜쓰(재즈) 취미"[54]로 표출되었듯이, '향락의 대경성'은 생존경쟁에서 참패한 자들이 모여드는 곳이었고, 30만 인구가 날마다 밤마다 피를 흘리는 생존경쟁이 끊일 줄 모르는 도시에 "만일 위안을 엇고 우슴을 엇을 수 잇는 향락이 업스면 그 도시의 지조 무미함과 시민의 울울한 심회는 것잡을 길이 업"을 것이란 생각이었을 것이다. 그래서 경성은 "자라갈사록 요리집이 늘고 내외주점이 늘며 분 바르는 게집이 늘고 연극장에서 밤마다 문을 열게 되고 밧분 일 업는 사람이 자동차도 찻"는 곳이 되었다.

> 인생의 향락장에는 세상에 낫하나지(나타나지) 안는 애사哀史와 검은 막 속에 영원히 숨겨 잇슬 죄악의 가지가지가 밤이면 밤, 낫이면 낫 몽롱한 꿈속에 사는 모든 사람들의 손으로 돌리는 '환돌'을 조차 붉게도 빗치고 누르게도 빗치는 것이니, 기생 모르는 신사가 업스며 요리집 모르는 교육가가 업고 남녀관계를 초월한 종교가 드문 이 세상에서 엇지나 우리는 이 인생의 가장 농후한 반면을 도외시할 수 잇겟는가.
>
> – 〈향락의 대경성(1) '생의 쟁투에 피폐한 시민'〉(《매일신보》 1925.6.6.)

이처럼 이 시기에는 도시의 이면을 추적해 그 실상을 폭로하고자 하는 욕망이 사회에 만연했다. 이는 관음의 욕망에 휘말린 구경꾼들의 새로운 대중문화가 등장했음을 의미한다. 이와 동시에 관음의 대상을 감시하려는 개인의 욕망도 나란히 고개를 들었다. 신문에 게재된 비루한 이미지들과 일정한 거리를 둠으로써 구경하는 주체로서 안정감을 갖는 한편, 권력의 비호를 스스로에게 환기시킬 수 있었기 때문이다.

걸어다니는 텍스트들: 변장기자, 혼부라

도시의 은밀한 이면을 보고자 하는 근대인들의 욕망은 미디어를 통해 대리 충족되었다. 《조선일보》의 〈시대상 '점잖은 의사'〉에는 한 쌍의 남녀를 쫓는 '미행자'가 등장한다. 그는 '점잖은 의사'의 이면에 숨겨져 있는 진실을 추적하여 독자들에게 폭로한다. 타락한 인간 군상을 탐구한다는 명목 아래 미행자의 시선은 감시와 도덕의 잣대가 되었다. 주로 '변장기자(變裝記者)'들이 그 시선을 담보한 사람들이었다. 1920~30년대에는 '거리'의 색다른 풍경들이 이 변장기자들의 시선을 통해 대중에게 전달되곤 하였다. 기자가 관찰과 미행으로 포착한 텍스트의 진실 여부는 사회적으로 도덕성과 객관성을 유지한다는 기자의 시선에 의지할 수밖에 없었다.

이 시기에 자정 후의 경성을 탐방한 '탐방기'가 대중의 이목을 끌면서 그 여파로 변장 취재가 크게 유행하였다. 신문과 잡지들이 '변장기자 탐방기(變裝記者探訪記)'를 앞다퉈 연재했다는 사실이 이를 증명한다. "사회는 움즉인다. 시시각각으로 움즉인다. '대경성의 움즉이는 현상을 박혀 모으라!'"[55]고 잡지사가 동원령을 내리면, 기자들은 "꼭 한 시간 동안에 아모데나 마음대로 가서 움즉이는 경성의 편경(片影)을 그리여 오라"[56]는 편집장의 명령을 받고 총출동하여 '대경성 백주 암행

기(大京城白晝暗行記)'를 주제로 취재 거리를 찾아 도시의 구석구석을
누볐다. 선술집의 머슴[57]이나 자동차 운전 조수,[58] 사주쟁이[59]로 변장하
고 경성의 살림살이를 살펴보거나 아편굴[60]을 탐방하며 조선의 풍기문
란을 꼬집기도 했다. 특히 귤 장사나 만주 장사로 변장하여 비밀리에
맹활약을 펼치는 출동기자들의 이야기는 독자들 사이에서 선풍적인
인기를 끌었다.[61] 그들의 암행기는 "여관이나 안즌 술집 전문의 귤 장
사로 변장을 하야 망태를 억개에 메고 만주 장사로 변장한 웅군(熊君)
과 동반하야 사문(社門)을 나스니 꽤 깁흔 밤이라, 어둡기는 하지만 마
음이 조용치 못하다"[62]는 방식으로 전개되어 독자들의 마음속에 무언

〈시대상 '점잔은 의사'〉
《조선일보》 1932.11.30.)

가를 훔쳐볼 때 생기는 긴장감을 불러일으켰기 때문이다. 변장기자들이 밤 9시경 주점에서 본 광경은 '놀나지 마시오'로 시작된다.

> 밝은 날에 종로 네거리 큰길로 활기를 치면서 지나가고 오는 사람을 보라. 모다 밝은 해와도 가치 맑은 듯이 채리엿다. 그러나 십삼사만이 사는 경성 천지에는 류십팔만 이상의 형형색색이 어둠의 장막 속에서 움지기고 잇다. 밤보다도 검은 가면 버슨 인류의 진면眞面은 엇더한 모양으로 던개되며 낮에는 참아 못 볼 밤중의 장안은 엇더한 모양으로 나타나 나올가? 이제 용서 업는 '암행기자'의 날카로운 눈동자가 새로 한 시부터 다섯 시까지 이 골목 저 골목의 암흑을 둘러보고자 한다.
>
> — 〈자정 후의 경성 '가상의 인생과 현실의 일면(1)'〉(《동아일보》 1926.5.26.)

기자들은 '탐방기' 속에 놀라거나 동조하거나 환멸하는 '관찰자'이자 '단죄자'로 등장한다. 그리고 세태 비평적인 눈으로 거리에서 벌어지는 일들을 관찰하고 기록으로 증언한다. 암행기자들은 각자 구역을 정한 뒤 사진반과 함께 수상한 사람들을 비밀리에 추적했다. 특히 변장기자의 몰래카메라식 취재와 기사는 독자들의 훔쳐보려는 욕망을 자극하였다. 몰래카메라식 탐방기는 주로 취재 대상을 시험대에 올려놓고 반응을 관찰하는 형식을 취했다. 예를 들면, 어느 여기자는 "여 고학생(苦學生)에 대한 동정 여하와 태도 여하까지"[63] 알기 위해 고학생으로 변장하고 하숙촌을 탐방하며 실험을 통해 조선 학생들의 반응을 살폈다.

변장 취재는 도시의 은폐된 비밀을 폭로하는 데 주로 무게를 두었지만, 관찰 과정에서 민족애와 동정 코드를 이끌어내거나 "연극 영화계가 일반이 생각하는 것처럼 부랑한 남녀들의 소굴"[64]은 아니라는 식으로 인식의 전환을 가져오기도 하였다. 그럼에도 불구하고 변장 취재는 대중 오락적인 요소에 방점을 찍은 취재 방식임을 부인할 수 없다. 1920년대 중반부터 1930년대 초반까지 《동아일보》와 《중외일보》 같은 언론사들은 '변장기자 찾기'라는 독자 이벤트를 기획했다.[65] "독자 위안"의 차원 혹은 절기 행사를 기념하는 차원에서 '변장기자 탐사대회'를 주최하여 변장기자들의 사진과 함께 그들이 나타날 시간과 장소, 그들을 찾은 이들이 받게 될 상품까지 안내하는 광고를 지면에 실었다.[66] 이로 인해 "경성 시내에 게신 분들은 그저 신문기자라면 남의 평

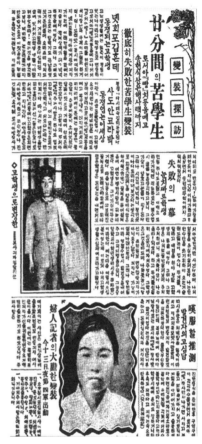

〈변장탐방 '이십 분간의 고학생로서아 빵치롱을 메고 송현 식산은행 사택까지, 철저히 실패한 고학생 변장'〉, 〈부인기자의 대담한 변장, 오는 십삼일 밤 제사군 출동'〉(《조선일보》 1924.10.13.)

만 하는 줄로 아시는지 공연히 우리들을 만나지 안토록 주의를 하시는 모양이라 우리들의 활동은 갈수록 어려워"[67]진다고 푸념하는 기자들도 생겼다.

변장 취재의 성공 여부는 '변장'의 성공 여부에 달려 있었다. 빵을 파는 고학생으로 분한 한 신문기자의 경험담에서 이를 확인할 수 있

다. 기자는 어느 남학생이 자신에게서 빵을 사서 받으며 "당신이 조선일보 변장탐방기자가 아니"냐고 묻자 "가슴이 털석 나려안졌"지만 이미 "당한 일이라 엇절 수 업시 발견증을 내어주고 그의 씨명을" 물으며 "이로써 나의 고학 생활은 실패에 도라"[68]갔다고 고백한다. 신문은 이 기사 하단에 "이번에는 특별히 부인기자가 신출귀몰한 변장으로 대담히 출동"[69]한다는 예고문을 여기자의 사진과 함께 실어 독자의 이목끌기를 멈추지 않는다. 이처럼 변장기자의 변장술은 대중의 흥미와 주의를 끌기 위한 중요한 코드였다.[70]

동아일보사는 '자정 후의 경성'이라는 주제로 암행기자의 활동 범위와 탐방 수단을 단계별로 나누어 취재한 기사를 연재하였다.[71] 첫 번째 단계는 암행기자가 일정 구역 안에서 취재 대상을 특정하지 않은 채로 그저 길거리에서 만나는 각종 인생을 재현하는 단계였고, 두 번째는 미행기자가 경성 전역을 다니며 마주친 형형색색의 사람들 중에서 특정 인물을 선정한 뒤 그를 미행하면서 언행과 생활을 취재하고 이를 통해 드러나는 자정 후의 경성을 재현하는 단계, 마지막은 드디어 기자가 변장을 하고 기발한 활동을 전개하며 솜씨를 발휘하는 단계였다. 예리한 비판을 강조한 '가상 스케치'류와 함께 흥미 본위의 '암행기자, 미행기자, 변장기자'식 취재는 이처럼 미디어를 통해 유행처럼 번지며 식민지 대중의 지적·시각적 욕망을 추동했다.

은밀한 시선으로 쓰인 정탐기는 독자들에게 대도시가 산출한 '비밀'스러운 정보를 제공했다.[72] 이로써 기자와 독자는 서로 비밀을 공유하게 되는데, 이는 관음의 시선을 공유하는 것이기도 하다. 이들의 훔쳐보기는 언제부터인가 공공의 차원을 넘어 개인의 사생활까지 파고들었다.《별건곤》에서 '비밀 조사반'을 편성해서 개인의 비밀 이야기를

수집하겠다고 나선 것이 한 예이다.[73]

이렇듯 1920~30년대에는 각종 '비밀' 서사가 등장하여 인기를 끌면서 사적인 세계가 부각되기 시작했다. 이는 사적인 생활이 전보다 중요해졌음을 의미하는 동시에, 개인의 사생활을 보호해야 할 필요성이 대두되었음을 의미하기도 한다.

개인은 타자가 품고 있는 욕망의 정체를 알 수 없을 때 불안을 느낀다. 그래서 역으로 타자의 비밀을 폭로할 방법을 찾아 자신의 불안을 해소하려 한다. 이를 위해 가장 적극적인 방편으로 도입한 것이 바로 '진실을 찾는 기계'로서 사설탐정과 근대적 개념의 범죄 수사였다.[74] 대중 미디어는 '진실 기계'의 역할을 자처하며 타인을 향한 개인의 불안과 관음의 욕망을 적극 활용하였다. 이 때문에 흥밋거리가 된 개인의 사생활이 '비밀' 코드를 매개로 하여 공론의 장으로 유입되었다.[75] 따라서 미디어가 사적인 비밀을 엿보고 추적하여 폭로하려는 욕망을 가진 '탐보적(探報的) 주체'를 등장시켜 근대적 욕망의 형식을 창출하고 구성했다는 평가는 적절해 보인다.[76]

일찍이 샤를 보들레르(Charles Pierre Baudelaire, 1821~1867)와 발터 벤야민(1892~1940)은 근대적으로 변모한 유럽의 도시를 체험하면서 '산책'의 중요성을 간파했다. 근대 조선에서도 공적 공간이 스펙터클의 장으로 탈바꿈하면서 경성 거리를 산책하는 풍속이 생겨났다. 이때 도시를 오가는 이는 도시의 스펙터클을 관람하고 거리의 상품을 소비하는 군중의 한 사람이다. 그러나 관찰자의 시선을 보유한 산책자는 거리의 군중 이상의 의미를 지닌다. 그는 근대 문물에 도취된 익명의 군중인 동시에 도시를 탐험하는 고고학자이자 도시를 해석하는 평론가이다. 그렇기 때문에 도시가 제공하는 스펙터클에 단순히 끌리는 군중과 달

〈모가행각(2)〉 (《동아일보》 1933.12.23.)

리, 냉소와 비판으로 그 세계에 균열을 낼 수 있는 외부인의 시선을 보유하고 있다.[77] 산책자는 살아 있는 카메라인 것이다.

산책자는 도시를 응시하는 존재이다. 산책자는 걷는 행위와 거리 스케치를 통해 근대 도시를 포착하고 정보를 수집하고 기록한다. 또한 도시 구석구석을 카메라의 눈으로 응시하며 이동하는 공간에 질서를 부여하고 이를 이미지화하여 글을 쓴다. 산책자가 거리를 걸으며 도시를 이미지화하는 방식은《동아일보》의 〈모가행각暮街行脚(1)~(5)〉(1933.12.22.~12.28.)에서 확인할 수 있다.

삽화 속에 등장하는 고독한 산책자는 "적은 캡을 눌러쓰고 찬바람의 마저 떠는 소구(小軀)를 움즉여 저물어가는 거리를 밟"[78]으며 종로 거리에 들어선다. 상점들의 '대매출' 깃발에 파묻힌 종로 거리는 조선 민중의 구매 능력과는 무관하다. 백화점의 넓은 문으로 들어가는 사람은 부호들뿐이다. 그는 다시 "무거운 바람을 해치고 종로를 중심으로 동서남북의 크고 적은 거리를 헤메"[79]다가 수지에 맞지 않는 생활에 쪼들려 자포자기식으로 "에라 빌어먹을 것- 이래도 졸리긴 일반이니 홧김에 몽탕 마셔나버리"자며 술집을 찾는 사람들을 스케치한다. 이 같은 "유항(柳巷: 유곽)의 번창"을 올려다보는 산책자의 "화필 든 손"이 떨린다. 이어서 산책자는 서쪽 인왕산 길을 밟다가 "찌어진 창문과 썩어진 집웅"이 즐비한 빈민굴을 보고는[80] 아스팔트 위를 걸어 진고개로 향한다.

> 좁은 골목이라서 적은 사람도 많어 뵈는지 조그만 불빛도 밝어 보이는 것인지는 몰라도 내 적은 몸의 활갯짓조차 마음껏 하고 걸을 수 없을 만큼 사람이 많었고, 내 적은 눈을 바로 뜰 수도 없을 만큼 (눈)부시게 불빛이 찬연하다. 오고가는 사람들의 얼굴빛 몸태도 차림차림 그리고 들고 가는 물건까지가 종로 거리에선 보지 못하든 풍성한 부유한 것인 것을 알어채일 수 잇다.
>
> – 〈모가행각(4)〉《동아일보》 1933.12.27.)

이처럼 산책자의 보행은 북촌과 남촌의 극단적으로 대립되는 생활을 고발하는 글쓰기가 되고 만다. 결국 비탄에 젖은 산책자의 발길은 아현리 신작로를 거쳐 "해가 저문다고 법석을 하는 그 천지와는 너무도 비하기 어려운" 마포강의 한적한 밤을 찾아간다.[81] 산책자의 도시 보행은 마치 의식의 흐름을 시각적으로 이미지화하는 글쓰기 같다. 그 역시 같은 도시의 생활인이었기에 바로 이 걷기와 글쓰기만이 납득할 만한 정체성을 스스로에게 부여할 수 있는 유일한 방법이었다.

이서구는 룸펜이 된 자신이 거리를 쏘다니는 의미를 "나는 다만 매일 나의 이 무료한 시간을 소비하기 위하야 에로와 그로[82] 넌센스의 자극을 추구하기에 몰두할 뿐"이라 밝혔다. 산책자로서 그는 도시의 시간을 소비하는 존재이다.

> 십 년 동안 사회부 긔자 생활에 나라는 한 몸둥이는 그야말로 경성의 한

구통이에부터 바라고 마랏스며, 도회 생활의 중독자 거리에 헤매는 인종이 되고 만 것을 엇지하랴.

– 이서구, 〈실사 1년간 대경성 암흑가 종군기, 카페·마작·연극·밤에 피는 꼿〉(《별건곤》 1932.1.1.)

도시의 거리에 매혹된 근대의 산책자들은 '사회조사'에 나선 조사원처럼 자신의 경로를 정하고 탐사에 나선다. 이 과정 속에서 비판적인 시선으로 당대의 문화적 산물에 반영된 징후를 기록할 수 있었던 것이다. 그런데 경성의 산책자들은 하나같이 북촌의 종로 일대에서 시작하여 일본인 거리인 남촌의 진고개로 넘어가는 경로를 선택하였다. 그리하여 조선의 모던걸과 모던보이 들 사이에서는 동경 긴자 거리의 산책자를 의미하는 "긴부라" 대신에 경성의 진고개 산책자를 의미하는 "혼부라(本ブラ)"[83]라는 말이 유행했고 '진고개(혼마찌) 산보'가 마치 신세대 문화처럼 자리잡았다. 그들은 "번화한 '쇼윈도'를 기웃거리든지 서점에 들어가서 잡지나 뒤적거리면서 사람 물결 틈을 헤매"다가, "때때로 웃음과 희망에 찬" 종산이·진산이 속에 "초최히 끼여다니는" 자신들의 꼴이 "미칠듯키 밉고 슬허서 줄다름질 처서 빠저나올 때가 한두번이 아니엿지만" 그래도 "우울을 늣길 때 모자를 들고 집을 나올랴면 발은 언제든지 '혼마찌'로 향"[84]했다. '종산이' '진산이'는 종로 네거리와 진고개를 산보하는 산보객들의 별칭이다.[85] 이는 이제 근대의 젊은 산보객들이 가로수와 잘 정돈된 진열장이 보이는 종로와 진고개 대로변에서 산보의 정취를 느끼는 존재들이 되었음을 보여준다.

젊은이들의 산책은 시각적 욕망과도 밀접한 관계를 가졌다. 젊은이들은 종로와 진고개를 오가며 시각적 욕망을 충족하려 했고, 종로와 진고개 산책은 그러한 젊은이들의 시각적 욕망을 부추겼다. 기성세대의 눈에 젊은이들의 걷는 행위는 그네들의 몸을 장식한 유행품을 선전하는 행위로밖에 비치지 않았다. 일각에서는 "다─ 쓰러저 가는 초가집만 잇는 됴선의 거리"를 그네들이 걷는다면 오히려 "외국의 풍정인드시 늣기리라"며 대체 그네들이 "아모 볼일도 업시 길로 싸단니는 까닭을 모르겟다"[86]는 비판을 쏟아냈고, 소위 '혼부라당'으로 지

〈춘일가상소견(7) '모던뽀이 모던껄'〉(《동아일보》 1928.4.19.)

칭되는 모던걸과 모던보이의 소비 행태와 연애 문화에 더욱 눈살을 찌푸렸다.[87] "이 시대의 젊은이를 상증"한다는 모던걸과 모던보이가 하루종일 하는 일이라고는 "종로를 지나 동쪽으로 내려와서 '덕원 쎌딩'으로 꺽기어 '혼부라'를 하고 다시 조선은행 압흐로 나와 종로 '덕원 쎌딩' '혼부라' 종로 '덕원 쎌딩'"을 "쎙 쎙 쎙" 도는 "세기말적 퇴폐"[88] 행위였다. 외식에만 치중한 모던걸과 모던보이의 "혼부라 표방"은 그리하여 "도시 불량소년의 봄 행락"[89]으로 평가되며 '불량성'을 드러내는 청년 하위문화로 인식되었다. 이처럼 식민지 경성의 산책 문화를 바라보는 시선 속에는 계급적 시선과 함께 자본주의 소비문화에 대한 냉소적 비판이 존재하였다.

여성 산책자, 부인견학단

신풍속도로 자리 잡은 '산책'은 모던걸의 '근대성'을 드러내는 행위이기도 했다. 시가지에 일직선으로 뻗은 대로와 소비 상품이 만들어내는 스펙터클은 군중을 끊임없이 거리로 유인했고, 거리 산책을 '모던 라이프'의 일부로 만들었다. 당대의 기사들이 "하로 한 번 공원 산보, 잇틀에 한 번 극장 왕래, 일주일에 한 번 야외 산책"[90]을 모던걸과의 결혼 조건이라 할 정도로 근대 여성과 '산책'은 밀접한 관계를 형성하고 있었다. 그러나 도시의 거리를 어슬렁거리며 자유롭게 산보하는 산책자의 시선은 여전히 남성의 전유물로 이해되었다.[91]

남성 산책자는 남성의 고유 영역으로 인식되어 온 거리에서 새롭게 등장한 스펙터클을 즐기는 자이자, 남성들의 거리에 나온 여성들을 관음의 시선으로 향유하는 자이다. 아스팔트 위의 신여성을 재현한 만화에서 "요새 종로 길거리에는 '페브멘트' 우에 춤추는 게집애들이 만타. 길거리 축음긔 가개에서 흘너나오는 '센치멘탈'한 '레코드' 소리에 건물로 신이 나서 궁둥이짓 팔짓 다리짓 으개짓으로 '레뷰'를 한바탕 – 이것도 여름날 길거리의 한 경물시(景物詩)"[92]라고 내뱉는 산책자의 시선은 온전히 남성들의 것이다. 그들이 그려낸 여성 산책자의 뒷모습은 시선과 언어가 삭제된 채 육체적 관능미만 부각되어 있다. 남성 산책자의 시선에서 거리로 나온 여성들은 관음의 욕망을 충족시켜줄 대상이자 폄하의 대상일 뿐이다. 이렇듯 도시 공간을 관찰하는 남성 산책자의 시선에서는 여성을 사회의 주변인이자 장식으로 인식하는 젠더 정치학의 위계성이 드러난다.

거리뿐만 아니라 근대 미디어에서도 시선의 특권은 남성에게 부여되어 있다. 남성 산책자는 근대 여성이 거리에 등장하자마자 그들을 유형화하기에 바빴다. 〈가두에서 본 여성의 미태美態〉는 길거리에서 본 여성을 외양에 따라 "스마-트한 양장"의 근대적이고 맵시 있는 타입, 사치 아니면서 사치 같고 양풍 아니면서 양풍 같아 "직업여성들이 이번(본)을 뜨려고 애쓰는" 이화여전(梨專) 타입, "젊은 부인이면서 고전적 조선 부녀의 모습을 그대로 갖은 타잎" "화장도 않고 머리도 그다지 공들여 빗지 않고 옷맵시도 그다지 내지는 않앗으되 어대를 통해서 표상되는지 모르는" 여성의 "본질적 미"를 지닌 타입 곧 "조선 여성이 가져야 할 타잎" 어디를 보아서나 "생기 잇고 쾌활하며 정다웁고 여성다운 제복"을 입은 "여생도"의 "미적 타잎-건실적 타잎-본격적 타잎"으로 나누어 유형화한 단적인 사례이다.[93] 이는 산책자로서 남성의 시선이 반영된 결과물이었다. 또한 〈남이 실혀하는 여자〉(《신동아》 1932.10.)와 〈남이 조와하는 여자〉(《신동아》 1932.10.)를 알고 경계하는

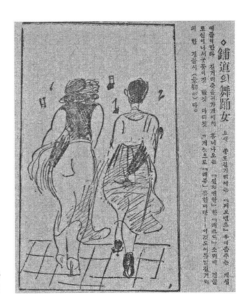

〈포도(포장도로)의 무희녀〉
(《매일신보》 1934.7.30.)

일에는 남성들의 시선에 동화되지 않는 여성을 구별해내려는 메커니즘이 작동한다. 이처럼 근대 여성의 가시성[94]은 남성 산책자의 시선이 만들어낸 유형화의 논리에 종속되었다.

근대 여성은 영화와 인쇄 미디어, 소비문화 속에서 이미지로 재현되고 생산되는 스펙터클 같은 존재였다. 서울에서 볼 만한 구경거리들을 이미지화하여 파노라마 형식으로 나열하는 이석훈의 글에도 구경거리의 한 항목으로 '여학생'이 꼽힐 정도였다.[95] 따라서 여성 산책자가 구경의 주체로서 어떠한 위치를 점하는가는 남성 구경꾼의 반응에 영향을 받을 수밖에 없었다.

이제 1920~30년대 경성의 거리로 쏟아져나온 여성 산책자들에 대해서 이야기해보자. 이 시기 여성 산책자들은 일차적으로 '소비'를 통해 자신들의 정체성을 드러냈다. 여성 산책자들은 거리를 산책하다가 상점의 휘황찬란한 간판이나 쇼윈도 앞에서 발걸음을 멈추고 상점 안으로 들어가 지갑을 연다. 그리고 나서 그 상점에서 구입한 최신 유행의 양장을 차려입고 양산을 들고 다시 거리로 나와 당당한 걸음으로 시선을 모은다. 이처럼 여성 산책자의 일상적인 산책은 소비산업이 양산하는 스펙터클에 매혹당하여 소비자가 되는 동시에 다시 그 스펙터클의 일부가 되는 근대 여성 소비자의 형상을 주조하였다. 그러나 미디어는 백화점이나 찻집을 순례하며 소비하는 여성들의 도시적인 소비 취향을 문제시하였다. 이는 근대 여성들의 소비문화와 산책 문화에 대해 당대 조선 사회가 취한 전형적인 반응이라 할 수 있다. 미디어는 "거리라는 것이 사람 다니기 위하야 생긴 것이니 사람이 거리로 좀 다녓다고 무슨 시비나 문제"가 되겠냐면서도 "헐 일 업는 부인 신여성분들이 공연이 길거리로 쏘다니는 것을 보면 줄 한심"하다며 "공장에서

흘리는 여공의 한 방울 땀과 일없
이 다니면서 흘리는 몇 백만 방울
의 땀과는 비할 길이 없"[96]다고 말
한다. 여성들의 소비와 산책 문화
속에 존재하는 허영과 계층 간 간
극을 부각시켜 비난의 근거로 삼
은 것이다. 그러한 논리 속에서
빙수가게 앞에 서 있는 부인들의
모습은 "여름에 볼 수 있는 거리
의 풍경 중에서는 제일 미운 것"[97]
이 되었으며, 서울 사람의 산보지
가 된 야시장에서 여성들이 "이것
저것 물건을 사서는 들고 오기에
쩔쩔매어 땀을 풀풀 흘리는"[98] 모
습이나 "우득하니 야시장 물건 파

一其 景風頭街 (3)

거리라는것이 사람다니기위
하야 생긴것이니 사람이거
리로 좀다녔다고 무슨시비 *

* 나 문제야되겠습니가?
그러나 혈일는 부인신
여성분들이 공연이 걸거
리로 쓰다니는것을보면 술
한심이됩니다.
공장에서 흘리는 여공의한
방울땀과 일없이 다니면서
흘리는 몇백만방울의 땀
는 비할길이없음니다.
우리는 무엇보다 땀을애김
시다요 - 귀한땀 한방울을
흘텝지라도 소용업는땀 몇
만방울을 흘리지맙시다요.

〈가두풍경(3)〉 《신가정》 1933. 7.)

는 앞에서 남자들 속에 끼여 들여다보고 섯는"[99] 모양은 꼴불견으로 치
부되었다. 뿐만 아니라 불경기는 아랑곳 않고 진고개의 백화점을 쉴
없이 들락거린다며 조선의 여학생과 신식부인 들을 부정적으로 재현
하고 비난하는 일도 끊이지 않았다.[100] 여기에는 자본주의 체제가 식민
지의 일상에 침투하는 데 대한 근대 남성들의 불안과 공포가 반영되어
있었다.

이 시점에서 거리의 볼 만한 광경, 즉 여성들이 유행을 따르는 현상
이나 소비하는 행위를 '레뷰 형식'으로 재현하는 그림들이 많이 제작
되었다는 점을 눈여겨볼 필요가 있다.[101] 그림 속에 재현된 거리의 신

여성은 근대 소비문화의 아이콘이다. 이때 자본주의 상품으로 장식된 여성들의 육체는 장식품들을 전시하는 진열창과 같은 역할을 한다. 손가락에 낀 반지를 과시하기 위해 추운 겨울날 장갑도 없이 전차에 승차하는 "돈 만흔 집" 마나님[102]이나 팔목에 찬 금시계를 남들에게 보이기 위해 빈자리를 두고도 굳이 전차 안 손잡이를 잡고 서 있는 여학생들[103]은 "자기선전"의 새로운 방식을 보여주며 시선을 끄는 존재들이었다. 이처럼 신여성은 장식 하나만으로도 응시의 대상이 될 뿐만 아니라 응시의 대상이 되었을 때의 쾌락을 오히려 즐기는 존재로 재현되곤 했다. 단발 미인은 거리의 시선이 "왼몸에 몰녀"드는 것을 느낄 때 "그러면 그럿치"[104]하고 미소를 짓는다는 것이다. 물론 남성 관찰자는 이를 "자랑을 하지 안코는 못 백일 여자의 허영심"에서 비롯된 것으로 단순화했다.

그렇다면 여성 소비자가 증식하는 장면이 갖는 의미는 무엇일까? 안석영은 《조선일보》에 연재한 만문만화 〈여성 선전시대가 오면 (1)~(6)〉(1930.1.11.~1.19.)에서 근대 여성이 집단적으로 자기선전에 나선다면 "여러 가지의 괴상한 일"들이 벌어질 것이라 예상한다. 우선 당대의 "자랑 잘하는 '모던-껄'들"[105]은 "돈만 잇스면 아모라도 좃타"는 말을 거침없이 내뱉는다.[106] 그녀들은 외국 유학생을 배우자감으로 원하며, 초콜릿을 좋아하고, 문화주택과 피아노를 갖고 싶어할 뿐만[107] 아니라 "조선 서울에 안저서 동경 행진곡을 부르고 유부녀로서 '기미고히시-'를 부르고 다 쓰러저가는 초가집에서 '몽파리'를 부르는"[108] 허영에 사로잡힌 존재들이다. 안석영은 '여성 프로파간다' 시대가 곧 온다면 이런 여성들이 숄이나 장갑, 손가방 같은 자신들의 욕망을 명시한 피켓을 들고서 노골적인 거리 행진을 하거나, 자신들의 에로틱한 신체 부위를 교환의 체계 속에 영입시켜 '광고판'으로 사용할지도 모른다고 말한다. 따라서 여성 선전시대가 오면 "육체미를 발휘하자!"는 모토 아래 "모던-걸들의 옷이 몹시 간략"[109]해질 수도 있고, "유리집을 짓고 남편을 들복는 광경을 오는 사람 가는 사람에게 보히는 때가 올지도"[110] 모른다고 우려한다. 유행가 때문에 "지붕 우혜 집을 짓고 그 지붕과 담벼락을 뚫고 확성기를 장치하고서 떠드러대일 것 갓다"고도 한다.

안석영은 여기서 여성 대중의 보여주기식 '자기선전'을 자본주의 상품광고와 동일하게 취급하고 있다. 동일한 패턴을 규칙적으로 배열하거나 반복하는 데서 나오는 율동감은 장식의 효과로 볼 수 있다.[111] 그런데 남성의 시선으로 재현된 여성 대중의 율동과도 같은 반복적인 움직임은 일종의 '과잉'을 초래할 수 있다. 그리고 여성 대중이 자신을 장식하는 문화에 대한 재현자의 두덕저인 비난은 '과잉'을 매개로 하여 장식과 악을 같은 범주에 속하도록 만드는 효과를 낳는다. 분명, 남성의 시선으로 재현된 여성 대중의 겉치장은 소비하는 여성 집단을 비판하고자 하는 무의식적 욕망을 반영한 것이다. 하지만 역으로 생각하면 지나친 치장이나 집단적인 움직임으로 드러나는 여성들의 욕망을 발견할 수 있는 부분이기도 하다.

여기서 주목해야 할 것은 응시의 대상이던 여성이 응시하는 시선을 자각함으로써 자아를 형성하고 있다는 점이다. 당시 "양장을 하고 단발만 하면 자긔 딴은 첨단을 것는 모던껄로 자처하는" 조선의 모던껄은 명함도 못 내밀 만한 '울트라 모던걸'들에 관한 소식이 해외에서 지속적으로 조선에 전해졌는데,[112] "모던껄의 본산지"인 구미(歐美)의 모던걸들은 "여간 미즈근한 유행으로는 사람의 마음의 안목을 끌 수 업

〈가상소견(1) '모–던껄의 장신 운동'〉 《조선일보》 1928.2.5.）

女性宣傳時代가오면 (2)

〈여성 선전시대가 오면(2)〉 《조선일보》 1930.1.12.）

습으로 기괴한 짓을 대담히 감행하야 될 수 잇는 대로 세인의 평판을 바드라 함에 고심"하는 특징을 지녔기에, "설사 그것이 악평이라도 오히려 사양치" 않고 "무슨 짓을 해서든지 신문과 잡지의 재료가 되어 풍문을 맨드러내기만 하면 만족"[113]하는 존재로 이미지화되고 있었다. 스스로를 스펙터클로 만들어가는 과정에서 모던걸로서 정체성을 형성했던 방식은 전 지구적인 현상이었다. 소비의 주체로서 젊은 여성은 그녀 자신을 모던한 장식으로 치장하고 응시의 시선을 즐기는 스펙터클로 만들어 전시하는 행위들로 근대성 구현에 참여하였던 것이다. 이처럼 여성 산책자는 단순한 거리의 행인이 아니라 근대적 상품의 소비자인 동시에 도시 공간에서 스스로를 전시하는 '시선의 담지자'[114]를 의미했다. 사정이 이렇다 보니, 모던걸은 스스로를 전시하여 정체성을 형성하는 과정에서 오히려 자신을 전시품으로서 대상화해야 하는 모순에 부딪쳤을 것이다.

근대에 이르러 여성이 정체성을 확립할 방법으로 새롭게 발견한 시각성은 스펙터클의 일부로서 스스로를 대상화한다는 특성을 지녔기 때문에 주체로서 여성의 위상을 명확히 드러내기에 유리한 조건이 아니었다. 따라서 이미 소비와 유행을 생활화한 젊은 여성들은 "훌륭한 상점에서 물건을 사야만 자기 코가 높아지는 듯한 선입견을 가진 것이 신식 여자"[115]라는 비판에도 불구하고, 백화점이나 카페, 영화관 같은 소비 공간을 점유하면서 근대적인 장식으로 자신들의 정체성을 드러내려고 했다. 근대 문화를 향유하고 소비하여 스스로를 드러낼 줄 아는 여성이 근대적인 여성이라 믿었기 때문이다.

여성 산책자가 이같이 구경의 주체이자 객체로서 근대적인 정체성을 형성해나가는 데에는 무엇보다 스스로를 '연출하는 능력'이 필요했다. 근대 산업사회에서 시각적으로 자기를 연출할 줄 아는 '연기하는 자아'가 필요해진 것이다. 거리에서 근대 여성은 자유로운 듯 보이지만 사실 타인의 시선을 의식하고 연출된 행동을 하는 무대 위의 배우였다. 최신 유행하는 옷차림으로 "거리 우를 경쾌하게 거러가는 어엽분 아가씨"의 "혈관 속에"도 타인의 시선이 닿을 때마다 그녀를 응시하는 사람들처럼 "조고마한 흥분이" 흘렀을 것이다.[116] 유치진은 새로운 상품 시장과 소비문화의 팽창 속에서 근대 도시 여성의 치장이 갖는 의미를 광고 장치인 '전기 간판'에 빗대어 설명한다.[117] 그에 따르면, 자기 치장에 몰두하는 도시 여성은 "거리의 경쾌한 맥박과 같이 뛰"노는 "거리의 후예" 즉 근대성을 체현하는 존재이다. 그 바람에 완전히 "가두 풍경의 일부"가 된다. 유치진은 거리 위의 신여성이 자신을 장식하는 진짜 이유를 "남성을 대상"으로 그들에게 보이기 위한 것이 아니라 "거리를 꾸미기 위"한 것이라고 말하며, 이는 여성 스스로 육체를 쇼윈도에 진열된 상품처럼 "전기 간판화(電氣看板化)"하는 데 지나지 않는다고 비판한다.

왜 모던걸들은 스스로를 거리의 장식품으로 만들려 했을까? 신여성들이 외양을 꾸미는 데 몰두하면서 여성들의 육체가 '전기 간판화'해가는 문화적 현상을 여성들 자신은 세상에 자신들의 능력을 홍보하는 '자기선전'이 시작되었음을 알리는 의미로 해석했다면 어떨까. 근대에 이르러 신분보다 개인의 능력이 중요시되는 사회 풍토가 조성되었고, 이 과정에서 여성이 스스로를 홍보하는 능력이 그녀의 능력 전반을 보여주는 것이 되었으니 말이다.

그렇다면 여성 관찰자의 시선으로 재현된 여성 산책자의 이미지는 어떠했을까. 소설가이자 기자인 이선희는 수필 〈다당여인茶黨女人〉에서 1930년대의 여성 산책자를 미적이고 자율적인 주체로 형상화한다. 이선희는 무섭게 추운 도시의 겨울밤에 털 속에 묻혀 눈 덮인 벌판을 헤매고 싶은 것도 "인텔리 여성의 변덕의 하나"라고 표현한다. 여성 관찰자들 또한 패션과 스캔들, 자유분방함으로 표출되는 신여성의 매력을 그녀의 불안정성과 변덕에서 비롯된 것으로 치부하곤 하였다. 하지만 신여성이 자유와 해방을 상징하는 근대의 시각적 표상이라는 것은 부정할 수 없는 사실이었다. 수필 속에 등장하는 여성 산책자는 근대 도시 경성의 자본주의 문화가 생산한 스펙터클을 따라 "거리로 나가"서 "레뷰-식으로 깡충깡충 거러라"를 지상명령으로 이해하고 따른다.

> 떼파트 쇼-윈도의 황홀한 색채가 나를 유혹하고 울트라 모-던니즘을 숭배하는 젊은 남녀의 야릇한 채림새가 내 호기심을 끈다. 거리로 나가 거라. 입술을 빩앗케 물드리고 눈섭을 가늘게 그리고 윙쓰를 사방으로 보내며 레뷰-식으로 깡충깡충 거러라. 단연이 갑싼 모-던니즘의 여왕이 될 테니. 나는 이것이 조흔지 납븐지 모른다. 하기는 아마 조선의 녀성이 다 이 모양이 되어서는 안 될 것이다. 그러나 내 눈은 변燮으로 아름다운 것을 구하고 내 가슴은 허영과 향락으로 차잇지 안은가. 나는 도회의 딸이다. 아스팔트의 딸이다.
>
> – 이선희, 〈다당여인〉 《별건곤》 1934.1.1)

스스로를 도회의 딸, 아스팔트의 딸로 명명하며 도시 문화를 자유롭게 향유하는 여성 산책자의 시선은 "아름다운 것을 구하"는 미적인 것이다. 여성 산책자가 찻집을 찾는 이유도 "화려하고 경쾌한" 찻집의 분위기가 "현대인의 미감"을 만족시키기 때문이다. 그녀는 차 한잔으로 근대적인 감각을 향유하고 포크로 케이크를 먹으면서는 젓가락으로 김치를 먹을 때보다 한층 문화적이라는 느낌에 "갑자기 내가 몹시 올라가는 것 같"이 자신의 위상까지 상승한 것 같은 판타지를 맛본다. 여성 산책자는 "도회의 환상을 한 몸에 모아가지고 서 잇는 가로등 밑" 아스팔트 보도 위에서 "바람가티 마조칠 듯 스처가는 사나희들의 눈빗〔視線〕과 자긔의 눈빗 마치 봄-금음밤에 집웅 우헤서 마조치는 고양이들의 눈빗가티 마조치는 그때의 그 감각적 선률의 일종을 맛보는 그 신비스러운 찰라 그 순간, 그 기모찌(기분)"[118]를 향유하는 "서울의 다당(茶黨)의 녀왕"[119]이다.

그러나 가슴이 "허영과 향락"으로 차 있는 도회의 딸은 사실 시대가 요구하는 대의 앞에 눈을 감은, '조선의 여성'이었다. 그들이 현대적인 미감을 맛보기 위해 지불하는 찻값은 한 가족의 끼니를 해결할 수도 있는 금액이었다. 이선희는 산책과 같은 도시인들의 취미가 식민지 조선의 빈궁한 현실로부터 도피하려는 일종의 문화적·지적 허영의 산물임을 거론하기도 한다. 그럼에도 불구하고 여성 산책자는 "단연이 갑싼 모-던니즘의 여왕"이 되고 언제까지나 '다당여인'으로 행세하겠다는 자신의 의지가 "조흔지 납븐지" 모른다. 아래는 근대 경성의 모던걸들이 지녔을 심경을 엿볼 수 있는 대목이다.

한 푼에 두 개짜리 갑싼 인테리, 그중에도 팔자에 업는 허영을 찾는 나 가튼 게집애- 그 머리 속이란 대중을 잡을 수 업는 것이다. 유쾌하고 즐거울 때면 세상은 차차로 '보까쓰' 되어 오는 것이다. 서울은 파리와 가티 생각되고 조고만 차점도 세계에서 제일 큰 사교장 가티 생각된다. 나는 그 가온대로 것는 화형으로 자처하고- 이리하야 화미華美와 향락욕의 절정에서 춤추는 것이다.

– 이선희, 〈다당여인〉(《별건곤》 1934.1.1.)

도시의 대로를 거리낌 없이 활보하는 여성 산책자는 여성의 자유와 권리를 부르짖는 부인운동 등 여성해방사에서 중요한 위치를 점하는 운동들에 단초를 제공하기도 했다. 거리 위의 젊은 여성들을 경외의 시선으로 바라보는 응시자들은 그녀들의 걸음걸이를 전근대와 근대를 가르는 '혁명'으로 해석했다.[120]

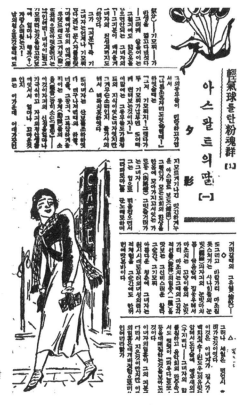

〈경기구를 탄 분혼군(1) '아스팔트의 딸 (1)'〉(《조선일보》 1934.1.1.)

여성해방운동의 차원에서, 산책에 나선 '거리 위의 여성'은 가정이라는 공간에 유폐된 채 "규문을 단단히 잠그고 그 안에서 밥 짓는 것, 빨래하는 것, 옷 짓는 것과 싸움만 하다가 그대로 늙어버리는"[121] 것이 여성의 삶이라는 기존의 관념을 깨버린 혁명적 존재들이었다. 뿐만 아니라 여성의 공간으로 여겨진 가정에서 나와 거리에 선다는 것은 남성의 영역으로만 여겨졌던 '공적 공간'에 여성들이 등장했다는 의미였다. 그러나 가부장적 질서가 뿌리내린 사회에서 여성들의 산책은 종래의 질서를 거부하는 불온한 행위로 치부되어 곱지 않은 시선을 감내해야 했다. 근대화한 거리 위의 젊은 여성으로서 유일하게 인정받을 수 있는 존재는 배움에 뜻을 둔 순결한 '여학생'뿐이었다.[122] 여학생들만이 근대 조선의 상징으로서 종로의 풍경 정중앙에 위치할 수 있는, 도덕적으로 허용된 존재였던 것이다. 미디어는 이와 같이 여성들의 등장을 근대를 구성하는 한 요소로 인정하면서도 여성들을 유혹적이고 외설적인 존재로 재단하고 그 위험성을 경고하는 행동을 반복하였다.

이 시기 여성 산책자의 행동을 규제하고 관리하는 데 어떤 정치적 함의가 내포되어 있었는가를 탐구하기 위해서는 여성 구경꾼 문화의 형성 과정을 살펴볼 필요가 있다. 근대에 이르러 "종로 네거리에 등대가 서고 뎐등이 몃 개 더 달린 것을 구경이라 하야 동소문 구석, 사직골 막바지에 계신 여러 부녀들은 혹은 어린아이를 업고 혹은 손을 잇글고 종로 네거리까지 일부러 나오게"[123] 되었다. 사실 가사 노동에 시달리다 보면 좀처럼 바깥세상을 구경할 기회가 없기 마련이라 이즈음 조선의 부녀자들은 구경거리라 할 만한 것이 생기면 하던 일을 제쳐두고라도 거리로 나가고 싶어 했다. 그와 궤를 같이하여 남녀평등이란 관념이 대두하면서 가사에 지친 부녀자들을 위안할 만한 시설과 행사

를 마련할 필요성이 제기되
었다. 조선의 여성들이 거리
로 나올 때에야 비로소 조선
의 근대성이 구현된다는 격
이었다. 여성들을 집안에만
가두어놓은 채로 평등과 자
유를 부르짖을 수는 없었기
때문이다.

신문사와 잡지사 들은 절
기별로 부녀자 원유대회(園
遊大會: 일정한 장소에 손님들
을 초대하여 먹고 마시며 여흥
을 즐기는 모임)나 습률대회

〈근대 도시화한 종로〉(《동아일보》 1933.11.15.)

(拾栗大會: 밤 줍기 행사)를 마련하거나 여성들을 대상으로 신식 문물을
보고 배우는 행사들을 기획했다. 각 언론 단체에서는 "오래동안 가정
안에만 들어앉아 중추의 가을은 돌아와도 문밖 구경을 할 기회가 별노
히 없든" 여성들에게 "하로의 위안을 주고 즐거움을 주려고 야외 원유
대회"[124]를 개최했다. 부인견학단을 조직하여 명승지와 관공서·학교·
공장 등의 사회 기관을 둘러볼 기회를 마련한 언론사들도 있었다. 이
런 행사들은 광고를 통해 프로그램과 상품목록을 제시하고 인원을 모
집하는 식으로 진행되었다. 매년 가을이면 개최되는 동아일보사와 조
선일보사의 '습률대회'[125]나 단오절을 맞이하여 그네와 정구, 변장 여
학생 찾기 등의 각종 경기와 유희, 기념품을 준비[126]하는 신여성사의
'부녀원유회'는 여성들만의 오락 문화로 정착되어갔다. 식민지 시기에

는 원유회 성격의 오락 상품뿐 아니라 '부인견학단' 명목의 여행 상품
도 지속적으로 광고를 통해 신청자를 모집하였고, 결과는 늘 대만원이
었다.[127] 행사 후에는 원유회 후기[128]나 부인견학 감상문[129]이 단체 사진
과 함께 신문과 잡지에 실리기도 했다.[130]

　미디어는 한 가정의 주부가 가정경제를 효율적으로 운영하는 데에
도 '상식'이 필요함을 강조하며[131] '부인견학'의 사회적 필요성을 언급
했고, 사회의 시설과 기관을 방문하여 감탄할 만한 문명의 이기를 직
접 보면서[132] 사회적 견문을 넓힐 수 있는 기회를 놓치지 말라고 조언
했다. 견학단을 모집하는 광고문에서 "첫재, 살림살이를 공정하고 유
리하게 하기 위하야 그러고 상식상 남편에게 뒤떨어짐이 업게 하기"

〈신가정사 주최의 부인습률대회 화보〉(《동아일보》 1935.9.30.)

위해 견학을 해야 한다는 식으로 부녀자들을 선동하기도 했다. '백 번 듣는 것이 한 번 보는 것만 못하다'는 말은 보는 것이 곧 아는 것(知)이 되는 근대적 지식 체계를 반영한 것이었다. 그런데 조선의 부녀자들이 사회적 지식을 갖지 못한 가장 큰 이유는 가정 밖으로 나와 세상을 보면서 사회적 지식을 얻을 기회를 갖지 못한 데 있었다. 이런 면에서 부인견학이 "가뎡에서 울침한 생활을 하는" 조선의 부녀자들에게는 "가장 의미 깁흔 일이라"[133] 할 수도 있었다.

놀라운 것은, 조선 여성들에게 상식을 미끼로 구경을 종용하다시피 한 여론 못지않게 여성의 구경 문화를 비판하는 여론도 들끓고 있었다는 점이다. 미디어는 "내 살림을 도라보지 않고" 변변치 못한 구경에 나서려고 치장에 열중하다가 종국에는 "무서운 빗과 집을 쫓끼어나는 비극"을[134] 연출할 뿐이라며 여성 구경꾼들을 조롱하기 일쑤였다. 사실 언론사에서 여성들을 위해 마련했다는 행사들은 여성들을 소비자로 만들기 위한 것이었다. 일례로, 장충단에서 열린 운동회를 관람한 주

〈흥미 잇는 생활과 감탄한 문명리기〉(《조선일보》 1928.5.1.)

부들의 머릿속에 남은 것이라고는 선수들이 광고한 상표뿐이었다.[135]
가정 밖으로 호출되어 나온 여성들은 구경 문화를 매개로 자본주의 상
품경제에 참여하게 되었던 것이다. 그리하여 사회 일각에서 구경 문화
를 매개로 한 여성들의 소비 활동을 비판하고 각자의 살림과 처지를
살펴가며 구경해야 한다는 여론이 조성되면서, 가정 밖으로 내보냈던
부녀자들을 다시 가정 안으로 귀속시키려는 움직임이 형성되었다.

> 우리의 가정에는 꽃구경보다 더 큰 문제가 하도 많습니다. 사람 꼬인 몬
> 지 속에서 한참 도라다니다가 집에 도라온대야 무슨 시원할 것이 잇을
> 는지요. 오직 앞은 다리와 눈꼴틀리는 모양을 보고 비위를 상할 뿐이 아
> 니겟습니까. 우리는 우리의 생활을 좀 더 충실하고 건전하게 합시다. 이
> 와 같은 절름뱅이 살림은 하로바삐 청산하기로 합시다.
>
> – 〈꽃구경과 서울부인 '안팍이 달른 그 생활'〉(《동아일보》 1934.4.28.)

최영수는 "구경이라면 덥허놓고 조와하는 여자. 이거야말로 꼴불견의
최고위로서 노–벨 꼴불견상을 줄 만한 여자"[136]라고 구경에 몰두하는
부녀자들을 꼴불견이라 단언한다. 그가 〈꽃놀이 후일담〉으로 재현한
만문만화를 보면, 부녀자들의 구경 문화는 인간의 마음과 영혼보다 육
체의 감각을 우선시하는 "천박한" 문화이다. 그래서 부녀자들이 구경
에 나서면 비극적인 일들이 많이 생긴다. 최영수는 "꽃 떠러지고 그다
음에 오는 것"을 다음과 같이 나열하였다.

> 창경원 '야앵'에서 어린 것을 일흔 지가 벌서 한 달이 넘엇다우.
> 아– 그년이 창경원 '야앵' 구경 나간다구 나가드니 여지껏 안 드러오는

구려.

이웃집 색시는 새 구두를 신구 꼿구경 갓다가 뒷굽이 불어저서 발목을 삐엿는데 그게 말성이 되어 가지구 발목을 짤럿다나 온- 참.

수경이는 학비 온 것을 지갑 넌 채 꼿구경 갓다가는 '스리'를 마젓다고 사흘을 밥두 안 먹고 울엇단다.

국환이는 꼿구경 간다구 나가드니면 글세 피투성이가 돼서 병원으로 갓스니 이를 엇저우? 아직도 몃 주일은 잇서야 한다는데- 만원된 전차에 매달려가다가 떠러젓다나- 온- 참내.

공장에 다니든 입분이는 꼿구경 터에서 느젓다고 몃칠을 밤늦게 들어오드니 앨 뱃다나- 그래서 도망을 갓다지-.

우이동에선 꼿나무에다 목을 매어 죽은 처녀가 잇섯다데.

꼿구경 가는 자동차가 기생을 실고 뒤집혓다네.

– 최영수, 〈꼿노리 후일담 '꼿 떠러지고 그다음에 오는 것'〉 (《별건곤》 1934.6.1.)

구경에 도취되었던 부녀자들의 비극적인 후일담에는 여성들의 구경 문화에 한계를 두려는 가부장적 의도가 숨어 있다. 그럼에도 불구하고 "입에 풀칠도 못하면서 오락이 다 무엇이냐"는 여론과 "그래도 사람은 죽음 웬만하면 반듯이 마음의 공허를 다른 방면에서 보충하랴는 것을 본능적으로 가지고 잇다. 그리하야 그침 업시 마음으로 오락을 구하게 된다"[137]는 여론이 공방이 계속된 것은 근대 여성들의 구경에 대한 강렬한 욕망을 짐작할 수 있게 해준다.

3장
'모던걸/못된걸(bad girls)', 거리의 스펙터클

모단걸, 스캔들로 오는 여학생

1880년대 후반 미국인 선교사가 경성에 여학교를 설립한 것을 계기로 조선에서도 근대적인 여성 교육이 시작되었다. 그러나 여성 교육이 의미 있는 진전을 이룬 것은 삼일운동이 일어난 1919년 이후였다. 이때부터 조선인들이 남녀할 것 없이 향학열에 불타면서 여학생 수 역시 급증[1]했고, 이로써 학교와 거리라는 공적 영역에서 젊은 여성들이 대거 눈에 띄기 시작했다. 1927년 1월호 《별건곤》의 〈학생만화〉는 날마다 남학교 "엽흐로 다니다가 고개가 아조 삣두러저 굿기 쉬웁다고…… 그럿타고 그 길로 안 다닐 수도 업"노라며 담장 너머 자신에게로 쏠린 남학생들의 시선을 애써 외면하는 여성을 등장시켜 대로변이라는 공적 공간에서 주목받는 젊은 여성을 재현하고 있다. 그림 속의 여성은 응시의 대상이자 그 시선을 통해 자기를 인식하는 조선의 여학생을 대

市內○洞으로가지는女子젊은날마다學校○○영호로다니

다가고배아도뼷두러져긋기쉬다음고……그럿고그고길로안다

──(安・畵漫生學)── 날수도엄고……

〈학생만화〉《별건곤》 1927.1.)

《신여성》 표지 (1925.8.)

변한다.

　1920년대에는 여학생들이 공론의 장에 등장하여 근대 문화의 아이콘으로 자리를 잡기 시작했다. '변장 여학생 찾기'가 신여성사가 주최한 부녀자 원유회의 유흥거리가 될 정도였다.[2] 트레머리에 통치마를 입고 거리에 나선 여학생들은 그 자체로 구경거리였다. 사람들의 시선은 온통 새롭게 거리에 출현한 여학생들에게로 향했다. 새로운 외양으로 공적 공간에 진입한 여학생들은 학교뿐만 아니라 음악회와 강연회, 극장 그리고 산책길에서 누구와도 자유롭게 마주치는 근대적 주체[3] 곧 신여성이었다.

　신여성의 외모는 그 자체가 여성해방의 표상이기도 했다. 여성의 단발이 사회적 이슈가 된 1920년대 중반에 이르면 이러한 징후가 더욱 두드러진다. 1925년에 간행된 《신여성》 8월호에는 단발한 신여성을 재현한 그림이 표지에 등장하고 "여자의 단발"을 소재로 한 특집 기사가 게재된다. 같은 달 '조선여성동우회' 회원들은 인습에 저항하여 여성해방을 선언하는 상징적 행위로써 단발을 결행한다.[4] 김기림이 "우리들의 세기의 첫 삼십 년은 단발 시대"[5]라고 할 만큼, 그리고 '모던(modern)'을 '모단(毛斷)'으로 표기할 만큼, 조선의 신여성들에게 단발은 '근대성'의 표상이었고 자신들의 근대적이고 혁명적인 자아를 표현하는 방식이었다. 근대 여성들은 댕기머리를 싹둑 잘라 새로운 여성미를 제시하는 것으로 전통이란 이름 아래 강요되어온 여성상에 균열을 내려 했던 것이다.

1920년대 신여성은 '단발' 하나만으로도 거리의 스펙터클이 되었다. 1927년 경성을 기준으로 기생·문사·배우·의사·사회주의자 등 각 방면에서 단발한 여성의 수가 20여 명이었다고 하는데, 미디어는 이에 대해 "엇더한 의미로는 조선 녀성의 한 진보이라고 하겟스며, 엇지 말하면 해괴망측한 경향이라"[6]는 엇갈린 평가를 내린다. 궁핍한 식민지의 현실과 근대에 대한 환상이 교차했던 경성의 거리가 그대로 투영된 듯한 반응이었다.

미디어는 '미행'이란 형식을 빌려 이들 단발랑(斷髮娘: 단발한 젊은 여성)들을 향한 대중의 호기심을 충족시키려 했다. 〈단발랑 미행기〉[7] 같은 형식의 글들 속에서 단발랑은 "별물"로 취급되며 발 디디는 곳마다 "만인의 이목을" 끌었다. "나의 경험으로 말하면 막상 단발하고 쩌른 치마를 입고 길가에 나서니까 아해들이 단발랑이라고 뒤로 졸졸 따라오며 성화를 시킵니다. 아해들뿐 아니라 조선서는 처음 보는 일이 되어 나 먹은 어룬들도 손고락질하고 수군수군거려요"[8]라는 허영숙의 고백처럼, 단발랑들은 어른·아이 가리지 않고 보는 사람마다 "녑구리를 뚜러지게 꾹 찌르며" 수군거리는 근대의 구경거리이자 스캔들의 진원지였고 "시비논란"[9]의 대상이었다.

미디어는 여성의 새로운 정치적·사회적 권리를 주제로 공개 토론의 장을 마련하기도 했다. 그 과정에서 여성들의 치장이 공론화되었다. 특히 여성들의 단발에 관해서는 긴 머리에 비해 씻기에 용이하다는 점에서 편리하고 위생적이며 "시간상으로 보와 퍽" 경제적일[10] 뿐만 아니라 "단순과 직선을 사랑하는 근대 감각의 세련된 표현"[11]으로 이해하는 견해가 있는가 하면, "진한 '루쥬' '에로' 곁눈질 등과 함께 '카페'의 '웨이트레쓰'나 서푼짜리 가극의 '딴쓰껄'들의 세계에 속한 수많은 천한 풍속들 중의 하나로만 생각"[12]한다는 견해도 적지 않았다. 1923년 5월호 잡지《삼천리》는 여학생 단발에 대한 찬반 여부를 묻는 설문조사 결과를 바탕으로 "여학생이여 단발하라"라는 제목의 기사와 함께 여학생의 치마 길이[13]와 모자 착장[14]에 관한 설문을 진행한 기사를 싣기도 했다. 이밖에도 "양산 시비" "목도리 시비" "유행가 시비" 등 신여성의 의상과 잡화, 취미에 이르기까지 옳고 그름을 따지는 기사들이 끊이지 않고 신문과 잡지에 게재되었다. 공적 영역에 진출한 조선 여성들에 대한 비판과 우려는 이런 점에서 미디어가 싹을 틔운 현상으로 볼 수 있다.

여학교와 여학생을 둘러싸고 벌어진 1920년대의 논쟁은 여성의 사회적·정치적 권리 향상을 위한 새로운 모색이 아니라 모던걸의 외양에 주목하여 대중의 흥미를 충족시키는 방향으로 그 흐름이 우회하였다고 볼 수 있다. 각종 시비들은 여학생을 유행의 아이콘으로 만들었지만, 그 과정에서 부각된 것은 그녀들의 근대적인 외양뿐이었다. 근대화의 한 축으로 칭송받았던 여학생들은 "화사하고 경쾌한 유혹적 색깔의 양장, 실크 스타킹, 단발머리, 뾰족한 구두, 진붉은 입술"[15]의 "근대녀"가 되어 선망의 대상인 동시에 조소와 비난의 대상이 되었다. 대중 미디어는 여학생들을 사회적 물의를 일으키는 존재라고 비난했다. 여학생들 사이에 유행하기 시작한 노래는 "야비하고 천박한 것뿐이라 도리혀 그들의 심성을 더럽힐 뿐이"었다.[16] 1930년대에 이르면 미디어는 유행을 좇는 여성들에 대해 "여호 목도리는 목이 짓물으겟스니 오월이라 인제는 잉어 목도리를 둘느고 나스는 것이 어떳슴니까?"[17]라는 식으로 비아냥거리거나 경성 거리의 축음기 상점에서 흘러나오는 레코드 소리에 맞춰 몸을 흔드는 여성들의 몸짓을 "레뷰"이고 "경물(景

物)"[18]이라고 비하하기에 바빴다. 거리에 나온 모던걸들의 몸짓과 의상을 풍자하고 빈정거리는 목소리는 남성들의 것이었다. 가부장적 남성의 목소리는 여성을 대중의 볼거리로 치부하면서 그 위상을 깎아내리고 가치를 폄하하였다. 나아가 여학생을 관찰과 보호의 대상으로 규정하여 여성을 관리하고 규율하려 했다.

게다가 잡지들은 저마다 여학교에 대해 평판을 하기 시작했다. 여학생의 겉치장에 대한 시비가 '각 여학교에 대한 평판'으로 전이되는 모양새였다. 1930년대에 《신여성》은 서울에 있는 15개의 여학교를 "흉도 보고 또 칭찬도 하자"[19]는 취지로 〈여학교 평판기〉를 선보였다.《동광》은 남학생의 눈으로 여학교의 특색과 기풍을 관찰한 기사와 시내 여학

〈5월 풍경〉(《매일신보》
1934.5.7.)

교에 대한 인기투표를 실시한 결과를 지면에 게재하였다. 1932년《동광》7월호와 9월호에 게재된 글들 중 경성고공(京城高工) 남학생이 쓴 〈이화 평판기〉는 이화전문학교 여학생들을 모두 학업은 뒷전으로 미루고 사치만을 일삼는 여학생이라 평하고 있다.[20] 이 외에도 '경성 각 여학교 정량 분석표(京城各女學校定量分析表)'를 제시하며 여학생의 학업과 기질, 성향을 비방했던 〈여학교 평판기〉나 〈여학교 교복평〉[21]은 여학생이 지속적인 관리의 대상이었음을 명시한다. 가부장적 남성의 눈에 여학생이란 장차 가정으로 돌아가 근대성을 실현해야 할 국민의 일원이었으므로 지속적인 감독과 관리가 요구되는 대상이었던 것이다.

그렇다면 여학생을 감독하고 감시하는 기제는 어떻게 작동하였는지를 살펴보자. 1920년대부터 신문과 잡지 들은 "가장 질겁고 가장 힘 잇는, 배호는 이의 꼿다운 세상"[22]에 대한 대중의 호기심에 부응하여 각 여학교의 살림살이를 탐방하는 기사들을 연재하였다. 이들은《조선일보》의 〈여학교 신축보(1)~(8)〉(1939.2.9.~2.21.)처럼 시내 각 '여학교 순례기'와 함께 각 학교 교사(校舍)와 학생들의 사진을 게재하여 일일 연속극을 시청하듯이 여학교와 여학생들의 생활을 들여다볼 수 있게 하였다. 이런 식의 기사는 여학생 집단을 시각적 이미지로 재구성하여 연속적이고 반복적으로 대중 앞에 노출시킴으로써 그들을 대중의 구경거리로 만드는 데 일조한 측면이 있다.

'여학교 방문기' 혹은 '여학교 순례기' '여학교 탐방기'는 소문으로만 회자되던 "그 여학생들"을 기자의 눈을 통해 확인하는 과정이기도 했다. 다시 말해, 이 같은 취재 활동은 시시비비로 시끄러운 소문의 진상을 확인하는 작업이라고는 하지만, 결과적으로는 소문에 정당성을 부여함으로써 여학교와 여학생에 관한 만들어진 이미지를 오히려 굳히는 역할을 하였던 것이다.

그들을 보아 밖에서 떠드는 그들- 세상이 말하는 그들- 냄새만 맡아 온 그들과는 무한한 차이점을 발견할 수 잇었다. 실지로 관찰하고 실지로 씹어보는 그들은 결코 사치하거나 또는 방종한 그들이 아니엇으련만 그래도, 섭섭한 것은 황새를 쫓아가려는 뱁새로의 그들인 것이었다. 전적으로 볼진대는 성화聖畵 투성이요 '피아노' 투성이다. 음악과 별실에는 방방이 피아노가 놓여 잇으니 방에 피아노가 잇는 것이 아니요 피아노가 방을 더리고 잇는 것같이 보엿다.

– 최일송, 〈여학교 탐방기 '전문학교 편'〉(《신가정》 142~149쪽, 1933.)

〈여학교 신축보(1) '인왕산 잔허리에 놉직히 소슨 학교'〉(《조선일보》 1939.2.9.)

여학생을 둘러싼 각종 소문은 사실 시대가 요구하는 새로운 여성상을 정립해가는 방식이기도 했다. 그런데 문제는 이들에 관한 소문이 주로 남성 주체에 의해 창작된 것이라는 점에 있다. 심진경에 의하면 여성들에 관한 소문은 여성의 섹슈얼리티에 대한 통제와 감시의 메커니즘을 기반으로 하고 있으며, 남성 집단의 의식적·무의식적 소요를 표출하는 것[23]이다. 즉 소문은 불평등한 젠더 구조 속에서 반복적으로 재생산되며 여성을 소문의 희생양으로 못 박아버리는 것이다.

미디어는 '비밀을 품고 있는 존재'인 여학생에 대한 호기심과 궁금증을 해결한다는 명목으로 여학교 기숙사에도 침투했다. 여학생 기숙사를 탐방하는 기자들은 자신들의 취재를 대담함이 필요한 활동인 듯 묘사[24]했지만 '기숙사 방문기'는 알고자 하는 욕구를 가장해 대중의 관음증적 욕망을 합리화하며 여학생을 엿보기의 대상으로 만드는 것이었다. 이들은 "본래 리화학교의 긔숙사는 감옥보다도 더- 엄엄하다느니 리화학교의 긔숙사는 두더지도 구경을 못한다느니 하는 말을 드럿든 터이다만은, 대관절 그곳에는 무슨 비밀이 잇는가?"[25]라는 투로 여학교 기숙사의 '비밀'을 파헤치겠다며 독자들의 흥미를 유발했다. 그러나 미디어는 결과적으로 여학생들을 한층 더 '비밀스런 존재'로 만들었다. '비밀'이 오히려 여학생 문화를 형성하는 요인으로 자리매김 되었던 것이다.[26]

이렇게 미디어가 여학생을 더욱 비밀스런 존재로 만들며 대중의 욕망을 자극하자 "일반의 호기심도 크고 따라서 구경하기를 원하는 사람"[27]이 많아져 "금남의 집" 여학교 기숙사는 섹슈얼한 공간으로 변모했다. 기자들은 "여자만 사는 세상"에 대한 궁금증을 해결하기 위해 "서울 안에서 얌전한 녀인국을 차저가기로 하지만, 사내 냄새가 난다는 핀잔만은 의례히 밧을 줄로 각오하고 나슬밧게 엇겟다"[28]며 남성 독자의 시선을 고려한다. 그 바람에 '기숙사 로맨스'[29] '기숙사 비화'[30]에 대한 관심이 더욱 높아졌고, 여학교 기숙사 생활 전반에서부터 면회실 변장 이야기[31]나 여학생들 간의 우정,[32] 연애 때문에 자살을 꿈꾸던 일, 기숙사 시험 준비와 김장 등에 얽힌 일화[33] 등 사적이고 비밀스러운 부분들까지 일반에 공개되기에 이르렀다. 심지어 신학기에 임박한 여학생들의 일기장이 공개된 일도 있었다.[34] "비밀 만흔 녀학생의 일기책"[35]을 공개한 데에는 여학생의 내면에 대한 호기심이 작용하였다. 여학생의 내면을 궁금해하고 의심하는 근대 남성의 시선은 〈여학교 기숙사 암찰기〉처럼 동물우화의 형식을 빌려 여학생을 구경거리로 삼으며 교화가 필요한 대상으로 희화화하였다.[36] 빈대나 모기, 이, 벼룩으로 변신한 남성 관찰자가 기숙사를 정탐하고 여학생들의 이면을 폭로하며 그들을 관리와 감독이 필요한 존재로 정형화하였던 것이다.[37]

불량소녀의 기원

1910년대부터 일본 유학길에 올라 서구의 여성해방론을 접한 초기의 신여성들은 귀국 후 여성해방과 여성의 사회참여를 주장했다. 그들은 자유연애를 옹호했고, "정조는 결코 도덕도 아니요…… 고정한 것이 아니라 유동하는 관념으로 항상 새로운 것"[38]이라며 '정조 자유론'을 내세웠다. 허리띠로 가슴을 겹겹이 동여매는 것이 질병의 원인이 된다며 의복 개량을 주장하기도 했다. 신여성들은 조선 여성의 지위 향상과 생활개선을 위해 무엇보다도 계몽 교육이 절실함을 인식하고, 각종 단체를 통해 여성 의식의 계몽과 생활개선을 위한 강연회 개최, 야학과 강습소 개설 등 활발한 활동을 펼쳐나갔다.

《조선일보》의 〈부인 공개장〉은 언론을 통한 여성계몽운동이었다. "특수한 조선 가정에서 남다른 설움과 원한 요구를 가지고도 어듸 한 번 임의로 발표치 못하는 우리 조선 가정부인, 학생, 직업부인, 말하자면 전 녀성의 흉중을 여러분께 알려드리려고 소위 '부인 공개장'이라는 적은 지면을 실리게 되엇습니다"[39]라는 기획 의도에 부응하듯, 신문사에는 하루에도 몇 십 장씩 공개장이 도착했다. "돌가티 변통성 업는 할아버지에게 이 글을 올린들 무슨 소용잇겟습닛까만은 손녀딸이라고 넘우도 구박하니 하도 분하엿습니다"[40]로 시작하는 한 소녀의 공개장은 완고한 기성세대에 대한 비판이자 발칙한 도전이었다. 여성해방론자들은 여성들이 남성에게 전적으로 의지하며 "어떻게 하면 남자의 마음에 들까 하는 비열한 노예성"[41]에서 벗어나 하나의 인격체로서 독립적인 생활을 찾아야 한다고 주장하였다. 그러나 여성들의 이런 자각이 기득권층인 남성들에게는 남성 중심의 가부장적 지배 질서에 대한 도전과 반항으로 받아들여졌다. 신여성들은 "외적으로는 남자의 전제적 편견의 강압이 있고, 내로는 다수한 중년 여자가 인습적 숙명과 굴욕에 천성을 상실하고 각성한 여자에게 이단적 반감"[42]이 팽배한 현실에 처해 있었던 것이다.

'모던걸'에 대한 당대의 정의에는 기존 질서를 옹호하는 자들의 불편함이 드러나 있다. "'모던껄'이라는 말은 영어가 되어서 조선 사람이나 일본 사람들은 아마도 해석을 잘 못하는 모양이다. 조선 사람들은 '못된껄'이라 하고 일본 사람들은 '모탄카헤루(モタソカヘル: 개고리)'라고 하야 반모욕적 해석을 한다나. 실상은 '모던껄'보다도 '모던뽀이'에게 잘못이 더 만흔지 몰나─ 요컨대 남존녀비의 심리가 남어 잇는

것을 증명하는 것!"⁴³이란 기사 내용에서 확인할 수 있듯이 모던걸을 정의하는 당대인들의 시각에는 '못된껄'은 즉 '불량한 존재'라는 편견과 '남존녀비'라는 가부장적 이데올로기가 스며들어 있다. 그러니 신여성들은 "양복 하나만 입어도 가방 하나만 둘러메어도 '모던껄'이니 '못된껄'이니 하고 갖은 주목을 다 주는 우리의 사회생활"⁴⁴에 불만을 가질 수밖에 없었다.

　근대 매체는 '모던걸'을 '못된걸'로 그 의미를 비틀어 이미지화하는 데 앞장섰다. 그 과정에서 '못된걸'에 대한 고발들이 매체를 통해 무수히 쏟아져나왔다. 1920~30년대는 매 해 도시와 시골 양 처에서 부녀자들이 가출하는 사건이 늘어 여성의 '출분사건(出奔事件)'이 사회에서 근절되기를 촉구하는 기사들이 범람하였다. 미디어를 포함한 사회 일반은 여성의 가출을 "벚꽃이 난만한 봄은 젊은이들로 하여금 무엇인가를 그리웁게 하는 시절"⁴⁵인 바, "거이 연년(年年)이 춘절과 함께 나타나는 일종의 계절병적 사회상의 일면"⁴⁶으로 이해하면서도, 부녀자 출분사건이 연일 보도되자 방지책 마련을 위해 가출의 원인을 따져보기에 이르렀다. 이에 따르면 가출하는 여성들 중에는 "구(舊)가정에 잇어서 장자(長者)의 사상적 몰이해 또는 고압적 권한 행사로 인하야 허구한 일월(日月)에 감내키 어려운바 잇어 처창(悽愴)한 눈물로 규장(閨墻)을 벗어나"려 하거나, "태탕(駘蕩)한 화풍(花風)에 스스로 생리적 충동을 제어치 못하거나" 또는 "경제적 곤궁으로 타인의 유혹에 기만되어 도시의 가두로 뛰어나가"⁴⁷려 한 여성들이 많았다. 이처럼 구가정의 가부장적 질서에 반발하거나 가출 여성 자신이 충동에 못 이기거나 경제적 곤궁에서 벗어나려는 등의 다양한 요인이 있었는데도 불구하고 미디어는 가출의 요인을 가출 여성 개인의 유약한 심리에서 찾으려 하면서 그녀들을 유혹에 약한 존재로 형상화하였다.

1933년 4월 9일자 《동아일보》에는 도시로 가출하는 시골소녀가 등
장한다.

> 봄이 되면 먼저 신문사 식자부植字部에 몬지 끼엇든 '분奔'자字가 활동을
> 개시한다. 그것은 처녀 출분이 심다甚多한 시절이기 때문에-.
> 도회를 동경하는 농촌의 처녀. 사춘기에 번민하는 때 맞은 아가씨-.
> 진정한 봄을 버리고 가식의 봄에 유혹받는 당신들이어- 도회의 봄은 십
> 전十錢에 열다섯 장하는 반지半紙를 물들여 오려붙인 봄이라오-.
>
> — 최영수, 〈봄이 쓰는 만문, 봄이 그리는 만화(6)〉 (《동아일보》 1933.4.9.)

이 만문만화는 불량소녀라는 수사가 근대성을 표상하는 도시를 터전
으로 하여 탄생하였음을 보여주는 것이기도 하다. 김억은 "원래 '모던',
현대라는 말에는 부도덕이니 불건전이니 하는 불량하다는 뜻이 잇는

〈봄이 쓰는 만문, 봄이 그리는 만화(6)〉 (《동아일보》 1933.4.9.)

듯하니 '모던·걸' 즉 '현대 개집'이란 이름부터 발서 도학자에게는 머리를 압힐(아프게 할) 만한 급험성(急險性)"⁴⁸이 있다고 지적했다. 즉, 1920년대에 조선에 유입된 '모던'이라는 단어는 이미 '부도덕' '불건전' 같은 '불량'기를 내포한 것으로 이해되었고, '모던'을 체현하는 '모던걸'에게도 이런 시각이 그대로 투영되었던 것이다.

서울에 와서 공부하고 싶어 하는 시골 누이에게 오라비는 "서울에는 사랑하는 내 누이 너에게 보여주고 십지 아니한 것이 너무 만타"⁴⁹며 상경을 만류한다. 오라비가 경험한 근대 도시 경성의 젊은이들은 주체성 없이 서구 문화를 모방하며 자본주의가 생산한 향락주의와 개인주의 같은 '불량'한 것들에 물들어 있다. 여기서 '불량'이란 "게집애는 조선 게집애다운 얌전을 일코, 사나히는 조선 선비다운 점지안음을 내던지고, 건달가티 창기가티 시시덕거려 우슴과 정조를 막 주고밧는 것"이다. 이들은 "조선의 처지"나 "동족" "인류" "부모 형제 가족"도 돌아볼 줄 모르고 조선의 가부장 질서에 반하는 존재들이다.

도시의 거리는 이러한 '불량'을 양산하는 장소였다. 자크 데리다에 의하면, 품행이 나쁜 무리를 의미하는 '불량배(voyous)'라는 단어는 "도시의 도로와 본질적인 관계에 놓여 있"다. 불량배의 탈선은 길을 더럽히고 거리를 배회하고 "거리를 쏘다니는 데 있"다. 도시의 거리에서 불량배는 "아무것도 하지 않으면서 '거리를 쏘다니'고 배회"하면서 '호객 행위'를 하기도 한다.⁵⁰ 1930년대 조선 사회는 '불량소녀'들을 도시의 불량배로 규정하고 그들의 범죄에 주목했다. "규중 처녀로 대문 밖을 모르든 때와 같이 어린 처녀들이 범죄를 모르고 지내게 된다면 그야말로 지상천국일 것입니다. 아모데나 맘대로 다니게 되는 소녀들이 아직 굳은 뜻을 정하지 못하고 달콤하게 꼬이는 말에 귀가 기우러저서 어려

〈불량소녀(1)〉(《동아일
보》1929.11.12.)

운 공부보다는 놀고 다니며 저도 잘못하는 줄 모르
는 사이에 범죄를 하고 부모를 울게 하는 일이 얼마
든지 많을 것"이었고, 실제로 "도시의 부산물"인 불
량소녀들이 창궐하여 "세상을 모르고 잇든 순진한
자제들을 유인하는 일이 비일비재하여 매일 밤거리
에는 불량소녀와 불량자 들이 가득 차 일반 가정부
인의 통행에도 방해가 줄지 않음으로 시민의 불의
가 분분하여 도시 교풍회(矯風會)에서는 근일 대책
을 강구"[51]할 지경이었다. 이 시기 소녀 범죄를 연구
한 이화전문학교 교수 고황경은 논문에서 "범죄망에
걸린 소녀"들 중에는 "16세 이하가 제일" 많고, "성적
범죄로 계절적으로 보면 대개가 일은(이른) 봄부터
일은 가을까지가 절정에 달"[52]한다고 했다. 당시에는
이들을 법적으로 규제해야 한다는 입장에서 소년형
무소 설치와 감옥 증설 문제도 제기되었다.

　'불량소녀'라는 말은 1920년대에 일본에서 유입
된 것이다. 일본에서 불량소녀는 메이지 시대 신식 머리스타일과 양장
을 한 소녀들의 무리를 불량소녀단이라 부른 데서 기원한 것으로 보인
다. 청일전쟁 후 일본 사회에서는 불량 문화가 폭발적으로 확산되었는
데, 그 배경에는 카페 문화가 자리하고 있었다. 많은 소녀들이 작가와
배우 들의 집합소인 카페에 드나들면서 그들의 영화를 모방하고 그들
처럼 살고 싶어 집을 떠났던 것이다.[53]

　그러나 근대 조선에서 여성에게 사용된 '불량'이란 용어는 다의적
인 성격이 강했다. "다른 상점에 가서 물건을 한번 훔"쳐도, "한길로 지

날 때에 다른 남자에게 쓸대업는 추파를 한번 보"⁵⁴내도 불량이란 딱지가 붙었다. 뿐만 아니라 극장에 자주 드나들거나 일정한 직업 없이 화려하게 치장을 하고 다녀도 불량소녀란 의심을 받았고, 저녁에 어두운 곳에서 남성과 대화만 나누어도, 부모의 말에 순종하지 않아도 불량소녀라는 말을 들었다. 사실 '불량소녀'라는 말은 《동아일보》에 '불량소녀'란 제목의 기사와 함께 실린 그림처럼, 커튼 사이로 창밖을 내다보던 "양가의 자녀"들이 거리로 나오는 것을 우려해 "사회덕 감시"를 강화하자는 목소리들의 응축된 표현이었다.

여성을 지칭하는 용어에는 당대 여성이 차지했던 사회적 의미와 지위가 반영되기 마련이다. 1920년대 초반부터 '모던·껄'이라는 용어가 유행하기 시작하면서 '껄'자가 붙는 각종 용어들이 파생되었지만 그중에서도 '뺏·껄'(不良少女)은 '에어껄'이나 '스틱껄'처럼 "유행어적 '껄' 이 아니라 현실 사회에 바듯이 발생하게 되는 필연적 존재"로 이해되었다. 여기에는 근대 일본과 조선에 수입된 바이나 델마(Vina Delmar)의 소설 《Bad Girl》(1928)의 영향이 컸다. 《Bad Girl》은 미국 뉴욕의 타이피스트와 라디오 가게 점원의 로맨스를 그린 소설로 근대사회 직장 남녀의 연애와 동거, 혼전 임신 등 연애·결혼에서 출산까지의 과정을 사실적으로 재현한 소설로 평가받는다. 조선에는 1931년에 일본의 소설가이자 번역가인 마키 이츠마(牧逸馬)의 일역본 《밧도 가-루バッド. ガ -ル》(1931)가 수입되어 처음으로 선을 보였다.

조선에서 델마의 《Bad Girl》은 "사회적 변태적 존재인 불량소녀의 발생을 이해하는 데 충분한 지식을" 준다는 평가를 받았다. 《동아일보》의 어느 논객은 이 책을 평하는 난에서 "불량소녀라는 것은 물론 과거에도 잇섯슬 것이나" 델마의 "'뺏·껄' 중에 표현된 불량소녀는 자

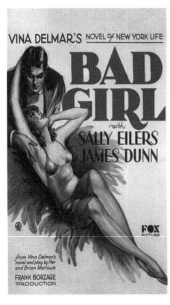

프랭크 보제이즈(Frank Borzage) 감독의 영화 〈Bad Girl〉(1931)의 포스터

본주의 물질문명의 최첨단을 가는 아미리가(阿美利加: 아메리카)의 여성"으로, 이 작품을 통해 자신은 "현실 자본주의 사회에 잇서서 여성의 지위가 여하(如何)히(어떻게) 변천되엇"고 "양성 문제가 어떠한 관계를 짓고 잇는가"[55]를 살필 수 있었다고 평하였다. 즉, '뺏·껄'을 자본주의 물질문명의 최첨단을 걷는 미국의 플래퍼로 이해한 것이다. 그러나 그가 이 소설을 높이 평가한 가장 큰 이유는 혼전 동거와 임신 등 근대사회의 젊은 세대에게 불가피하게 닥칠 새로운 사회적 문제를 제시하였다는 데 있었다.

'뺏·껄' 중에 쌔인 여사如斯한 양성 관계는 결코 아미리가阿美利加에만 그칠 것이 아니라 양洋의 동서를 물론하고 각 사회의 절믄 '제네레쉰'에게 조만간 반듯이 올 관계이며 불가불 봉착할 사회적 관계이다. (중략) 남녀관계를 다만 눈꼴틀리게 몰인정하게 보기 전에 오인吾人은 냉정한 비판을 할 준비 지식을 준비하여야겟다.

　　　　　　　　　　　　　－ 독서자, 〈'뺏·껄'이란 무엇?〉 (《동아일보》 1931.7.27.)

불량화의 인자(가): 구분 불가능성

남존여비의 질곡 속에서 남녀평등을 부르짖으며 인습에 저항하는 조선의 모던걸이 근대의 '과도기적 산물'로 평가받는 것을 보면, 불량소녀를 이 시기 신·구의 충돌에서 빚어진 "과도기의 희생아"로 이해하는 것도 무리는 아니다. 하지만 미디어가 재현하는 신여성은 '과도기의 희생아'[56]라기보다는 도덕적 비난의 대상이었다. 1925년 4월 5일자 《매일신보》에 실린 〈당선만화 '학교 다니는 메누리'〉는 여학교 출신 여성들을 풍자하는 만화이다. 여기에 등장하는 며느리는 "학교에서 일어도 배오고 영어도 배오고 또 요리법도 배웟"지만 실생활에서는 책에 없는 것은 아무것도 할 수 없는 유명무실한 존재이다. 한 달 뒤 《매일신보》에 실린 또 다른 만화(1925.5.5.)에는 "내외 불합하다고 신녀성과 연애하야 조강지처와 리혼"하는 남편이 등장한다.

〈당선만화 '학교 다니는 메누리'〉(《매일신보》 1925.4.5.)

만화는 구여성을 신여성으로 인해 남편에게 내침을 당하는 희생자로 그리고 있다. 신여성을 둘러싼 소문도 갈등 구조가 이와 비슷해서 대개 남녀 간이 아니라 신여성과 구여성 간 대립이 갈등의 기본 구조를 이루고 있다. 이 소문은 구여성의 입을 통해 발화되고 유통되지만, 소

〈신구대조(1) '동아만화'〉《동아일보》 1924.1.11.)

문 그 자체에는 남성들의 욕망이 투영되어 있었다. 손혜민은 이 시기 소문이 구여성을 통해 발화·유통되는 구조는 소문의 배면에 존재하는 남성 화자의 시선을 은폐하는 작용을 했다고 주장한다.[57]

이런 식의 신구(新舊) 대립 구조는 전통과 근대라는 양극단의 가치가 혼재하던 당시의 상황을 대변한다. 미디어는 〈신구대조〉 시리즈를 양산하며 새로운 시대상을 반영한 신여성의 모습을 마음껏 조롱했다. 신구대조의 이미지들은 여성의 외장에만 초점을 맞추어 "전에는 눈만 내노터니 지금은 눈만 가"[58]린다고 여성들이 쓴 '안경'을 쓸데없는 장식으로 치부하는가 하면, "치마를 잘러서 저고리를 느리고 몃 자나 남엇"[59]냐는 식으로 풍기문란을 조장한다며 신여성의 차림새를 비웃고, 정갈하게 이마를 드러낸 구여성과 지저분해 보일 정도로 덥수룩하게 이마를 덮은 파마머리의 신여성을 그려놓고 "어느 이마가 보기에 조흔가"[60]라며 신여성의 머리 모양을 비꼬았다.

근대의 기술적 성장과 급속한 도시화는 한편으로 '역동적인 여성'이라는 새로운 이미지를 확산시켰다. 미디어에도 근대적이고 생동감 있는 여학생과 웨이트리스, 무용가, 영화배우 들이 신여성이란 이름표를 달고 속속 등장했다. 세계의 많은 지역에서 거리 위의 신여성이 도시의 지배적인 아이콘으로 떠오르는 추세 속에서 시시각각 달라지는 유행에 빠르게 적응하는 근대 여성의 이미지는 신여성을 다면적이고 끝없이 변화하는 존재로 정의하는 데 일조했다. 김기림은 "'뽑브(단발)'는 '노라'로 대표되는 녀성의 가두 진출과 해방의 최고의 상증"이라며 미국의 '플래퍼(flapper)'를 연상시키는 '보브(bob)' 스타일을

〈동아만화〉(《동아일보》 1924.3.27.)

근대 여성의 표상으로 제시했다. 그리고 "'호리즌탈' '씽글컷트' '뽀이쉬컷'" 등 단발의 여러 모양을 모두 "단순과 직선을 사랑하는 근대 감각의 세련된 표현"으로 규정하고 "지금 당신이 단발하엿다고 하는 것은 몇 천 년 동안 당신이 억매여 잇던 '하렘'에 아주 작별을 고하고 푸른 하늘 아래 나왓다는 표적"[61]이라며 단발하는 여성들을 격려했다.

조선에서는 1920년대 중반부터 플래퍼를 모방하는 여성들이 생겨나기 시작했다. 그들에게 '플래퍼'는 외식이나 행동 면에서 기존의 방식을 거부하고 더욱 파격적이고 자유로운 태도를 취하는 새로운 여성상이었다.[62] 그러나 1930년대 《매일신보》에 재현된 플래퍼의 모습을 보면 그 의미가 사뭇 다르다. 아이스크림과 특제 칵테일을 즐기고 난 후에도 그녀는 계산은커녕 화장을 고치느라 여념이 없다. 값을 치를

스폰서가 옆에 있기 때문이다. 만화가가 "이것이 여자의 특권"[63]이냐며
던지는 조롱은 그대로 조선의 모던걸을 겨냥한다. 아래의 《조선일보》
기사는 조선 사회가 미국의 플래퍼와 조선의 모던걸을 어떤 시각으로
보았는지를 드러낸다.

외국의 문화가 수입됨에 따라 이상스런 대명사가 많이 들린다. 사오 년
전에 미국에서 여자 단발이 한창 유행될 때에 단발한 묘령 미인을 '플랜
버'라고 불렀다. 그 의의로 말하자면 묘령의 여자가 의복, 화장 등 외화
에만 주의하고 인생 생활의 실책임은 조금도 돌아보지 아니한다는 말이
다. 그러나 유행의 단발은 그런 묘령의 여자에만 한하지 않고 보편으로
누구나 거의 모두 그들의 생명보다 귀히 여기는 금발을 끊어버리게 되
었다. 우리가 요사이 자주 듣는 '모단껄'도 역시 미국의 플랜버와 같은
의의를 가졌다고 할 수 있다.

– 〈조선의 '모단껄'〉 (《조선일보》 1927.6.26.)

〈이것이 여자의 특권
인가?〉 (《매일신보》
1934.7.23.)

이들이 보기에 미국의 플래퍼들은 의복이나 화장 같은 외식에만 신경 쓸 뿐 생활인으로서 인생을 책임지려 하지 않는다. 더구나 그들 사이에 유행하는 단발을 모방하는 조선의 모던걸들은 그들의 좋지 않은 문화까지 수용할 것이 뻔했다. 따라서 조선의 모던걸들은 미국의 플래퍼와 다를 바 없이 전통적인 여성관에서 벗어난, 그야말로 불량한 존재들일 수밖에 없었다. 미디어는 "'미이라'와 가튼 양장"으로 "혼자만 잘 닙고"도 거지 아이를 만나면 "동량 한 푼을 안 내"는 "하이칼라 깍쟁이"[64]라며 조선의 모던걸을 향해 비난의 화살을 퍼부었다.

> 종노 바닥에 이리 떼가치 몰려다니는 거지들은 모던껄만 보면 포위를 하고 졸라댄다. 큰 길에서 창피를 당하니 땀을 흐르겟건만 정조를 파러 치장을 한 그대나 거지 그대나 외양은 다르나 신세는 별로 다르지 안켓스니 이것이 너희들의 죄뿐만도 아니겟지.
>
> — 〈이꼴저꼴(1)〉(《조선일보》 1933.2.16.)

모던걸이란 말은 조선의 언어로는 무어라고 정의 내리기 쉽지 않은 모호한 말이기도 했다. "진고개니 종로니 하는 번화한 거리를 중심 잡고서 머리를 깍고 안경을 쓰고 짤분 '스커트'를 입은 아가씨들이 사뭇 급한 일이나 잇다는 듯시 왓다 갓다 한다는 말을 해놋코 저 영어로는 '모던,걸'이라나 무어라 하는 것을 낫닉은(낯익은) 한자음으로 밧꾸어놋코 보니 모단걸이라는 삼자(三字)가 떠러젓다"[65]는 글처럼 "모단걸이란 온갖 기이한 것을 호기적으로 조제남작(粗製濫作: 대충 만들어낸)하는 현대품"의 하나이자 "갑작스럽은 수입품"이었기 때문이다. 다음의 《동아일보》 기사는 당대인들이 '모던걸'을 어떻게 이해했는지 보여준다.

모단걸의 정의나 내려볼가. 갑작스럽은 수입품이 되야 그런지 (중략) 때꾹이 꼬쳐 흘으는 지내간 언어로는 무어라고 정의를 내려 일정한 범위 안에 집어너흘 수가 업으니 (중략) 갑甲은 머리를 깍고 양복을 입고 남자들과 억개를 겻코 단니니 불량소녀라 하며 더럽다는 듯시 시침이를 떼고, 을乙은 사회제도에 대하야 혁신을 주장하며 여권운동을 고창하니 사상가라 하며 경의를 표하며, 병丙은 연극을 잘하니 여우라 하며 기능을 탄복하고, 정丁은 음악과 문학을 토론하니 예술가라 하며 호의를 표하는 판이니, 무엇이라고 잡아서 말할 수가 업지 아니한가. 참말 물건은 볼 탓이란 그것인가 보다. 모단걸은 모단걸이라 할 수밧게 업는 것이다. 더군다나 그들의 행동과 사상도 가량(假量: 어림짐작)을 잡을 수가 업서 성격 파산을 당하야 엇철 줄을 몰으는 것이 모단걸이라는 생각도 낫다. 밤 깁흔 거리에서 불량소녀로 빗틀거리며 주정을 하든가 보드니 언제 발서 사상가로 여권운동을 토하며 연애지상주의자로 "사랑에 목숨이고

〈이꼴저꼴(1)〉《조선일보》 1933.2.16.)

138

세상이 다 무어냐"를 불으며 봉건시대의 여성보다도 못하지 안케 남존
여비의 덕을 찬송하는가 하면, 이번에는 소설가 시인으로 돌변하야 이
소설에는 인습의 날근 때를 벗지 못했느니 저 시가에는 '부르(주아)'의
색채가 농후하야 맘에 드느니 하는 말을 하니, '맑스·노르다우'의 말을
빌으면 "국민의 황혼에 나타난 세기말적 변질자變質者"가 현대의 모단걸
인 듯하야 무어라 정의를 내리울 수가 업다.

– 김안서, 〈"모단껄"과 "남성해방연맹"(1)〉 (《동아일보》 1927.8.20.)

식민지 시기 모던걸은 이렇듯 '불량소녀'란 부정적인 이미지를 내뿜은
여성에서부터 경의와 탄복, 호의를 표할 만한 '사상가'나 '여배우' '예
술가'에 이르기까지 다양한 범주의 여성들이 뒤섞여 있어 맑스가 언급
한 "세기말적 변질자"처럼 도무지 그들의 행동과 사상을 하나로 가늠
하기 어려운 존재였다. 그래서인지 김억은 "살님사리 부녀는 물론 아
니고 그러타고 여학생인가 하면 그것도 아니고 기생인가 하면 역시 기
생답은 곳이 업고 불량녀인가 하면 전연히 그럿치도 아니하니 행동과
사상의 성격 파산자라고 할 것이 제일 적당할 듯하다"[66]고 그 자신조
차 모호한 말들로 얼버무리려 했다. 조선의 지식인들은 그래서 서구를
모방하고 그들의 언어를 번역하는 것만으로 진정한 신여성[67]이 출현
할 수 없다고 목소리를 높였다. "모방과 번역이 창조에 큰 영향을 주는
것은 사실이나 모방과 번역 자체로서는" "가장(假裝)의 신(新)"은 있을
지언정 "참된(眞正) 새것의 신(新)"은 산출되기 어렵다는 말이다. 지식
인들은 조선인 입장에서 "이지적이요 과학적인 합리성에 의하야 인식
한 진정한 신여성"이 많이 배출되어야 한다고 주장했다. 그러나 '모방'
과 '번역'이 무질서하게 혼재한 상황에서 근대 조선에는 수많은 아류

〈동아만화 '갓기는 갓다'〉(《동아일보》 1923.12.17.)

가 나타났다. "머리를 지지고 말숙한 비단 양말에 고혹덕 미를 나타내 보이는 것"만으로 '모던걸'이 되고자 하는 자신의 욕망을 성취한 줄 아는 여성들이 많았지만 그것은 사실 "'모던'도 되지 못한 이가 '모던'인 체"하는 격이었다. 그래서 모던걸로 '행세'하는 여성에게서는 "한갓 잡것이나 불량의 별명 밧게는 아모러한 것도 발견할 수 업"었고, 그들의 모던한 외모는 "내용의 충실을 일허버린" "흉내 내는 짓"[68]이 되었다.

1920년대에 신여성의 대표 주자로서 활발하게 거리로 나선 여학생들은 어쩌면 사람들의 눈에 진정한 신여성으로 보였는지도 모르겠다. 많은 여성들이 그들을 선망하여 그들과 같아 보이기를 열망했으니 말이다. 1923년 12월 17일자 《동아일보》의 만화 〈갓기는 갓다〉에는 세 여성이 등장한다. 얼핏 보아 여학생들이다. 그즈음 여학생들 사이에 유행하던 트레머리에 통치마, 굽 높은 구두를 신고 있기 때문이다. 그러나 만화의 말풍선은 독자들의 이런 예상을 뒤집는다. "나두 여학생 갓지?" 세 번째 여인이 웃는 낯으로 독자들을 향해 던지는 말이다. 자세히 보니, 그녀가 든 손가방에 '탕녀(蕩女)'라는 두 글자가 선명하다. 순결한 여학생과 탕녀가 외장으로 인해 구분되지 않는, 즉 "기생의 거동이 여학생의 거동을 밟으며, 매음부의 정장이 여학생의 행색을 쫓는 폐단"으로 말미암아 "탕녀와 여학생을 구별하는 경계선이 문허지게 된 것"[69]이다. 이렇게 "려염집 부인과 녀학생과 기생을 얼는 분간하기 어려울 만큼 차림차림이 뒤죽박죽한 모양"[70]새가 되면서 여기저기서 "기생의 학생장(學生裝)"[71]을 엄중히 금지하고 "여학생 제복과 교표 문제"를 제기하여 여학생들에게 교복을 입히고 교표를 차게 하자는 주장이 터져나오기 시작했다. 그러나 "매음부 등 잡배들이 여학생 틈에 숨어들어 그 풍기를 문란케"[72] 할 것을 우려한다며 제기된 교복 문제는 사실 다른 사람들이 기생과 여학생을 쉽게 구별하도록 만들어 여학생들이 타락에 빠지지 않도록 그녀들을 감시하려는 통제와 규제의 성격이 강했다고 볼 수 있다.[73]

모범생과 불량학생, 여학생과 기생이 구분되지 않는 데서 오는 불안은 양가 처녀와 구분하기 어려운 모호한 여성을 불량소녀로 매도하게 만든다. 그리고 이런 구분 불가능성은 유혹적이고 불온한 요소들을 지닌 여성들을 사회적으로 감시하고 규율하려는 움직임으로까지 이어졌다. 조선에서 '불량소녀'라는 말은 자주 '모던걸'이란 말과 함께 사용되었다.

> 압머리 잘르고 짧은 치마 닙는 여자일스록 니러나는 시간이 오정에 갓 가와진다. 맛치 료릿집 사람이나 기생들과 똑갓치!
>
> — 〈신녀자 백태〉(《신여성》 69쪽, 1924.)

여기에는 "신녀자"의 생활을 '기생'의 생활과 동일하게 이미지화하려는 의도가 숨어 있다. 당대의 불량소녀 담론은 '유혹적' '도발적' '말초적'인 요인들을 '불량'의 인자로 삼고 이를 불량소녀와 다른 여성들을 구분하는 경계로 삼았다. 경성 거리에 부쩍 늘어난 신여성들 중에서도 "이따금 양비단의 현란한 색채와 무늬로 시중의 주목을 끌면서 압도적 에로를 방산하고 지나가는 정체 모를 여인들"[74]을 이런 인자들을 지닌 불량소녀로 판단하고 준별하는 일이 그것이었다. 사회는 무엇보다 그들이 양가의 순수한 여학생들에게 끼칠 영향을 우려했다. 그래서 그들을 사회적으로 감시하고 감독하려면, 그들의 불량기를 전염성을 가진 질병과 같이 취급하면서 그들을 구분하고 경계할 필요가 있다는 논리를 내세웠던 것이다. 그러나 사실 신여성은 여학생이건 모던걸이건 그밖에 어떤 이름으로 불리건 간에 '불량소녀'이기는 매한가지였다. "한길을 가다가도 신녀성인지 화류 여자인지 교양이 잇는 듯 업는 듯 행색을 알 수 업는 녀성을 보면" 사람들은 어김없이 "불량소녀를 련상"[75]하였기 때문이다.

불량화의 인자(나): 연애의 시대

자신이 인격과 개성을 가진 존재임을 자각한 조선의 신여성들은 무조건 부모의 뜻에 따르는 전통적인 혼례 방식을 거부하고 배우자를 직접 선택할 권리를 주장했다. 1931년 잡지 《신여성》에 게재된 만화에는 시집가지 않겠다며 굴뚝 위에 앉아 시위하는 여성이 등장한다. 아버지는 "이년아, 식집을 안 가면 고만이지 하필 굴뚝에 안저야 맛이냐"[76]라며 혹여나 떨어질까 애가 타지만, 딸은 결심을 군힌 듯 팔짱을 끼고 "안 내려갈" 생각이다. 그녀의 시위는 부엌 굴뚝으로 상징되는 전통적인 조선 여성의 삶 자체를 거부하는 것이기도 하다. 같은 지면 다른 기

사에는 마침 이 장면을 해설이라
도 하듯 "개인주의가 대두한 이
래 개인의 자유의사로부터 일어
나는 자유연애주의도 또한 머리
를 들기 시작한 것"[77]이라는 글귀
가 보인다. 이번에는 1913년《매
일신보》의 〈사회의 백면 '여학생
(1)'〉이란 연재 기사에 실린 어
머니와 딸의 대화 내용을 보자.

〈만화(1) '연돌녀'〉(《신여성》 1931.11.)

딸: 학교에서 배운 것 중에 제일

내 마음에 맞는 것은 '자유겟곤'.

어머니: 그게 무슨 말인데?

딸: 조선말로는, 자유결혼自由結婚이라 하는 말이애요. 자유결혼이란 말

을 또 아시나? 제 혼인은 제 손으로 한다는 말이라오. 아시겟소?"

– 〈사회의 백면 '여학생(1)'〉(《매일신보》 1913.1.25.)

학교에 다니면서 일본말을 배운 딸과 어머니의 대화에서 '자유결혼'에
관한 세대 간의 문화적 격차가 드러난다. 이는 구여성과 신여성 간 의
사소통의 장애를 보여주는 것이기도 하다. 또 다른 만화 〈서울 학교 공
부(3)〉[78]는 여성들이 학교에 입학하면 "사랑은 달다"같은 연애 서적
을 읽느라 공부는 뒷전이라고 경고한다. 이 만화가 실린 1925년 6월호
《신여성》의 표지에도 젊은 여성의 연애 심리가 드러나 있다. 양귀비의
유혹적인 세계 속에 서 있는 신여성은 밤을 동경하며 공작새가 상징하

《신여성》 표지 (1925.6.)

는 이상적인 배우자를 꿈꾼다. 이 표지 그림은 '연애와 결혼'을 주제로 "결혼 문제에 대한 조선 청년의 번민"[79]을 다룬 잡지의 내용을 반영한 것이기도 하다. 미디어는 여학생의 생활을 학업과는 무관하게 연애편지를 쓰고 연애에만 몰두하는 것으로 재현하였다.[80] 이처럼 미디어가 생산하는 이미지들은 신여성을 결코 연애를 떠나서는 생각할 수 없는 존재로 만들어갔다.

1920년대의 신여성 담론에서 사랑과 연애는 빠트릴 수 없는 주제였다. 이 시기의 각종 연애학 개론들은 "연애란 맹목, 연애란 열병"[81]이라 정의하고 "새로 생긴 남녀 연애하는 데 알아둘 처방"[82]들을 소개하였고, 잡지사들은 연애와 결혼, 이혼 문제에 관한 특집호를 기획하였다. 자유연애와 결혼, 배우자 선택이란 문제에 대한 대중의 관심을 충족시키기 위해 미혼남녀의 여러 유형을 소개하며 자신의 상대를 상상해 볼 기회를 제공하는 신문 기사들도 있었다. 《조선일보》의 〈규수 소개 (1)~(10)〉(1925.1.17.~1.24.)가 여기에 해당하는데, 신여성들의 사진과 더불어 그녀들의 성격과 재능, 이력을 소개하는 기사였다. 미디어는 이처럼 결혼 중개소의 역할을 하는가 하면, 남녀 학생들을 대상으로 이상적인 배우자감에 대한 설문조사를 시행하는[83] 등 젊은 남녀들이 '이상적인 결혼'관을 수립하고 이를 토대로 자신에게 걸맞은 배우자를 찾는 분위기를 조성하였다.

미디어는 모던걸과 모던
보이 들 사이에서 뿜어져
나오던 자유연애의 열기를
생물체의 본능인 듯 묘사
했다.[84] 하지만 남녀의 이
끌림을 '망원경'과 같은 근
대적 시각 장치의 중개를
통해 발견되는 것으로 이
해하는 경향이 지배적이었
다.[85] 망원경으로 표현되는
자유연애라는 새로운 사조
에 들떠 남녀가 서로의 실

〈춘일소경(4) '망원경의 매력'〉(《조선일보》 1935.4.22.)

체를 보기보다는 자유연애란 지상 과제를 실현하고, 정서적 유대감을
갖기보다 사랑을 시각적으로 연출하기에 바빴던 것이다. 미디어는 첫
사랑에 달뜬 연인의 모습을 한 편의 '무언극'인 양 표현했고,[86] 봄이 되
면 "길과 길, 골목과 골목"마다 "로메오"로 분한 모던보이들이 '줄리엣'
의 "다 쓰러져가는 초가집 들창 미테서" 세레나데를 부르며 셰익스피
어의 연극을 연출한다고 떠들어댔다.[87] 젊은이들이 "사랑이라는 약도
업는 병에 걸리여" 만든 "고민상"은 "약속빠른(약삭빠른) 자"의 카메라
에 찍혀 "무수한 인화지에 올라 수만흔 사람의 '알범'에 붓치워 영원히
긔념"[88]될 것이라고도 했다. 책이나 외국 영화로 연애를 배운 젊은이들
의 서툰 사랑이 발 빠르게 이미지로 재생산되었던 것이다. 연애의 당
사자도 구경꾼도 이 때문에 근대의 연애와 사랑을 볼거리에 치중한 한
편의 연극처럼 인식했을 수 있다.

연희전문학교 학생 김길성은 만문만화 〈궐녀의 연애〉에서 신여성을 "수업시 싸혀진 연애 유산을 담북 안은 냉랭한 이십세기 여인"[89]으로 정의한다. 그가 본 신여성은 "'코론타인(Alexandra Mikhailovna Kollantai)'의 연애론을 조화"[90]하고 "아메리카의 '쌕쓰노크라시(성욕학)'와 우애 결혼(友愛結婚: 동거)에 열렬한 매력을 느"낀다. 무엇보다 "연애와 결혼은 엄연히 분립식"힌다는 원칙 아래, "연애는 성적 매력을 느끼는 '로버트 텔러' 형의 미남자"와 하고 "결혼은 경제력"이 "풍부한 남자"와 한다는 것이 그녀의 연애관이다. 그녀는 책이나 영화를 접하며 세웠을 "자기의 연애관을 실천으로 옴기"는 여성이다. 그러나 자신의 연애관에 좀 더 적합한 사람이 나타나면 "아모런 미련도 업시" 언제든 "떨어진 버선 짝처럼" 지금의 상대를 "차버릴 수 잇는" 여성이기도 하다. 결국 그가 생각하는 신여성의 사랑이란 진정성 없이 근대를 모방하고 연기하는 것에 지나지 않았다.

〈봄(1) '무언극'〉(《조선일보》 1928.4.4.)

서구에서 들어온 근대 문물 가운데 하나라는 점에서 연애에 대한 비판은 사람들의 시각을 서구 문화 전체로 확장시킨다. 그러나 서구의 근대 문화, 그 가운데서도 자유분방한 연애는 자의식이 부족한 젊은이들이 "모던"을 모방하고 흉내 내는 현상으로 치부되었다.[91] "모던"의 내용이 아니라 외형만을 모방하고 흉내 낸다는 것이 그 이유였다. 조선

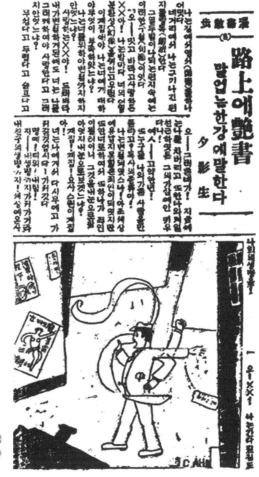

〈만화산보(8) '노상에 염서, 말 업는 한강에 말한다'〉(《조선일보》 1928.10.13.)

의 모던보이나 모던걸 들은 "모던이란 시긔한(신기한) 말 미테서 불량
소녀나 불량소년이 아니면 참아 못 할 짓을 례사로 하는 데에 지내지
못"한 사람들이라는 것이다.[92] 그래서 구세대는 적극적으로 자신의 감
정을 표현하는 모던걸의 연애감정 자체를 풍기 문란한 것으로 매도하기
에 이른다.[93] 그들에게 연애편지의 주인공인 신여성은 '변절'을 낳는 죄
인이자 "마성"의 '레뷰걸'이나 '매춘부'와 같은 존재였다.[94] 여성해방운
동이 "정조라는 것이 결코 여자에게만 존재하여야 할 것이 아니며 또
남자에게는 업서도 무방할 것이 결코 아"[95]니라며 '정조론'의 모순을
지적하고 일부일처제를 비판하는 목소리를 높일 즈음, 아이러니하게
도 미디어는 너 나 할 것 없이 실연에 고통받는 남성들을 재현해댔고,
각계 인사들은 그들의 목소리를 대변하기라도 하듯, 젊은 시절의 연애
가 무의미했었다는 연애 무용론을 회고의 형식으로 설파했다.[96]

신여성들이 추구한 새로운 연애관은 현실적으로 조선 사회와 맞지
않았다. 개인이 자유롭게 결혼과 이혼을 결정하는 사회에 이르면 이혼
을 죄악시하는 전통적 도덕관이 효력을 발휘하지 못하게 된다.[97] 이 시
기에는 내외가 불합하다는 이유로 구여성인 아내에게 이혼을 요구하
고 신여성과 결혼하려는 남성들이 적지 않았다. 새로운 사조를 받아들
인 청춘남녀와 구세대 간의 충돌이 '이혼'이라는 "과도긔의 비애"를 산
출했던 것이다.[98] 여론은 "재래로 못된 풍속인 조혼 때문에 콧물 흘니
는 철부지" 시절에 만나 "차차 장성하야 자식을 엇고 남의 행복됨을 보
고 드러(들어) 자각이 먼저 생긴" 한편이 "아모것도 듯지도 보지도 못
하고 아지도 못하고 무식하게 맹물처럼 자라난" 상대방과 "일생을 갓
티함에 불만을 가지는 것은 지당한 일"이라고 생각한다며 "고민을 당
하는 조선의 젊은이들에게 십이분 동정을 앗기지"[99] 않았지만, 구여성

을 헌신짝 버리듯 하는 남편들의 이기심을 부인하기는 어려웠다. 게다가 당시에는 "학식도 잇고 사회력 디위도 잇고 인망도 상당히 가진 신녀성"[100]들이 "결혼난에 고민하는 중이"었다. "조혼"이라는 혼인풍속으로 인해 "신녀성의 상대될 만한 사회력 디위가 잇고 학식이 잇는 이는 거의 전부가 긔혼자"였기 때문이다.[101] 새로운 연애관을 수립한 신여성들에게 조선 사회는 연애를 결혼으로 이어가기에 적절한 터전이 되지 못했던 것이다.

1920~30년대에는 안타깝게도 적지 않은 수의 여학생들이 공부를 마친 뒤 첩이나 후취가 되었다.[102] 그중에서도 첩이 된 신여성들을 사람들은 '제2부인'이라 불렀다. 이 시기에 "인테리 여성이 민적 업는 안

〈반양녀의 탄식-'허스'감이 업어요〉(《조선중앙일보》 1933.9.21.) "갈 만한 데는 조혼을 해버려서 이제 겨우 소년을 면한 사람도 며누리나 사위를 보게 되엿"다며 남편감을 찾는 데 애를 먹는 신여성들의 처지를 보여주는 만화이다.

《별건곤》의 표지 (1933.7.)

해 즉 제이부인"[103]이 된 사례를 찾기란 어렵지 않다. 따라서 인테리 여성의 제2부인화가 심각한 사회문제로 부상하였다.[104] 1933년 2월호《신여성》'제2부인문제 특집호'는 표지 그림에서 신여성을 "제이부인"이 될지도 모르는 운명에 처한 존재로 묘사한다. 자유연애론자인 신여성들에게 제2부인이란 조혼에서 자유연애와 결혼으로 넘어가기 전 단계 즉 과도기에서 맞이하게된 제2의 선택지와도 같은 것이었다. 미디어는 이러한 사회 환경을 묵과한 채 엘렌 케이(Ellen Karolina Sofia Key)의 자유연애론을 이상으로 삼았던 신여성들을 "돈만 잇스면 어느 놈이던지 좃타. 가서 호강하면 그만이지 둘째 첩이면 엇더하며 셋째 첩이면 무슨 상관이냐⋯⋯ 다려다가 금시개, 보석 반지, 비단치마, 명주저고리, 고기반찬에 호강만 식혀다오. 그러면 나는 당신을 사랑하"겠다고 말하는 타락한 존재라며 "이러케 신녀자, 녀학생의 구혼 경향에도 황금만능 시대가 도라왓다 한다. '황금만세'"[105]라고 비꼬기를 주저하지 않았다.

극단적으로는 자유연애자로서 신여성이 기혼 남성과 연애를 하다가 그의 제2부인이 되는 길을 선택하지 않는다면, 그녀들에게 남는 것은 '정사(情死)' 즉 사랑하는 이와 함께 죽음을 택하거나 '자살'하는 길뿐이었다. 1933년《별건곤》7월호는 약국, 극장, 카페와 바(Bar), 예배당

등 근대적인 문화시설이 즐비한 경성을 표현한 표지 그림 한편에 "자살장"과 자살을 결단하는 장소인 "결문장(決聞場)"을 그려넣었다. 이는 식민지 시기 내내 조선인의 자살률이 증가했으며 실제로 수많은 자살 소식이 다양한 매체를 통해 전달되었던 사정을 반영한 것이다.

그런데 이 시기 신문과 잡지 들은 공공연하게 자살자의 유서를 지면에 게재했다. 이는 이례적인 현상으로, 정사나 자살을 결행하려는 이들이 신문사나 잡지사에 자살을 계획하고 실행에 옮기는 과정을 담은 유서를 보내 자신들의 사후에 만천하에 공개해달라고 요구했기 때문이다. 그들은 죽음마저 스펙터클로 연출하고 싶었던 것일까? 어쩌면 자신들의 죽음을 현시함으로써 '자유연애'라는 근대성을 실현한 근대적 주체임을 인정받고 싶었는지도 모른다. 하지만 정사를 택한 남녀를 바라보는 사회의 시각은 단호했다. 1934년 5월 7일자 《매일신보》의 만

〈정사주의!〉(《매일신보》 1934.5.7.)

화 〈정사주의!〉를 보자.

요새 신문을 보면 이생에서 못 맷는 연을 저생에 가서나 매저보자고 정
사를 하는 남녀가 벗석 늘엇다. 그러나 이 그림을 보아라 - 지옥에서도
남녀 동행 엄금!

- 〈정사주의!〉 (《매일신보》 1934.5.7.)

만화는 "남녀 동반 절대 금지"라는 법적 규제가 지옥에서도 강력하게
효력을 발휘하고 있다며 그들의 선택을 어리석은 결단으로 치부한다.

통계에 따르면, 식민지 초기에는 여성의 자살률이 남성의 그것보다
높았다. 이 통계 수치를 반영이라도 하듯 신문에 실리는 자살자 대부
분이 여성이었다.[106] 특히 신여성들이 독약을 먹거나 한강에 투신하거
나 철길에 몸을 던지는 경우가 많았다. 그러나 미디어는 이들의 죽음
을 사회제도의 문제가 아니라 허영에서 비롯된 것이라며 "자살자라는
것은 인간으로 할 일 업는 비열한 약자"[107]들이며, 그들이 택한 삶의 방
식은 사회에서 인정받지 못하는 방식이라고 매도했다. 게다가 자유연
애를 하던 신여성들의 자살은 "유일의 생리적 조건뿐을 가지고 남다른
행복을 엇고저 하다가 그가 마음대로 되지 안는다 하야서 인간의 직무
를 무시하고 천금 갓흔 생명을 유용의 방면으로 리용치 못하고 일개의
비열한 남자를 위하야 순절"한 것일 뿐 "인격상으로 보아서 끔직이 비
열한 일이오, 인도상으로 보아서 또한 큰 죄악"이라고 했다. 이돈화는
"비열하게 돈 잇는 놈에게 부터(붙어) 거지 모양으로 호강을 하겟다 생
각을 하지 말고 내 손으로 버러 내가 먹겟다는 생각을 하라"며 신여성
들에게 경제적 독립을 제안하기도 한다. 그러나 이는 사실 사회적으로

해결해야 할 문제를 신여성 개인의 문제로 치환하여 그들 스스로 자구책을 마련하도록 종용하는 것이나 다름없었다.

사랑 때문에 죽음을 맞이하는 순간에도 신여성들은 풍자의 대상이 되어야 했다. 미디어는 남성들의 자살은 저승에 가서 마음 놓고 사랑하며 살려는 것이라며 미화하고 비통해한 반면, 죽음을 택한 여성들에 대해서는 죽는 순간에도 "저생에 가서 돈 벌거든 내

〈미완성 정사〉(《매일신보》 1938.7.24.)

'핸드백' 속에 돈 만이 너어"[108]달라는 소리를 한다며 사후에도 사치와 허영을 부리는 존재로 묘사했다. 그들에게 신여성의 사랑은 언제든 바뀔 수 있는 변덕스러운 것이었다. 그래서 신여성은 사랑을 매개로 한 '정사'의 순간에도 상대 남성을 희생자로 만들 수 있는 존재였다. 잡지 《조광》의 만문만화 〈정사의 분수령〉이나, 1938년 7월 24일자 《매일신보》의 〈미완성 정사〉처럼 "가련한 청년은…… 미완성 정사를 일후고"[109] 마는 이미지들[110]이 제작·확산된 것도 그런 이유 때문이다. 다음 글에는 젊은이들의 새로운 연애 풍조를 조선이 망해가는 퇴폐 즉 '데카당의 상징'으로 규정하고 비판하는 당대의 사회 인식이 반영되어 있다.

요새 모던걸이나 모던보이 모양으로 덮어놓고 화사華奢에 들뜨고, 바이올린, 피아노나 치고 앉아서 연애 자유나 부르고 걸핏하면 정사, 그렇지

않으면 실연병에 술이나 마시고 다니는 것은 세기말적인 퇴폐 기분을 단적으로 나타내는 것이다. 나는 여기서도 쓰러져가는 이 세상의 잔해를 역력히 보고 있다.

– 최학송, 〈데카당의 상징〉(《별건곤》 1927.12.)

불량화의 인자(다): 황금만능의 시대

1928년 7월 《동아일보》에는 관화대회로 복잡한 한강 인도교 한복판에서 강물에 떠내려가는 유화(流火)를 따라 세상을 떠나려던 한 여학생이 지나가던 남성에게 구조되었다는 기사가 실렸다. 여학생은 경성의 어느 여학교 고등과 삼학년에 다니다가 학비가 떨어져 학교에 다니기 힘들어지자 이를 비관하여 자살하려던 것이었다.[111] 목숨을 건진 여학생은 그 후 어떻게 되었을까. 사건의 후일담을 전하는 기사는 어디에도 남아 있지 않다. 그녀의 사연은 스펙터클의 불빛에 가려진 채 또 다른 의미의 불량소녀로서 일반 학생들이 경계해야 될 지표로 제시될 뿐이었다. 미디어는 어려움에 처한 여학생의 처우 개선보다 미행이나 탐방이란 형식으로 이들을 발가벗기는 쪽에 관심을 기울였다.

식민지 조선에서 '미행'은 드물지 않은 현상이었다. 무엇보다 순사들이 조선의 지식인과 학생, 청년 들을 따라다니며[112] 하루 종일 그들의 행동을 제약했다. 그들 사이에 미행 순사를 떼어놓는 '마꾸(まく: 미행순사를 떼는 것) 공부'가 유행할 정도였다.[113] 이 시기 '미행'은 정치적 의미를 넘어 하나의 도시 문화로까지 자리를 잡았다. 〈불량학생 미행기〉[114]류의 기사에서 볼 수 있듯, 경성에서는 '뺏껄'과 '뺏뽀이' 같은 '불량학생'들이 미행의 궁극적인 대상이었다. 예를 들어 《별건곤》 기

자들은 〈불량남녀 일망타진, 변장기자 야간 탐방기〉를 기획하여 극장에서 나오는 여학생과 모던보이의 뒤를 밟았다. 그 과정에서 "밤저녁에 딴 남학생을 끌어"[115]들이는 약혼녀들이나 '여학생 뚜쟁이'와 연결된 불량소녀들이 많다며[116] 경성 밤거리에서 죄를 짓는 자의 과반수가 학생이라고 고발했다. 이런 식의 기사는 대부분 여학생들의 밀매음 현장을 밀착 취재한 것이었다.[117] 그러나 '불량소년소녀 미행기'는 대부분 "천진하여야만 할 소년과 장미화 그늘에 잠긴 령난가티 성결하여야만 할 그들이 엇지하야 불량한 길을 밟게 되엿는지를 설명하"지는 "아니"[118]하겠다며 원인을 규명하기보다 그들에 대한 공포감을 조성하는 데 힘을 쏟았다. 그래서 불량소녀 조직 내에서 쓰는 은어들까지 상세히 소개하며 불량소녀를 마성적(魔性的)인 존재로 재현했다.

약혼자를 배신하거나 밀매음을 하는 여성들에게만 불량이라는 딱지가 붙는 것은 아니었다. 미디어는 여성들의 소비 활동마저 불량한 행위로 치부하려고 했다. 이런 움직임은 이미 1910년대부터 시작되었다. 1912년 8월 9일자 《매일신보》는 어느 러시아 여학생의 자살 소식을 지면에 실었다. 하얼빈에서 수학하던 러시아 여학생이 여름방학을 맞아 잡화점에 들렀다가 군인에게 강간을 당해 자살했다는 내용이었다.[119] 그런데 기사는 강간과 피해자의 자살이 아니라 피해 여학생의 소비 행위를 비난하는 데 초점을 맞추고 있었다. 여성 소비자가 이미 자본주의 신흥 계층의 소비 욕망을 드러내는 존재로 부각된 1920~30년대에는 "사치-류행은 반듯이 여학생들이 중심 세력을 차지"[120]하고 있다는 기사가 나올 정도로 여학생들의 소비 활동이 활발했다. 이들의 소비가 사실상 경성의 경제 상황을 좌우할 정도였다.[121] 하지만 여학생과 모던걸의 활발한 소비 활동은 근대 도시의 상품 물신성을 표상하는 것으로 여겨지면서 비판의 대상으로 고착되었다. 미디어는 소위 모던걸이나 모던보이라는 "남녀 자신이 넘우나 행세를 경조부박하게 하야" 사람들이 '모던'에 대해 좋은 인상을 가지지 못하게 되었다며[122] "정신은 봉건덕이면서 외양만 현대덕으로 꾸"며 모던한 듯 행세하는 데 불과하다고 그들을 비판하고 조롱했다. 특히 여학생들의 소비 활동을 "여성 사치 대대적 향상시대(女性奢侈大大的向上時代)"에 이르게 하는 '사이비 여학생'[123]의 행위로 규정했다. 소비를 '가짜' '거짓'으로 분류되는 불량소녀의 특징으로 인식한 것이다. 다음 글은 여학생의 '가면성'과 '소비'를 연결하고 있다.

학교에서나 길에서는 여학생은 다만 얌전하다. 다 현숙하고 귀엽다. 그들이 자라나서 가정에 들어가면 평화의 신이 될 것이요 행복의 꽃이 될 것 같다. 그런데 이면에 들어가 보면 그러치 아니한 것이 많은 모양이다. 학교에서 보든 그 여학생이 극장에 가서 보면 달라진다. 위선爲先 학교에서 엄금하는 비단 옷이 찬란스럽게 빛난다. 분 바른 두께도 일분一分쯤은 두터워것다. 학교에서 보든 그 여학생이언만 진고개서 보면 다르다. 동무 대신에 남자와 다니고 책보 대신에 '핸드빽'을 들엇다. 음악회에는 여학생이 많지마는 학술 강연회에는 여학생이 드믈게 온다. 화장품점에는 여학생의 고개가 들어가지만 서점에는 여학생이 그다지 들어가지 안는다. 운동장에서는 여학생을 많이 보앗지마는 도서관에서는 여학생을 별로히 보지 못하엿다. 갓금 조선 여학생이 보이면 얼마나 반가운지 몰랏다.

— 방인근, 〈여학생촌〉(《동광》 54쪽, 1931.12.)

이는 남성 화자가 여학생의 이면을 상상하여 쓴 글이다. 그가 상상한 여학생은 학교에서는 현숙하고 귀엽기만 하다가 극장이나 진고개, 화장품점 같은 소비 공간에서는 달라지는 모습을 보인다. 소비를 통해 부정한 이면을 지니게 된 여학생은 '학술 연구회'나 '서점' '도서관'과는 거리가 먼 생활을 한다.

미디어는 여학생들의 외식을 민족의 이름으로 비난했다. 조선의 열악한 경제 상황을 고려할 때 여학생들의 사치는 옳지 않으며[124] 여학생들의 무절제한 소비는 열악한 조선에 '사치풍'과 '퇴폐풍'을 조장하니 민족의 이름으로 단죄해야 마땅할 것이었다. 미디어는 유행을 좇아 황홀한 의상과 화장으로 자신을 꾸미고 서구 문화를 흉내 내는 여학생을 "불량녀나 매소부"로 이미지화했다. 그와 동시에 "얼굴에 분 한 겹 더 멕이는 대신에 검어케 질닌 방벽에 백노지(주로 신문지나 시험지로 쓰이는 품질 낮은 종이, 갱지라고 불린다) 한 장이라도 더 바를 줄 아는 그 여성, 갑나가는 구두 대신에 동생들 양말짝이라도 하나 더 살 줄 아는 그 여성"[125]을 이상적인 신여성상으로 제시했다. 그리하여 1933년 《별건곤》 9월호의 표지 그림처럼 신여성을 소비 문화의 상징인 양 표현하며 소비를 전적으로 여성의 문제로 전가했다. 이경훈은 이렇듯 남성을 생산의 주체로, 여성을 소비의 주체로 규정하려는 이면에는 '민족=시장'을 지배하는 '제국=시장'에 대한 공포를 '여성=시장'에 대한 경멸과 탄압으로 대체하여 민족 경제를 제어하고 방어하고자 하는 보수적인 남성의 시선이 자리하고 있다고 지적한다.[126]

미디어는 신여성들이 "두세 시간 되는 화장을 하고는 화신이나 동아나 진고개 백화점으로 도라다니다가 그곳 식당에 주저안저 해를 보내고 그다음에는 어느 사나희의 팔쭉지에 매달려 '토-키(talkie: 유성영화)'

《별건곤》 표지 (1933.9.)

구경을 가고 파한 뒤에는 사나희의 간을 녹이여 돈냥이나 착취하는" 이른바 "울투라 모던껄"[127] 생활을 한다며, 도대체 그녀들이 몸에 걸친 최신 유행의 "외투와 여호텔 목도리", 그녀들이 신은 "칠피 구두" 혹은 손가락에 끼운 "백금 반지"는 "어듸서 나는 것"이냐고 묻는다. 또한 "다- 허무러진 초가집에서 나아오는 양장한 여자"들을 "자긔가 살고 잇는 그 집갑보다도 몃 배나 되는 그 옷을 입고 굶주린 사람들의 누더기 떼가 이 모진 바람에 날리여 찌저져 허터지는 이 서울의 거리를"[128] 활보한다며 치장과 허영에 빠진 몰지각한 존재로 묘사한다. 그들에게 "그녀들은 가난한 집안 형편 같은 것은 개의치 않는 몰염치한 여학생들"이다.[129] "치마 한 감에 삼사십 원, 양말 한 켜레에 삼사 원, 손가락에 끼인 것만 해도 이삼백 원, 머리에 꼬진 것만 해도 오륙백 원, 얼골에 칠하는 것 중에 분갑만 해도 아츰분 낫분 밤분해서 사오 원, 머리만 지지는 대도 일이 원"[130]이라는 계산이 나오는 모던걸의 행색은 그들이 보기에 조선의 가난한 사정을 무색하게 만든다. 미디어는 급기야 "먹기에도 어려운 우리들의 소위 누이들은 어듸서 그만한 돈을 엇느냐"고 돈의 출처를 추궁하기에 이른다. 때마침 여학생들이 근본적으로 "황금 부족증"[131]을 앓고 있다는 진단이 나오자, 미디어는 이를 동력으로 삼아 모던걸의 배후에 남성 스폰서가 있음을 암시하여 신여성들을 윤리적으로 타락한 존재로 재현하는 데 성공한다.[132] 신여성의 타락한 이미지는 절도와 매음에 능숙한 불량소녀들에 관한 기사와 상호작용하면서 더욱 강력하게 살아 움직였을 것이다.[133] 모던 걸들은 이제 돈을 위해 정조까지 팔 수 있는 존재[134]로 인식되었고, 그녀들의 육체는 자본주의 상품성을 띤 영혼 없는 "인형"이자 "사탄"[135]으로 매도되었다.

그런데 그녀들은 도대체 어디서 그런 돈을 마련했을까? 1925년 8월 9일자《매일신보》에 연재된 소설〈불량소녀의 일기 '돈이냐 사랑이냐'〉에는 용돈을 타기 위해 아버지에게 거짓말을 일삼는 여학생이 등장한다. '일기' 형식으로 연재된 이 소설은 여학생의 내면을 적나라하

〈황금 부족증〉(《별건곤》 1930.11.)

게 드러낼 뿐만 아니라 그녀가 우편이나 신문 같은 매체를 이용해 알리바이를 만드는 모습도 보여준다. "부족한 돈은 또 무슨 핑계든지 하고 뜨더다 쓸 작정"[136]으로 소녀는 동료들과 방법을 의논한 뒤 '장질부사(장티푸스)'를 핑계로 부모에게 거짓 전보를 보내 입원료를 타낸다. 마침 신문에서 '장질부사'가 퍼지고 있다고 떠드는 판국이라 거짓이라 생각하기 어렵다는 점을 노린 것이다. 전차에서 다리를 헛디뎌 병원 신세를 지게 되었을 때에는 정신병자 행세까지 하며 아버지에게서 입원비를 타낸다. "거짓 밋친 체하는 딸과 참눈물을 흘니는 아바지?" 불행인지 다행인지 그녀에게 "세상은 다 이런 것"이다. 자신만 혼자 "불효를 하는 것이면 죄송도 하고 하늘이 무섭기도 하지만 이 세상은 거의 왼통 거짓말 뭉텅이"[137]라 죄책감이나 회의 같은 것은 느끼지 못한다. 당시에는 그녀처럼 도시에 유학하면서 우편으로 교묘하게 부모를 속이는 학생들이 많았던지 언론에서는 학생의 일기장을 조사하여 학부형에게 학비의 쓰임새를 공개하고 표준을 정하여 제시하기도 했다.[138]

1920년대에는 조선의 높아진 향학열에 힘입어 적잖은 수의 소녀들이 경성에 올라와 상급학교에 진학했다. 그런데 지방과 달리 서울에서는 중등학교 1학년만 되어도 여학생들이 레이스 달린 속옷을 입고 자색 자켓과 '곤세루' 치마에 칠피 구두를 신는다거나, 가끔 분홍 봉투와 꽃무늬 편지지에 연애편지를 쓴다거나, 남산공원이며 장충단공원에 산보를 간다거나 한강철교에 바람을 쐬러 간다 하여 씀씀이가 작지 않았다.[139] 이와 같이 학생 신분에 맞지 않는 차림새와 행동을 하자니, 부모가 보내주는 학비만으로는 서울 생활을 감당할 수 없어 시골 부모에게 더 많은 돈을 부탁하게 되는 것이다. 김규택이 1930년 11월호《별건곤》에 재현한 시골 아버지의 편지가 보여주듯이, 경성은 "유학을 표방하야써 부모의 금전을 사취하야 무단히 소비하고 사회의 진운(進運)을 방해하며 풍기를 문란케 하는 거즛 학생이 각지에 배회하"는 꼴이 되었다.[140] 미디어가 말하는 거짓 학생이란 민족과 부모의 기대를 저버리고 따뜻한 봄날이면 이성과 "손을 마조잡고 억개와 억개를 마조 대이고" 활동사진관으로, 공원으로, 동물원으로 "산책하는 불량배"이자 "참뜻도 이해 못하고 연애니 무엇이니 하고 떠"들며 "신유행의 정사(情死)"를 실행으로 옮기는 연애당(戀愛黨)들이었다.

또한 미디어는 여학생들의 타락이 차림새에서 시작된다고 경고한다. 여학생이 "비단 양말을 틈틈이 신으려 하며 구두도 어른 구두를 신으랴고 하면" 타락할 조짐이라 "주의가 필요하고" 더구나 "눈썹을 그

〈시골 아버지의 편지〉
《별건곤》 1930.11.)

〈배란 글은 안 배고 애만 배고 와〉(《매일신보》
1934.1.15.)

리고 남모르게 화장을 하랴는 것
은 상당한 경계"[141]가 필요한 일이
라는 것이다. 그래서 이런 차림으
로 거리를 활보하는 여학생들을
향해 "유학 중 소득이 그것뿐"[142]
이라고 험구를 내뱉으며 조롱했
고, 서울에서 유학하는 여학생들
을 "깃도구두 한 켜레"와 "벼 두
섬"[143]을 쉽게 바꾸는 비합리적 소
비자이자 가정 형편을 살피지 않
고 노부모를 울려가며 자신의 몸

치장에만 열중하는 몰염치한 존재로 재현했다.

섹슈얼리티 역시 여학생을 불량스러운 이미지로 재생산하는 데 중
요한 역할을 했다. 미디어는 신여성의 무절제한 소비성향을 "성적 무
절제"[144]와 결합시켰고 그들을 둘러싼 스캔들을 매춘이나 기혼남과의
연애 같은 일탈과 연결지었다. 급기야 신여성의 생활 전반을 여성 섹
슈얼리티의 타락한 예로 제시했다. 만화 〈배란 글은 안 배고 애만 배고
와〉[145]에서 확인할 수 있듯이 여학생의 연애 생활을 기사화할 때에도
그들을 성적으로 문란하고 타락한 이미지로 재현하는 데 힘을 기울였
다. 따라서 여성들을 "바람개비와 같은 현대낭(現代娘)"[146]으로 비유하
며 신여성들의 정조 관념을 비난하는 이미지들이 확산되었다.

우리가 진정한 의미로 불량소녀를 엄격하게 가려낸다면 무엇보다 만히
정조 관념에서 볼 수가 잇습니다. 다시 말하면 정조를 헐가로 방매하는

것입니다. 정조를 한 남성에게만 판다면 그 값의 헐하고 비싼 것이 문제될 리가 업겟지만 여러 사람에게 박리다매를 하는 까닭에 거기에는 그 대가로 불량소녀라는 곱지 못한 대명사가 붓게 됩니다. 아츰에는 리가에게 웃음을 팔고 저녁에는 박가에게 몸을 허락하는 그러한 행동을 볼때에 누구든지 일종의 징오憎惡하는 생각에서 불량이라는 말을 부치는 것이니 남자들로 말하면 부랑자나 건달이나 외입장이라는 말과 비슷한 듯합니다. 남자에 잇서서는 불량이나 부랑이란 말이 그러케 여러 가지로 화제를 삼지 안핫겟지만 근래의 소위 불량소녀는 우리 사회에도 제법 문제가 되는 모양입니다.

— 성동학인, 〈불량소녀(1)〉 《동아일보》 1929.11.12.)

근대의 불량소녀 담론은 이처럼 여성의 섹슈얼리티 통제로 귀결된다. 여성의 정조를 불변의 원칙인 듯 강조하는 조선 사회에서 전통적인 정조 관념을 내팽개친 불량소녀는 성적 무질서를 낳는 위험한 존재였다. '자유연애'라는 명분을 등에 지고 남성처럼 성적으로 자유로워지려는 여성들이 출현했다는 사실은 부권 체제에 엄청난 혼란을 야기했을 것이다. 따라서 조선 사회는 어떤 식으로든 여성의 성을 통제하려고 했던 것이다.

1920년대에는 몇몇 신문이 동경, 오사카 등지에서 활동하던 '불량소년소녀단'을 검거하여 법적 제재를 가했다는 소식을 조선에 전했다.[147] 조선에서도 얼마 지나지 않아 불량소녀단의 발호가 사회적 두통거리가 되었다. 1934년 8월 28일자 《조선중앙일보》는 함경북도 웅기읍에서 15세에서 17세의 소녀 십여 명이 불량소녀단을 조직하여 서로 연애 브로커 역할을 하며 남자를 만나거나 카페에 자주 드나들며 사회의 풍기를 어지럽힌다는 기사를 게재했다.[148] 물론 사회에서 제일 우려했던 점은 소위 불량소녀단이 양가의 처녀들에게 끼칠 악영향이었다. 1935년 6월 12일자 《조선일보》 〈부인론단〉에는 "단신으로 독신 남자를 만나지 마", "류학 녀학생에게는 보호자를 두"라는 경계의 말을 실었고, 그 외에도 불량소녀들이 밤거리에 창궐하여 순진한 자제들을 유인하는 일이 비일비재하다는 보도가 지속적으로 게재되었다.[149]

이른바 '에로단'이라 불리던 밀매음 조직도 이 시기 조선 사회의 골칫거리 중 하나였다. 경찰은 도시의 풍기를 해치는 "에로 복마굴"의 확대를 막기 위해 시내 각처에 산재한 밀매음 소굴을 소탕하는 수사에 집중했다.[150] 도시의 암흑가에 산재해 있던 에로단들 중에는 "멤버"들이 "유한 '매담'을 비롯하야 모다 보통학교 혹은 녀고 출신의 '인테리' 과부와 리혼 당한 독신녀가 중심"이기는 하지만 "불량 녀학생까지 들어 그 총수가 십오 명의 다수에 달"[151]한 조직들도 있었다. 무엇보다 에로단에 여학생이 섞여 있다는 사실에 사람들은 경악했다. 그러나 "순진한 녀학생의 정조를 노려보는 불량 청로년 저주할 색마에게만 철봉을 가할 것"이 아니라 "이러한 무리에게 포로가 되는 녀학생"과 "그를 감독할 책임을 가진 부형에게"도 사태의 책임을 물어야 한다는 반응이 지배적이었다.

이런 반응을 이해하려면 여학생들이 전통적인 정조 관념을 버리고 밀매음에 가담하게 된 배경을 살펴볼 필요가 있다. 먼저 1920~30년대 여학생 집단 내부로 들어가보자. 당시에는 "금시계가 업시는 여학생으로서의 자격이 업는 듯"[152] 보이고 "음악회 이약이나 류행품 이약이에도 그런 것을 모르면 축에 빠"진다 할 정도로, 여학생들 사이에 자본주의 소비문화가 깊숙이 침투해 있었다. 1924년 10월호 《신여성》에 실린 어느 여학생의 애화(哀話)는 이런 상황에서 여학생들이 어떤 선택의 기로에 놓였는가를 보여준다. 경성에서 학교에 다니는 판순이는 이런 분위기 속에서도 흔들리지 않고 의연히 공부만 하는 성실한 여학생이었다. 그러나 방학을 맞은 어느 날 집에 돌아갔더니, 부모님은 더 이상 공부시킬 형편이 아니라는 청천벽력 같은 소리를 하신다. 게다가 그녀를 뒷바라지하느라 빚진 돈 천 원을 갚으려면 그녀가 남의 첩실로 들어가야 할 상황에 놓인다. 결국 판순이는 혼인날 아침에 자살을 택하고 만다.[153] 이처럼 여학생들은 어려운 가정형편 때문에 때로 비극적인 운명을 맞기도 했다. 판순이처럼 형편이 어려운 가정에서 자란 여학생이 판순이와 달리 소위 여학생의 자격을 갖추고 축에 빠지지도 않으려면 불량한 길로 들어서는 수밖에 다른 방도가 없었는지도 모르겠다.

당시 미디어는 "외국에서는 모르나 조선에서는 그 가정 사정이 그들을 불량이란 곳으로 미러"넣는다며, 조선에서 불량소녀라 "처녀 밀매음의 별명"이라 해도 과언이 아니라고 했다. 무엇보다 "집안에서 얼굴이 족음 반들반들하면 그 딸의 덕을 보랴는 것이 기생의 부모나 족음도 달음 업는 심리"인지라 "딸을 파는 형식과 다름 업는 결혼으로 그의 일생을 희생"[154]시키는 부모들이 많았다. 따라서 이런 운명을 맞지 않으려는 여학생들은 "아버지나 옵바의 실직"이나 "디방(지방)에서 학비를 보내주든 가뎡에서" "재정 공황에 빠저서 학비가 오지를 못하게 되"면 자신이 직접 학자금을 구하기 위해 아르바이트를 시작할 수밖에 없었다. 그러나 "비지땀을 흘리고 애를 써도" 실상 "소득은 극히 적고 결국 몹시 피곤할 따름으로 필경에는 순진한 맘에 상처를 바더"[155] 하는 수 없이 "부모에게는 학교의 어느 선생의 동정으로 공부를 계속하게 되엿다고 해노코, 밤이면 은밀한 남의 집 뒤채 아래 방으로 헤매며 우습을 파는"[156] "불량한 편으로 떨어지"[157]게 된다는 것이다. 결국 '불량소녀'는 당대의 사회 환경이 빚어낸 '시대의 산물'이자 '도시의 산물'이었던 셈이다.

풍기문란의 시각적 통제, 여학생 법정 견학의 스펙터클

1920~30년대에는 여학생이 관련된 각종 불미스런 사건들이 자주 발생했다.[158] 주로 창경원이나 오락장에서 발생한 사건 사고의 중심에는 대부분 여학생이 있었다. 개벽사는 1933년 10월호《신여성》을 '여학생 문제 특집'으로 기획하여 〈풍기 문제와 조선 여학생〉(조동식, 20쪽) 〈여학생의 위험지대〉(사우춘, 38쪽) 〈이모저모로 바라본! 경성 각 여교 평판기〉(녹안경, 56쪽) 등 '여학생의 풍기문란'을 우려하는 논의들을 지면에 게재했다. 이러한 논의들은 표지 그림이 보여주듯 산업사회의 도시 공간을 배경으로 한다. 도시에서 여학생이나 모던걸은 길을 걷거나 양장차림만 해도 남학생들의 희롱거리가 되었다.[159] 대로뿐만 아니라 대로 위 여성들을 재현하는 미디어에도 이런 식으로 여성을 성적 대상화하는 남성들의 시선이 투영되었다. 이 시기에는 "불량 캡쟁이들이 여학생의 압자리에 요지부동으로 섯다가 차내(車內)가 복잡한 틈을 타서 무릎을 부비대는"[160] 식의 성희롱 사건들이 적지 않았다. 그런데 1928년 어느 날 이를 참지 못한 여학생 하나가 바늘을 이용한 호신구로 성희롱꾼을 제압한 일이 발생했고, 이는 〈어엽븐 여학생의 신안 호신구〉라는 만화로《별건곤》에 재현되었다가 4년 뒤에 다시 같은 잡지에 소개된다. 글은 "시골서 새로 온 여학생 여러분은 구두, 세루 옷, 팔뚝시계 같은 것만 사지 말고 이런 바늘도 더러 사둘 일"[161]이라는 일침으로

마무리된다. 즉, 치한에 대처할 방법을 조언하는 듯 보이지만 사실은 겉치장에 빠진 그녀들이 이런 세태의 원인 제공자라는 의미였다. 여성을 성적으로 대상화하면서 그 원인을 여성에게 돌리려 했던 것이다. 미디어는 이처럼 여학생들을 성적 시선으로 이미지화하는 동시에, 이들의 순결을 지킨다는 명목으로 이들의 섹슈얼리티를 통제하는 이중성을 보였다. 그래서 여학생들을 사치와 허영, 밀매음 같은 단어들과 연결지어 불량소녀로 언

《신여성》 여학생 문제 특집호 표지(1933.10.)

표하고 가정과 국가에서 관리해야 할 대상으로 인식시키려 했다. 예를 들어 〈남녀학교 만화 슈례〉(《동아일보》 1929.7.7.~7.13.)는 "긔독정신 알에서 생활의 순화를 꿈꾸는 학도"[162]의 순결함과 학교 규칙을 어기고 수업시간에 말괄량이짓을 하는 '뺏껄'[163]의 불량함을 대비시켜 이들을 '모범생'과 '사이비 학생'으로 구분한다. 여기에는 감시와 통제의 메커니즘을 통해 행사되는 규율 권력[164]이 작동한다. 따라서 학교 순례에서 적발된 말괄량이들은 학교 규율에 맞추어 길들여야 할 존재이자 그 규율을 정당화하는 존재가 된다. '불량'은 규율 권력을 공고히 하는 데에도 필요한 기제였던 것이다.

이 시기에는 대중문화의 성장과 함께 학생들의 풍기 문제가 대두하여 사회의 커다란 골칫거리가 되었다. "수만흔 '카페-'의 붉은 등불 밋"이나 "컴컴한 중국 사람의 우동집" 그리고 "추잡한 맛걸니집 뒷방까지, 심하면 종로 네거리에서"도 "비렬한 류행 창가를 부르며 술이 취하야

걸핏하면 행인에게 싸홈까지" 거는 학생들이 많아 "그들의 해괴한 거동에 놀나지 안는 사람이 업"을 정도였다.[165] 학생들의 풍기가 문란해진 데에는 "한 달 중학생 학비 칠백 원!" 곧 "일 년 수확의 사백팔십 석의 논이 영원 소멸되는 셈"[166]이란 탄식이 터져 나올 만큼 어마어마한 학비가 큰 역할을 했다. 당시에는 극장이나 술집에 드나들며 유흥비로 학비를 탕진하는 학생들이 적지 않았다. 미디어는 이들을 풍자하는 글에서 "조선의 장래 주인공은 학생"이고 "우리의 희생은 오직 학생에게만 있다"고 했던 어른들의 믿음이 얼마나 공허한지를 강조했다.[167] 조선 사회는 이렇게 학생들의 타락을 민족과 국가의 타락으로 규정하여 학생들에 대한 감시와 통제를 강화하려 했다. 그리하여 여기저기서 소년형무소 설치와 감옥 증설 문제를 재론했고, 조선 경찰은 전도유망한 소년소녀의 미래를 그르치지 않겠다며 '불량소년소녀 취체계'를 설치하기도 했다.[168]

학교 당국도 학생들의 풍기 문제에 주목하여 그 선도책을 논의하고[169] 단속 활동을 시작했다. 단속은 음악회와 영화회, 운동회 같은 모임이 많은 절기에 더욱 강화되었다. 그런 모임을 남녀교제의 진원지로 보았기 때문이다. 사회에서는 학생들의 풍기 문제에 대해 자연스러운 일이라며 방임하자는 주의와 "그저 방임만 하면 사람의 감정은 작고(자꾸) 그편으로만 쏠녀서 원(온) 사회는 아조 음부 탕녀의 유락댱으로 되고 말 것인즉, 이것은 미리부터 금단"[170]하여야 한다는 입장이 맞서고 있었다. 그렇지만 남학생들의 풍기 악화는 '유혹자'인 신여성의 거리 침범과 성적 무질서 탓이란 시각이 지배적이었다.[171] 그러나 음악회나 활동사진관 같은 곳에서는 오히려 여학생들을 유혹하는 손길이 많았다. 에로 그로 시대에 발맞춰 향락을 찾아 헤매는 중년 신사들도 그런 손길을 뻗치는 이들 중 하나였다.

여학생들이 유혹에 빠지는 문제를 해부해보려는 당대의 담론들 중에는 "꼿봉오리가 매즈랴 말랴 하는 때로부터 그 꼿봉오리가 활닥 픽일 때까지인 열칠팔 세부터 이십 내외의 청춘시대" 즉 "사춘긔"가 "이런 유혹을 밧기도 쉬운 때요" "불량성을 띄운 여자이면 남의 유혹을 대담스럽게 시험해보기도 하게 되는 때"[173]라 남성들도 틈을 엿보고 활동한다는 주장들이 있었다. 이런 주장들 속에는 사실 '유혹하는 남학생'과 '유혹을 당하는 여학생'이란 이분법적 도식이 자리 잡고 있다.[174] 그래서 여학생을 늘 유혹에 노출되기 쉽고 타락하기 쉬운 나약한 존재로 취급하면서 사춘기의 "어린 여자! 즉 아즉 의지가 견고치 못한 여자는 대개 자긔에게 친절히 하는 사람을 조와하고 자긔의 비위를 근다리는 사람은 실혀"하기 때문에 "교묘히 여자에게 최면술을 씨우면 유혹되지 아니하는 여자가 별로"[175] 없다는 논리를 도출한다. 이러한 논리대로라면 여성성 자체에 이미 의지의 박약이나 규범을 어길 만한 불량성이 내재되어 있다. 그래서 나약한 여성을 관리·감독할 사람이나 기관이 필요해진다. 당대 학생 풍기에 관한 담론은 여학생들이 불량한 길로 들어서는 원인을 부모들의 부주의에서 찾으면서 가정환경의 중요성을 부각시킨 것도 이런 도식에 기반한 것이다. 이는 가정과 부모에게 일차적인 책임 소재를 묻는 동시에 책임을 부과하는 효과를 발휘하였다.[176]

이제 미디어는 관리·감독자인 부모들을 안심시킬 만한 안전장치로써 기숙사를 권장하기 시작했다. 그러나 지방 출신 여학생들은 기숙사에 들어가지 못하면 개인이 운영하는 하숙집에서 남자들과 같이 생활할 수밖에 없었다. 이런 경우 "가장 유혹되기 쉽고 한 번만 걸리

〈녀학교 다니곤 결혼을 못하게 되어서(3)〉(《별건곤》 1928.2.)

면 일평생을 글으치게"된다며 여식을 기숙사에 넣으라는 경고에 부모들은 "더욱 위혁(위협)을 늣기"[177]고 여자 기숙사 확충을 바랄 수밖에 없었다.[178] 이런 흐름에 편승하여 《동아일보》의 〈여학생의 기숙사 생활(1)~(8)〉(1928.10.14.~10.22.)처럼 여학생의 기숙사 생활을 소개하는 '여학교 기숙사 순례기'가 유행하기 시작했다. 이 '순례기'들은 "첫재 고통은 부자유"란 제목에 "그들은 그중에서 맘과 몸이 순조(順調)로 자란다"라는 부제를 병기하는 방식으로 기숙사의 엄격한 규율을 합리화하고 기숙사 생활을 미화하였다.[179]

이런 분위기에서 "엇더케 녀학생들의 정조대를 지킬가"란 문제도 대단히 큰 사회적 이슈로 떠올랐다. 신문과 잡지 들이 "밋을 수 잇는 처녀 여학생을 구하기가 어려워서" "장가도 용이(容易)히 들기 어"려운[180] 젊은이들이 많아졌다며, "이대로 나가면 분명히 여학생의 결혼난 시대"가 올 것이라고 여학생의 정조를 도마 위에 올려놓았기 때문이다. 이들에 따르면 "도회의 마수는 곱게 곱게 자라나서 압날의 희망을 품고 학생에 몸이 된 녀학생들의 백옥 가튼 그 마음을 그대로" 두지 않는다. 따라서 이들의 정조를 지키려면 학교와 사회 양측이 나서서 대책을 마련해야 한다. 이들은 학생들로 하여금 하교 후 집에 도착한 시간을 부모에게 확인받아 학교에 제출하게 하자는 '하학증명서' 제도를 제안하기까지 했다. "시골 학생들은 반듯이 기숙사에 드러야" 한다거나[181] 서울에는 "여학생을 유인하는 소굴이 많"으니 "학교에서 동무를 가리여 사귀"어야 한다는 주장도 심심찮게 제기했다.[182] 이렇게 보면 당대인들은 도시에 살면서 각종 상품과 유혹에 파멸하는 시골 소녀들의 이야기를 산업화된 도시가 여성을 가시화된 공적 세계로 초대하여 여성의 육체를 더럽히는 과정으로 이해한 것이 아닐까 싶다.

사회와 학교의 입장에서 여학생들을 지키려면 여학생들이 규율 권력을 내면화할 수 있는 장치가 필요하다. 그래서 국가 이벤트와 대중 이벤트란 스펙터클을 연출해온 권력은 끊임없이 권력을 내면화시킬 공간을 만들어냈다. 1920~30년대 법정이란 공간도 그중 하나였다. 이 시기에는 여학생들이 법원의 공판정을 견학하고 재판 과정을 방청하는 행사가 정례화되었다.[183] 이를 보도하는 신문사들은 각 여학교에서 50~60여 명의 학생이 재판의 참관인으로 동원되어 장관을 이뤘다는 기사와 함께 법정을 견학하는 여학생들의 사진들을 게재하였다. 여기서 여학생들은 아내로 삼겠다고 젊은 과부를 꾀어 돈을 받고 작부로 팔아먹은 남자의 공판을 방청하며 "남자의 고약한 행동에 분개한 듯이 귀를 기우리고 그 피고의 사실 진술을" 들었다.[184] 병을 고쳐준다고 속여 처녀를 유괴한 흉한이나 시골 사는 무지한 과부를 속인 남자들의 공판 과정을 지켜본 뒤에는 "법정 밧게 나"와 "'아이구 끔직한 사나히' 하는 소리들로 법정에 폭로된 남자들의 죄상을 무서워하는 듯이 흉들을 보"았다[185] 법정이라는 공간은 미셸 푸코(Michel Foucault)가 언급한 대로 규율·훈련의 권력과 깊은 관계를 맺고 있지만 동시에 스펙터클이란 요소를 내포한다. 여학생들이 피고의 말에 귀를 기울이거나 자신도 모르게 '아이구 끔찍한 사나히' 하는 탄식을 내뱉는 행위는 본질적으로 스펙터클을 구성하는 극적인 요소라 할 수 있다. 그리고 법정이라는 무대에서 볼 수 있는 연극적 요소들은 지배를 합리화하기 위한 장치이기도 하다. 다시 말해 여학생들은 법정의 연극적 행위에 구성원으로 참여하는 순간, 그 권력의 대변인이자 공모자가 되는 것이다. 법정 견학은 이런 의미에서 권력의 과시효과를 드러낼 뿐만 아니라 여학생들이 규범을 내면화하는 계기가 된다.[186]

당시에 학생들이 방청한 공판 가운데는 17세 소부의 "본부살해 미수(本夫殺害未遂) 사건"[187]을 다룬 재판이 있었다. '본부살해'란 주로 기혼한 여성이 자신의 정부(情夫)와 공모하여 자신의 남편(본부)에게 약을 먹여 살해하는 사건을 말하는데,[188] 경찰 잡지《경무휘보警務彙報》에서 조선 여성의 특수 범죄로 지정할 만큼 비중이 큰 여성 범죄였다. 그런데 이런 유의 범죄는 조혼의 폐해[189]가 그 원인이라는 주장들이 많았다.

〈여학생 공판 방청〉(《매일신보》 1930.3.4.)

조선의 여자 범죄자의 60퍼센트가 본부독살(미수)범인이라는 것도 결국
은 철없는 아이들에게 결혼을 식혀 철없는 그들에게 이러한 무서운 범
행을 하게 한 것이 그 전부올시다. 그것은 그 범죄자의 대다수가 성년이
못 된 소녀들이라는 것으로 보아 더욱 그렇습니다.

– 이영애, 〈여성시평〉(《신여성》 26쪽, 1934.1.)

이 시기 신문에는 조혼이란 혼인 풍속이 낳은 비극을 다룬 기사가 상
당했다. 너무 이른 나이에 혼인하여 성적 공포심 때문에 살인을 저지
르거나, 조혼의 악습을 저주하는 유서를 남기고 결혼하기 사흘 전에
철로에 뛰어든 소녀도 있었다. 1930년대에는 "남편의 학대!! 유기! 식
부모의 학대! 등등 판에 박은 듯이 불의 부정한 남편의 죄과를 폭로하
고 구도덕에 억매인 부자연스러운 결혼 생활에서 해방"[190]되고자 이혼
소송을 제기하는 여성들도 생겨났다. 이러한 흐름에 맞추어 여성운동
가들은 '여권 신장' 차원에서 민법 개정을 요구하였고 실제로 1934년
에는 민법이 개정되기도 했다.[191]

신문들은 여성의 본부살해와 그에 관한 재판부의 판결을 앞다퉈 기
사로 내보냈다. 이 가운데 대중의 많은 관심이 쏠렸던 본부살해 사건
들과 관련해서는 살해범을 '살인 독부(毒婦)'로 볼 것이냐 아니면 '불
쌍한 소부(小婦)'로 볼 것이냐를 두고 여론이 양분되기도 했다.[192] 그러
나 미디어는 조혼의 폐해에서 비롯된 본부살해 사건을 어린 소부들의
억울함보다 그들의 '미모'에 초점을 맞추어 보도하는 경향을 보였다.
기사 제목도 "요염한 독부" 즉 '요염'한 그들의 외모가 '독부'가 되기
위한 필요조건인 듯 보일 정도로 선정적이었다.[193]

일각에서는 피의자가 미인이라는 점에 주목해 미디어가 살해 사건

을 대중적 흥밋거리로 전화시킨다는 비난이 일기도 했다.[194] 이런 비난
의 중심에 선 것이 바로 1924년에 발생한 '김정필 사건'이다. 신문들은
재판 과정을 보기 위해 밀려드는 방청객과 김정필의 사진을 병치하여
피의자인 김정필을 스펙터클로 만들었다.

여러 달 전부터 일류 미인이니 본부독살이니 하야 떠들썩하든 김덩필
의 공판에 대한 것은 별항과 갓거니와 그 공판일인 작십일이 되자 아츰
여섯 시부터 종로 재판소 부근 죽종로 일대에는 공판을 방령하고자 쇄
도하는 군중이 자못 인산인해를 이루어서 소관 종로 경찰서에서는 경
관 수십 명이 출동하야 법덩문 압과 재판소 문에 몃 사람식 파수를 세우
고 장내 장외에 모혀든 수천의 군중을 해산하기에 로력한 결과, 장내에
쇄도하엿든 군중은 대략 해산을 식혓스나 장외 죽종로 일대에 쇄도하엿
든 군중은 종시 해산이 되지 안코 경관의 외침을 따러 이리저리 몰려다

〈본부독살 사건 공판〉 (《매일신보》 1930.3.4.)

니며 오후 두 시까지 의연히 재판소 문을 바라보고 모혀 잇섯고 법뎡 압

담에는 수십 명의 기생이 매달려서 춘삼월에 고흔 꼿이 피인 산언덕과

흡사하엿더라.[195]

  - 〈법정에서 구타노호 '증인 심문은 피고에게 불리익, 방텽자의 답지로 한층 긴장한 문제의
    독살 미인 공판'〉(《조선일보》 1924.10.11.)

통역관을 사이에 두고 진행되었을 근대적인 재판 과정 자체도 하나의
스펙터클이었지만, "일류 미인"과 "본부독살"이라는 소재에 매료된 군
중도 권력이 만들어낸 스펙터클이었다. '독살 미인 공판(毒殺美人公判)'
을 방청하려는 사람들로 종로 일대가 "인산인해"를 이루었다는 1924
년 10월 11일자《조선일보》의 〈본부독살 사건 공판〉 기사와 사진은 같
은 날《매일신보》에도 〈법정 내외에 인해人海〉란 제목으로 동일한 형
식을 갖추어 기사화되었다. 권력은 이렇게 법정을 스펙터클의 공간으
로 만들어 대중을 매료시키고, 권력의 스펙터클에 매료된 대중은 구경
꾼이 되어 자신도 모르는 사이에 규율 권력을 내면화하게 된다. 다시
말해 '본부독살 사건' 재판과 이를 둘러싼 사회의 소요는 가정의 봉건
적 질서를 위협하는 존재를 대중의 볼거리로 만들어 전시함으로써 봉
건적 질서를 더욱 공고히 하려는 권력의 의지가 반영된 결과인 것이다.

◆ 2부 ◆

신여성상

1장
직업부인

노라의 후일담, 직업부인의 등장

헨리크 입센(Henrik Ibsen)의 희곡 《인형의 집A Doll's House》의 주인공 '노라'는 아내와 어머니로서 인형처럼 살기보다 사회에 나가 책임 있는 한 인간으로 살고 싶다며 남편과 자식을 버리고 집을 나온다. 당대의 여성운동계는 노라를 가장 진보적인 사상을 소유한 여성이라 평가했다. 그들에게 노라는 전통적인 가부장제에 저항하면서 사회의 한 주체로서 살기 위해 분투하는 '반항'의 상징이었다. 그래서 여성들은 남편의 소유물로 살아왔음을 자각하고 '반역의 노라'들이 되어 '인형의 집'을 나와야 한다고 목소리를 높였다. 노라가 이 시기 조선 사회에 끼친 영향은 실로 엄청났다. 자유연애와 결혼을 부르짖는 신여성들이 "사랑 업는 생활을 하는 것은 인형의 살림이나 다름업"[1]다며 자신들도 노라처럼 '인형의 집을 나서겠다'고 이혼 소송을 제기[2]하거나 심지어 자살을 감행했던 것이다.

1940년 5월 14일자《동아일보》가정란에는 '새장에 갇힌 새'의 사진
이 실려 있다. 여기서 '새'는 '인형'과 같은 삶을 살고 있는 여성을 상징
한다. 카메라는 새장 안의 새를 전경으로, 새장 밖의 어린이를 후경으
로 처리함으로써 지금 이 기사를 읽고 있는 조선 여성들 자신이 바로
'새장 안의 새'임을 암시한다. 그런데 이 사진 옆에는 다른 뉘앙스를
풍기는 기사가 게재되어 있었다. 기사는 봄날 밤거리를 걷는 여성들
에게 몇 가지 호신술을 소개하며 "위험합니다!! 밤에 혼자 다니지 마
서요."라고 주의를 주고 있다. "찬란한 옷에 옆에 핸빽을 끼고 만보(漫
步)를 하는 여자들은 불량배들이 따라가고 으슥한 골목에서 작난 걸기
에는 마침 조흔 틈을 보이고 잇는 것"³이라고 은근히 여성들에게 책임
을 전가하기도 한다. 미디어는 여성들의 자유와 이동성을 '근대적'이
라 말하면서도 한편으로는 이렇게 제한하고 금지하는 수사들을 사용

《동아일보》가정란 (1940.5.14.)

《장한》표지 (1927.1.)

했다. 기생들의 동인지《장한》(1927.1.) 의 표지도 가부장 체제라는 새장 안에 갇혀 억압받는 여성을 의미한다. "동무 여 생각하라, 조롱 속에 이 몸을"이라는 문구 역시 '조롱' 속의 여성과 '새장' 안 의 새를 동일시하여 여성의 삶이 감금 된 새의 삶과 다름없음을 암시한다. 대 중오락 잡지를 표방한《금강》의〈신가 정 생활〉란(1933) 삽화에서도 신여성 은 여전히 '사랑'이라는 근대적 장치와 '모성'이라는 전근대적 가치 즉, '새장'

《금강》〈신가정 생활〉란 (1933)

속에 갇혀 있는 형국이다. '인형의 집'은 여성들이 자유를 부르짖는 이 시기에도 흔들림 없이 건재했던 것이다. 하지만 조선 여성이 창(窓)의 존재를 인식하고 끊임없이 창밖을 욕망하는 가운데 실제로 "가두로 나 오"⁴게 된 것만은 틀림없는 사실이었다.

1920~30년대 신여성들에게《인형의 집》은 '근대 여성의 독립선언 서'⁵나 마찬가지였고, '노라'는 해방된 신여성의 아이콘이었다. 이런 풍 조를 타고, 어린 아내들이 이혼장을 남편의 품에 던지고 집을 나오기 시작했다.⁶ 혼인신고 시기를 앞당기고 친정에도 오래 머무르지 않게 하라는 이야기가 나올 정도로 가출하는 '노라'들은 사회에 적지 않은 파장을 일으켰다.⁷ 그러나 부녀자의 가출을 여성해방으로 그 의미를 전환시켰던《인형의 집》이 조선 사회에 안겨준 충격만큼 그에 대한 비 난도 엄청났다. 노라의 가출은 분명 가부장제 사회의 견고한 틀에 균 열을 내는 여성해방의 신호탄이었다. 규방에 갇혀 "다만 남자의 부속

물로나 노리개와 가치 지나오든" 조선 여성들이 이렇게 갑작스럽게 변한 데에는 삼일운동 이후 서구에서 유입된 엘렌 케이의 자유연애론과 《인형의 집》 '노라' 같은 새로운 여성상이 커다란 영향을 끼쳤다.[8] 조선 여성들이 "소요(삼일운동) 이래로 현저히 자아를 발견하게 되야 무서운 갓침에서 뛰어나와 비록 약하고 어리다 할지라도 자긔를 위하야 사회를 위하야 여러 가지로 활동하는 기색이 보이고 부르짓는 소래가 들임은 매우 깃분 현상"[9]이라는 반응도 드물지 않았다.

삼일운동 이후 일제가 문화정치를 표방하면서 사회운동의 공간이 열리자 여성들도 활발한 움직임을 보이기 시작했다. 1920년대 전반에는 문맹 퇴치와 여성의 자질 향상 및 생활개선을 내세운 민족주의 계열의 여성운동 단체와 사회주의 계열의 여성단체들이 조선의 여성운동을 주도했다. 특히 사회주의 여성단체들은 여성을 계몽하는 데 머물렀던 민족주의 여성운동을 넘어 민족 해방과 계급해방을 부르짖으며 여성의 노동문제에도 적극 관여하였다. 1927년에는 민족주의 계열과 사회주의 계열의 여성운동가들이 손을 잡고 '근우회'를 결성하였다.[10] 두 진영이 힘을 합쳐 조선 여성의 대동단결을 꾀하고 항일운동과 여성운동을 효율적으로 전개하자는 취지였다. 조선 여성의 이 같은 '자각'은 '개인'이 아닌 '사회'와 '민족'을 지향했다는 점에서 긍정적으로 평가되었다.

그러나 여성의 자각이 여성 개인의 욕망을 향할 경우 사람들의 인식은 판이하게 달라졌다. 《인형의 집》은 가정에서 주부라는 존재가 "어떠한 인격적 또는 인간적 모독 속에서 부식되는가"를 해부하여 "해방된 인간의 절대성을 발견"하려는 작품으로 평가되었다. 여성이 지니고 있을 "강렬한 자의식"과 욕망의 발견을 무엇보다 우위에 둔 평가였다.[11] 그러나 실제로 많은 여성들이 "몇 천년 동안 가치없는 규문을 때려부시고 용맹스럽게 자긔의 장래를 위하야 혹은 결혼 문데로 혹은 수양 문데로 뛰어나오"자 남성들은 '노라'의 행동을 "'히스테리'의 발작"[12]으로 보기 시작했고, 미디어는 취직을 위해 자식을 살해하는, 모성애를 상실한 여성들[13]과 권태기를 견디지 못하고 가출한 신여성[14]이나 허영녀[15]에게 '노라'란 이름을 붙여 그 위상을 폄하했다. 미디어는 '노라'를 개인의 욕망을 통제하지 못하는 여성으로 재현하여 부권 중심의 사회질서를 위협하는 존재로 만들어나갔다.

1923년 중국의 루쉰(魯迅)은 '노라는 집을 나간 뒤 어떻게 되었는가'를 주제로 베이징의 어느 여학교에서 강연을 한 바 있다.[16] 남편과 자식을 버리고 집을 나간 여성의 삶, 즉 노라의 가출보다 '가출 이후의 삶'에 주목한 것이다. 조선에서도 '경제적으로 무능력한 여성이 독신으로 살아갈 수 있는가'란 문제가 논쟁거리로 부상했다. 1933년 《조선일보》에 연재된 채만식의 소설 《인형의 집을 나와서》는 이 시기 가출한 여성의 경제적 독립이란 문제를 본격적으로 다룬 대표적 소설이다. 소설은 가출 뒤 노라가 겪는 일련의 사건들을 통해 집을 나온 여성들의 미래를 예측한다. 그리하여 부인해방의 전제조건이 참정권이 아니라 경제권에 있음을 강조한 루쉰의 강의를 떠올리게 한다.[17]

당시 여성운동가들은 사상과 도덕, 법률을 비롯해 모든 사회질서가 철저히 남성 위주로 구축되어 있다며 이 불합리한 구조를 개혁하기 위해서는 남성들이 오랜 타성에서 벗어나야 하고 여성들이 경제력을 갖추어야 한다고 설파했다. 그러나 '인형의 집'을 나온 노라들은 대부분 카페 여급으로 전락했고 정조를 유린당했다. 신문에는 '인형의 집'을 나와 좀 더 인간다운 생활을 해보려다가 유괴망에 걸려들고 만 부녀자

〈교문을 나서면 어드로 가려나 '우리 사회에서 마지할 오백삼십사 명의 신여성'〉(《조선일보》 1933.2.18.)

들의 이야기가 자주 등장했다.[18] 미디어는 여성들이 어디로 가건 가는 곳마다 유혹의 마수가 뻗칠 것이라며 부녀자들 사이에 공포감을 조장했다. 《인형의 집을 나와서》의 주인공 노라 역시 카페 여급으로 생활하다가 손님에게 강간을 당한 후 자살을 시도한다. 사회는 이처럼 가출한 조선의 어린 여성들이 "타락의 구렁에나 빠지지 아니할가?"[19] 근심하는 분위기였다. 그러나 얼마 안 가 '노라' 이야기는 현실을 무시한 공상에 지나지 않는다는 비판이 그사이로 불거져 나왔다.[20] 근대 여성들의 경제적 독립을 둘러싸고 싹튼 희망과 근심은 이렇게 근대 조선의 목전에 닥친 문제가 되었다.

경제적 독립만이 자신들을 노예 생활에서 해방시켜줄 것이라 생각한 조선 여성들은 가두로 직업을 찾아 나섰다.[21] 이 여성들에게 '경제적 독립'이란 근대적인 여성으로 거듭나기 위한 전제 조건이었다. 여성들이 고유 영역이라 여기던 가정에서 나와 직업을 구한다는 것, 다시 말해 사회에 진출한다는 것은 분명 근대사회에 와서야 가능해진 일이다. 이러한 변화 속에서 여성들도 직업을 통해 사회에 첫 발을 내딛고 근대사회의 주체로 성장할 수 있게 된 것이다. 1933년 2월 18일자 《조선일보》 부인란을 장식한 여학생은 학교 밖 세상을 동경하며 다가올 미래를 상상하는 듯 보인다. 희망에 달뜬 여학생 이미지는 〈교문

을 나서면 어듸로 가려나 '우리 사회에
서 마지할 오백삼십사 명의 신여성')이
라는 기사 제목과도 호응한다. 이들에게
직업은 근대적인 자아를 상상할 수 있는
중요한 토대였다. 1926년에는 조선여성
동우회 회원들이 여성들에게 직업을 장
려할 목적으로 사직동에 '조선여성직업
조합'을 설립하였다. "사람으로서 일정한
직업을 가지는 것이 얼마나 귀한 일이며
사람으로서 사회적 활동을 하는 것이 얼
마나 중한 일이냐? 그러나 우리 조선 녀
자들은 가정을 버서나 일즉이 사회적 직
업을 가지고 이 사회를 운전하여 감에

《신여성》 직업부인 문제 특집호 표지
(1933.4.)

필요한 직무의 한 부분을 저마다 담당하지 못하엿다"[22]는 여성들의 자
각이 여성과 직업을 더욱 절실한 관계로 묶어주었기 때문이다. 경제력
의 유무를 여성해방의 전제 조건이라 여겼으니 신여성들이 이렇게 직
업을 찾아 나선 것은 어쩌면 당연한 현상이었다. 1933년 4월호《신여
성》이 '직업부인 문제 특집'으로 기획된 것에서도 짐작할 수 있듯이,
이제 신여성에게는 또 하나의 자아가 생겼다. 직업인으로서의 자아가
그것이다.

식민지 시기에는 백화점이나 카페의 점원·전화교환수·배우·간호
사·직공·보모·주유원·버스 안내원 등이 주로 여성들의 몫이었다. 당
시에는 이들을 통칭하여 '직업부인'이라 불렀다. 서구에는 경찰관이나
복장 예술가·비행기 교통 정리관·정원사 등 당시에는 첨단이라 할 만

한 새로운 직업에 종사하는 여성들이 있다는 소식도 전해졌다.[23] 그러나 이러한 직업들은 조선의 여성들에게 동경의 대상일 뿐이었다. 이 시기 분야를 막론하고 실제로 취업에 성공한 여성은 소수에 불과했다. 여학교 출신이라 해도 사정은 크게 다르지 않았다.[24] 새로운 직종으로 주목받았던 서비스직도 대부분 일본인 여성들의 차지였다.[25] 백화점 점원이나 버스 안내원, 특히 백화점 점원은 1930년대 초 여학교를 나온 조선 여성들이 가장 선호하는 일자리였지만 엄청난 경쟁을 뚫어야 했다.[26] 결국 조선인들에게 직업부인은 근대성을 표명하는 또 하나의 스펙터클이 되었다. 신문에는 "칠 전자리 버스 자동차 열 대가 오늘부터 시내 려객의 눈을 휘황케 되엇다"[27]는 기사와 함께 버스와 차표, 근대적인 제복을 차려입은 여차장들의 단체 사진이 게재되었다. 그리고 백화점 점원 채용 때만큼이나 치열한 경쟁을 거쳐 채용된 "뻐쓰껄"들

〈'뻐쓰,껄' 채용 시험〉(《매일신보》 1934.6.25.)

에 대한 신문 기사들을 보면 "그들은 모다 인물이 얌전하고 영리한 처녀들"[28]이란 식이었다. 산술과 구술 두 가지로 진행된 버스 안내원 채용 시험은[29] 분명 "용모와 체격과 응대와 말씨"라는 네 가지 채용 기준이 있었지만, 종국에는 "미모를 주관으로" 채용하는 셈이 되었던 것이다.[30]

여자의 세상, 젠더 트러블

신여성의 등장과 활동은 조선에만 국한된 현상이 아니었다. 빅토리아 시대(1837~1901) 후기 영국에서 처음 등장한 '신여성(New Woman)'은 "여권 신장"을 꾀하며 여성의 참정권을 요구했다. 1924년 3월 29일자 《동아일보》의 〈동아만화〉[31]는 조선에 최초로 급진적인 '신여성상'을 제시했다. 만화 속 영국의 신여성은 바구니 속 아기(일본)에게 "어서어서 자라"라고 한다. 이는 여전히 보통선거〔普選〕가 목표였던 일본에 비해, 영국은 30세 이상 여성이라면 누구나 정치에 참여(1918)할 수 있을 만큼 여성의 정치적 권리가 신장되었음을 강조하려는 장치였다. 이는 19세기 말 20세기 초 근대화의 물결이 전 세계를 휩쓸었지만, 동시에 그것이 질적인 면에서 얼마나 불균등했는지를 보여주는 것이기도 하다. 그런 점에서 김수진은 한국 근대사의 전체상을 이해하는 데 신여성 현상이 중요한 위치를 차지한다고 평가한다.[32]

전 세계적인 근대화의 흐름 속에서 조선에서도 여성들이 발 디딜 수 있는 공적 영

〈동아만화〉(《동아일보》 1924.3.29.)

역이 확장되었다. 버스걸이나 데파트걸 같은 '모던' 직종의 발생과 확산이 이를 뒷받침했다. 여성들의 사회 진출은 남녀의 위상에도 변화를 가져오기 시작했다. 남성들은 자신들의 영역으로 여기던 공적 영역에 이미 진출하기 시작한 여성들의 "발길"이 "공장으로 회사로 관청으로 학교로" "차차 넓어질 것"이고, 언젠가 "남자를 대신하야 '한머(해머)'를 들고 마텬루(摩天樓) 우에서 곡예를 보일 시절이" 즉, 자신들을 대체할 때가 "올는지도 알 수 업다"고 불안해했다.[33] 남성들의 이런 불안은 변화하는 세상을 풍자하는 이미지에도 나타난다. 해외의 잡지나 신문에 실린 만화들을 소개한 《동아일보》 〈해외만화 '여자의 세상(1)~(18)'〉 (1929.10.24.~11.23.)을 보면, 여성들이 마치 사회의 주도권을 쥔 것처럼 보인다. 만화 속 여성들은 라디오 같은 근대 문물을 당연한 듯 향유하고(1929.11.11.), 단발이나 모자 같은 각종 유행을 따르는 적극적인 소비계층이다. 이들은 정구 선수나 마네킹걸, 코러스걸처럼 직업적 경험과 습관이 몸에 밴(1929.11.1, 1929.11.8.) 모던걸이며, "'정랑(情郞: 정부情夫)'을 '카-드'식으로 분류해" 관리하고(1929.11.7.) 애인과 야반도주를 감행할 정도로 성적 자유분방함을 지닌 플래퍼들이다(1929.11.13.). 남성들은 특히 여성들의 '단발'에 격렬한 반응을 보였다. 남성들이 보기에 여성들 사이에서 유행하는 단발은 등에 남자인지 여자인지 표시를 해야 할 정도로 성 구분을 어렵게 만든다(1929.11.9.). 이는 남성들이 여성의 단발을 '남성이 되려는 의미'로 받아들였고, 관습에 대한 도전이자 성적으로 자유분방한 생활을 하겠다는 의미로 받아들였음을 알려준다. 단발 그 자체보다는 단발에 함축된 의미를 의심하고 문제 삼은 것이다. 그러나 여성들 사이에서 단발의 인기는 사그라들지 않았다. 단발한다고 해서 자신들이 해방되는 것은 아니지만, 적어도 해방을 부

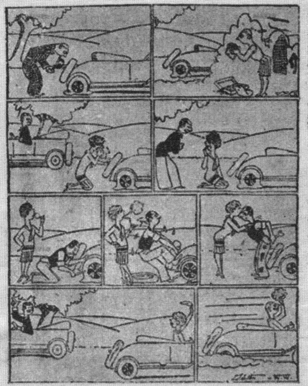

海外漫畵

◇女子의世上◇

=六=

〈해외만화 '여자의 세상(6)'〉(《동아일보》 1929.11.2.)

〈해외만화 '여자의 세상(11)'〉(《동아일보》 1929.11.9.)

르짖는 자신들을 보여줄 수 있다고 생각했기 때문이다.

〈해외만화 '여자의 세상(6)'〉은 무대에서 여자 역할을 소화하던 남자 배우가 자동차가 고장 나자 무대의상으로 갈아입고 다른 남자의 도움을 받는 내용(1929.11.2.)이다. 이 만화는 여성의 미가 생활 속에서 강력한 무기가 될 수 있음을 비아냥조로 풍자한 것이다. 이미 시각적 자극에 사로잡혀버린 세계에서, 미디어는 거리를 그저 지나가기만 해도 사람들의 시선을 끄는 이른바 "여성의 위력"[34]을 변화된 세계에서 여성이 새롭게 획득한 권력인 양 선전했다. 신여성들은 스스로를 전시하여 거리의 스펙터클이 됨으로써 조선의 전통적인 여성관에 변화를 가져왔을 뿐 아니라, 직업 활동을 통해 공적 영역 즉, 남성의 영역을 침범함으로써 종래의 젠더 위계를 흔들어놓았기 때문이다.

이 시기에는 세계 각지의 여성들이 사회의 주체로서 자신들의 권리를 찾았다는 소식이 날아들었다. 그중에는 벨기에의 기혼 여성들이 새로운 법률에 근거하여 남편의 동의 없이 직업을 선택할 수 있게 되었다는 소식도 있었다. 이는 여성의 법적 지위가 향상되었다는 의미일 뿐만 아니라 기혼 여성이 자신의 의지로 직업을 선택함으로써 남편처럼 경제적 능력을 갖게 되었다는 의미였다. 조선 사회는 이에 대해 "서방님네들의 지금 지위가 납버"지고 "신여성의 코가 커"질 것이라는 반응을 보였다.[35] 조선 사회에서 여성이 근대적인 주체로 성장할 수 있게 된 데에는 실제로 직업부인의 탄생이 중요한 역할을 했다. 오랜 세월 남성에게 종속된 삶을 살던 여성들이 직업을 통해 경제력을 지닌 한 개인으로 성장해나갔기 때문이다. 그러나 조선의 남성들은 신여성들의 이러한 행보를 "남성에 대한 선전포고"[36]로 받아들였다. 그리하여 여성해방운동을 둘러싸고 반목과 갈등이 계속되었다. 그렇지만 이러

한 반목과 갈등은 여성의 지위 변화를 서로가 인식해가는 과정이기도
했다.

　남성들은 자신들의 불안을 감추기 위해 여성들의 활동에 흠집을 내
기도 했다. 무엇보다 여성을 "말끗마다 핏대를 올리면서 남녀평등을
주장하지만 진검대리를 건늘 적에도" "남편에게 안겨"[37] 가는 모순된
존재로 인식시키려 했다. '여성해방'을 주장하는 신여성들은 자신들도
남성과 다름없는 평등한 주체라고 부르짖지만 어려운 일이 생길 때마
다 남성의 도움을 바란다는 것이었다. 여성들이 내세우는 '평등'이란
그런 면에서 합리적이지 않을뿐더러 자신들의 이익에 따라 언제든 변
할 수 있는 개념이라고 했다. 남성들은 스스로를 여성들의 주장과 행
동에서 드러나는 모순 때문에 희생당하는 존재로 이미지화했다. "누이
는 밥버죽겟다고 밤낮 나도라만 다니니, 하는 수 업시" 공부하는 오라

〈이래도 남녀 평등인가?〉(《매일신보》 1934.5.28.)

비가 "애 보기까지" 한다고 "여존남비 시대가 도라왔다"[38]고 하거나 "사각모 모뽀, 안경잡이의 모껄"이 그려내는 신가정의 풍경은 "남편의 등을 보면 애 보기 총각, 팔을 보면 고물 행상"[39]이라고 폄하했다. 당시에는 이처럼 남녀의 위상 변화로 성 역할이 전도되었음을 풍자하는 이미지들이 여기저기서 쏟아져나왔다. 거리를 활보하는 신여성의 곁에는 항상 구여성의 역할을 대신하는 남성이 그려지고 있었던 것이다.

> 그림의 남자는 해골만 남엇고 여자는 왜 이다지 살졌는지? 그것은 독자 제씨의 판단에 맛겨드리거니와 봄날에 못처럼 동부인하야 산보 다니는 꼴인 듯한 것이 – 남편은 어린 아해를 안고 업고 끌고 바게스를 들고 안해를 우산까지 바더주는 것일진대, 그들의 안방 살림에는 요절할 만한 사실이 얼마나 만흘지? 봄 봄 여자는 살찌는 봄!
>
> – 〈봄(2) '여자는 살찌는 봄'〉 《조선일보》 1928.4.7.)

이에 김억(김안서)은 "일이 이리되야서는 남성이란 여성의 노예에 지내지 아니하"다며 남성 중심의 가부장 질서를 흔들려는 여성해방운동의 대항마로서 '남성해방연맹'을 장난처럼 제안하기도 했다.[40]

젠더 위계의 균열에 위기의식을 느낀 조선의 남성들은 근대성 자체를 여성적인 개념으로 규정하면서 남성의 영역 자체가 근본적인 위기를 맞고 있다고 호들갑을 떨었다. 1933년 1월 20일자 《조선일보》에 게재된 '총 잘 쏘는 소녀'의 사진이 그 단적인 사례가 될 것이다. 가슴에 수많은 휘장을 단 미국 소녀가 늠름하게 권총을 쥔 모습은 차라리 남녀의 건강 상태를 비교한 일본의 통계자료를 근거로 "여자는 늙은 후에 건강자가 만어서 비교적 장수하는 사람이 만"[41]다는 오른쪽 기사

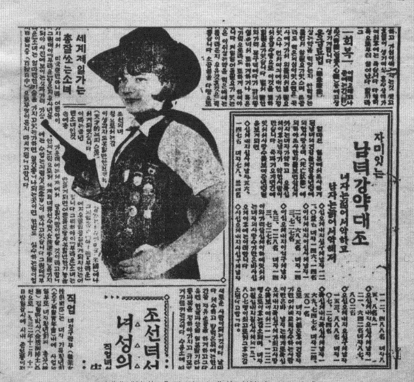

〈봄(2) '여자는 살찌는 봄'〉(《조선일보》 1928.4.7.)

〈세계 제일가는 총 잘 쏘는 소녀〉(《조선일보》 1933.1.20.)

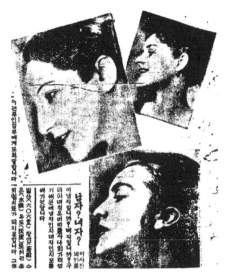
〈남자? 녀자?〉(《조선일보》 1930.3.16.)

〈자미잇는 남녀 강약대조〉의 이미지로 적합해 보일 지경이다. 이는 "조선의 여성으로서는 감이 생각지도 못 할 만"하다는 수식어를 붙이기는 했어도, 총잡이 소녀처럼 남성들만 가능하리라 생각했던 분야에도 여성들이 과감히 뛰어들고[42] 있는 현실을 들어 남성보다 강한 여성을 떠올리게 하려는 의도였다. 미디어는 이처럼 지역을 막론하고 여성들이 남성의 영역을 침범하고 있다며 이를 '여강남약'의 '과도기적 현상'이라 설파하였다. 그들에 따르면 "요사히 여자들의 운동열은 팽창하고 청년들은 모두가 문약파(文弱派)가 되어가기 때문에 남자는 여자의 손목에 꺼려다니게 된 모양"[43]이었다.

이 사진의 인물이 남자입니까? 여자입니까? 구라파 녀성은 머리를 사나희가티 깍기 때문에 남자인지 여자인지 모를 때가 잇답니다.

– 〈남자? 녀자?〉(《조선일보》 1930.3.16.)

미디어는 때때로 등장인물의 성을 구분하기 어려운 사진들을 게재하여 독자들에게 '남자'인지 '여자'인지를 물었다. "녀자가 남자로"[44] 아니면 "남자가 여자로" 변장한 것인지 좀처럼 구분하기 힘든 사람, "자진하여 여자가 되고 싶허 하는 것이 그의 병"이라는 미국의 모던보이 등이 그 주인공이었다. 이 이미지들은 결국 젠더를 구분하기 힘든 모호한 이미지들이었다.

이는 한편으로 조선의 미디어가 여성의 젠더적 특성에 대해 호기심을 가지고 탐구하기 시작했다는 것이기도 한데, 조선 역사상 이례적인 현상이라 할 수 있다. 그러나 이를 깊이 들여다보면 사실 남성의 경쟁 상대로서 여성을 파악하여 자신의 몫을 지키기 위한 제스처였다. 자본주의 사회는 시장의 원리가 작동하는 치열한 경쟁 사회이다. 사람이건 상품이건 경쟁력이 없으면 살아남기 힘들다. 자본이 나라 밖에서 강제로 이식된 식민지 자본주의 시스템이기는 하지만, 조선인들 역시 새로운 경제 시스템 아래서 경쟁을 강요받았고, 이미 경쟁에 내던져진 조선의 남성들에게 새롭게 등장한 이 여성들은 자신들을 더 치열한 경쟁으로 몰아갈 달갑지 않은 존재였다. 이때 경쟁 상대로서 여

〈사나희와 녀편네(3)〉(《조선일보》1928.9.23.)

〈녀자! 녀자! 녀자!〉(《조선일보》 1933.12.31.)

성을 혐오하고 배제하려는 태도는 젠더 관계를 훨씬 나쁜 방향으로 끌어갈 가능성이 높다.《조선일보》의 연재만화 〈사나희와 녀편네〉(1928.9.21.~10.2.)는 이를 보여주는 단적인 사례이다. 만화 속에 재현된 부부 관계는 전통적인 부부 관계와 완전히 다른 모양새다. 특히 아내는 더 이상 남편을 공경하지 않는 모습이다. "여자들의 남편 되는 자를 보면, 안해보담 의례히 작은 수가 만흔 바 능히 써 안해 되는 여자의 손바닥에 올너안질 만하"여 아내가 "다른 남자들과 툭탁치고 농지거리를 하거나 귓속을 하여도 엇저는 수 업시 돌아안질 만한 약골"이기 때문이다. 그래서 남편이란 "포케트 용으로 필요한 때만 내여 놋코 아쉰 때만 가지고 노는 조그만 소형 기계"[45] 취급을 받는다. "제아모리 위대한 긔풍을 꿈이든 사람도" 결혼만 하면 아내의 비위를 맞추느라 "사람의 형상으로 꼬리 업는 말"이 되고 만다는 것이다.[46]

> 깨나 자나 녀자! 녀자! 녀자! 자나 깨나 녀자가 생활의 안밧글 싸고도는 미국 사회생활을 풍자한 것이 이 사진입니다. 이것은 최근에 상연될 영화의 일 장면이라고 합니다. 부인에 대한 례의를 중대한 의무로 생각하는 양키-가 녀성에게 골머리를 알른다고 풍자한 것이랍니다.
>
> – 〈녀자! 녀자! 녀자!〉(《조선일보》 1933.12.31.)

미국 영화의 한 장면을 소개한 이 글은 사실 "녀자! 녀자! 녀자!"의 세상에 대한 남성들의 경각심을 반영한 것이다. 조선 사회가 가두에 나선 조선 여성을 인정하는 유일한 순간은 위기에 처한 조국이 '국민'이라 호명하며 총동원령을 내리면, 여성들이 잔 다르크처럼[47] 폭발적인 힘을 발휘하여 나라를 구원하러 나서는 순간이었다.

거리의 여학교, 직업여성의 수난사

젠더 관계의 변화를 둘러싼 남성들의 위기의식은 사실 취직 문제와 직접적인 관련이 있었다. 값싼 노동력을 찾는 자본가들이 여성 인력을 주목하게 되었기 때문이다. 각종 통계에 따르면, 여성들은 특히 서비스 산업에 적합한 인력이었다. 여성은 "말 없고 근면"하여 사무에 잘 적응할 뿐 아니라 "남성보다 저열한 급료를 주어도 그다지 우락부락 불평을 말하지 안"아 고용주들에게 호의적인 평가를 받았다. 그래서 미디어는 "가두로 사무실(로) 기타 백방으로 여성의 진출이 활목한 바 잇어 여성 대기염 시대(女性大氣焰時代)를 연출시켜는데 특히 최근 취직 전선에 잇어 여성만능 시대가 도래하야 남성들로 하여금 일대 공포를 품게"[48] 만든다고 했다.

조선의 여성들은 1930년대에 본격적으로 노동시장에 진출하기 시작했다. 이 시기에는 "술 취한 남편을" "'펌푸'질로 깨"운다는 "'까소링, 껄'"[49]처럼 이미 직업적 습관과 특성이 몸에 밴 직업여성들도 있었다. 미디어는 여성들이 종사하는 직업의 종류가 다양해졌음을 알리는 〈세계의 이목을 놀래인 일류 비행가 죤슨 양〉(《조선일보》 1930.5.29.) 같은 기사들을 지속적으로 게재하였다.[50] 그것은 여성들이 단순한 저임금

노동자가 아니라 남성과 능력을 겨루는 존재가 되어가고 있음을 보여
주는 것이기도 했다.《매일신보》는 〈신여성 직업안내〉(1937.1.1.~1.14.)
를 통해 조선의 직업부인과 그 직종을 소개함으로써 직업 선택의 폭을
넓히는 역할을 하기도 했다.

1920~30년대 언론사들은 '직업여성 순례기'를 연재하여 노동시장
에 뛰어든 신여성들을 재현했다. "선진된 각 방면의 직업부인의 고달
푸고 쓰라린 생활과 취미 잇는 생활, 그들의 사회적 요구와 엇더한 계
단을 밟어야 그 직업을 가질 수 잇다는 것을 소개하야 장차 직업을 가
지랴는 모든 여자의 참고"[51]가 되겠다는 취지였다. 그래서 변장 여기자
나 전화교환수·은행원·버스걸 등이 직업상 겪는 고초와 "직업부인으
로서의 사회적 지위를 어더 활동하는"[52] 기쁨을 전하면서 여성이 어떻
게 근대적 자아를 형성해나가는지를 보여주었다. 당시 여학교를 졸업
한 신여성들은 대부분 직업을 가지고 싶어 했다. 그래서인지 직업여성

〈'까소링.껄'의 남편은 술
먹지 마시오〉(《매일신보》
1934.7.16.)

순례기는 직업부인들이 겪는 고초를 '선각자의 수난'[53]으로 미화했다. 기자들은 각계 직업부인들의 고달픈 생활과 희망을 무직자들의 에너지 소모와 비교하며 생산성의 차원에서 긍정적인 여성상이란 의견을 제시하기도 하였다.[54]

그러나 1920년대 중반을 전후로 직업여성의 수난을 '선각자의 수난'으로 이해하는 기사 대신 〈직업부인의 생활 이면〉(《매일신보》 1927.2.18.~3.6.)이라는 기사처럼 대중의 호기심을 자극하는 기사들이 주를 이루게 된다. 흥미로운 것은 여학교를 졸업해야만 취직할 수 있다는 인식이 일반화되었기 때문인지 직업부인과 여학생을 동일선상에

〈신여성 직업 안내(8) '여 운전수'〉
(《매일신보》 1937.01.13.)

서 다루는 기사들이 많다는 점이다.

> 교과서가 업는 녀학교! 수업료를 도로 밧는 녀학교! 분 바르고, 연지 찍
> 고 다니는 녀학교! 이러한 녀학교가 서울에는 여러 곳이 잇다. 그는 어
> 됫고 하면 첫재 종로 네거리 화신백화점 안에 잇는 '화신 녀학교'요, 둘
> 재는 동대문 안 훌련원訓練院에 잇는 '뻐스 녀학교'요 셋재는 서대문 밧
> 전매국 안에 잇는 '연초 녀학교煙草女學校', 넷재는 영화 전당 동양극장
> 의 '극장 녀학교'라. 이것은 모다 '거리의 녀학교'로써 교과서도 업고 수
> 업료도 밧는 법이 업고, 그리고 분 바르고, 연지 찍고 굽 놉흔 구두를 신
> 은 제복의 처녀들이 100명 200명씩 몰여드러오고 몰여나가며 매일매일
> 몃 시간씩 일을 보고 잇다. 이것을 이제 우리는 〈거리의 녀학교〉라 하여
> 매호 하나씩 소개하려 한다. 직업 선상에서 약삭빠르게 뛰노는 이 젊은
> 녀성군들은 얼마나 한 보수 아래 엇더한 희망을 안고 날마다 활약하고
> 잇는고.
>
> ─ 〈거리의 여학교를 차저서, 연애금제의 화신 여학교, 제복의 처녀 백사십 명〉 《삼천리》 1935.1.)

백화점이나 운수회사·공장·극장 같은 여성들의 직장을 '여학교'의 연
장으로 파악하는 이런 시각은 직업여성들을 '여학생들'처럼 스캔들의
주인공으로 인식하게 만들었다. 직업여성들 상당수가 직원들의 외모
를 중시하는 서비스업 종사자들이라는 점도 이런 인식을 뒷받침했다.
특히 백화점은 "200명을 모아논 미인 시장"이라는 평이 있을 정도로
'미인 본위'를 판매 전략으로 내세웠다.

　누구든지 종로 네거리 화신백화점의 출입구나 정자옥, 미쓰꼬시, 히라

다, 미나까이 가튼 큰 백화점으로 다리를 옴겨보면 도색桃色의 꿈을 가
슴 속 기피 감춘 스마-트한 청년들이 물건 보기보다 거기서 나비가치
경쾌하게 써-비스하는 쑵프껄들을 바라보기에 정신업는 광경을 본다.

– 〈결혼 시장을 차저서, 백화점의 미인 시장〉(《삼천리》 1934.5.)

이들 분야에 종사하는 여성들은 이처럼 성적 호기심의 대상이 되었다.
호기심에 찬 남성들은 그녀들에게 연애편지를 건네거나 "슬적 발등을
발는다든가" "떼민다든가" 그녀들에게 몸을 "기대고 싯침이 뚝 따고 엉
둥하게 먼 곳을 바라보는 체"했다. 그녀들을 향한 에로의 시선은 이렇
게 어리석은 남자들의 "무지스러운 히야가시(농락)"[55]로 이어졌던 것이
다. 잡지《여성》에 실린 다양한 〈직장소녀의 항의서〉에 이런 사정이 드
러나 있다. 소녀 차장은 "세상에 여자의 직업도 많아졌으나 버스 차장
같이 고닯흐고 속상하고 그리고 수입 적은 노릇은 다시없을 것"이라며
육체적·정신적·경제적으로 힘든 상황을 호소했고 "제발 귀찮게 좀 굴
지마"[56]라며 자신들을 농락하려는 무지한 남성들에게 항의했다. 주유
원(깨솔링껄)은 "이해 있는 손님도 없는 것은 아니나 수많은 손님 중에
는 달게 굴면 가까워지려 하고 차게 굴면 으르렁대는 손님이 있어서
사람을 우울하게"[57]한다며 까다롭고 저급한 남성 고객들 때문에 예민
해진 심정을 토로했다. 이런 기사들은 당시 남성 고객들이 서비스 관
련 여성 종사자들을 어떤 존재로 이해했는가를 보여준다. 나아가 서비
스 산업에 대한 대중의 이해 수준이 해당 산업의 팽창 속도를 따라잡
지 못하는 상황임을 알려주기도 한다.[58] 그러므로 "여자로 직업을 가짐
은 당연하고도 어려운 일"인데 "술 취한 손님을 맛나면 큰 곤난"[59]이라
는 하소연은 훌륭한 고객으로 거듭나라는 그녀들의 요구이기도 했다.

그것은 한편으로 민족과 국가라는 집단적 틀 안에 있던 조선인들에게 자본주의 경제에 적합한 익명의 소비 주체로 거듭나라고 요구한 셈이었다.[60]

그런데 순례기를 통해 직업부인의 이면을 파헤치려는 이 같은 시도들은 직업부인을 직업 활동에 부적합한 존재로 인식시켰다.

> 직업부인! 가장 세간에서 오해를 받기 쉬운 생활! 기계적으로 움즉이는 그들의 입장! 눈물과 한숨에 젓는 그들의 일기 - 그러한 이면에는 남이 알지 못할 희망과 진실의 생활 - 그리고 취미적 일면상이 잠재하야 잇으니 이를 탐출하야 세상에 알리워보려는 것이 필자의 본망本望이다.
>
> – 〈직업여성 만화 방문기〉 《신동아》 98~103쪽, 1932.12.)

이 글은 최영수가 《신동아》에 직업여성 순례 만화들을 재현하며 그 취지를 설명한 글이다. 최영수는 여학교를 졸업하거나 중도에 그만두고 사립학교 교편을 잡은 인텔리 여성들을 대상으로 직장 생활의 애환이나 위안거리, 취미 생활 등을 인터뷰한다고 했지만, 사실은 '남자들의 유혹'에 얽힌 그녀들의 경험담을 재현하는 데 신경을 쏟았다. 최영수는 기생을 "화류계란 좋"다고 스스럼없이 말하는 음탕한 존재로, 직업여성을 자신의 월급으로 "허영에만 날뛰"는 "허영지대"의 여성들로 이미지화했다. 이러한 이미지는 여성들이 직업전선에 뛰어든 동기마저 의심하게 만들었다. 결국 미디어는 여성들은 '호기심과 허영심'을 채우려고 직장 생활을 시작하기 때문에[61] 직업의식이 낮은데다가 체력이나 의지도 직업 활동을 하기에는 턱없이 부족하다고 주장했다. 여기에 얼굴이 예쁘면 유혹도 많아서 "침착하게 일을 하지 못"하고, 월경 중에는 "'히스테리크' 해저서" 능률이 "평상시의 삼분의 일로" 떨어진다는 통계를 내세워 자신들의 주장을 뒷받침했다. 이 모든 것이 직업부인에 대한 대중의 선입견을 형성하고 강화하는 요인들이었다.[62]

1930년대에는 경제 대공황의 여파로 취직난과 생활난이 더욱 심화되었다. 이에 따라 은행과 회사, 관청에서는 긴축을 부르짖으며 제일 먼저 인건비를 축소할 움직임을 보였다. 기존의 구직자들과 정리해고당한 실직자, 그리고 학교를 갓 졸업한 청년들이 얼마 되지 않는 일자리를 두고 엄청난 경쟁을 하게 될 상황이었다. 여기에 여성들마저 구직활동에 가세하면 남성들의 취직난은 더욱 심각해질 수밖에 없었다. 남성 '인테리겐챠'들이 불안과 공포에 휩싸이자,[63] 미디어는 실직자가 대부분 남성이라는 현실을 들어 긍정적인 여성상이라 미화하던 일하는 여성들을 남성의 영역을 침범한 공공의 적으로 몰아갔다. 이와 같은 상황에서《조선일보》는 실업난을 해결하기 위한 방안이라며 의미심장한 제안을 했다. 직업부인들에게 '결혼'을 권장하며 "직업부인을 상공업계에서 가정에 돌아가게 하야 직업부인의 신진대사를 만히 하려고

〈직업여성 만화 방문기〉(《신동아》 1932.12.)

하는 기발한 생각"[64]이라고 주장한 것이다. 그러나 이는 여성들에게서
일자리를 강제로 빼앗아 남성 구직자에게 주겠다는 나치스의 '실업자
구제책'을 미화하여 소개한 것에 지나지 않았다.

직업부인의 변종들

당시 미디어는 직업부인들을 자신들이 번 돈으로 자유롭게 소비하는
존재로 바라보았고, 나아가 그들을 소비와 향락의 추종자로 재현했다.
하지만 이 시기 직업부인들은 대부분 적은 보수 때문에 생활고에 시달
렸다. 화려해 보이는 백화점 여점원들도 사실은 "물건을 사노라고 10
원짜리 100원짜리를 포켓트에서 핸드빡에서 꺼내여서는 조곰도 긔탄
업시 함부로 막 쓰는 손님을 바라볼 때 아니 가질냐야 안이 가질 수 업
는 비애"[65]를 맛봐야 했다. 식민지 시기 조선에서 직업부인의 수는 점
차 증가했지만, 소수의 전문직 종사자들을 제외하면 대부분이 저임금
노동자들이었다.

> 월급날이다. 하루에 55전씩 – 몸 아파 이틀 빠진 것하고 화장품 몇 개
> 갖다 쓴 것을 제하고 나니 받은 것이 14원 38전. 나보다도 더 못 받는 금
> 례를 생각하니 마음에 위로가 된다. 방세, 동생 월사금, 쌀값, 전등료 –
> 밀린 것도 좀 주기는 해야 할 텐데. 이날은 더 괴롭다. 없어선 않 되지만
> 없었으면 차라리 좋은 이날이다. 밤이 늦도록 울었다.
>
> – 최영애, 〈여점원의 일기〉 《신가정》, 1935.2.)

그럼에도 불구하고 "모-든 집안사람은 조그만 돈지갑 속에 든 몇 푼의

상여금 때문에 마음을 조리고" 직업부인의 귀가를 기다렸다.[66] 직업부인들의 비애 뒤에는 "한결가티 병든 어머니와 밥 굶은 남편이 기다리고"[67]있었다. "점두의 능라주사가 그의 것이 아니고 남의 살림에 애교와 상품만을 팔아"[68] 생활고를 해결해야 했던 직업여성들은 그래서 근대의 "효녀 심청"[69]들이기도 했다.

그런데 직업여성이란 비합리적인 노동조건 아래 착취당하는 존재라는 식의 이미지는 오히려 가정부인들로 하여금 안전감을 느끼게 만드는 장치가 되었다. '직업부인의 고통과 불평'에 대한 설문조사 결과를 전하는 어느 기사는 "어쨌던지 오늘날 사회조직은 여자가 직업을 갓기에 부적당하게 생겻다"느니, "밧게 나와 남자 가운데 석겨서 설음을 밧는 것보다는 초가삼간이라도 가정에 드러안저 주인 노릇을 하는 것이 조흘 것"[70]이라는 말로 '가정=안전지대' '직장=위험지대'의 도식을 이끌어냈다. 미디어는 직장을 "직업을 엇고저 애쓰는 슌결한 처녀의 마음을 틈타서 금품을 빼앗고 심지어 정조까지 빼앗는 무서운 일"[71]이 벌어지는 곳으로 재현했다. 졸업을 앞둔 여학생들을 대상으로 직업 문제를 강론하는 학교 당국들조차 "이 사회는 아직까지도 남자 중심으로 움즉이는 까닭에 직업을 준다면 그것은" 학생들의 포부와 희망을 실현할 수 있는 곳이 아니라 "화초(花草) 격으로 주는 것인 고로 어느 때나 거치른 사나희들의 희롱물이 되기"[72] 쉽다는 비관론으로 일관했다. 게다가 여사무원 모집 광고 중에는 여성들을 속여 자신들의 야욕을 채우려는 광고들이 흔하니, 여기에 속아 직업을 잘못 선택하면 평생을 그르칠 수 있다는 경고가 잇따랐다. 미디어는 사회를 별별 "위험한 장치"를 해놓은 "무서운 마굴"에 비유하면서 여학생들 사이에 경계심을 불러일으키는 데에만 급급했다. 여학생들의 성적인 타락을 경계하는 시선이 졸업 후 직장 생활을 하는 여성들에게도 그대로 이어졌던 것이다.

미디어는 또 여성들의 직장 생활을 허영의 산물로 매도하였다. 남성들은 직장에 평생을 바치지만 여성들은 결혼만 하면 직장을 떠난다며 다만 결혼 상대자를 구하려는 목적으로 직업전선에 뛰어든다는 논리였다.[73] 《동아일보》는 〈직업부인 될 분은 다시 한번 반성하라〉(1929.4.5.~4.8.)는 연재 기사를 통해 조선의 직업여성들에게는 직업에 대한 철저한 각성과 직업의식이 결여되어 있다며 "출근은 오분 일즉, 퇴사는 오분 늦게, 여가에는 교양에 힘"[74]쓰라고 충고한다. 직업부인들의 몸치장도 커다란 비난거리였다.[75] 사실 '근대성'을 표상하는 직업부

〈세모고歲暮苦(3) '직업부인'〉(《조선일보》 1928.12.22.)

인에게 세련된 용모는 사회적 요구이기도 했다. 그래서 임금의 대부분을 생활비로 사용하고 남은 돈으로 "구두" "양말" "화장품" "의복" 같은 것을 구매하고 "조흔 토-키가 오면 빼여노치 안코 보러 단이고 각금 동무들과 식당 가튼데도 놀러가"[76]는 등의 소비를 했다. 그러나 이들의 소비 생활은 무절제한 사치와 허영으로만 비치기 일쑤였다.

경제적 독립을 여성해방의 유일한 무기라고 인식했건 아니면 소비 욕망을 충족하려 했건 간에 당시에는 적지 않은 수의 여학생들이 적극적으로 구직 활동에 나섰다. 그러나 그녀들이 처한 현실은 녹록지 않았다. 여학교 출신 여성들은 식민지 시기 내내 상급학교 진학이나 취업에 어려움을 겪었다. 특히 중등학교를 졸업한 신여성들은 직업을 구하지 못해 방황했다.[77] 다음은 당대의 여학생들이 넘기 어려운 취업의 문턱과 열악한 노동조건 앞에서 어떠한 갈등을 겪었는지를 보여준다.

당세 여학생은 직업여성이 되어볼까 한다. 그들은 경제적 독립이 여성해 방에 유일한 무기인 것을 안다. 안이 그보다도 백화점의 진열장에 심취 할 줄을 알고 양요리의 미미美味를 깨다를 수가 잇고 박래품 치마감의 호부好否를 감상할 줄 알면서부터 그들은 돈이 필요하게 된다. 그러나 직업여성이라는 것은 당세 여학생의 자유의 의지를, 좀 더 커-다란 이 상을 말살한다. 하루에 10여 시간 이상을 압박과 회욕 중에서 노역을 강 제당하지 안으면 안이된다-는 것을 안다. 도대체 직업여성치고 결핵 환 자처럼 영양 부족증에 안이 걸인 여성은 업는 것을 본다. 그러면서도 노 동 대가는 10원~30원까지니 이것 가지고는 치마 한 감 값도 못 되고 백 화점에 한 번 출입 가 양요리 한 번 먹는 데 휘-ㄱ 달어날 소수 금액이 다. 아- 직업여성은 못 될 것이다. "자수自手(내 손으로)로 돈을 버러야

한다" "직업여성은 못 될 것이다" 이 양극의 반대 방향에서 당세 여학생
은 또 어떤 타협성을 발견하지 안코는 못 견딘다. 그것은 돈 잇는 남성
과 연애할 것이다- 하는 것이다. 이것이 자신이 친히 수고하지 안코라
도 물질욕을 만족할 수 잇는 유일의 안전책이다.

– 정순정, 〈당세當世 여학생 기질〉 (《신동아》 93쪽, 1932.12.)

이 글에 따르면, 여학생들은 "자수(自手)로 돈을 버러야 한다"는 것을
알지만 어차피 "직업여성은 못 될 것이"고, 된다 해도 노동조건이 좋지
않고 경제적으로도 별 의미 없는 양극단의 현실 속에서 결국 "돈 잇는
남성과 연애"라는 타협책을 찾게 된다. 수입은 적은데 박래품을 걸치
고 양요리도 맛보는 여유로운 생활을 하려면 자신들의 소비 욕망을 채
워줄 수 있는 부유한 남성을 찾아야 하기 때문이다. "어엽분 여점원이
업시는 물건을 팔지 못할 만큼 변해버"린 사회의 인식은 직업부인의
소비와 향락을 부추기는 면이 없지 않았으나 이에 부응하기에는 직업
여성들의 수입이 턱없이 부족했다.[78]

직업부인의 변종들이 생기기 시작한 것도 이와 무관하지 않다. 구
두를 닦고[79] 해골을 만드는[80] 여성이 있을 정도로 "지금 잇서서는 녀
성들이 못하는 '일'이 무엇인가 하고 목을 흔들면서 생각해도 얼는 생
각키우지 안으리 만침"[81] 1920년대 후반부터 조선 여성들의 직업이
훨씬 다양해지기 시작했다. "까이드껄" "뻐스껄" "틱켙껄"[82] 같은 각종
'껄'들도 출현했다. 여성들은 교사·의사·기자·간호부·방송국 아나운
서 같은 전문직과 함께 서비스업에도 진출하여 숍걸·데파트걸·바걸
·버스걸·엘리베이터걸·헬로걸(여성 전화교환수)·티켓걸·가이드걸이
란 다양한 이름으로 불렸다. 그러나 조선의 직업부인은 "오해밧기 쉬

운"[83] 존재였다. '걸'이란 조어를 달고 직업 부인 '행세'를 하는 젊은 여성들이 등장했기 때문이다. "양장한 모껄로 남자와 가티 산보하야 그 산보한 시간의 길고 쩔은 데 따라 돈을 밧는"[84] 스틱껄과 "승객을 차에 올나타게만 하고 자기는 그대로 슬적 나려버리는", 다시 말해 택시 기사와 짜고 미모로 승객을 유인하는 택시껄,[85] 돈을 받고 키스해주는 "키쓰껄"[86] 등이 그들이다. 1932년 11월호 《별건곤》의 만화 〈스틱껄〉은 직업부인의 변종들이라 할 수 있는 이들의 활동에서 비롯된 대중의 오해가 직업부인들에 대한 일종의 선입견으로 확대되고 굳어지는 구조를 보여준다. 만문만화가 안석영의 표현을 빌리자면, '스틱껄(stick girl)'이란 "사나희의 집

《어성》(1938.3.)

행이(지팡이) 대신으로 산보를 즐기는 사나희의 겨드랑이를 부축하"[87]는 여성, 즉 부유한 남성에게 기생하여 살아가는 여성이다. 만화 〈스틱껄〉에서 여학생들은 다정하게 걸어가는 서양인 부녀를 보고 주저 없이 "스틱껄"을 떠올린다. "팔에다 걸구가"는 유사성에서 이처럼 비롯된 오해이다. 이처럼 부유해 보이는 남성과 동행하는 젊은 여성을 모두 "사나희의 겨드랭이 미테서 사라가"는 스틱껄로 오해하듯, 겉모습만으로는 구분하기 어려운 직업부인들을 모두 스틱껄 같은 아류 직업부인으로 오해하고 이를 직업부인에 대한 선입견으로 굳혀가는 식이었다. 특히 서비스직에 종사하는 여성들이 이런 선입견의 주된 희생양이었

〈스틱껄〉(《별건곤》 1932.11.)

다. 무엇보다 남성들은 이들을 잠재적인 섹슈얼리티의 대상으로 인식했다.

1931년 8월 10일자 《조선일보》는 불황의 바람이 몰아치던 이 시기에 "'타이푸라이타-'를 치는" 호주의 사무직 여성들이 일하고 남는 시간에 "남성이 조하할 만한 '에로'를 드러내랴는 공부"를 한다는 기사를 실었다. 그리고 기사 말미에 그들의 여가 활동을 "수입을 더 늘리랴는 탈선된 부업!"[88]으로 치부해버렸다. 직장 여성의 여가 활동을 '에로'와 연결지어 '탈선된 부업' 즉, 돈을 더 벌기 위한 일탈 행위로 규정한 것이다. 이는 직업부인이 '에로'를 상품으로 삼는 시대가 도래했음을 알리려는 것이기도 했다. 이 시기에는 실제로 조선에 돈을 받고 '에로'를 제공하는 '걸'들이 출현하였다.

장충단공원 입구에는 돌연히 한 명의 양장한 '스틱껄'이 나타나서 지나가는 '모던뽀이'의 주머니 속에 한 장의 '레터-페이퍼-'를 느허준 바, 그 내용은 '당신 혼자 산보하시기는 적적하지 안흐심니까. 저와 함께 둘이서 산보하심이 어떳슴니까. 언덕에서 기다리고 잇겟슴니다'라고 써잇섯다는 바, 경성 시가에도 이러한 '직업부인'(?)이 생긴 것은 이것으로써 효시가 될 것이다.

－〈'메추로포리스'화한 경성, 신직업부인? '스틱껄' 출현〉(《중외일보》 1930.4.16.)

이는 조선에 '스틱걸'이 출현했음을 알리는 기사이다. 기자는 의문부
호를 써가며 그녀를 새로운 직업부인으로 명명했지만, 그녀는 "종로
를 중심으로 서울의 거리를 밤마다 상대자를 갈어가지고 산보를 하"[89]
다가 돈을 훔치는 절도범일 뿐이었다. 그럼에도 불구하고 "백 '퍼센트'
의 '에로'"를 연출하고 사내들을 유혹하여 금품을 절취하는 이 '스틱
걸' 같은 아류 직업부인을 대하는 태도가 직업부인을 보는 시각에도
그대로 투영되었다. 게다가 1929년 8월 25일《조선일보》의〈손목 쥐인
갑 한 번애 일 원식〉이란 만화처럼 직업여성의 신체 일부를 상품처럼
교환의 체계에 포함시키는 이미지들도 그녀들을 성적 대상으로 각인
시키는 역할을 하였다. 소래섭은 서비스직의 경우 종사자들 대부분이
'미혼'의 '젊은' 여성들로 구성되었다는 점 때문에 여성의 성적 매력이
아예 직종의 특성인 양 비치게 되었다고 지적한다.[90] '직업 처녀'들에
대한 성적 시선은 스튜어디스란 직종이 조선에 처음 소개될 당시 미디
어가 사용한 표현에서도 드러난다. 기자는 그녀들을 "비행긔 안에 녀
하인"으로 정의하고 이들의 출현을 "공중에도 '에로'"[91]라고 표현했다.
그들을 공개된 에로의 대상으로 인식한 것이다.

이발소에서 손톱을 다듬어주는 '마니큐어껄'[92]과 '스틱걸' '택시걸'
'키쓰껄' 등의 등장은 조선에서 이른바 '에로 서비스'를 사회적 이슈
로 만들었다.[93] 1929년 9월호《별건곤》에 소개된 희곡〈매니큐-어·껄
MANIQURE GIRL〉[94]은 호텔에서 손님들의 손톱을 다듬어주는 매니
큐어걸이 부호의 돈을 갈취하기 위해 성희롱 사건을 조작한다는 내용
이다. 이 희곡은 매니큐어걸·스틱걸·택시걸 같은 변종 '걸'들을 음모
와 술수에 능한 불량소녀들로 인식하게 만드는 데 일조했다. 안석영의
만문만화〈도회풍경〉에는 또 하나의 변종 '핸드걸'과 모던걸의 요청이

라면 모두 들어주며 그녀의 "손과 발이 되는"[95] '핸드보이'가 등장한다.

"그저 곰보라도 돈만 잇스면 그것도 그리 실치 안치요. 그러타고 당신
을 사랑치 안는다는 말슴은 아닙니다. 사랑하다 뿐이애요? 그러나 무엇
을 하시든지 무엇이 되시든지 그 되지도 안을 사업인가 사회사업인가를
다 - 팽겨치시고 돈을 모흐서요. 제가 귀엽지 안습니까? 그러니까 돈을
모흐서야지오" 하여 사나회의 수염터가 깔죽깔죽한 빰을 한번 어루만저
주며 햇쭉 우서주는 것이 조선의 '모던.껄'이다. 이것을 '핸드.껄'이라는
일홈 외에 더 조흔 일홈이 잇스면 지워보아도 조타.

– 〈도회풍경(1) '핸드·껄'〉(《조선일보》 1929.6.4.)

안석영은 여기서 '모던걸=핸드껄'이란 새로운 등식을 성립시키고 있
다. 안석영은 '핸드걸'과 '핸드보이'로 살아가는 모던걸과 모던보이를
"하나는 돈 때문에- 하나는 색정 때문에 사라가는 변적인간(變的人間:
변태성욕자)"이라 조롱했다.

대부분의 직업부인은 직업의식을 가진 착실한 노동계급이라기보다
는 "매일매일 접촉하는 사물이 모두 부화(浮華: 실속 없이 겉만 화려)한
것뿐"으로 소비와 향락에 물들기 쉬운 존재로 인식되었다. 그러나 직
업부인들이 외식과 취미 생활을 즐기려 해도 그들이 받는 임금은 이
를 뒷받침해주지 못했다. "정자옥(丁子屋: 조지아)이나 삼월(三越: 미쓰
코시)에는 삼십 원짜리도 잇지마는 북촌백화점에는 십칠팔 원으로 이
십사오 원에 끗친다. 이것으론 전차갑 제하고 화장품 사고 나면 죠제
도 저고리 치마 한 감도 끈치 못할 형세이니 더욱 하숙식비까지 내는
사람으로야 엇지 지날 수가 잇슬가."[96] 따라서 직업부인들, 특히 화려

한 상품에 둘러싸여 지내는 백화점 여점원들에게는 언제든 그들의 허영과 사치를 자극할 만한 유혹의 손길이 뻗칠 수 있다는 생각이 일반화되어 있었다.

1936년 3월 26일자 《조선일보》는 점주에게 정조를 유린당한 여점원의 이야기를 실어 "여성 직장에 적신호"가 켜졌다고 경고했다.[97] 직업부인이 많아지고 직업에 대한 이해가 어느 정도 자리를 잡아갈 즈음에도 직업부인들은 "공장에 다닌대, 발서 못쓰게 되엿슬걸"[98]이라는 말을 들어야 했다. 직업여성 자체를 이미 성을 훼손당한 존재로 바라봤던 것이다. 어쩌면 여성들은 규문을 나서는 순간 이미 사람들의 뇌리에 성을 훼손당한 이미지로 각인되었는지도 모른다.

〈도회풍경(1) '핸드·껄'〉
(《조선일보》 1929.6.4.)

여성들이 사회로 진출한 이후 미디어는 줄곧 직업여성의 성적 타락에 집중했다. 1928년 7월호 《별건곤》의 〈현대 비밀직업 전람회〉란 기사는 "이 놀라운 세상을 보라. 30가지 흉험한 비밀직업!! 당신과 당신의 자녀를 노리는 30여 마수를 알라. 신사·부녀·남학생·여학생·학부형·향촌인사 반듯이 닑으라"며 아편 밀매 등의 범죄와 함께 여학생들이 술장사, 계약 연애 등으로 비밀리에 돈벌이를 하고 있다고 폭로했다.[99] 늙은 부모나 어린 형제자매를 뒷바라지하느라 직업전선에 뛰어든 "아주 감심할 만한 처녀들"도 있었지만, 미디어는 그들이 버스걸이나 데파트걸로 일하면서 정조를 잃을 위험성이 크다는 점만 쉬지 않고 강조했다.[100] 또한 여성이 돈을 버는 행위 전반은 성과 결부되어서만 평가되었다.

미디어는 직업부인의 도덕성에도 끊임없이 문제를 제기했다. 이는 여성을 성적 대상화하여 고객을 끌어들이는 자본주의 상품경제의 판매 전략과 연관된 문제이기도 하다. 잡지 《삼천리》가 취재한 어느 남성 실직자는 백화점에서 일하는 "안해를 신용하면서도 의심을 막을 길이 없"[101]다고 고백한다. 이는 직업여성, 특히 고객을 직접 상대하는 서비스직 여성 종사자들이 직장에서 어떠한 환경에 처하는지를 미디어가 줄곧 떠벌려온 결과이기도 했다. 자신의 아내가 고객의 유혹에 흔들릴까 노심초사하는 남편들을 양산한 것이다. 그래서 그는 "죽지 안는 바에 웨 안해를 직업에 네세우겟"냐며 "그런 이가 잇다면 심리상 고통이 무서우니 될 수 잇거든 안해를 내보내지 말나고 충고"한다. 《삼천리》는 직업여성을 직접 지면에 등장시키기도 했다. 직업여성의 생활을 소설화한 〈여인군상〉[102]은 비록 소설이란 형식을 빌렸지만 구두 한 켤레에 정조를 유린당한 여점원, 독자들이 주변에 꼭 있을 것이라 생각해 마지않는 스무 살 안팎의 꽃다운 여성이 그 주인공이었다. 그러나 이번에는 화자의 논조가 좀 달랐다.

> 여러분! 묘령기에 잇는 어엽분 여성이 그의 생명을 니워가기 위하야서 또는 그의 몸을 장식하기 위하야서 귀중한 정조를 팔엇다 하면 우리는 다만 그 한 사람만을 욕하고 또 꾸지저야 올겟습니까?
>
> – 김을한 글, 이승만 그림, 〈여인군상〉(《삼천리》 78~81쪽, 1931.10.)

직업여성들의 성적 타락에 대한 책임을 순전히 그녀에게 돌릴 수만은 없다는 입장인 것이다. '직업'인과 '유혹'은 떼려야 뗄 수 없는 관계로 인식될 만큼, 식민지 시기에는 직업부인과 관련된 이런 종류의 사건이 드물지 않았다.[103] 주임이 "월급 몃 푼에 목을 매고 잇는 녀점원들의 약점"[104]을 이용하여 정조를 유린하는 사례도 있었다. 그러나 그녀들은 바로 그 '약점'에 발목이 잡혀 저항하지 못했다.

> 순이는 아즉도 자리에 누어서 회사로 가서 주임의 제삼 제사 애첩 노릇을 해서라도 생계를 세우는 게 조흘가, 단연히 퇴사를 하야 불량 주임놈의 죄상을 폭로해서 분푸리를 할가. 그의 가슴은 지금 안개 끼인 벌판에 회호리 바람이 부는 격으로 아득하고 떨니기만 하얏지 무슨 결단이 날 수는 업섯다.
>
> – 이서구, 〈데파-트 애화哀話, '키쓰'와 '월급'과 '처녀'〉(《신여성》 81~86쪽, 1932.11.)

이런 상황에서 김형경은 〈백화점 녀점원〉(《조선일보》 1932.12.12.)을 통해 백화점 주임과 감독의 횡포, "악독한 여점원의 노동조건"을 깨달은

"이백여 명 녀점원들의 분화수 갓흔" 봉기를 예고하며 직업부인들의 판타지를 충족시킨다. 실제로 이 시기에는 직업부인들이 노동쟁의를 일으킨 사례들이 있다. '생계'라는 '약점'을 무릅쓰고 봉기에 나설 만큼 참기 힘든 노동조건과 사회 환경에 놓였기 때문이리라.

2장
레뷰걸

요요광 시대

1930년대에는 서양에서 유입된 각종 오락 상품이 조선인들의 '근대적인' 욕망을 추동했다. 1938년《여성》1월호의 표지를 보면, 양장 차림의 신여성 뒤로 트럼프 카드들이 여기저기 흩어져 있다. 이는 당시 서양에서 각종 오락 기구들이 수입되면서 조선 여성들의 취미가 음악과 영화 감상에서 화투·트럼프·마작 등 다양한 오락으로 확대된 사실을 반영한 것이다. 1935년 6월 28일자《조선일보》에 실린 세제 광고에도 카드 이미지가 사용되어 변화된 여성의 취미 생활이 소비문화에 끼친 영향을 보여준다.

《여성》의 표지 (1938.1.)

특히 1920년대 말부터 서구에서 유행하기 시작한 '요요'가 조선에서 선풍적인 인기를 끌었다. '요요'는 놀이 방법을 익히기도 쉽고 휴대도 간편한 데다가 값까지 쌌기 때문에 어른 아이 할 것 없이 누구에게나 친근한 오락거리로 자리 잡았다. 사람들은 집이나 카페, 백화점에서도 이 새로운 오락거리에 탐닉했다. 김규택은 만화 〈요-요-광 시대〉에서 장소를 불문하고 요요에 열광하는 사람들을 재현하여 요요의 유행이 일상의 모습까지 변화시키고 있음을 지적했다.[1] 당시에는 세계의 유명한 정치가와 학자 그리고 여학생 들이 요요놀이에 빠져 있는 모습이 신문과 잡지를 통해 일반에 전해지기도 했다.[2]

따라서 당대의 문화 비평가들은 서구에서 수입된 장난감 '요요'의 문화적 의미를 파악하는 데 주력했다. 1933년 5월호 《신여성》에서 문화평론가 백철은 시골 사는 여동생과 주고받은 편지의 내용을 공개했다. 여동생이 "요즘 잡지에 요-요- 그림과 이야기가 만히 나는데……

〈요-요-광 시대〉(《신여성》1933.5.)

대체 요-요-란 무엇"이냐고 물어와 부질없는 호기심이라고 책망했다면서 "전도유망한 나의 누이동생에게 그와 가튼 경박한 유행물을 알녀주고 십지 안엇"고 "순박한 풍속만은 그대로 남어 있는 고향의 소도시에 이 말기의 경박한 상품만은 수입을 식히고 십지 안엇"기 때문이라고 했다. 그러나 누이동생의 다음 편지는 백철의 이런 고민을 허망하게 만들었다. "아아 요-요-란 퍽 자미잇는 유희물이외다. 이곳도 지금은 요-요-의 왕성 시대입니다. 알녀듸리지요? 지금 제가 편지를 쓰고 있는 책상머리에는 나의 사랑하는 동무 요-요-가 노여 잇답니다." 충격을 받은 백철은 "아아! 실로 페스트균의 전염률보다도 멧 백 배의 위대한 전파력을 가진 요-요-의 유행성이여"[3]라고 한탄해마지 않는다. 이 시기 러시아의 한 평론가는 이미 전 세계적으로 유행하고 있던[4] 요요를 "끈이 끈어질 때까지 세상 모든 사람들"이 "작란하는" "말세"를 의미하는 장나감이자 "자본주의를 상징한 것"[5]이라 정의한 바 있다. 백철역시 요요를 "자본주의 말기의 퇴폐 시기의 산물"이며 노동자들 사이에서는 유행하지 않는 세태를 들어 "노동자의 것은 아니고 유한(有閑)한 사람들, 섬세한 말초의 신경과 보드랍고 굴신(屈伸: 굽혔다 폈다 하기)이 자유스럽은 다섯 손까락의 백수에게만 적당한 유희물"[6]이라고 규정했다.

1920년대에는 다양한 사람들이 여름이면 지독한 더위를 식히기 위해 장충단공원과 한강철교를 찾았다. "자연 앞헤는 부귀빈천의 구별이 없는 법이라, 단장을 두르는 신사도 잇고 자동차를 모는 부랑자도 잇고, 젊은 여자도 잇고, 늙은 로파도 있고, 종일 로동에 "어든 삭전으로 탁주 이삼 배로 목을 축이고 풀밧에 쓰러진 로동자도 만"[7]았지만 형형색색의 이 인간들 속에서 계급적 차이를 찾기는 힘들었다. 그러나 놀이 문화 속에는 계급적 차이를 지우는 듯 보이지만 한편으로는 이를 더욱 의식하게 만드는 이중성이 내재되어 있다. 경제적 처지에 따라 향유할 수 있는 오락거리가 다를 수밖에 없기 때문이다.

> 털교 아래에서 월색을 띄인 배노리가 매우 자미잇지마는 이것은 돈 가진 사람이라야 할 것이닛가 가장 돈 적게 들고 놀기 조흔 것은 '쁘트'를 타고 강상을 왕래하는 것이니, '쁘트'를 한 시간 동안 타는 데 사오십 전 가량이면 탈 수가 잇다닛가 돈 업는 학생들이라도 '쁘트'를 부릴 줄 아는 동모를 다리고 사오 인이 합자(合資)를 하야 배를 빌어서 노는 일도 자미잇는 노리이다.
>
> – 〈신유행의 납량처〉 (《동아일보》 1921.8.22.)

1930년대에는 조선에서도 "돈 가진 사람"만이 아니라 "돈 업는" 사람도 즐길 수 있는 대중오락을 요구하는 목소리가 생겨나기 시작했다. 사람들 사이에 근대인의 필수 덕목인 '교양'을 갖추려면 오락과 취미에 관심을 가져야 한다는 인식이 싹텄기 때문이다. 1930년 4월 6일자 《동아일보》의 〈변천도 형형색색, 십 년간 유행 오락〉이란 기사는 1930년을 기점으로 이전 10년간 대중의 오락과 취미가 어떻게 변천해왔는가를 분석하고 이제는 무산자를 위한 오락이 필요함을 강조한다. 이는 "재래로 자미잇게 보고 듯고 즐길 수 잇는 모든 자미잇는 일을 단순히 돈 잇고 틈 만흔 자들의 오락적 기분으로만 독점할 수 잇는 것"[8]으로 인정해온 데 문제를 제기한 것이었다. 오락을 '시간 허비로 안다면 큰 잘못'이며, 여가 시간도 "다음 활동력을 준비해주는" 재충전의 시간으로 여기고 노동 시간만큼이나 중요하게 생각해야 한다는 근대적인 여가 관념이 형성된 것이다.

그런데 대중오락의 수준이 근대인의 교양 수준을 나타낸다는 인식이 확산됨과 동시에 좋은 오락과 나쁜 오락을 구분하고 나쁜 오락을 통제·교화하려는 통제의 메커니즘이 작동하기 시작했다. 미디어는 대중오락을 "민족적 원기 진작의 중대 요건"으로 이해하고, 불량오락의 폐단을 민족적·국가적 차원의 폐단으로 확대하려 했다. 중등학생 한 명이 "마작 유희에 미처서 학업을 폐하고 도습(盜習)까지 생겨서 유치장 신세를 지게 되엇다는" "조고만 '사회면 기사'"가 곧바로 신문 사설란의 소재가 되어 "금일 조선 청년층"의 "퇴폐적 경향 전체를 생각할 때는 이야말로 사회적 중대 문제"로 확대되는 식이었다. "조선 청년층"의 "퇴폐적 경향"이란 농촌 청년들은 농한기에 "비위생이 극한 온돌 사랑에서의 흡연, 잡담, 도박으로 허송되고" 도시 청년들은 "카페의 등불

〈다 가티 웃을 가정유희 '과자에다가 겨냥을 대여'〉(《동아일보》 1931.1.23.)

이 표징하는 퇴폐적 생활과 마작 간판이 광고하는 무위적 시간의 낭비로 그 생활력을 암살당하고"마는 현실을 일컬었다. 미디어는 이를 조선 청년의 오락을 이끌 "지도 기관의 결핍"에서 오는 문제로 인식하고, 사회 각 단체에 청년의 체육과 교양, 사교의 지도에 적극적으로 나설 것을 요구하며 "오락의 건전화" "오락의 사회화"를 부르짖었다.[9] "정화된 오락, 미화된 오락, 이것이야말로 우리 대중 교화에 가장 유용되는 한 안내자"[10]라는 인식은 대중오락이 가진 정치적 함의를 드러내는 것이기도 했다. 그리하여 민간단체와 교육계, 정부 당국은 "구락부(俱樂部)의 창설, 스포츠의 장려, 도서관의 설립, 활동사진의 이용, 야외 생활의 추장(推奬: 추천하여 장려)"등 대중오락 교화 운동에 나섰다.《동아일보》에 연재된 〈다 가티 웃을 가정유희〉(1931.1.1.~1.24.)는 오락의 건전화를 꾀하는 이 같은 운동의 일환이었다.

〈못된 류행(1)〉(《조선일보》 1929.4.6.)

사회의 병폐를 낳는 "못된 류행"[11] 다시 말해 나쁜 오락 중에서도 가장 큰 인기를 끌었던 것은 마작이다. "과연 사교적 도락이 되고 아니되는 것은 둘째 문제로 하고라도, 한편에 남은 그것이 망국적 도락이라 하야버리는 것을 우리는 새로 그것으로 도락을 삼으랴고 하고 삼고 잇슴은 사실 중에 사실"[12]이라고 할 만큼, "중국에서도 '망국의 유희'로 금지한 마작이 조선에서 대성행하다니, 못된 것만 잘 배움은 무슨 까닭"이냐고 탄식할 만큼 마작의 인기는 엄청났다. 그래서 만화가 안석영은 "도박의 나라" '모나코'가 아닌데도 불구하고 거리마다 "마짱 구락부의 간판이 보이지 않는 곳이 없다"며 경성을 "가난한 노름꾼의 도시"[13]로 그려냈다. 마작의 이 같은 유행의 이유는 어떤 기혼 여성이 마작 구락부에 드나드는 남편을 떠올리며 한 말에서 짐작해볼 수 있다.

> 마짱은 오늘의 사랑을 밧는 유행 아씨올시다. 만일에 마작을 모르는 남편이나 청년이라면 참으로 무풍류한 인간이요, 시대를 모르는 바보랍니다. 다만 저속한 구락부에 가서 마작 사도邪道를 것고 잇는 것이 남을할 것이지요.
>
> – 〈카페 유곽 마작, 남자의 환락경〉(《신여성》 117~120쪽, 1933.5.)

당대인들은 외국에서 수입된 '신식 놀이'인 마작을 현대인의 징표인 듯 여겼던 것이다. 그런데 이런 '못된 유행'을 따르는 자들은 주로 교사나 공직자, 은행 지점장이나 회사 중역 같은 인텔리 계층이었다. 그중에서도 갈 곳을 잃은 실업자 즉 룸펜들이 마작에 빠져 헤어나지 못했다. 스스로 '마작'을 좋아한다고 시인했던 경성방송국 편성원 이서구의 글을 보자.

나와 가튼 룬펜의 무리는 갈굿에 몰녀서 마작 구락부로 몰녀든다. 이만큼 마작 구락부는 중류 이상 계급의 권위를 가지고 처처에 황금시대를 이루고 안젓든 것이다.

"에이 인제 마작도 고만 두어야지 사람 꼴이 못 된단 말이야."

새삼스럽게 탁식을 하고 분연히 자리를 박차고 이러스는 분이 잇섯다. 남아 잇는 친구들도 알고 보면 모도가 상당한 식견과 명망을 가진 분들이라, 분연이 이러스는 친구에게 대하야 낫이 불거지고 마랏다. 그러나 그 이튼날 다시 오지 안는다든 그가 다시 드러슨다.

– 이서구 〈실사 1년간 대경성 암흑가 종군기, 카페·마작·연극·밤에 피는 꽃〉 (《별건곤》 35쪽, 1932.1.)

이서구는 "일터에 내세우면 한 사람 목슬 분명히 치워낼 씩씩한 일군들을 누가 아편과 갓치 치는 마작의 소굴에서 버서나지를 못하게 하는가"[14]라며 자신과 같은 인텔리 계층이 마작 구락부를 찾는 이유를 불황과 취직난에서 찾았다. 하지만 정부는 문제의 원인을 파악하여 해결하려 하기보다는 '대중오락을 재검토'하는 것으로 통제의 고삐를 더 틀어쥐려 했다. 일본이 중국을 상대로 전면전을 개시한 1930년대 후반에 이르면 총독부에서는 "전시하에서 경영되는 일상생활은 비상한 긴박을 정(呈)하고 잇스니 만치 대중은 진실보다도 논파랑을, 의미보담도 넌센스를 요구하기 쉽고 그러한 경향은 날노 덥처가는 것을 우리는 연극장에서 발견"한다는 것을 빌미로 도별 출판경찰사무연구회와 국민오락개선위원회를 잇달아 설치하여[15] 전시체제하 식민지의 대중문화 전반을 통제하려 했다.

벚꽃 구경

1920~30년대에는 근대인이면 누구나 구경거리를 찾아다닌다는 인식이 팽배했다. 구경이라는 행위를 근대성을 구현하는 행위로 인정하고 구경거리를 찾아 향유하는 그 순간만큼은 자신도 근대인의 반열에 올랐다는 자부심을 가질 수 있었기 때문이다. 그래서 미디어는 각종 구경거리를 광고하여 식민지 조선인들을 현혹하고 소비를 조장하고 문화 산업의 이데올로기를 강요했다. 다음에 소개하는 최영수의 만문만화는 도시의 '봄'이 자연의 주기〔春〕가 아니라 도시의 산물〔視〕임을 보여준다.

만상萬像에 봄이 오기 전에 잡지 지운雜誌紙雲에 새가 울고 데파-트와 카페 속에 꽃이 핀다-. 이것이 도회지에서만 들을 수 있는 봄날의 전주곡. 그리하야 자연과 그다지 가깝지 못한 도회인은 이때가 되면 거리에

〈봄이 쓰는 만문, 봄이 그리는 만화(1)〉 (《동아일보》 1933.4.1.)

서 거리로 데파-트에서 데파-트로 꼬리를 물며 흐르고 잇다-. 세상의

모든 것이 상품화되는 시대인지라 자연의 상품화됨이 잇으리오마는-.

잇으리오마는- (오직 한숨)

- 〈봄이 쓰는 만문, 봄이 그리는 만화(1)〉 《동아일보》 1933.4.1.)

도시의 봄은 들녘의 새 울음소리와 꽃봉오리에서 시작되지 않는다. 잡지에 그려진 구름〔雜誌紙雲〕 속의 새와 백화점의 쇼윈도와 카페에 장식된 꽃들이 먼저 봄을 알린다. 그 꽃은 진정 봄꽃이기도 하고 진열대에 전시된 상품이기도 하다. 도시인들은 백화점 진열대 앞에서 잡지에서 본 그 상품들을 감상하고 소비하며 봄을 만끽한다. 이처럼 도시의 '봄〔春〕'은 구경꾼과 소비자의 '봄〔視〕'이다. "세상의 모든 것이 상품화하는 시대인지라" "자연"도 "상품화"[16]가 가능해진 것이다.

자본주의 상품 세계에서는 자연마저도 이처럼 본래 가치를 벗어던지고 '상품'이란 이름표를 단다. 특히 '관광산업'은 사람들로 하여금 더 이상 자연을 자연으로 보지 못하게 만들었다.[17] 안석영이 1930년 10월 9일자 《조선일보》에 재현한 만문만화를 보면, "멀리 보면 몹시 붉고 빗 고흔 단풍도 가지를 꺽그랴고 갓가히 보면 헤식은 게 버러지의 알이 스러잇슬 뿐"인데, 사람들은 "이것을 한 가지 꺽거가지고 서울 바닥을 휘졌고 다니는 것을 큰 행락으로 아는"지 "긔생, 은근자, 모던껄을 그리고 병정들을 익글고 긔차를 타고 산으로 향한다."[18] 택시나 버스, 기차 같은 근대적인 교통수단이 발달하면서 당대인들은 도시의 일상에서 벗어나 자연을 찾아 '여행'이라는 것을 하게 되었고, 이는 자연을 그들의 구미에 맞게 개발하여 거리를 두고 완상하고 경험하는 대상으로 만들었다. 노동에 지친 사람들이 여가를 즐기기 위해 계절별로 도

락을 찾아 자연을 상품으로 소비하는 시대가 도래한 것이다.

> 위선 두 분은 종로 네거리에 나서서 지나가는 팔십 전 택시를 보고 손
> 을 드옵습니다. 자가용이든 세 자동차를 타고 가기는 일반입니다. 남산
> 공원으로 가자고 명령을 나렸습니다. 삼십일년 식 뻑크 고급 차는 기름
> 흐르듯 영락덩을 지나 총독관저로 해서 경성신사 압까지 갓습니다. 한
> 양공원으로! 조선 신궁 압 너른 마당으로! (중략) 여긔서 봄빗을 마음것
> 마신 후 다시 차를 모라 한강 텰교까지 풀 스-피드를 냅니다.
>
> - 이서구 〈모뽀 모껄의 신춘행락 경제학〉 (《별건곤》 24~27쪽, 1932.5.)

다음 코스는 한강에서 보트를 탄 후, 철도공원을 거쳐 백화점에 이르
는 경로였다.[19] 이 기사는 여가 문화의 발달에 따라 변화한 대중의 소
비생활을 엿볼 수 있는 글이다. 기사는 "돈이 단지 1원밧게 업슬 때"부

〈금풍소슬!〉 (《조선일보》 1930.10.9.)

터 "재수가 터저 십 원 가지고 놀 때"까지로 소요 경비를 구분하여 어떻게 즐길 수 있는지를 소개한다. 글에 등장한 여정은 이 중 "십 원 가지고 놀 때" 즐길 수 있는 여정이다. 하지만 이렇게 여가 활동에 돈을 다 소진하고 나면 남는 것은 외상값과 집세 재촉이었다. "월급날"이면 "쌀가게 나무가게 된장가게에서 장통꾼들이 모혀"들지만 "넉넉지 못한 월급에 더구나 봄철이라 이 핑계 저 핑계로 가불만 해 쓰고 나니 월급 봉지는 빈 봉지"[20]뿐이었던 것이다. 그런 점에서 그들에게 '한강'은 이중적인 장소성을 지녔다. "재수가 터저 십 원 가지고 놀 때"는 "기생들을 다리고 향락하러 나가는 곳도 한강"이었지만 "그 기생에게 돈을 말니"면 "자살하러 나오는 곳도 한강"이었기 때문이다. 그래서 한강은 "서울 사람에겐 커다란 '히니꾸[21]〔ひにく(皮肉)〕'", 즉 '빈정거림'의 대상이었다. 이런 사람들의 눈에 미국의 백만장자가 소위 "세계만유비행 (世界漫遊飛行)차" 조선에 들렀다는 소식은 '눈꼴틀리는 일'이 아닐 수 없었다. 이들에게 미국인 부자 도락가는 "돈 쓰러 다니는 어리광대"였

〈가두풍경(9) '한강씨 – 슨'〉(《중외일보》 1930.4.20.)

고, 그의 사치스런 비행은 "현재
미국 큰 도회마다 실업자의 대
시위가 이러나 부녀 아동이 길
우혜 피를 뿌리는 것도 나는 모
른다는 드시 허공에서 술병을
내휘두르는 것"[22]이었다. '드라이
브' 대유행 바람을 타고 자동차
안에서 '러브신'을 연출하는 젊
은 남녀들도 '이꼴저꼴'[23]이기는
마찬가지였다. 그래서 대중문화
담론에서 생산되는 비꼬는 풍자
들은 동경과 부정의 이중적인
시선을 취하고 있었다.

〈초하풍경(4)〉(《조선일보》 1030.5.25.)

　근대의 대중문화는 인간이 근
대화를 통해 이루려던 대중 유
토피아 즉 꿈의 세계와 그 파국 모두를 보여준다던 수전 벅모스(Susan
Buck-Morss)[24]의 날카로운 지적처럼, 대량생산 체제를 통해 우리 모두의
부족한 부분이 다 충족되는 꿈의 세계가 도래할 것이라던 약속은 조선
에서도 허망하게 깨질 조짐을 보였다. 그것은 소비의 양극화 현상에서
드러났다. 《조선일보》의 연재만화 〈초하풍경初夏風景〉(1930.5.20.~5.25.)
을 보자. 봄이 가고 녹음이 짙어오면 연애당들은 "도회인의 날카로운
시선을 피하야 마음대로 속삭이기에 거북지 안은"[25] 행랑 뒷골목을 찾
아들거나 "강에 나아가" "으슥한 바위 틈바귀마다" 보트를 대놓고 "유
령가티 뽀트 우에서 움즉"인다.[26] 여름이 되면 "삐루당(黨)들의 시위

가 시작"된다. 그들은 "삐루 한 병 갑시 유년직공의 하로 삭전의 갑절이 넘고 지게군의 사흘버리나" 되는데도 "마시면 마시는 대로 오줌이 되어 청계천을 흐리어놋는" 맥주를 "열 병 스무 병식" 마셔댄다. 말 그대로 "뿌르조아의 돈지랄이다."27 마지막 4화에서는 이 연재만화의 궁극적인 함의가 드러난다. "용광노(鎔鑛爐) 압헤서 '함마'를 잡고 이러한 향락의 시절을 속절업시 땀에 저러 지내는 무리"들은 "그 아름다운" 부르주아들의 "풍경을 볼 때에 피에 벅찬 팔둑이 부르르 떨리지 안흘 수"28 없다는 것이다. '팔뚝의 떨림'은 피 끓는 분노의 표현이다. 무산자들도 즐길 수 있다던 대중오락, "다음 활동력을 준비해주는" 재충전의 시간이라 노동 시간만큼이나 중요하다던 여가가 여전히 돈 가진 사람만 누릴 수 있는 혜택인 것이 분명했기 때문이다.

1920년대 중반 이후 봄맞이 연례행사처럼 반복되던 창경원 '벚꽃 구경'에서는 소비의 양극화가 계급만이 아니라 민족 간에도 뚜렷하게 나타났다. 1924년 4월 24일자 《동아일보》는 "벚꽃은 섬사람들이 가장 귀애하는 꽃" 곧 일본인들의 꽃인데 "그 꽃구경에 모힌 사람은 조선 사람이 더 만헛다"며 이를 "괴이한 현상의 한 가지"29 라고 지적했다. 일본이 조선의 놀이 문화를 잠식하고 있는데도 식민지인들이 '남의 장단에 춤추는 격'으로 벚꽃 구경에 열을 올린다는 것이다. 1930년 4월 14일자 《중외일보》의 〈가두풍경(3) '가두레뷰-'〉 기사도 이와 같은 맥락이다. "사구라(벚꽃)는" "초가집 속에서 굼주리는 한숨 소리가 봄바람에 부딋기여 갈 길을 모르는" "북촌에는 어울리지 안는 꽃"이고 벚꽃에 취해 "길거리를 무대로 알고 궁둥이를 휘두르는 '모가'들도" "북촌에는 어울리지 안는 사람들이다."30 북촌에도 벚꽃은 피지만 이것은 식민지에 스며든 제국의 향기일 뿐이다. 그래서 멋모르고 이를 즐기는 사람들은 '아름다움'이란 옷을 입은 제국의 통치 전략에 맞춰된 식민지인들일 뿐이라는 것이다.

그럼에도 불구하고 '창경원 야앵(夜櫻: 밤에 즐기는 벚꽃 놀이)'은 1924년부터 서울의 불야성을 대표하는 구경거리로 자리 잡았다. 박물관·동물원·식물원을 갖춘 창경원은 입장료를 받고 관람객을 끌어모으는 대규모 유흥지였다. 신문과 잡지는 창경원이 불·꽃·사람으로 화운인해(花雲人海)의 불야성을 이루는 사진을 공개하고, 야앵 관람객의 수가 매일 최고 기록을 갱신하고 있다는 소식을 전했다.[31] 수만 촉의 전등이 만개한 벚꽃을 더욱 아름답게 비추는 창경원 야앵은 "수십만의 장안 사람을 말어들여 꽃 물결, 사람 물결이 서루 종착할 불야성의 환락경"[32]이었다. 창경원 연회장에서 진행된 각종 공연들도 화사하고 장엄한 스펙터클을 연출했다. 서울과 지방을 불문하고 창경원을 찾는 관람객의 수도 점점 많아져서 1934년 5월만 보더라도 야앵 관람객 수가

〈가두풍경(3) '가두레뷰-'〉(《중외일보》 1930.4.14.)

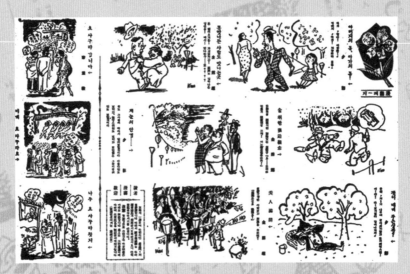

〈만화페─지〉(《조선일보》 1934.4.23.)

전년도 같은 기간에 비해 십만 명이나 증가했다고 한다.[33] 그러니 그 인기가 얼마나 대단했는지 짐작이 간다.

이렇게 전국에서 구경꾼들이 몰리다 보니 창경원 야앵 기간에는 사건 사고가 끊이지 않았다. "창경원에서 일어난 학생 풍기 문제도 눈에 거실니는 바가 한둘이 아니엇"[34]고 "'뺏뽀이'들의 희롱과 미행에 시달리는 여성"[35]들도 많았다. 이갑기가 재현한 〈가두풍경(8) '부부싸홈'〉(《중외일보》 1930.4.19.)처럼 동부인한 야앵 길에 "안해 엽헤서 노는 계집들과 눈짓을 하다가" 싸우는 부부들도 있었다. 신문사에서 주최하는 야앵대회는 부모의 손을 놓친 아이들의 울음터가 되기도 했다.[36] 그래서 "구경이 아니라 곡경"이라며 아이를 데리고 가지 말고, 소매치기나 불량배의 눈을 피하려면 "꽃을 구경하러 옴인지 자기를 구경시키러 옴인지 알 수 업슬 만큼" 몸치장에 신경 쓰지도 말라는 등의 주의 사항이 연일 신문에 게재되기도 했다.[37] 그러나 그런 사건 사고도 조선인들의 발길을 돌릴 수는 없었다. 식민지인들에게 벚꽃이 만발한 창경원은 참아왔던 자신의 욕구를 배출할 수 있는, 사회적 규율로부터의 일탈이 어느 정도 허용된 공공장소로서 일종의 '문화적 게토'[38]였기 때문이다.

벚꽃 놀이는 "자기를 구경시키러" 오는 여성들의 향락의 장으로 재현되기도 했다. 미디어는 청춘 남녀들이 '꽃구경'이 아니라 '사람 구경'을 나온다며 "꽃보다 다리 구경"[39]에 황홀해 하는 남성들의 시선을 카메라에 투영했다. 특히 암행기자들은 창경원 야앵에서 펼쳐지는 환락극에 주목했다.[40] 그들이 재현한 창경원의 밤은 아름다운 여성들과 불량 학생, 얼치기 신사들이 광무곡(狂舞曲)을 연출하는 무대였다. 그곳에서 남성들은 "야앵 때면 맛나는 여자"[41]와의 연애를 꿈꾸며 탐욕스런 시선으로 그녀들의 육체를 마음껏 향유했다.

창경원 야앵은 장안의 마음 들뜬 사람을 또한 끄러모흘 것이다. 해마다 보는 바이지만 그러케 만흔 사람들이 꽃을 구경하는가 하면 그들의 눈 총은 으슥한 곳으로 혹은 젊은 여자들의 다리로- 그리고 여자는 사나 희의 끔벅이는 눈에 해죽거리며 따르는 이 광경이 자못 볼만하지 안엇 든가? 그리하야 '무랑후주' '몬파리'라는 영화의 세례를 밧는 서울의 청 춘남녀는 모든 것에 잇서서 최첨단이어야 한다는 이 1930년을- 더구나 이 봄을- 얼마나 잘 보낼가- 하고 애들을 태울 것인지? 그런고로 그들 은 이 봄이 넘우도 짧다고 할걸.

- 〈1일1화(6) '꽃구경이 사람 구경'〉 (《조선일보》 1930.4.12.)

레뷰시대, 에로 모던

'레뷰(revue)'라는 오락극은 프랑스에서 시작되었다. 원래는 시사 풍자 촌극이었지만 영국과 미국에서 관객의 흥미를 자극하기 위해 극에 춤 을 삽입하면서 구경거리 위주의 오락극이 되었다. 특히 미국에서 이 를 영화 상영 중간에 막간극 형식으로 끼워넣어 흥행에 성공하면서 일 본을 거쳐 조선에 유입되었다. 조선에 '레뷰'란 말이 처음 알려진 것 은 1930년대이다. 그러나 이때는 "불란서 말인데 처녀출연의 뜻이다. 즉 음악가나 배우가 처음으로 무대에 올라서는 것을 이른 말"[42]로 소개 되었다. 조선 문화계는 레뷰의 도입에 대해 "스피-드를 요구하는 영화 관객에게 보다 찰나적 오락인 레뷰-를 보혀준 것은 꾀 잇는 책"으로 평가하였다.[43] 물론 본래의 풍자성을 버리고 "도발적 자극성을 가진 반 라의 미녀의 궁둥이"[44] 레뷰가 유행하는 현실에 대한 비판도 존재했지 만 인기를 잠재울 수는 없었다.

세상은 시각으로 가속도에 또 속도를 더하고 잇는 동시에 사람의 오락에 대한 욕구도 찰나적 향락을 찾게 되고 또 그것을 조화하게 되엇다. 이 현상이 구체화하여 생겨난 것이 '레뷰-'라는 '쇼-'의 한 형식이다. 현대인은 시중市中을 도보로 단이기를 지리해 한다. 그래서 전차가 생겻다. 그러나 전차도 지리해젓다. 그래서 뻐스를 탄다. 그러나 뻐스 역시 기다리고 태고 하는 동안에 참을성 업는 현대인에게는 한량업시 더듸게 되엇다. 그래서 1원짜리 탁시가 시세를 엇게 되엇다. 현대인의 일상생활이 이와 갓치 속도를 요하게 되면 점점 오락에 대한 욕구도 자연히 찰나적이고 순간적인 변화를 요구하게 된다.

– 우석 박진, 〈레뷰-의 근대성〉(《별건곤》) 158쪽, 1929.9.)

"가속도에 또 속도를 더"할 만큼 빠르게 변화하는 세상에 익숙해져버린 관객들은 "머리쌀 압흔" "무대극을 대신하야" 영화를 선호하게 되었지만 그 역시 "끗까지 보고 잇기에는 너모도 지리를 늣기게 되"었다. 그래서 레뷰의 '스피디한 전개'와 "여러 가지의 〈쇼-〉의 부(不)질서한 배열, 의상(意想) 외의 변화, 거기에 또 색채의 미와 성적 매혹의 강렬한 자극"[45] 즉 무료한 일상을 흔들 수 있는 찰나의 강렬한 자극에 매료되었다.

만문만화가 안석영은 "창경원 야앵 레뷰"야말로 "1930년식 레뷰"의 "본보기"라고 한 바 있다. 창경원에 벚꽃을 보러갔던 사람들이 화려한 전등 불빛 아래 연출되는 여성들의 '레뷰'에 엄청난 시각적 충격을 받았다는 것이다. 안석영이 1930년 창경원 야앵 기간에 실연된 '레뷰'를 재현한 만화를 보자. 창경원 야외무대에서 "아라사 춤이 끗나고 겨우 가리울 데만 얄팍하게 가리운 굴직굴직한 여자들의 다리 춤이 시작"되

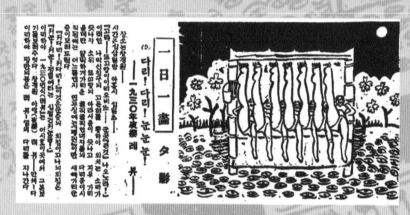

〈1일1화(9) '다리! 다리! 눈눈눈! 1930년 야앵 레뷰'〉《조선일보》1930.4.15.)

자 사람들은 "'펭귄'이란 새 떼가 티" 모여들어 "저 다리! 저 다리!"라고 외친다. 그러나 안석영에게는 "정열에 타는 십뻘건 저 눈들!"이 훨씬 더 경악스럽다. 수많은 눈들은 계급이나 성별을 알 수 없는 익명의 군중이다. 레뷰걸의 춤에 몰입한 군중은 이렇게 "광란의 봄"을 연출했다.[46] 이 레뷰를 보기 위해 "류동(流動)되는 인파에 밀리여

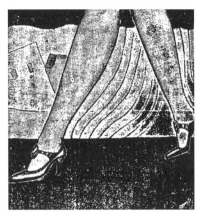

〈모던걸의 만찬〉(《조선일보》 1929.3.19.)

우리 일행은 넓은 잔듸밧을 배경하고 춤추는 기생 댄쓰하는 곳에 이르럿습니다. 엇지도 사람이 만턴지 그냥 서서는 아무 것도 보이지 안음으로 우리 셋은 발도듬을 하면서 그것을 보려고"[47] 애를 썼다는 경험담이 있을 만큼 조선인들은 이 화려한 스펙터클에 열광했다. 관음의 시선으로 레뷰걸의 아찔한 노출과 화려한 쇼를 즐기는 순간만은 자신이 처한 현실을 잊을 수 있었기 때문이다. 레뷰걸의 현란하고 일사불란한 율동은 관람자의 판단력을 마비시키는 역할을 하였던 것이다.

안석영은 1930년에 조선을 방문한 "양키 레뷰단의 가장행렬" 속에서 "열칠팔 세 남짓한" "아즉도 고개를 들기에 붓그러워 할 만한 처녀가튼" 양키-걸이 "머리에 백립을 쓰고 담배대를 물고 붓채질하고서 인력거 우에서 출동하는"[48] 모습을 꼴불견으로 재현하였다. 동시에 "본밧기 잘하는 이 땅의 아가씨들에게 보이기에 끄려할 만한 꼴"이라며 은근히 조선의 신여성들을 흉내 내기의 대가로 풍자하였다. 구경거리를 향유하는 동시에 이렇듯 희화화하여 이미지화하는 방식은 1930년대

에 두드러지는 특징으로 근대에의 욕망과 좌절이 동시에 투사되는 방식이라고 볼 수 있다. 이태준의 단편소설 〈모던껄의 만찬〉(《조선일보》 1929.3.19.)에 삽입된 삽화 역시 이 같은 방식을 따랐다. 미끈한 다리를 드러내고 거리를 활보하는 그녀는 이미 '개별 인간'이 아니라 '모던걸'로 대표되는 집단으로서의 신여성이다. 그래서 그녀가 한 발 한 발 걸음을 내딛을 때마다 다른 여성들이 함께한다. 그녀가 내딛는 한 걸음은 그녀 혼자만의 걸음이 아니라 신여성이라는 거대한 집단의 발걸음인 것이다. 여기에는 이러한 그녀들에게 매혹당하는 동시에 그녀들의 전진을 두려워하는 남성의 시선이 투영되어 있다.

1930년대 초 조선인들 사이에서 유행하는 오락과 취미를 분석한 기사를 보면 "'떼카단'적 탐미파의 '레뷰'"가 널리 유행하였다고 한다. 검열로 인해 억압된 사회주의 계열의 문화영역을 "발가버슨 녀성의 곡선을 그리는 육체미의 약동으로써 느긋한 육감적 관능을 만족코저 하

〈꽃보다도 더 아름다운 이 여자들의 포스〉(《동아일보》 1938.1.30.)

는 달갑지 안흔 경향"이 장악했다는 의미였다. "부지럽시 '세트'(배경)에 휘황찬란한 것이 '고스춤'(의상)에 화려한 것으로써 눈을 미혹케 하는"[49] 레뷰식 영화나 극은 "'양키-'들의 취미에는 마즐 것 갓"[50]지만 조선인들의 취미와 오락으로는 부적당하다는 의미이기도 했다. 하지만 미디어는 서양 여배우들의 화려한 레뷰 이미지를 '꽃'이란 장식에 비유하며 감탄했고[51] "고흔 살결! 빗나는 애교! 흐르는 듯한 곡선의 아리땁은 미인"이 "그가 가장 자랑하는 육선의 미를 송도리채 드러내고 농염한 춤을 추는 장면"[52]을 주저 없이 게재하였다. 또한 레뷰걸들의 의상과 분장을 '에로 모던'적 스타일로 명명했다.[53]

1930년대 조선에서 화려한 안무로 관객들의 눈을 즐겁게 했던 레뷰는 할리우드의 영향을 받은 것이다. 특히 레뷰가 연출하는 기하학적인 패턴은 할리우드의 안무가이자 뮤지컬 영화감독인 버즈비 버클리(Busby Berkeley)로부터 시작되었다.[54] 버클리는 수많은 댄서를 동원해 기하학적인 패턴을 만들고 엄청난 특수 장비를 동원해 무대효과를 극대화했는데, 이런 연출 방식은 집단체조인 매스게임의 연출 방식과 흡

버즈비 버클리의 레뷰 영화 〈Dames〉 속 장면들

사하다. 버즈비 버클리의 작품 속에 등장하는 코러스걸들의 변화무쌍한 움직임은 군대의 열병식처럼 규칙적이고 반복적이다. 그런 움직임이 연출하는 기하학적인 패턴들은 코러스걸 개인이 아니라 집단이 만든 단순하고 추상적인 기호이다. 게다가 카메라 기술을 활용해 만화경처럼 순식간에 변화하는 장면들은 대중을 매료시키기에 부족함이 없었다. 식민지 조선에서 근대적인 스펙터클 기술 장치들은 '반복'과 '균일'이란 "레뷰-의 합리화"[55]를 보여주는 진기한 경험들을 제공하며 "에로·그로"[56]의 쾌감을 선사했다. 그러한 경험은 화려한 패턴의 규칙적인 반복이 주는 환상성과 규율성을 동시에 내면화하는 순간이기도 하였다.

그렇다면 1930년대 조선은 이 할리우드의 스펙터클을 어떤 식으로 수용하고 변형했을까. 조선의 레뷰는 무엇보다 수입 '레뷰 영화'에서

〈레뷰이제二題〉(《매일신보》 1933.2.9.)

가장 큰 영향을 받았다. 1929년 9월 28
일자 《조선일보》는 "미국의 '퍼스트, 내
쇼날'의 영화 '레뷰-시대'의 한 장면"
을 소개한다. 〈레뷰시대〉는 미국의 영
화제작사 퍼스트내셔널에서 〈Broadway
Babies〉라는 제목으로 1929년 6월에 개
봉한 뮤지컬 영화이다. 당시 할리우드의
플래퍼로 유명했던 클라라 보(Clara Bow)
와 비슷하다는 평을[57] 듣던 앨리스 화
이트(Alice White)가 무대감독과 사랑에
빠진 코러스걸을 연기했는데, 조선에서
는 1930년 2월 7일에 〈레뷰시대〉라는
제목으로 조선극장에서 개봉되었다.[58]

1929년 6월 개봉한 뮤지컬 유성영화
〈Broadway Babies〉

그리고 《조선일보》와 《동아일보》 같은 신문들이 레뷰 장면들을 영
화의 대표적 장면으로 소개하는[59] 등 조선에서도 레뷰가 인기를 얻을
조짐을 보이자, 조선극장은 영화 상영 중간에 레뷰를 선보일 요량으
로 직접 '레뷰걸'을 양성하기 시작했다.[60] 1930년대에는 신문사가 후원
하는 레뷰식 '가극대회(歌劇大會)'가 지방 행사로 개최되기 시작했고,[61]
일본의 유명 곡예단인 텐카츠 연예단이 전국을 순회하며 마술과 레뷰,
촌극, 재즈 음악 등을 선보이기도 했다.[62] 1940년에는 오사카 소녀가극
단 출신들과 '물랑루즈' 등에 출연했던 동경의 일류 가극배우들이 망
라된 호화판 '보총쇼-'가 경성에 화려한 레뷰쇼를 펼쳐보였다.[63] 1931
년 《조선일보》는 당시 단성사에서 흥행 중이던 연극의 레뷰 장면을 게
재하면서 조선의 레뷰를 다음과 같이 평했다.[64]

〈발성영화 레뷰시대〉(《동아일보》 1930.2.7.)

〈카메라 순례 '레뷰-'〉(《조선일보》 1931.2.11.)

모든 문화가 변태로 발달되는 조선에도, 또한 서울이라는 불구자 가튼 도시에도 에로·그로의 발자최가 스러저가는 백은 가튼 눈 우헤를 어즈러웁게 달리고 있다. 보아라, 젊은 시약시들의 '아스팰트'를 휘젓고 다니는 거름거리와, 다리! (중략) 곱게 뻐든 '코레아'의 시약시들의 버슨 다리 - 률동되는 레뷰-껄의 다리를 지나서 봄은 온다.

- 〈카메라 순례 '레뷰-'〉(《조선일보》 1931.2.11.)

1930년대 대중오락 문화의 스펙터클로서 '레뷰'를 선보이는 '레뷰걸'은 무대에서 스스로를 전시하는 주체이자 관찰의 대상인 객체이다. 관객들은 특히 그들의 "곱게 뻐든" 다리에 주목했다. '레뷰걸'의 미끈한 다리는 그 자체로 '1930년형 여성의 미'였다. "그래서 도처에서 여자는 그 다리에 란숙한 '이트'와 일천구백삼십년형의 미를 발산식히기에 전력을 다햇"고, "사나희들의 추군추군한 시선은 여자의 얼골로부터 차츰차츰 아래로 향하야 각선미에서 연소"했다. "'페이쓰 밸류'보다도 '렉쓰 밸류'가 존중"[65]받는 시대가 도래한 것이다. 레뷰걸의 쇼는 대중오락의 상업성을 보여주는 것이기도 했다. 그녀들의 육체는 기하학적인 패턴을 생산하는 기계의 부품이었고, 사람들은 이 부품들이 만들어내는 아름다움에 돈을 소비했다. 레뷰걸들 덕분에 사람들은 '미용체조'가 여성의 '육체미'를 발달시킨다는 생각을 하게 되었는데 이는 결국 육체의 상품성을 보완하고 강화한다는 의미였다. 육체는 이미 영혼이나 정신을 담는 그릇이 아니라 영혼이나 정신과는 무관하게 소비하는 상품이라는 인식이 자리 잡게 된 것이다. 그래서 레뷰걸은 인격이나 감정을 가진 인간이 아니라 관객들에게 즐거움을 주는 매혹적인 상품이었다. 식민지 조선인들은 이 관찰의 유희가 제공하는 향락과 환상

〈맥고모 레뷰-〉(《조선일보》 1938.7.3.)

속에서 위로받는 듯했지만, 이는 사실 위로를 빌미로 '아름다움'이란 옷을 입고 나타난 자본주의 상품에 불과했다. 식민지인들은 이 상품이 제공하는 환희와 쾌락에 매료되어 자신도 모르는 사이에 상품을 소비하고, 상품 뒤에 숨은 규율을 내면화했다.

1938년 7월 3일자《조선일보》의 〈맥고모 레뷰-〉 사진을 보자.[66] 수십 명의 여성들이 오차 없이 정확한 동작으로 일종의 추상적 패턴을 연출하고 있다. 이는 그 자체로 매혹적인 스펙터클이다. 그러나 그 패턴 속의 여성은 이미 인격을 지닌 한 개인이 아니라 이 거대한 쇼가 연출하는 기하학적 패턴의 한 조각일 뿐이다. 그렇다면, 이 매혹적인 스펙터클 뒤에 은폐되어 있는 것은 무엇일까? 선전은 시대정신이 미학의 옷을 입고 잠입하는 것이라던 발터 벤야민은 시대정신의 심미화를 '정치의 심미화'로 규정했다.[67] 대중오락은 문화 상품을 소비하는 형태로 향유되기에 표면적으로는 비정치적인 듯 보이지만 사실은 정치적 목적을 은폐하고 있다는 것이다. 레뷰걸들이 일사불란하게 움직이며 연출하는 규칙성을 강조한 미디어의 이미지들은 대중의 오락마저 통제하려 한 규율 권력의 의도를 명료하게 보여주는 예이다. 분명, 자극적인 레뷰걸들의 춤은 조선인들에게 에로틱한 감각을 일깨우며 황홀경으로의 일시적인 도피를 선물했다. 에로를 탈선으로 비난하는 도덕적 평가들이 난무한 시대였지만, 오히려 더욱 적극적으로 선전되고 부추겨진 시대였던 것도 사실이다. 마치 쾌락의 해방구를 열어놓고 마음껏 탐닉하길 허용한 것 같지만, 결국은 식민지 조선인들의 현실감각을 마비시켜 탈정치화된 익명의 군중으로 만들려는 모양새였다.

재미있는 것은 단순한 오락으로 치부하던 것들이 때로는 그 사회를 분석할 거울이 되기도 한다는 점이다. 레뷰가 그 대표적인 예다. 자본주의 시대 산업자본가는 이윤을 극대화하려면 생산과정에 투입되는 노동력을 효율적으로 조직해야 한다. 노동력이 유일한 자산인 노동자들은 육체의 자연적 리듬을 박탈당한 채 생산과정의 요구에 따라 육체를 기계에 최적화된 상태로 만들어 새로운 리듬에 맞춰야 했다.[68] 노동자가 생산 설비 곧 기계의 부품(tiller)처럼 기능하는 이 같은 생산방식은 포디즘과 테일러리즘이 제시한 대량생산 방식으로서 20세기 초에 산업사회 전반으로 확산된다. 지그프리트 크라카우어는 1920년대에 미국을 순회하며 레뷰를 선보였던 틸러걸들(Tiller Girls)을 "미국 오락 공장의 산물들"로 표현하며 그들은 "더 이상 개별적인 소녀들이 아니라 해체할 수 없는 소녀 덩어리들(girl clusters)이다. 그 덩어리가 움직일 때마다 수학이 보인다"[69]라고 했으며, 한 치의 오차 없이 일사불란하게 움직이는 그녀들의 '다리'를 컨베이어 벨트 위에서 같은 동작을 반복하는 노동자들의 '손'에 비유하기도 했다. 노동자들의 손은 컨베이어 벨트라는 거대한 생산 설비의 부품처럼 움직이는데, 이 틸러걸들의 다리 역시 그런 기계의 부품처럼 작동하며 기하학적인 패턴을 만들어냈기 때문이다. 크라카우어는 한 치의 오차 없이 작동하는 기계처럼 질서 정연한 소녀들의 율동을 일종의 포드주의 경제체제의 반영물로 보았던 것이다.[70] 크라카우어는 틸러걸들이 일사불란한 동작으로 연출하는 이 추상적인 형태의 볼거리를 '대중의 장식(mass ornament)'이라고 명명했다. 이는 곧 화려한 스펙터클의 환상 속에서 개인은 무저항적으로 '대중의 장식'이 될 수 있음을 의미한다.

댄스의 근대적 의미, 배구자와 최승희

1932년 4월호《별건곤》에는 화려한 레뷰걸이 표지 모델로 등장한다. 이는 "빈민굴의 봄"이나 "농민의 봄"을 걱정하며 "보리고개를 어떠케 넘어갈까"를 걱정하는 이 잡지의 서언으로 짐작 가능한 조선의 현실과 괴리된다. 그럼에도 불구하고 레뷰걸을 표지에 등장시킨 이유는 무엇일까. 당시 레뷰는 "에로·그로"[71]의 첨단이자 "환락의 최고봉"[72]으로 지칭되었고, 코러스걸들의 화려한 움직임에 도취되어 위안을 얻으려는 관객들을 포섭하며 무시할 수 없는 호황을 누렸기 때문이다. 1930년 잡지《삼천리》에 게재된 레뷰 관련 기사를 보자.

> 처음에는 속살이 드러다보일 듯한 얄분 헌겁으로 다만 신체의 일부분만 가리운 십수 명의 묘령의 처녀가 각광을 하나 가득 쏘히면서 요란한 '째스' 소리에 발을 마추워 벌거숭이 다리를 번적번적 놉히 들어 보힌다. 그럴 때마다 아래웃 층에 가득 찬 수천의 관중은 여취여광如醉如狂하야 박수 소리가 우뢰가치 진동한다.
>
> – 〈나체 범람〉《삼천리》 61쪽, 1930.9.)

이 기사는 일본의 아사쿠사 공원[淺草公園]에 설치된 연예관 가운데

호황을 누리고 있던 '가지고 호리스'라는 레뷰 전문 극장을 묘사한 것이다. 말초신경을 자극하는 벌거벗은 처녀들의 현란한 몸짓에 객석은 취한 듯 미친 듯 들썩인다. 객석의 반응은 조선에서도 크게 다르지 않았다. 그러나 조선에서 레뷰는 "독갑이 들린(도깨비에 씐) 문화"[73]였다. 조선에서는 레뷰에 대해 "못된 일이란 가장 본밧기가 쉬"워서 "우리의 여성들도 밧게 되기가 쉬울 것이니, 문화의 가면을 쓰고 횡행하는 시대적 악마

《별건곤》 표지 (1932.4.)

'딴쓰'라는 것을 우리는 가장 경계할 필요가 잇"다는 인식이 팽배했다. 다음은 서울 구경에 나선 시골 아저씨들이 활동사진이 끝난 뒤 선보인 "기생의 딴쓰 레뷰"에 보인 반응이다.

숙자의 아저씨는 참아 못 보겟다는 드시 엽헤 안저 잇는 형식이 아저씨의 엽구리를 쿡 찌르며 "조런 망할 년들이 잇나 조것 빨가벗지 안햇나. 에이 세상은 말세일세. 조러니 어대 시골서 마음 노코 자식들을 무어 서울로 공부시킨다고 보낼 수 잇겟나. 밤낫 조런 구경이나 다니면 볼 일은 다 보지." 형식이 아저씨는 그래도 무슨 호긔심에 끌리어 "애 그래도 괜찬헤. 서울이나 왓스니까 이런 구경도 하지 안나" 하고 레뷰 구경에 꽤 정신이 팔린 모양이엇다.

— 〈연작골계소설, 시골 아저씨의 서울 구경〉 《별건곤》 39쪽, 1932.7.)

〈서울행진(5) '나 좀 보아요'〉(《조선일보》 1928.11.8.)

누군가는 "서울이나 왓스니까 이런 구경"도 할 수 있다며 쇼에 흠뻑 취하고, 누군가는 "말세"의 징조라고 한탄한다. 하지만 쇼에 흠뻑 빠진 사람들의 눈에도 레뷰걸의 미끈한 다리는 카페 여급이나 은근짜 집의 몸 파는 여성들이 "내 팔을 보서요, 내 얼골을 보서요, 그리고 내 몸맵시을 보서요! 당신 가튼 이는 꿈에도 보지 못한 아름다운 형상이 아닙니까? 잠깐만 들어가서요 영감 나으리! 서방님 리주사! 그리고 이 학생 도령?" 하며 호객을 위해 내미는 팔이나 다리와 같은 의미였다.[74] 에로틱한 레뷰는 "극장의 '레뷰'를 구경하고 찬바람이 도는 하숙 책상 압헤 드러와" 앉아 에로틱한 상념에 빠진 학생을 재현한 만화[75]처럼 학생의 풍기 문제와도 관련되었다. 레뷰는 남성의 시선을 충족시키는 흥행물로서 저급한 문화라는 인식이 팽배했던 것이다.

그럼에도 불구하고 대중매체는 이 저급한 문화의 향유자들에게 이미지에 대한 권력과 통제권을 부여했다. 1929년 11월 2일자 《동아일보》는 조선극장이나 단성사의 '레뷰'를 "령롱하게 장치한 무대 우에 백옥가티 하얀 몸을 반라테로 나타내고 토실토실한 팔과 다리를 곱신곱

신 놀리면서 곡선미를 그릴 때에나 대리석상가티 단아한 자태로 두 뺨에 교수(嬌羞: 교태)를 먹음을 때에는 그 황홀한 광경에 심취치 안는 사람이 업슬"[76] "령활(靈活)한 예술의 오묘한 힘"이라고 높이 평하며, "아즉 려명긔를 버서나지 못한" 조선 흥행물계에 반성을 촉구하기도 했다. 레뷰는 통상적으로 연출에 동원되는 배우들의 수와 공연장의 규모가 흥행을 좌우했다.[77] 하지만 조선에서는 레뷰걸의 수나 공간의 규모보다는 음악과 무용의 기술 수준이 웅장한 규모의 '레뷰'를 연출하는 데 걸림돌이 되고 있었다.[78] 1930년대가 끝나갈 무렵까지도 발레나 체조, 레뷰, 댄스는 쉽게 접하기 힘든 근대 문화로 남아있었다.

만주사변 직후인 1930년대 초에는 조선 총독이 "국가 비상시에 딴스는 허가할 수 없다"고 선언하면서 경성에서 "딴스홀"을 금지하였다.[79] 그러나 "세기말 풍의" "광란의 행진!"[80]에 빠져 있던 조선의 젊은

〈이꼴저꼴(3)〉《조선일보》1933.2.18.

이들은 댄스홀이 아닌 카페에서 암암리에 댄스 행진을 이어갔다.[81] 이들은 종종 경찰에게 봉변을 당하기도 했는데, 그중에서도 '유한마담 댄스홀 사건'은 한동안 조선 사회를 들썩이게 만들었다. 이 사건은 여배우를 포함한 여염집 귀부인들, 소위 유한마담들이 부잣집 자제나 모던보이 들과 '백장미회'라는 이름으로 몰려다니며 댄스 회합을 가지다가 경찰에 적발된 사건이었다. 이 사건은 "조선에서는 처음 보는 대담무쌍한 '울투라 모덴'"한 것으로써 "자유와 남녀평등을 주창하야 여권 수립"에 힘쓰는 여성해방운동과 달리 "진정한 자유의 뜻을 파악하지 못하고"[82] 자유를 방임한 사건으로 평가되었다. 그러나 당국의 이와 같은 단속에도 조선의 댄스 열풍은 좀처럼 식지 않았다.

> 화류병이 가정에까지 심지어 규수의 방에까지 침입하야 시집간 지 사흘 만에 코가 떨어지더니 지금에는 '딴스'가 가정으로 드러갓다. 이 원 안짝이면 도배를 해서 방이 깨끗할 것을 아니하는 축들이 갑빗싼 축음긔를 사다노코 비단 양말을 햇트리면서 춤을 춘다. 사나희여! 여자이면 아든 모르든 끼고도는 자미가 왜 그리 조흐냐. 인조견과 가티 류행될 이 '딴스'를 퇴치를 하여야 할까? 장려를 하여야 할까?
>
> ─ 〈이꼴저꼴(3)〉(《조선일보》 1933.2.18.)

댄스 열풍은 인간의 육체를 재발견하는 계기가 되기도 했다. 조선인들에게 댄스는 잠자고 있던 신체의 감각을 깨워 육체의 해방을 맛보게 하는 강렬한 매혹거리가 아닐 수 없었다.

당국의 정책 방향과는 별개로 미디어는 하루도 거르지 않고 지면에 춤과 관련된 이미지를 실었다.[83] 그러나 그 이미지 속에는 '에로'가 제

거되어 있었다. 대리 만족을 제
공하여 독자를 끌어들이는 동시
에 에로라는 불순물이 빠진 이
미지를 제공함으로써 그들을 통
제하려는 영리한 전략이었다.

1930년대에 《조선일보》에 게
재된 〈두 가지 춤〉이란 이미지
를 보자. "(상)은 '에로'꾼들을
'그로'로 맨드는 춤"이고 "(하)
는 건강만을 위하야 추는 나체
무도"이다. "어느 것을 장려하여
야 되겟습니가"[84]라고 묻는 기

〈두 가지 춤〉 (《조선일보》 1930.12.7.)

자의 목소리는 이미 '에로'가 삭제된 (하)에 무게를 싣고 있다. 또한
1935년 3월 23일자 《동아일보》에 실린 〈체육 학교의 레뷰〉는 "언뜻 보
면 화려한 레뷰" 같지만 사실 "독일 '하노'의 어느 여자 체육 학교의 단
체체조" 사진이다. 기사에 따르면 "균정(均整: 가지런함)을 얻은 육체들
의 움즉임은 현란한 무대 레뷰보다도 더욱 근대적인 미관"[85]을 준다고
한다. 사람들이 빼곡히 모인 경기장에서 기하학적인 패턴을 변화무쌍
하게 선보이는 매스게임은 공연자들의 절도 있고 규칙적인 율동과 관
람석에 질서 있게 자리를 잡은 군중의 환호성이 함께 만들어내는 웅장
한 스펙터클이다. 이 웅장한 볼거리에는 규칙성만 있을 뿐 에로는 존
재할 여지가 없다. 이번에는 권투 경기를 하는 독일 여성들과 "'에로
모던'적 스타일"의 '레뷰걸'로 분한 미국의 한 여배우를 비교한 사진을
보자. 기사에 따르면 눈밭에서 권투 경기를 하는 여성들의 동작에는

"별로히 '에로'기분을 일으키지 안을 만큼 경건한 맛이 잇"어 러닝셔츠에 짧은 반바지 차림을 하고 있어도 "둣터운 의복"보다 "훨신 위생적"으로 보인다. 그러나 레뷰걸로 분한 여배우의 의상은 "미국서는" "별로 신기한 편이 아니"겠지만 "전라체라 하야도 과언이 아"니다. 게다가 이 "라체의 몸둥이에" "보석으로 환란히 장식"[86]까지 하였다는 내용으로 '에로 만점'이라는 기사의 제목과는 어쩐지 다른 느낌을 준다. 1940년 4월 2일자 《동아일보》가 가정란에 게재한 사진은 더욱 의미심장하다. "운동에는 몸이 튼튼해지는 운동만이 잇는 것이 아니라 모양이 이뻐지는 운동도 있"다며 "미용 운동"[87]을 소개한 것이다. 이 기사와 사진에서는 '운동' 혹은 '체조'란 단어로 '댄스'의 에로 이미지를 상쇄하고, 운동복의 '위생'으로 반라의 노출을 합리화한다. 욕망과 통제의 오묘한 결

〈체육 학교의 레뷰〉(《동아일보》 1935.3.23.)

합이 아닐 수 없다. 이처럼 미디어는 "아름다운 여인이 되라"[88]고 여성들의 욕망을 자극하며 일반에 미용체조를 보급하려고 애썼다.

사실 대중이 매일 접한 이미지 속 댄서들은 대부분 외국인들이었다. 그러나 조선인 무용수 두 사람만은 꾸준히 신문지상에 오르내렸는데, 바로 최승희와 배구자다. 특히 이들이 새로운 춤을 선보일 때면 신문의 연예란은 며칠씩 이들의 사진으로 도배되었다.[89] 1920년대 후반에 이른바 '댄스 전성시대'가 열린 것도 배구자

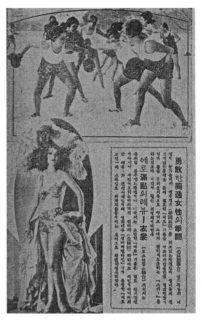

〈용감한 독일 여성의 권투, 에로 만점의 레뷰- 의상〉《매일신보》 1931.2.10.)

를 비롯해 김소랑 연예단(金小浪一座)의 '댄스' 소녀반, 조선극장의 '레뷰'단, 권금성의 가극단 등의 공연이 경성의 흥행계를 장악한 덕분이다.[90] 특히 배구자와 최승희는 자주 조선 옷을 입고 무대에 나와 조선 사람들에게 큰 '위안'을 준다는 점만으로도 높은 평가를 받았다. 이로 인해 각종 광고에 등장하면서 대중의 스타로 발돋움했다.

막스 베버(Max Weber)의 견해에 의하면 자본주의 사회에서는 개인의 '카리스마'가 여가 문화의 중요한 작동방식이다. 대중의 스타와 그를 추종하고 그에게 열광함으로써 위안을 얻는 팬클럽의 존재가 그 한 예다.[91] 자본주의가 싹을 틔운 당시의 조선에서도 평범한 대중들은 스타에게 열광하며 그것으로 위안을 삼으려 했다. 그들에게 배구자나 최승

희 같은 무용 스타는 자신을 망각하고 도취될 수 있는 존재였다. 그러나 최승희가 어느 잡지와 인터뷰한 기사를 보면 "조선 사람"들 사이에서는 그녀의 "예술을 숭상하는 것보다" 그녀의 "육체를 구경하는 것이 한 자미"였다. 그녀를 인터뷰한 기자는 "일반 민중이 그의 예술을 찬미함이라는 것보다 벌거벗고 춤춘다는 것이 아직것 조선에서 보지 못하든 것인 만큼 큰 호긔심을 잇글게 된 탓"[92]이라며, 이 때문에 1930년대 조선의 연극·영화계는 "예술 본위의 것보다 향락 본위의 것이 류행될 것"으로 예견했다. 그렇다면 배구자와 최승희가 1930년대 조선 사회를 들썩이게 만들었던 에로풍의 '레뷰' 범주에 포함되는 공연을 하면서도 대중의 스타로 자리매김할 수 있었던 이유는 무엇일까?

먼저, 배구자는 여덟 살 때 일본으로 건너가 일본 '기술계(奇術界)의 대왕'으로 불리던 쇼쿄쿠사이 텐카츠(松旭齊天勝)의 곡예단 '텐카츠 연예단(天勝一行(座))'에서 '치이사이 텐카츠(小天勝)'라 불릴 만큼 유명세

《동아일보》 가정란 (1940.4.2.)

를 얻으며 해외를 순회했다. 그런 그녀가 1926년에 돌연 은퇴를 선언하고 귀국하자 온 국민의 관심이 그녀에게 쏠린 것이다.[93] 그녀는 고국에서 은둔 생활을 이어가다가 백장미사(白薔薇社)의 권고로 무용계에 발을 디뎠고,[94] 이후 '배구자 무용연구소'[95]를 신설하여 조선 무용의 발전에 기여했다. 1930년 11월 2일자《조선일보》는 '배구자 무용연구소'의 공연을 "1930년식의 세계의 '레뷰'를 첫 막으로 가극·촌극·동요 등과 이에 현대음악의 첨단인 '째스 밴드'의 변화무쌍한 '멜로디'에 당야의 관중으로 하여금 여취여광케 할 것이며 생활에 쪼들린 이들로서도

〈금월 4일부터 4일간 배구자 무용가극단 공연〉《조선일보》 1930.11.2.)

이러한 도취의 밤이 얼마나 위안이 될 것인지 실로 흥미 있"[96]다며 '레뷰 중심'[97]으로 진행되는 가극과 촌극 등을 선전하고 독자 우대를 미끼로 대중의 관심을 모았다.

한편, 최승희는 일본 근대 무용의 선구자 이시이 바쿠(石井漠)의 제자로 무용계에 입문했고, 일본은 물론 세계를 무대로 활동했다. "동양 예술에 고유한 우아 섬세가 특색"이라는 뉴욕 저널의 평가처럼 그녀는 세계 무대에서 동양을 대표하는 스타였으며[98] 조선에서도 '조선의 춤'으로 애수의 조선을 표현하는 '조선의 딸'로 표상되고 있었다.[99] 따라서 그녀가 조선 무용계의 엄청난 관심을 받으며 귀국[100]한 이후로 사람들은 끊임없이 그녀를 궁금해 했다. 신문에는 최승희의 근황을 전하는 기사는 물론이고, 그녀가 공연했거나 공연할 예정인 춤에 관한 기사가 지속적으로 등장했다. 무엇보다 최승희를 인터뷰했던 시인 모윤숙은 "우슬 때마다 가치 앉은 사람의 가슴에 맑은 샘의 감촉을 퍼부어 주는 듯한, 말하자면 세련된 이성미만이 그의 표현을 콘트롤"하고 있는 것 같다는 느낌을 전해 이미 대중 스타로 입지를 굳힌 그녀에게 마술적 힘을 부여했다. 그리고 "좁은 의미의 현모양처관을 버리고 '산 의 미의 적극적 현모양처'로"[101] 평가해달라며 그녀를 대중문화 속의 여성 영웅으로 구현하려 했다. 예술가로서 빛나는 행적에 가정생활까지 무난한 여성, 즉 "적극적 현모양처"로 그려진 최승희의 도상은 사실 국가가 요구하는 이상적인 여성상에 부합하는 것이었다. 이것은 최승희가 미디어와 각종 광고에 자주 얼굴을 비친 이유이기도 하다.

조선 무용계의 열악한 환경과 부족한 인적 자원도 배구자와 최승희가 대중의 관심을 받은 이유와 무관하지 않다. 이 시기 조선의 문화 예술계는 미약하지만 발전 도상에 있었는데 유독 "무용 분야만은 역사적 유산이 극히 빈약하고 생활과 유기적으로 결합"하지 못했다. "무용에 대한 인습적 기이한 악 관념" 때문에 "오랫동안 수난기"에 처해 있었던 지라 사람들이 "조선의 무용을 감상하려" 해도 "어대로 가서 어떻게 관상"해야 할지를 "논하기"조차 거북한"102 지경이었다. 이런 열악한 상황에서도 조선 무용의 역사적 유산을 계승하고 이를 새롭게 재건하기 위해 무용연구소까지 차렸으니 조선인들은 지지의 박수를 보낼 수밖에 없었다.103 게다가 그녀들의 춤은 조선인들에게는 근대성을 의미하는 서양의 무용을 기초로 한 것이라는 점도 긍정적인 요인이었다. 그 때문인지 '배구자 일행의 수양냥(首陽孃)' 즉, 배구자 무용단의 수석 무용수로 소개된 1931년 3월호《별건곤》표지 모델도 발레하는 소녀였다. "신여성이여 무용하라"104는 최승희의 프로파간다도 제대로 효력을 발휘했던 것 같다. 이들의 인기는 재래로 춤이란 기생이나 추던 것이

《삼천리》표지 (1935.12.)   《별건곤》표지 (1931.3.)

란 인식에 파열음을 내기 시작했다. "대개 보통 교육을 밧은 점잔은 집령량(令嬢: 남의 딸을 높여 이르는 말)들뿐"이라는 배구자 무용연구소의 '연구생'들을 소개한 1929년 9월 18일자《조선일보》기사가 그 증거이다. 또한《매일신보》는 1930년 최승희 무용연구소의 첫 번째 공연 이후 조선 무용계를 다음과 같이 평한다.

> 매일 고시전동古市町同 연구소에서는 소녀들이 열심히 무용을 연습하고 잇다. 그것은 건성으로만 뛰노는 것이 아니오, 지축이 꺼지거라 하고 뛰논다. 팔다리만 들엇다 노핫다 하는 것이 아니라 백 '퍼센트'의 '에넬기'를 다하야 수련의 길을 닥고 잇는 것이다. 무용계는 청산되엇다.[105]
>
> – 〈만화와 만문(9) '작년에 전성全盛을 극極한 무용계의 금년 전망'〉(《매일신보》 1930.2.21)

그러나 일본이 1937년 중국에 이어 1941년 연합국을 대상으로 전면전을 개시한 후 식민지 조선은 전시체제에 돌입했다. 그래서 배구자나 최승희도 스타란 훈장을 내려놓아야 했고, 레뷰걸들도 그 화려하고 에로틱한 의상을 감추어야 했다. '영미 척결'을 프로파간다로 내세우는 사회에서 "아메리카풍의 쟈즈라든가 경박한 레뷰 가튼 것이 잇다고 하면 극장 압마다 장사의 진을 치고 젊은 남녀가 서로 어우러저서 몰려 섯는 풍경"은 "가장 보기 창피스러운 풍경의 하나"일 수밖에 없었기 때문이다. 이런 경직된 분위기에서 "지금까지의 오락이란 것이 근대의 그 개인주의와 향락주의의 소산으로써 대거가 국민의 생활과 떠나서 순전히 향락적인 것으로 퇴폐해"[106]갓다는 인식이 확산되면서 조선에서 향락적인 오락 문화를 일소하고 건전한 국민 오락 문화를 정착시키려는 운동이 시작되었다. 레뷰걸들도 이에 발맞추어 화려했던 의상을 벗어던지고 "봄여름에는 네 가지 색깔 '백, 흑, 남, 국방색'"으로, "가을 겨울에는 여섯 색(자색, 회색)으로 제복을 만드러 입"[107]어야 했다. 에로 레뷰의 시대는 이렇게 막을 내렸던 것이다.

마네킹의 탄생

1930년대에 이르면 신문의 부인란에 산뜻하고 화려하게 단장한 쇼윈도 속의 '마네킹'이 등장한다. 쇼윈도 안의 마네킹은 철따라 유행따라 옷을 갈아입으며 사회의 미적 기준과 문화적 조류를 반영한다. 근대에 등장한 이래 여인의 곡선미를 부각시켜온 마네킹은 상품의 사용가치와는 무관한 상품의 미적 요소로 소비자를 매혹하는 '상품 미학'의 도상(icon)이었다. 마네킹은 심미화된 상품 세계의 상징물인 동시에 상품과 광고가 넘쳐나는 시대의 반영물이다. 조선에서도 신문이 마네킹을 가정란이나 부인란의 주요 이미지로 사용하기 시작하면서 빠르게 대중화되었다. 하체가 없거나 몸통만 있는 마네킹의 경우 신체를 훼손당한 기괴한 형상이라 하여 혐오감을 일으키기도 했지만 "잡화점이나 양화점에서 양말이나 구두를 선전키 위하야" 제작된 다리 마네킹 같은 부분 마네킹은 최소의 투자로 최대의 효과를 내는 효율적인 선전 도구였다. "다리나 발만이 어엽브면 그만인" 부분의 미학화만으로도 "얼골이나 체격까지도 어엽버야 하"는 "전신을 들어내놓는 '마네킹'"만큼 "선택에 과히 힘들지 안코도 효과"가 컸기 때문이다.[1]

《조선일보》 부인란 (1933.12.12.)

이미 서양에서는 백화점에서 "견본의 의복을 실제의 사람들에게 닙히고 상뎜 안을 두로 거닐게 하"는 패션쇼가 광고 수단으로 활용되고 있었다. 이런 흐름을 타고 영국의 런던에 "산 인형- 매눈케인" 즉 모델을 양성하는 학교가 설립되었는데, 1928년 8월 24일자 《동아일보》는 이런 소식을 학교의 수업 광경과 함께 전했다. 기사는 "할 줄 모르는 사람이 덥허노코 걸어다니는 것보다 역시 좀 모양도 내고 걸음 제도 달리" 할 줄 아는 사람이 해야 "사람의 눈을 황홀케" 할 수 있다며 이것이 "직업뎍으로 발달하는 경로"[2]라고 했다. '산 인형' 곧 '마네킹걸'이라는 새로운 여성 직업군이 출현했음을 알린 것이다. 근대화의 물결이 도시를 휩쓸고 있던 중국에서도 혁명가나 사무원, 변호사, 댄서와 함께 '마네킹걸'이 신여성의 새로운 직업으로 주목받았다. 1930년 11월 29일자 《동아일보》는 이 새로운 분야에 진출한 중국의 신여성들을 "가두로 혁명으로 경계로 그의 각 방면으로 진출하야 맹렬한 활약을 시험하는 첨단 녀성"[3]으로 소개했다. 덴마크로 진출한 파리의 마네킹걸들을 세계를 무대로 활동하는 첨단 모던걸로 소개하거나[4] 이들이 걸친 의상이 날개 돗친 듯 팔린

〈초기의 인조인간들〉(《중외일보》 1930.4.19.)

다는 소식을 전하는 기사도 있었다.[5] 이러한 흐름을 따라 1930년대에는 조선에서도 '마네킹걸'이 '직업부인'의 범주에 포함되기 시작했다.[6]

마네킹은 '사람이 만든 것 같지 않은 영묘(靈妙)한' 존재로 선전되었다. 미디어는 "한울이 흙에 기운을 불어너허 사람을 맨들엇고" 사람이 "이 뽄을 떠서 석고 속에 기운을 불어너허 저 가튼 사람을 맨들려다가 실패하고 홧김에 궁리해낸 것이 석고의 상품화와 그것의 이용 가치"[7]라며 인간이 마네킹을 만드는 과정에도 신이 인간을 창조할 때처럼 '한울의 섭리'가 깃들어 있다고 했다. 여기에는 신의 섭리와 자본주의 상품경제를 유사한 논리로 연결지으려는 의도가 개입되어 있다. 신이 흙에 생명을 불어넣었듯이 인간도 마네킹에게 생명을 불어넣었으니, 마네킹으로 상징되는 자본주의 상품경제 역시 신의 섭리가 작용하는 시스템이라고 말하고 싶은 것이다. 심장 없는 '시체 여자'로 표현된 마네킹은 몸에 걸친 의상을 통해 새로운 생명을 얻는다. 그렇기 때문에 마네킹이 구경꾼에게 부여하는 환상과 인간이 상품에 실제로는 존재하지 않는 가치가 존재한다고 믿게 되는 '상품 물신주의'는 동일한 형식을 갖는다.

마네킹은 1880년대 파리의 한 백화점 쇼윈도에서 첫 선을 보였다. 이때는 밀랍으로 만든 마네킹이었지만 1920년대 이전까지 마네킹은 왁스를 이용한 토르소형 마네킹이 대부분이었다. 점차 복제 기술이 발달하여 살아 있는 여성의 몸처럼 보이게 되었고 사지를 얻으면서 이상적인 비율의 완벽한 외형을 갖추게 되었다. 이후 옷의 스타일에 따라 다양한 포즈의 마네킹이 생산되면서 소비자의 구매욕을 자극하는 상품경제의 아이콘으로 자리 잡았다.[8] 마네킹은 무엇보다 얼굴이나 헤어스타일에서 당대의 트렌드를 정교하게 반영했기에 전 세계적으로 대량 보급되었다.[9]

> 무엇이든지 예술뎍 창조와 미美라는 데는 될 수 잇는 대로 힘을 쓰는 불란서에서는 보통 진렬용陳列用의 인형에는 재래의 형식으로는 만족치 안허서 젊은 조각가 가운데서는 새로운 인형을 맨드럿스니 이것이 마네킹의 시초인 바, 때는 1923년이다. 목상木像 전신에 금빗 진흙을 발른 것으로, 이것이 1925년 파리 만국장식박람회에서 일흠 잇는 큰 상뎜에서 만히들 리용하게 되어서 공예 비평가들에게 칭찬을 밧음으로 그다음부터는 정말 사람의 류테가티 살빗을 여실하게 칠하야 언뜻 보면 정말 사람가티 만드럿스니 이다음으로 유리로도 만드럿다 한다. 지금에는 이 마네킹 제작이 교묘하여저서 '마네킹'이 사람인지 사람이 '마네킹'인지 분간할 수가 업는데, 근일에 와서는 산 인물의 마네킹이 류행한다.
>
> — 〈마네킹의 유래〉(《조선일보》 1929.9.29.)

마네킹의 역사는 사람을 점점 더 닮아가는 도정이었다. 사람이 아닌데 사람처럼 보이는 대상을 마주했을 때 느끼는 '기괴함'이란 그래서 마네킹을 소개할 때 빠지지 않고 등장하는 단어였다. 마네킹과 사람을 구분하기 힘들다는 말은 인간의 고유성에 의문을 품는 것이기도 했다.

그러나 구분하기 힘들 만큼 사람을 닮은 마네킹도 사람이 만들어낸 인공적인 존재였다.

> 백화점 갓흔 데 가면 어른이나 아이의 모양을 만드러노코 맵씨 잇는 옷을 입혀논 것을 보섯겟지요. 그것이 바로 '마네킨'이라는 것입니다. '마네킨'이라는 것은 영어로 인형이라는 말입니다. 이 '마네킨'의 모양과 옷맵시가 훌륭하면 그것에 마음이 끌니여 "저와 똑갓흔 것을 주시오" 하고 주문을 하게 되는 것입니다. 사진을 보십시오. 사진 박는 모양이 아조 그럴듯하지 안어요. 그러닛가 이것은 옷 광고뿐이 아니라 사진긔게 광고도 되는 것입니다.
>
> ― 〈자― 몸을 잘 가저야 사진이 입부게 되요. 그럴 듯한 '마네킨'〉 (《매일신보》 1938.3.27.)

조선의 소비 대중도 "사람과 매우 흡사"하여 "그럴듯"해 보이는 마네킹의 옷맵시에 끌려 결국 그와 똑같은 옷을 주문하게 되었다. 조선에서도 역시 인간의 형상을 본뜬 마네킹은 구매 욕구를 자극하는 미끼로써 "옷 광고뿐이 아니라 사진긔계 광고도 동시에 되는" 최대의 효율을 보장하는 광고 수단이었던 것이다.

유행의 전파자, 유리 효과

발터 벤야민은 유행을 일으키고 확산시키는 백화점 쇼윈도를 물신의 제단으로 인식하고 "유행은 물신 상품을 위한 집단 예배의 방식"[10]이라고 규정하였다. 근대에는 유행에 관한 담론이 끊임없이 재생산되며 그 자체가 상품 소비를 부추기는 '유혹'의 메커니즘으로 작용했다. 1937

년 3월 4일자《조선일보》의 〈석고 아씨 회춘의 기쁨〉이란 기사를 보면, 봄을 맞아 시내를 거닐던 남녀가 비단 가게의 진열대 위에 놓인 마네킹을 보다가 "매끈한 곡선미와 그 우를 미끌어질 듯이 '형세가 급박'하게 매여달린 봄나드리의 옷감을 발견"하고는 셈을 시작한다. 유행품이라면 "갑세 놉고 나즌 것에는 장님인 체하고" "그것을 구하기에 열중하는" 것이 "도회인의 공통된 사치 관념이기 때문"[11]이다. 이처럼 마네킹은 유행의 변화를 지배하고 관리하는 감독자처럼 백화점 쇼윈도와 상점의 진열장을 차지하고 서 있었다.

쇼윈도의 마네킹은 근대의 선전 도구 가운데 가장 급진적인 전시물이었다. 마네킹은 전통적인 여성상과 대조를 이루면서 조선 여성의 공적 이미지 변화에 큰 영향을 미쳤다. 구여성의 옷차림은 비교조차 힘들 만큼 맵시 있는 마네킹의 패션은 어느새 유행을 만들고 소비 욕망을 자극했다. 이를 '신구대조'의 형식으로 이미지화하며 신시대의 외장을 비판하고 조롱하는 기사들도 상당했는데, 특히 '양풍(洋風)'은 가장 직접적인 풍자의 대상이었다.《동아일보》에 연재된 〈유행의 몃 가지〉(1924.3.2.~3.18.)는 구세대의 시각으로 신세대를 사로잡은 양풍의 유행을 평가한다. 구세대에게 "숙명적 신경질로 생긴 현대 청년"이 "펑펑한 양복을 잡숫고 홍두개 가튼 대모 테 안경을 번득이는 모양은, 잠자리의 사촌"[12]처럼 보인다. "새파라케 절문 놈이 잘잘 끌리는 '임바네쓰(インバネス: 남자 외투의 하나)' 발등 소독한 면말(綿襪)에 뒷발 막넛짓 신고 한쪽 날개 척 뒤로 제치고 옹구바지를 질질 끌며 가는 모양은 아모리 에누리하고 보아도 부랑자"[13]같다. "하이카라 청년들 사이에" 유행하는 "덧저고리 가튼 짤은 외투"는 "예제 업시 작란군(軍)이가 입는 옷"[14]이다. 그러면서 이들의 불량스런 패션은 "근일(近日)의 반항

〈동아만화 '유행의 멋 가지'〉(《동아일보》 1924.3.4.)

적 기분과 합류한"[15] 근대적인 유행 풍속도를 보여준다고 한다. 여학생들의 옷 역시 "저고리가 길어지는 대신인지 치마단은 점점 졉어"들어 이제는 "무릅이 나올 지경"이다. 그래서 "이번에는 우에서 나리 줄여서 그 기다란 저고리 밋흐로도 치마허리가 나온다. 길고 쌀"은 것이 "다 제멋"이기는 하지만 다음번에는 어떤 모양새가 유행할지 생각하면 "좀 염려"[16]

스럽다. "신지식의 장래 모성(將來母性)"인 여학생들의 겨울 의상도 "최근 수년 내에 여섯 자 기리의 청수삼팔(青水三八)로부터 육체미의 간접 발휘를 도웁는 '짝킷트'에, 다시 일전재전(一轉再轉)하야 이번에는 홍(紅)답뇨(담요) 가튼 털실 목도리"[17]가 유행하는 모양새다. 새로움에 절대적인 가치를 두는 유행은 "글자와 가치 한업시 흘너" 가기에 역동적일 수밖에 없다. 유행의 역동성은 신세대와 구세대를 나누는 기준이 되기도 한다. 그러나 신세대의 패션 변화로 표출되는 유행의 역동성은 소비와 직결되는 것이기에 불경기로 허덕이는 조선의 현실과는 괴리될 수밖에 없었다. 그래서 구세대는 "봄이라고 겨울 동안 옹그리고 들어누엇든 '못된껄' '못된뽀이' 들이 제 세상이나 맛난 것처럼 거리거리"[18]를 누비지만, 그들은 사실 "돈 업는 팔자에 모양은 내고 십고 시테는 딸으고 십고" 하여 "툭툭한 겨울옷을 던당 잡혀 싼듯한 차림"을 하는 인물들이라고 폄하하고 만다. 하지만 특히 서구 영화를 보며 유행을 좇는 조선의 '못된걸'[19]들을 향한 이런 식의 비판은 유행 자체를 스캔들화하며, 오히려 그녀들을 유혹하는 기능을 하였다. 불량스럽다는 어감이 불러일으키는 호기심이 새롭고 근대적인 것에 대한 두려움을 넘어서도록 만든 것인지도 모른다.

'신구대조'를 통해 유행은 '개화' '진화' '발전'의 논리로 이어졌다.[20] 개화 이래 신여성의 의상은 서구의 유행을 따라 계속 변화했다. 특히 1920~30년대에는 서구의 모던걸 사이에 유행하는 물품이나 스타일을 발 빠르게 따라가는 것이 조선 모던걸들의 행동 양식이자 유행 풍속이 되었다. 1930년을 전후로 일대 혁신을 이룬 모던걸의 장신구를 풍자한 《조선일보》의 기사 〈명일의 유행(1)~(3)〉(1929.9.8.~9.22.)에는 유행의 선구자 노릇을 담당했던 이 모던걸들의 모습이 담겨 있다.[21]

〈명일의 유행(1)〉(《조선일보》 1929.9.8.)

〈술집의 간판 미인〉(《매일신보》 1934.9.24.)

미디어는 "'코틔-'의 향기 선택이 현대 여성의 여성다운 상식의 하나"[22]라며 소비생활을 현대 여성의 교양을 드러내는 지표인 양 선전했다. 그런데 유행을 선택하고 따르는 행위에는 모방을 통해 남과 구별되려는 개인과 집단의 욕구가 반영된다. 그리고 이는 일종의 문화적 특권의식을 갖게 한다. 여성들은 미디어가 '현대 여성의 가장 전형적 표본'으로 제시한 "지저붓친 머리에 알룩달룩한 옷에 뾰족구두를 신고 요염한 화장과 야릇한 몸짓을 하는 소위 모던껄"[23]로 보이고 싶어 했다. "어떤 여성은 서양 사람의 노랑머리를 흉내 내느라고 매일 머리에 과산화수소를" 발랐고 "하루에 일 원도 못 받는 숍걸도, 하로에 단돈 이삼 전도 못 받는 공장 어린 처녀도, 돈 잇고 시간 잇는 유한마담들의 옷 치장을 따르려" 했다. 심지어 "점잔은 귀부인도 화류계 여성의 몸가짐을 본뜨려"[24] 했다. 모던걸의 출현과 유행 문화의 대중적 확산은 이처럼 여성이 무시할 수 없는 소비 계층으로 자리 잡아가는 데 핵심 동인으로 작용했다.

여성들은 상품을 선전하고 판매하는 모델로서 상품 마케팅에도 큰 역할을 했다. 이는 시각문화의 발달에 힘입은 것이다. 예를 들어 1938년 뉴욕에서 열린 국제사진전람회에서는 사진으로 장식된 수영복을 착용하고 행진한 '카메라 매니킨'들이 관람객의 시선을 압도했다.[25] 마네킹걸들을 활용한 광고는 조선에도 영향을 끼쳤다. 여성은 소비문화를 재현하는 장면 속에서 마네킹처럼 그려지곤 하였다. 1934년 9월 24일자 《매일신보》의 〈술집의 간판 미인〉은 한 술집이 간판으로 내세운 미인을 보려고 남성 고객들이 몰린 장면을 포착한 그림이다. 그림 속의 미인은 술집의 진열장을 장식한 소품처럼 표정이 없다. 그리고 그녀의 불완전한 다리 모양은 그녀가 마네킹 같은 '인공적 존재'임을 암시한다. 그녀는 생명이 있는 듯 보이지만 생명이 없는 상품화된 존재다. 남성 고객들에게 이 여성은 마네킹처럼 보일 뿐이다. 상품경제 속의 시각문화는 이렇게 '여성＝상품'이란 등식을 만들어내며 여성을 볼거리이자 마케팅 도구로써 자본주의 교환 시스템 안으로 끌어들였다.

대로에 등장한 신여성은 마케팅의 새로운 타깃이었다. 특히 마네킹을 이용한 마케팅 전략은 마네킹이 선보이는 상품을 구매하면 자신들 역시 그와 같이 보일 것이라는 구매자들의 환상에 기초한다.[26] 실제로 마네킹은 산책에 나선 신여성들을 백화점으로 이끌었고, 여성들은 이상적인 비율의 마네킹을 보고 마네킹에 자신을 투영하며 닮아가려 했다. 그 과정에서 그녀들은 비중 있는 소비의 주체로 거듭났다. 여성들의 소비 심리를 이용한 마케팅 전략의 하나로써 마네킹의 이상화는 '산 인형'인 마네킹걸에게도 그대로 적용되었다. 미인대회에서 우승을 차지한 어느 여성은 파리의 유명한 디자이너의 전속 모델로서 "세계 사교계의 첨단을 가는 류행 부인복도 몬저 한번은 이 여자의 몸에 걸 칫는" "1930년 형의 마네킹걸"[27]로 이상화되었다.

쇼윈도 안의 마네킹과 거리 위의 신여성은 대도시의 스펙터클로서 몇 가지 유사성을 지니고 있다. 특히 서양에서 신여성들이 마네킹걸로 활약하고 있다는 소식이 전해지면서 조선인들도 신여성과 마네킹

〈이것이 세계 제일의 '마네킹껄'〉(《매일신보》 1932.9.28.)

의 유사성을 감지하였다. 첫 번째는 둘 다 성(性)을 떠나 생각할 수 없는 존재라는 점이다. 1931년 4월 27일자 《조선일보》는 미국에서 여배우들이 의상 모델로 활약하고 있다는 기사를 실었다. 그러나 기사의 초점은 신여성인 그들이 "본 봉급보다도 선전용으로 몸 파는 수입이 훨씬 더 만타"[28]는 데 있었다. 오늘날로 치자면 광고의 모델로 나섰을 따름이지만, 당시 기자는 굳이 '몸을 판다'는 자극적인 표현을 사용했다.

사실 당대의 사회 담론은 마네킹을 '매춘부'와 동일시하려는 경향이 짙었다. 이무영의 소설에도 쇼윈도의 마네킹은 섹슈얼리티를 연상케 하는 매개체이다. "가장 현대에 속하는 조각가의 손을 빈 듯이 균형된 육체미와 짜릇짜릇한 감촉을 주는 듯한 굵으면서도 보드라운 선(線)은 확실히 명희보다 아름답기는 하엿다. 그러나 그러면서도 명숙의 미는 어덴지 점두에 선 마네킹을 연상시키는 그런 데가 잇엇다."[29] 이뿐만이 아니다.

장사치의 심리는 '고약'하오. 이 벌거버슨, 어여쁜 석고 아씨로 하여금 사시장철, 뭇 사나이와 뭇 계집의 눈총을 맞게 하다니! 비록 릉라주단, 몸의 하반신에 걸첫다 하드라도 부끄럼은 여자의 본능(?)이라- 시체 여

자는 차한此限에 부재不在- 피가 잇섯든들 얼골이라도 붉혓슬 것을, 심
장 업는 설음을 어찌하오. (중략) 한동안은 겨울의 의상衣裳과 함께 정사
情死라도 하고 말 것가티 보히든 그 초최한 얼골에 꼬치 피는구료! 꼬치
다발이 되어 몸을 덮는구료! 사지가 풀이 업서 보는 사람에게 애원하는
듯한 그 '포-즈'도 이제는 오는 봄을 박차지 안켓다는 듯이, 박차다니
말이 되나, 껴안고 둥굴어보겟다는 듯이 버-리고 잇지 안소?

– 〈봄의 표정(2) '석고아씨 회춘의 기쁨'〉《조선일보》 1937.3.4.)

기사에는 성적인 표현들이 노골적으로 드러난다. 이렇게 보면 마네킹
은 성적 대상화된 신여성, 즉 영혼도 감정도 배제된 채 누군가에게 성
적 만족을 주는 존재로서의 여성의 육체나 다름없다. 신여성과 마네킹
의 두 번째 유사성도 이 기사를 통해 추론해볼 수 있다. 무엇보다 기사
는 "시체 여자"인 마네킹을 "회춘"케 하는 것이 그녀의 몸을 둘러싼 값

〈명장한 인형은 봄의 선구자〉《조선일보》 1936.3.21.)

비싼 비단임을 강조한다. 값비싼 비단이 시체 여자에게 생명을 불어넣는 것이다. 그리고 그녀의 생명은 사람들의 소비를 통해 끊임없이 새 옷을 갈아입음으로써 유지된다. 결국 소비가 생명줄인 셈이다. 이렇게 마네킹과 신여성은 하나는 쇼윈도 안에서, 다른 하나는 거리에서 소비를 추동하며 자본주의 상품경제의 전시물로써 제 몫을 다했다.

미디어는 소비자로서의 근대 여성도 스펙터클로 만들었다. 이는 상품광고가 새로운 소비 계층으로 부상한 도시 여성을 타깃으로 삼아 그들의 시선을 사로잡기 위해 거리 위 여성의 전시성을 이용하기 시작한 것과 관련이 깊다. 1936년 3월 21일자《조선일보》는 〈명장한 인형은 봄의 선구자〉란 기사에서 마네킹이 진열된 쇼윈도 안을 들여다보는 여성의 뒷모습을 포착했다. 1936년 5월 13일자《매일신보》는 〈유리창을 사히에 놋코〉에서 진열창 속의 "모형 여인(麗人: 미인)"을 들여다보고 서 있는 두 여성을 사진 중앙에 배치했다. 그리하여 이 여성들은 백

〈유리창을 사히에 놋코〉(《매일신보》 1936.5.13.)

화점 쇼윈도의 측면과 정면에 전시된 마네킹들과 함께 거리의 스펙터클이 된다. 특히 "유리창을 사히에 놋코" 마네킹과 마주한 이들은 마네킹을 모방함으로써 결국 마네킹이 만들어낸 유행을 전파하는 '인간의 마네킹화'를 실현할 인물들이기도 하다. 대도시의 여성에게 마네킹은 이렇게 유행의 안내자였고, 그 바람에 여성들은 관음의 시선으로 쇼윈도를 응시하며 그 자신이 스펙터클의 일부가 되었던 것이다.

마네킹이 경성에 왔다

'마네킹걸'이 근대적인 직업여성으로 인식되면서 이를 직업으로 삼는 여성들이 대거 등장하였다. 구미(歐美)뿐만 아니라 중국에서도 마네킹걸이 신여성의 새로운 직업으로 소개되었고, 일본에서는 동경에 마네킹 구락부가 형성되었다.[30] 이런 흐름을 따라 조선에서도 '마네킹걸'이 출현하게 된다. 그에 앞서 1929년 9월 동경의 번화가인 긴자(銀座)에서 활동하던 마네킹걸들이 경성을 방문했다.

> 염려艶麗한 지체와 애교로서 유명한 일본 마네킹 구락부의 협엽자脇葉子, 적성무赤城茂와 동경 마네킹 구락부의 구정진자驅井珍子, 도촌천자島村淺子의 4명이 3일 밤에 입성하얏는데, 4일부터 10일간 조선은행 앞 광장에 설치한 무대에서 조박협찬회朝博協贊會의 청으로 주야 두 차례로 박람회 선전을 하게 되엇다.
>
> – 〈'마네킨'이 경성에 왔다〉(《매일신보》 1929.9.5.)

당시 '모형 여자'로 소개된 '마네킹걸'의 쇼는 조선인들의 눈에 "인형과 가티 꿈이고 상뎜들의 상품광고를 손에 들고서 인형극을 하는 것”
으로 비쳤고, “화가들의 라테(裸體) 모델보다도”“보기에 미안”할 정도
로“십 분이고 이십 분이고 눈동자나 손끗 발끗 꼼작 못하고 만흔 호사
객들의 압헤 스고는 멧 푼의 보수를 밧는”[31] 애처로운 장면이었다. 그
러나 1929년 9월 6일자《매일신보》는 마네킹걸이 조선에 끼칠 영향에
주목한다. “‘마네킨’은 장식업자의 표본 인형이라는 말이어서 ‘마네킨,
껄’을 번역하면 표본 인형을 대신하는 여성”“즉 상당한 보수로써 각
방면의 선전광고에 종사하는 여성”으로서 그들의 출현은 “금일까지 아
등(我等)이 가장 진보된 광고 선전 방법으로 인정하던, ‘쇼윈도’에 인
형을 장치하거나 광고판에 ‘쌘드윗지맨(몸의 앞뒤에 광고판을 달고 돌아

(‘마네킨’이 경성에 왔다〉《매일신보》
1929.9.5.)

다니는 사람)'을 사용하든 것을 여지없시 진부화하게"[32] 만들 것이기 때문이다. 상업적 목적이 뚜렷한 마네킹걸의 등장은 광고 수단이 미흡한 조선의 경제에 중요한 변화를 예고했다. 새롭고 신기한 것에 끌리는 것이 인간의 본성이니, "묘령 미인을 이용함도 인간성의 기미(機微)를 보족(補足)함에 가장 유효한 묘방(妙方)"임을 인정하지 않을 수 없었던 것이다.

《조선일보》도 〈착각된 인간의 완구 마네킹,껄〉이란 제목으로 조선은행 앞 무대에 선 마네킹걸과 구경꾼들을 취재한 기사를 게재하였다. "착각된 인간의 완구"인 마네킹걸이 연출한 "상품광고극"은 박람회를 기회로 "진고개 상인들이 일본에서 이 '마네킹껄'을 데려다가 서울 한

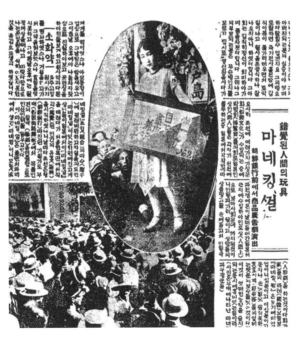

〈착각된 인간의 완구 마네킹,껄〉 (《조선일보》 1929.9.7.)

복판에서 착각된 인간의 유흥을 시작"한 것으로 "날마다 조선은행 마진편 가설 가로 무대(假設街路舞臺)에서 목불인견의 참극을 연출함으로 인산인해를 일우고 잇다"[33]는 내용이었다. 당시 조선에 수입되던 여러 가지 "가장문화(假裝文化)" 가운데서도 진짜 마네킹인 듯 보이는 인간 마네킹은 새롭고[新] 진기한[奇] 대상이었다. 그녀들의 실연(實演)은 "낮이나 밤이나 신사숙녀, 모던-껄, 모던-뽀이 들이 그 너른 길에 우득히 서서 '마네킹껄'의 승거운 광고극을 보고 잇"을 정도로 수많은 사람들의 시선을 사로잡았다. 그러나 이는 "눈동자나 몸짓이 '마네킹껄'이나 관중이나 똑가태서 어떤게 정말 '마네킹'인지 알 수 업다"[34]는 소감처럼 인간의 고유성이 깨지는 기괴한 순간이었다. 일본에서 "'마네킹껄'을 초청하야 이 땅엣 사람들을 모다 '마네킹'을 만드러노흐니 협찬회의 크나큰 복안(腹案)"이라는 만문처럼 식민지인들이 제국의 복제품들로 탄생하는 순간이기도 했다. 그리하여 식민지인들이 제국의 권력을 시각적으로 내면화하는 순간이기도 했다.

일본 마네킹걸들의 이미지는 그대로 조선 여성들에게 투영되어 재생산되기 시작했다. 일본 마네킹걸들이 활동하던 그 기간에《조선일보》는 조선에도 마네킹걸이 출현했다(〈조선 녀자의 마네킹껄 출현〉1929.9.8.)는 소식을 전한다. 축구 경기가 끝나고 관중들이 몰려나올 때 "여러 가지 금속으로도 장식하고 담 밋헤 오뚝이 혼자 서서 아양을"[35] 떠는 한 여성의 "추파에 수만 군중의 시선"이 머물렀다는 내용이다. 혼자 서 있을 때의 머쓱함을 감추려고 지은 미소를 '아양'으로 해석한 것인지는 모르지만, 장신구를 걸치고 미동도 없이 서 있는 그 모습에서 만화가는 며칠 사이 회자되고 있던 일본의 마네킹걸들을 떠올렸던 것이다. 그런데《조선일보》는 그 전날에도 일본이 서구에서 수입한 마네

〈조선 녀자의 마네킹걸 출현〉(《조선일보》 1929.9.8.)

킹걸 문화는 "인도상(人道上)으로 보아 사회 문제까지 된 것"이라 소개한 바 있다. 여기서 사회 문제란 일본에서 마네킹걸이 "악착한 '마네킹걸' 조합의 마수에 걸려 비관하고 자살을 긔도한" 사건을 말한다.[36] 마네킹걸을 자본주의 체제가 낳은 비극의 산물로 표상한 것이다. 그러니 '마네킹걸'에 대한 조선 대중의 반응이 호의적일 수만은 없었다.

물론 조선인들이 예쁘게 단장하고 처음 경성을 찾아온 일본의 마네킹걸들에게 호기심과 흥미를 보인 것은 사실이다. 하지만 그 정체를 정의하는 대목에서는 부정적인 시선이 주를 이루었다.

> 상덤 가튼 데에서 류행복을 입고 손에게 구경을 시키는 광고 대용인이다. 며태 전까지 미국에서는 '마네킨껄'은 업고 옷을 입혀논 인형을 사용하더니 그것이 차차 발달하야 톄격 조흔 여자가 인형을 대신하게 되엇다. 물건 대신 노릇하는 사람이다. 이것은 실로 물질세계의 한 표현으로 돈 압헤는 사람이 즘생 노릇도 하고 물건짝 노릇도 할 수 잇다는 증거이다. 류행물인 '마네킨껄'이 밤중에는 어떤 직업을 하는지 모르되 경성우편국 압헤서 광고를 하는데 아츰과 오후 두 차례의 일급이 십이 원씩이라나.
>
> – 〈휴지통〉 (《동아일보》 1929.9.6.)

이 글에 따르면, 마네킹걸은 "광고 대용인", 즉 "물건 대신 노릇하는 사람"이다. 여기에는 물질만능주의에 대한 비판의 시선이 담겨 있다. 마네킹걸은 "돈 압헤는 사람이 즘생 노릇도 하고 물건짝 노릇도 할 수 잇다는 증거"라는 표현이 그것이다. 이런 시선은 곧바로 마네킹걸의 성적 타락을 상상하는 것으로 이어진다. "'마네킨껄'이 밤중에는 어떤 직업을 하는지" 모른다는 것이다. 마네킹걸에 대한 이런 식의 비난은 그녀들이 경성을 떠난 후에도 계속되었다. 그녀들의 이미지가 조선의 '못된껄'들에게 그대로 전이되었기 때문이다. 미디어는 일본에서 온 "'마네킨껄'이라는 요괴 가튼 계집이 서울 공긔를 더럽히드니 온다 간다 말 업시 요괴가티 달아낫다"며 마네킹걸을 '불량소녀'의 범주에 포함시키기 시작했다. 그리고 "마네킨껄이 다녀간 뒤에 모양 잘 피운 못된껄의 이름이 또 하나 늘어스니, 가로되 '마네킨껄', 가위 금상첨화격의 명예로운 칭호"라며 '마네킹걸＝못된껄'이란 도식을 만들어냈다. 또한 "못된껄들 그 궁덩이를 딸하다니며 귀치안케 구는 못된뽀이를 지칭하야 '마네킨뽀이'"라며 이 '마네킨뽀이'와 '마네킨껄'이 "서로 어우러저서 란잡한 가운데 조선인의 논뙈기나 조히 줄어"[37]간다고 이를 모던걸 현상이 불러일으키는 사회적 병폐로 지적했다. 하지만 일본과 조선의 마네킹걸 교류는 멈추지 않고 계속되었다. 마네킹이 상품경제의 상징으로 자리 잡은 이상 이를 거부할 수는 없었다. 여전히 일본은 조선에 마네킹걸을 파견했고, 1930년대에는 조선에서도 마네킹걸 문화가 조성되기 시작했다. 예를 들어, 일본에서는 오사카에 있는 어떤 화장품 회사가 자사 제품을 선전하기 위해 마네킹걸 3명을 조선에 파견하여 며칠간 화장법을 시연했고,[38] 조선에서는 광화문통 광장에서 열린 상공연합운동회(商工聯合運動會)에서 출전 선수 전부가 "제각기 상점의 장ㅅ기를 가장(假裝)한 '마네킨'을 압세우고 육십여 상점의 긔ㅅ발을 날리며 주최 측의 악대를 선두로 종로의 큰 거리를" 행진하였다.[39] 또한 신문에는 백화점에서 일본의 상품을 "미인 마네킨이 매일 실연(實演)"[40]한다는 광고가 자주 등장했다. 마네킹걸의 실연은 당시 광고 수단으로써 가장 효과적인 스펙터클이었다. 1934년 5월 6일자 《동아일보》도 "즉접 소비자를 상대로 과자와 유제품의 선택법을 아리켜주며 또 그 고문이 되게 하랴고 총명한 '스위쓰,껄'을 다음의 날자와 같이 경성에서 실연시키기로 하엿다"[41]며 '마사고'와 '미야고'라는 이름의 두 '스위트껄'의 사진을 게재했다. 이는 내용상 "실연(實演)과 즉매(卽賣)"[42]라는 일본 제과회사의 새로운 판매 전략을 소개하는 것이지만, 정작 독자의 시선을 끄는 것은 두 스위트껄의 아름다운 외모였다. 마네킹껄은 이렇듯 근대 소비문화에서 여성이 상품화되었음을 의미했다.

> 번화한 종로 네거리에 그럴듯한 구경꺼리가 생기게 되엿다! 마네킹껄의 써븨스! 오는 9일부터 종로 화신상회 화장품부에서 일본서 온 마네킹껄 2명의 실연이 잇스리라는데, 이 마네킹껄의 실연은 1년 전 박람회 이후 이번이 처음이라고…… 사진은 출연할 마네킹껄.
> — 〈종로 네거리에 마네킹 양 출현〉(《조선일보》 1933.8.9.)

당대의 신문들은 이처럼 실연에 출연할 마네킹껄들의 사진을 미리 게시하여 이를 구경거리로 소개했다. "대판(오사카)에 잇는 단고도란 본점에서는 이번에 조선과 만주 순회단을 조직하야 만주로 가는 길에 본

〈종로 네거리에 마네킹 양 출현〉(《조선일보》 1933.8.9.)

사를 방문하엿는데 사진은 그 일행입니다"[43]라는 1935년 8월 10일자 《동아일보》의 기사와 '마네킹 순회단' 사진 역시 같은 맥락으로 읽힌다.

부산에서 여성운동가로 이름을 얻은 당대의 어느 지식인 여성은 이렇게 상품화되고 있던 여성들의 모습에 탄식을 쏟아냈다. 그녀는 박람회장의 백화점 전시 코너에서 마네킹을 발견하고 발길을 멈춘다.

> 여기 요사이 유행 이상으로 화장을 잘한 여성 모형들이 전기의 힘으로 산 사람같이 빙빙 돌며 손님을 모흐고 잇다. 나는 여기서 긴 한숨을 쉬지 안흘 수 없엇다. 여자란 저러케 고흔 옷을 입고 금비녀를 꽂고 보석 반지를 끼고 양산, 손가방, 그리고 유두분면油頭粉面(기름 바른 머리와 분 바른 얼굴)으로 손님을 끄으는 장면마다 이용되어야 하는 것인가? 가엽슨 꼴이다.
>
> — 권복해, 〈여성시론(14) '서울 구경을 하고'〉(《동아일보》 1935.7.23.)

인형의 인간화, 인간의 인형화 시대

> 견물생심으로, 소용업는 것도 보면 욕심내도록 사람의 마음을 끄는 것이 소위 '마네킹껄'의 소임입니다. 직접 사람이 하지 안코 인형으로써 하여도 역시 '매네킹'이라고 합니다.
>
> — 〈마네킨껄〉(《매일신보》 1930.6.22.)

마네킹걸과 마네킹은 그 존재의 목적이 동일하다. 생물과 무생물이라는 차이가 있을 뿐이다. 조선에서는 1930년대부터 미디어에서 마네킹

〈마네킹의 가지가지(2)〉(《매일신보》 1930.6.28.)

관련 기사를 게재하기 시작했다. 1930년 6월 22일자《매일신보》는 "눈과 입을 없애여서 선을 단순화 식힌 예술적 인형으로"[44]써의 마네킹을 비롯하여 '마네킹의 가지가지'라는 제목으로 다양한 마네킹을 소개했다. "단발이 잘 얼려서 누구나 한번 보면 하고 십도록"[45] 만드는 "모-던 뷔나스 녀신" 같은 마네킹, '레뷰걸'의 아이콘으로 1920~30년대 파리를 사로잡았던 미국 출신의 댄서 조세핀 베이커(Joséphine Baker)를 복제한 마네킹,[46] 그리스 석고조각 같은 몸에 파리에서 유행하는 수영복을 걸치고 "사람의 마음에 큰 활기를"[47] 주는 마네킹이 그것이다. 마네킹은 신화 속 미의 여신처럼 선이 아름다우면서도 "1930년의 첨단을" 걸으며 활기를 주는 존재로 묘사되었고, 여성 소비자들은 이를 근대적 미의 표준으로 받아들였다.

이 시기 조선에서는 상품 판매 분야에서 여성의 능력을 인정하고 여성 인력을 적극 활용해야 한다는 인식이 생겨났다. 그중에서도 '마네킹걸'은 가장 대표적인 홍보 수단으로 제시되었다.[48] 조선인 상공업계에서는 경품을 내걸어 사람을 모으기보다는 여배우나 가수를 마네킹걸로 내세우는 전략이 상품 판매에 더 효과적이라고 판단하기 시작했다.[49] 외국의 사례를 보더라도 마네킹걸이 등장할 때 최대의 경제 효과를 낼 수 있었다.[50] 그야말로 "인형에도 여자라야"[51] 최대의 판매고를 올릴 수 있다고 생각하는 판국이었다.

1930년대 식민지 경성에서도 전단지와 쇼윈도 장식, 마네킹걸과 샌드위치맨, 성냥갑 등을 이용한 광고를 통해 막대한 판매 효과를 거두고 있었다.[52] 특히 플래카드를 걸고 마네킹걸이 상품을 설명할 때 매출이 가장 크게 신장되었다.[53] 신문에는 매출 신장에 유효한 광고 방법을 소개하는 기사들이 자주 등장했다. 그중에서도 상점의 '진열창'은 빠지지 않고 언급되는 대상이었다. 여기서 주목해야 할 것은 진열창 안에 사람이 들어가되, 사람의 본질을 지우고 철저히 마네킹이 되라고 요구한다는 점이다. 다음은 당시 제안된 마네킹걸의 행동 요령이다.

> 진열창 중에 사람이 들어 잇는 것도 조타. 조금 변한 풍風을 하야 안면이나 형태 같은 것, 마네킹 인형과 같이하야 인형이 동動하는 것 같은 정도로 하지 아니하면 아니 된다. 이 위가 마네킹이 카트의 문구를 지시하야 이것을 손님에게 익도록 한다. 예컨대 카트에 크게 '지금 겨울 상품 대매출 중이다'라고 써 잇다고 하면, 이 마네킹은 손가락으로 이 문구의 문자를 한 자 한 자一字一字 지시해간다. 꼭 소학교 일년생의 아동에게 선생이 괘도掛圖를 시示하야 익히는 것과 같이 한다. 또 상품을 시示하야 이 설명을 익히거나 상품의 사용법을 시示하는 것이다. 이것은 꼭 인형이 하는 것같이 가비얍게 태도를 취하지 아니하면 효과가 없다.
>
> – 〈상점과 상품광고에는 광光, 음音, 동動으로 장식(上)〉《동아일보》1938.2.26.)

제시된 행동 요령에 의하면, 진열창 안에 든 사람은 마네킹처럼 행동해야 한다. 마네킹걸은 손가락으로 광고 문구를 지시하되, 인형이 하는 것처럼 "가비얍게" 움직여야 한다. 그래야 비로소 효과가 있기 때문이다. 1938년 8월 23일자 《동아일보》는 비슷한 외국의 사례도 소개한다. 미국 애틀랜타에서 개최된 전기 박람회에서는 사람을 넣어 만든 "어름기둥"이 출품되어 비상한 인기를 끌었는데, 산 사람이 얼음에 낸 조그만 문으로 드나들면서 만들어낸 효과였지만 사람을 얼린 것이라고 착각한 관람자들은 경악을 금치 못했다는 내용이었다.[54] 인형처럼 보였으나 인형이 아닌 것을 알아차릴 때 더욱 큰 효과를 발휘했던 것이다. 그러나 인형의 외모와 움직임을 모방하는 것만으로는 상품의 사용가치를 전달하는 데 한계가 있었다. 이에 일본 상업가들 사이에서는 상품에 아름다움을 더하는 미적 요소로서의 마네킹걸을 넘어서서 정보 전달자로서의 마네킹걸에 대한 필요성이 제기되었다. 이에 따라 상품의 성능이나 상점의 전통에 대해 전문 지식을 소유한 마네킹걸을 육성할 방안이 검토되었다. 동경 긴자에 자리한 일본의 화장품 회사 시세이도(資生堂)가 벌인 '미스 시세이도' 캠페인이 이런 모색에서 비롯된 대표적인 사례라 할 수 있다. 시세이도는 여학교를 졸업한 지원자들 중에서 9명의 미스 시세이도를 선발하여 이들을 대상으로 "미쓰·시세이도─ 스쿨"이라는 일종의 학교를 운영하며 약 5개월간 결발법·미용학·화장품학·피부 과학·생리학·선전술·판매학·부인 상식 등을 교수하였다.[55] 전문 지식으로 무장한 '신(新) 마네킹'이 등장한 것이다.

1937년 6월 3일자 《동아일보》의 〈금년의 첨단을 밟는 의복차림〉은 화신백화점 주단 포목부의 마네킹 사진과 함께 점원을 인터뷰한 기사를 실었다.[56] 기사의 핵심은 백화점이 "유행 제조소" 역할을 하면 백화점에서 상품을 구매한 고객이 광고를 한다는 것이었다.[57] 다시 말해, 상품을 구매한 여성 자체가 거리를 활보하며 상품을 광고하는 '살아 있는' 마네킹걸이 된다는 것이었다. 그런데 식민지 시기 미디어는 마네킹에 매료되어 지갑을 연 이 여성들을 마네킹 추종자로 풍자할 뿐이었다. 아래의 신문 기사를 보자.

> 신춘新春 아라모드(à la mode: 최신 유행) 대매출, 입체적으로 진열하여 노은 데파-트의 화장. 봄의 전주곡은 거기서부터 흘러저 올 것이다. Y형 모자에 지프트 넥타이, 화잇트 숄, 씰크 와이셔츠, 장갑, 스텍ㅁ型 슈-스, 거기다가 샥소니 양복을 입혀노으면 남자 로벗트 한아가 된다. 씰크 모자, 장갑, 숄, 핸드백, 파라솔, 대리석 스카트, 칠피 구두 거기다 파자마형의 행장을 입혀노으면 여자 로벗트 한아가 또 생기는 것이다. 봄이 되면 데파-트에서 구조構造하여 내여놋는 이 두 로벗트를 늘 맛나 현실의 모보 모껄이란 로벗트 들이 동경을 하며 동족애를 차지랴하는지! 데파-트 안에 서 잇서 보면 메리고라운드(merry-go-round)와 갓치 눈이 도라가는 젊은 남자를 수업시 발견할 것이다.
>
> – 서광제, 〈봄의 전주곡(1) '데파-트 화장(상)'〉 《조선일보》 1933.2.16.)

백화점 쇼윈도에 진열된 마네킹은 로봇과 같은 존재로 비유된다. 그런데 "현실의 모보 모껄" 들은 진열창의 로봇에게 홀려 스스로 이 '로봇'을 추종하고 닮아가려 한다. 자신의 의지 없이 누군가에게 조종당하는 로봇처럼 그들 역시 누군가에게 조종당하는 존재란 의미였다. 이는 자본가의 마케팅 전략에 따라 마네킹이 제공하는 환상 때문이었다. 김기림은 1931년 8월 27일자 《동아일보》 사설란에서 마네킹이 불러일으키는 환상을 다음과 같이 재현했다.

'쇼윈도' 속에서는 빨가코 짬안 강렬한 원색의 해수욕복을 감은 음분한

〈만년춘의 매니킨〉(《조선일보》 1937. 3. 10.)

'세루로이드'의 '마네킹' 인형의 아기씨들이 선풍기가 부채질하는 바람에 '게이푸'를 날리면서 마분지의 바다에 육감적인 다리를 씻고 있다. '쇼윈도' 아페 아프로 기우러진 맥고모자 알에서는 우울한 눈들이 조히로 맨든 명사십리의 솔바틀 바라본다.

'아 바다 바다 시원한 바다!'

그것은 단순한 속이 뷘 인형이 아니엿다. 동해의 그 끗이 업시 푸른 바다 속에서 건저온 인어다. 피녀의 가슴 속에는 바다의 서늘한 입김이 돌고 잇슬 것이다. '오 예쁜 님푸여' 하고 나는 피녀被女에게 우슴을 보냇스나 날마다 수천 명의 유혹에 견듸여나가는 피녀는 딴은 지극히 냉정하다. 나는 이윽고 백화점의 층층대를 넘처흐르는 사람들의 폭포를 거슬러 확근확근한 입김에 얼굴을 씻기우면서 간신히 층상層上으로 기여올라갓다.

– 김기림, 〈바다의 유혹(상)〉(《동아일보》 1931.8.27.)

백화점에서는 쇼윈도 안 셀룰로이드로 만들어진 '마네킹' 아가씨들이 육감적인 다리를 드러내며 고객을 유혹한다. 고객에게 이 마네킹 아가씨들은 "단순한 속이 뷘 인형"이 아니라 여전히 가슴 속에 바다의 서늘한 입김을 머금은 "푸른 바다 속에서 건저온 인어"다. 생명체인 것이다. 그래서 언뜻 농을 건네 보지만 뭇 남성들의 유혹을 견디느라 힘든 그녀는 말이 없다. 그러나 그녀의 냉정함은 고객의 마음을 더욱 "확근

확근"거리게 하여 이윽고 백화점 계단을 마술에 걸린 듯이 밟아 올라가게 만든다. 1937년 3월 10일자《조선일보》에 등장한 〈만년춘의 매니킨〉[58]은 영원한 젊음과 아름다움을 상징한다. 그녀의 얼굴에는 아름다움에 대한 인간의 욕망과 변치 않는 젊음에 대한 환상이 응축되어 있다. 마네킹은 여성들에게 '미가 반드시 자연스러울 필요가 있냐'며 외양을 끊임없이 꾸미고 가꾸라고 속삭인다.[59] 마침 옆의 기사는 "항상 절머지고 시픈 안악네들은 만히 자셔야만 할 귀물"[60]이라며 아름다움과 젊음을 유지시켜줄 호르몬 요리를 소개한다. 젊고 아름다워지려는 욕망에 불을 댕겨 값비싼 요리까지 탐을 내게 만드는 것이다.

이번에는 자신과 쌍둥이처럼 닮은 존재를 마주한 인간이 곤혹스러움 속에서 인간의 고유성에 의문을 제기하며 이 존재의 실체를 파헤치려 한 움직임들에 대해 이야기해보려 한다. 당시 미디어에는 "'마네킹'의 인형을 사람과 똑가티 만드러"[61] 세계시장으로 내보내는 파리나 독

〈마네킹 인형의 정체〉(《조선중앙일보》 1933.4.26.)

일의 제작자들이 자주 등장했다. 그런데 기사는 제작자들이 아니라 대량생산되는 마네킹의 정체에 주목한다. "찬란한 옷을 멋들어지게 입으시고 쇼·윈도우 가운데서 길 가는 부인들에게 깜빡 이젓든 '미에 대한 욕망'을 닐으키기에 중대한 역할을 가지고 잇는 보기에도 어엽분 마네킨 인형 아가씨도"[62] "그 정체를 들처보면 사진과 가티 대단히 에로, 구로한 것"이다. 기자는 "아직 제조 공장 속에서 팔다리 붓기(붙기)를 기다리는 마네킹 인형들"[63]의 사진을 기사와 함께 공개하기도 한다. "밤 늦게 '마네킨' 공장의 '윈도우' 압흘 지나다가 조용한 라체의 이상한 매력에 사로잡"혀 그 안을 자세히 들여다보면 "그 현대적 자태"[64]의 실체란 "누덱이 백지 조히(누더기 백지 종이)"라고도 한다. 마네킹의 매력이란 결국 누더기 백지 종이가 빚어내는 '에로 그로'이며, 마네킹은 "남녀가 거침업시 란무하"[65]며 '에로 그로'를 연출하는 "1930년식 괴물"이었다.

〈인형화 시대〉(《조선일보》
1933.10.6.)

《조선일보》는 〈인형화 시대〉라는 제목으로 "사람의 인형화 즉 긔게화"만이 아니라 "긔게의 사람화"[66]에도 주목한다. 기사는 독일의 어느 무용 교습소에서 연습생들이 조각가가 만든 인형의 몸짓을 따라하는 사진을 게재하고, 옛날에는 "사람들의 몸맵시를 본바다서 인형을 맨드더니 지금은 걱구로 사람이 인형의 숭내를" 내는 형국이라며 "'노라'는 인형이 되기 시러서 '인형의 집'을 나왓"는데 "지금 사람들은 엇재서 오

《신세기》 표지 (1939.12.)

히려 인형이 되기를 조와할가요"[67]라고 묻는다. 마네킹의 곡선미를 이상적인 여성미로 여기는 세태를 자탄하는 것이다. 1939년 12월호 《신세기》에는 쇼윈도 앞에서 미소 짓고 있는 신여성이 표지의 주인공이다. 그런데 그녀와 그녀 등 뒤의 인형이 묘하게 오버랩되며 그녀와 인형 사이를 가르는 유리창이 표지를 보고 있는 독자 앞으로 옮겨온 듯한 착각을 불러일으킨다. 그야말로 인간과 인형이 구분되지 않는 '인형의 인간화, 인간의 인형화' 시대인 것이다.

1930년대의 근대사회에 관한 담론들을 살펴보면, 근대사회의 경제 시스템 자체에 대한 비판을 흔히 볼 수 있다. 근대사회는 인간이 "신에게서 해방"되어 이성과 합리로 포장된 과학적 세계관의 토대 위에서 발전한 사회인 만큼 "신을 유폐하야준 '기계'가 밥그릇을 빼아슬 줄은 좀 의외"[68]였기 때문이다. 20세기 들어 포드식 대량생산 체제가 노동자를 노동시장에서 퇴출시키기 시작하자, 지식인들은 분업화되고 기계

화된 생산공정 속 노동자의 역할에 의문을 가졌다. 하지만 근대 미디어는 과학 만능을 부르짖으며 전 인류의 삶이 기계화되는 것은 역사의 필연이라고 주장했다. 이는 "신에게서 해방된 인간이" 밥그릇을 빼앗기는 것으로도 모자라 "맙즈막(마지막) 미천인 자기를 본질적으로 빼앗"기는 것이기도 했다.[69] 따라서 지식인들은 무엇보다 인간과 기계를 명확하게 구별지으려 했다. 이들은 기계를 "자본주의적 관념의 산물"로 이해했다. 이들의 눈에는 기계야말로 자본가들이 바라는 "잉여가치와 이윤을 제조하는" "자본주의 정신의 구체적 표현"이었다.[70] 그리고 자본주의 사회에서 인간은 "상품을 제작하는" 기계의 "도구"였다.[71] 거대한 "기계는 한갈가티 인간을 본위로 하지 안코 이윤을 본위로 하야인간 생명"을 "낭비"하게 만들고 "인간을 도외시"하게 만들었다.[72] "원래 인간이란" "정신과 육체가 합일된" 존재인데 "기계 노동으로부터 오는 획일적한 단조로운 생활은" 인간 "심신의 분할"을 일으켜 인간을 "불구자"로 만들었다. 그래서 이들의 논리 속에 등장하는 마네킹걸은 20세기 초엽에 프랑스에서 출현한 것이 아니라 "이미 일 세기 반 이전부터 기계와 함께 존재"해온 것이었다.[73] 마네킹걸이야말로 "공장 분업에 의"해 육체와 정신이 분리된 "불구자"이자 "도시의 기계 노동으로부터 육체적으로 변화된 자"[74]로서 영혼이 없는 기계와 같은 존재였기 때문이다. 이들에 의하면 마네킹걸이란 결국 "기계 노업의 단적 표현"[75]에 지나지 않았다. 이처럼 인간의 몸은 톱니바퀴와 같은 기계의 부속품이 아니라고 주장하는 사람들에게 인간의 육체를 상품화하는 마네킹걸은 공격의 대상이 될 수밖에 없었다.

자기를 주장할 능력이 스러젓다. 인조견으로 휘감아 세운 '마네킹껄'이야

290

말로 가장 첨단적인 현대의 표상이요, 현대인의 산 표본이라 하면 현대
인의 모욕이 될까? 사람을 기계 이상으로 평가하얏기 때문에 '마네킹껄'
이 요구되는 것이 아니냐고 하랴는가. 사람을 앗기랴는 평등 박애적 정
신으로 인력거를 집어치우고 차 부리는 사람과 함께 키는 자동차가 생
겻고, 상여군의 비지땀을 흘리는 것이 가엽서서 만금의 영랑 자동차가
나왓고 사람을 절약하느라고 전화의 자동교환기가 사용되듯이 사람의
천역賤役을 대행시키느라고 '로보트'가 제작되지 안핫느냐고 호언하는
가? 그러나 지금 나는 새삼스럽게 산업혁명의 ㄱ, ㄴ을 복습하자는 것은
아니다. 또한 '마네킹껄'이나 '로보트'나 자동교환기의 효용 여하를 따
지자는 것도 아니다. 나의 말하고자 하는 것은 밥은 밥대로 빼앗긴 굶은
'마네킹껄'과 헐버슨 '로보트'가 되어가는 현대인 자체의 희미한 존재에
대하야서다.

— 염상섭, 〈현대인과 문학(1)〉(《동아일보》 1931.11.7.)

소설가 염상섭은 이렇게 근대사회에서 굶주린 마네킹껄과 헐벗은 로
봇이 되어버린 인간의 처지에 분노한다. 그에 따르면 인간이 신에게서
해방되어 "신 대신에 자기를 미덧고 과학-기계를" 믿은 결과 "남은 것
은 과학 대 인간에 잇서서 과학의 승리와 밥을 빼앗겻다는 사실뿐이
다". 기계가 인간을 생산 현장에서 몰아내고 인간을 굶주림 속에 빠뜨
렸다는 인식 아래서 기계 인간으로 여겨지는 마네킹껄은 근대인에게
잃어버린 '자기'를 상기시키는 '불쾌한 오브제'일 수밖에 없었다. 그래
서 염상섭은 "첨단적인 현대의 표상"으로서 마네킹껄이 아니라 "밥은
밥대로 빼앗긴 굶은 '마네킹껄'"에 빗대어 희미해져버린 근대인의 존
재감을 한탄한 것이다.[76]

할 포스터(Hal Foster)는 산업자본주의의 충격으로 인간이 사물에게서 느끼는 기괴함(uncanny)을 보여주는 예가 바로 마네킹이라고 말한다.[77] 그는 사물에게서 보이는 기괴함이란 특정 주체가 거기에 자신을 투사함으로써 나타나는 것이라고 말한다. 할 포스터에게 있어 마네킹에게 투사되는 특정 주체란 근대 산업사회에서 불안정한 상태에 놓여 있는 남성 주체를 의미한다. '시체 여자'와 '살아 있는 여자' 모두를 지배하려는 남성들의 욕망이 그들에게 예속될지도 모른다는 공포와 뒤섞여 마네킹에게 투사되었다는 것이다. 그럼에도 불구하고 "이십 세기의 인간이 마네킹화 해가는 때 마네킹은 날로 날로 초인간적 초현실의 방향으로 쏜살가티 다라나는"[78] 발전을 보였다. 인간 마네킹보다 더 효과적이고 근대적인 인형 마네킹을 제작하려는 노력이 더 정제되고 세련된 마네킹을 만들어내고 있었던 것이다. 하지만 첨단 직업을 요망하는 근대인들은 마네킹보다 더 효과적인 마네킹걸의 유행 풍조를 낳았다.

그렇다면 실제로 조선 마네킹걸들의 처지는 어떠했을까. 직업여성으로서 조선의 마네킹걸은 "어리고도 한 달에 팔십 원쯤부터 간혹 사오백 원식 밧는" "이만하면 할 만한 버리"라 할 만큼 다른 서비스직 여성 노동자들보다 경제적 처지가 나은 편이었다. 하지만 직업의 특성상 겪어야 하는 고충이 만만치 않았다. "첫재로 얼골이 아름답기만 하여서도 안 되며 살이 쪄도 안 됨으로, 살찌지 안는 운동과 뜨거운 물에 목욕을 하고, 먹고 십흔 것도 배불리 먹지 못"했다. 그리고 사람들은 그들 직업의 첨단성에 주목하기보다는 그들이 지닌 시각성과 기계성에 관심을 보였다. 리즈 코너는 마네킹이 '여성＝대상'이라는 전통적 지위를 고정화하면서도 다른 한편으로 여성을 이미지의 주체로 서게 했다고 주장한다. 생명이 있는 듯 보이지만 생명이 없는 마네킹이 지닌 이중성은 스펙터클의 주체이자 대상인 근대 여성의 이중성과 연관된다.[79] 그러니까 마네킹은 생명이 없는 존재로서 스펙터클의 대상이 된 여성, 즉 여성의 대상적 특성을 표현하는 반면에 살아 있는 듯 보임으로써 스스로를 전시하는 스펙터클의 주체로서 여성의 주체적 특성을 반영한다. 마찬가지로 마네킹걸 역시 자신을 전시의 대상으로만 인지하지 않고, 근대 여성의 시각적 매력을 적극 활용하며 능동적으로 직업의 정체성을 구현해나갔던 것으로 이해할 수 있다.

4장
애활(愛活)소녀

여성 관객과 러브신

> 대경성에는 날마다 밤마다 피를 흘니는 생존경쟁이 끈일 줄 모른다. 그
> 야말로 '인생은 전시이요, 세상은 전쟁장'이라는 말에 굿치는 참담 복잡
> 한 도시에 만일 위안을 엇고 우슴을 엇을 수 잇는 향락이 업스면 그 도
> 시의 지조 무미함과 시민의 울울한 심회는 것잡을 길이 업슬 것이다.
>
> – 〈향락의 대경성(1) '생의 쟁투에 피폐한 시민'〉《매일신보》1925.6.6.)

대경성의 "향락장"은 식민지인들의 좌절과 환상이 교차하는 지점이었
다. 또한 모던걸과 모던보이의 타락의 장이자 "울울한" 도시인이 피 흘
리는 생존경쟁 속에서 "위안을 엇고 우슴을 엇을 수 있는" 유일한 탈출
구였다.

날마다 해만 지면 낙양 일대에는 애연한 음악 소리가 갓득하나 사람의 마음을 뒤숭숭하게 하는 저녁 바람을 좃차 들녀온다. 군악 소리도 들니고 날나리 소리도 들녀…… 향락의 경성의 밤의 막을 여는 서곡을 아뢰오는 것이니, 그것이야말노 시내 각처에 훗터저 잇는 각 연극장의 취군하는 소리이다.

— 〈향락의 대경성(5) '향연한 음악으로 전개되는 시선극'〉(《매일신보》 1925.6.11.)

이 가운데서도 식민지 도처에 세워진 극장은 사회적·정치적 굴욕감과 적대감으로 몸부림치던 조선인들이 영화가 제공하는 환상의 세계에서 "자아를 망각하는 도취경"[1]을 맛보는, 찾기 쉬운 피난처였다.

경성에 극장이 처음 들어선 것은 1900년대였다. 그러나 당시에는 판소리와 창극, 줄타기 등 전통 연희를 공연하는 공연장의 역할을 했고 1910년대 중반부터 몇몇 극장이 상설영화관으로 전환하면서 본격적으로 영화를 상영하기 시작했다. 1920년을 기점으로 지방에도 극장이 들어서기 시작했고 그 수가 빠르게 증가해 1925년에는 전국에 27관, 1935년에는 90여 관으로 늘어났다. 당시 영화 관람객 수를 추정한 자료를 보면 조선 인구의 약 10%, 즉 경성을 포함한 경기도 인구의 절반가량이 극장을 찾았다고 한다.[2] 1920년을 전후로 조선에서도 영화가 제작되기 시작했지만 영화 편 수에 있어서 유의미한 증가를 보이지 못해 조선의 극장들은 수입 영화에 의존해야 하는 형편이었다.[3] 그러나 조선의 영화 산업과는 무관하게 군중은 해만 떨어지면 "고단한 몸을 이끌고 극장문 아플 달"[4]렸다.

해만 떨어지면은 극장의 호적 소리는 멀리멀리 들여옵니다. 저녁을 먹고

나면은 하로의 피곤함은 다뜻한 아랫목에 그대
로 쓸어저 자고 싶습니다. (중략) 그러나 떠나기
실흔 아랫목 자리를 떠나 고단한 몸을 잇끄고
극장문 아플 달리는 것입니다. 휘황한 불빗헤
나부끼는 깃발 (중략) 울긋불긋한 '포스터'가 어
느 것 하나 영화 팬들의 마음을 잡어다리지 아
님이 업습니다. 영화광이 아니라도 만원!의 들
날리는 종이 울리기 전에 아플 다투어 예술의
전당! 그리로 들어가고야 마는 것입니다.

　　　－〈벽상세태에 희비도 졸변猝變, 자아를 망각하는 도취경(5) '극장
　　　편'〉《동아일보》 1932.11.27.)

게다가 기업과 언론사들이 상품광고와 판매 부수 증가를 목적으로 '활
동사진대회'를 지속적으로 마련하면서[5] 대중이 영화를 접할 기회도 많
아졌다. 이에 따라 1930년대에는 영화가 대중문화의 최고 자리를 선점
하게 되었다.

　1932년 4월 9일자《동아일보》가정란에는 서양 여배우가 등장한다.
이는 1930년대에 영화 관람이 도시인의 일상이 되면서 영화가 가정
영역에도 영향력을 발휘한 현실을 반영한다. 서양 여배우 이미지는 근
대 여성의 문화생활에 상징처럼 자리를 잡았다. 여성들은 서양 여배우
사진을 접하면서 자신들도 그 같은 모습으로 비치기를 원했다. 모던걸
은 이 같은 바람과 환상 속에서 탄생했다.

　영화는 근대 시각문화의 형성과 발달에 주도적인 역할을 담당했다.
조선에서도 영화는 시선을 사로잡는 매혹적인 볼거리로써 신여성의

욕망을 추동하는 주요한 매개물이었다. 조선에서 영화의 대중화는 문자를 대체하는 이미지의 힘에서 비롯되었다.[6] 영화는 문맹률이 높은 조선에서 글을 읽고 쓸 줄 모르는 사람들이 새로운 문화를 접할 수 있는 통로였다. 움직이는 이미지가 문자는 비교할 수도 없을 만한 효과를 발휘했기 때문이다. "조선 총독부까지도 조선 통치 잘한다고 활동사진으로 자랑을 하며 도라다"닐 만큼 세상은 영화 즉 "활동사진의 세상이 되고 말았다. '노리'라고 우습게만 여기든 오락이 대중의 생각을 지배하는 데에 아모것보다도 더 큰 힘을 가진 것을 알게 된 까닭"[7]이었다.

1910년대에는 눈물샘을 자극하는 '신파극'이란 일종의 연극이 여성들을 극장으로 불러 모았다. 그러나 1920년대에는 활동사진이 신파극의 대중적 인기를 넘어서기 시작했다. 당시 신여성들에게 극장 구경은 사진을 움직이게 하는 놀라운 기술뿐만 아니라 모던한 서구 사회의 생활 습속을 접할 수 있는 기회였다. 신여성들은 스크린을 통해 근대화를 체험했던 것이다. 노지승은 상층계급 남성의 전유물이었던 문화 텍스트들이 하위계급으로 확대 수용되는 과정에서 종래에 교육과 문화에서 배제되어왔던 여성들이 문화를 적극적으로 향유하게 되었다고 말한다.[8] 신여성들은 '영화광'으로 불릴 만큼 영화라는 대중문화의 적극적인 소비 계층이 되었다.

영화가 대중문화의 맨 앞자리를 선점하는 데에는 잡지와 신문이 중요한 역할을 했다. 1927년 《매일신보》의 '지상 상설관(紙上常設館)'을 필두로 1932년에는 《신여성》, 1934년에는 《동아일보》, 1937년에는 《조선일보》가 각각 '지상 영화' '신 영화' '명작 순례'라는 코너를 신설하여 새로운 개봉작을 소개하고 영화의 스틸이나 배우의 사진을 지면에 담아 대중을 극장으로 유인했다. 특히 《신세기》는 '영화 페지'난에 영화의 명장면과 여배우들의 사진을 스크랩북처럼 펼쳐놓았다. 여배우 이미지는 그 자체로 넋을 잃고 빠져드는 스펙터클로 인식되었기 때문이다. 1929년 잡지《학생》은 여배우들의 브로마이드 감상에 여념이 없는 학생을 재현한다.

> 방학 때면 서울서 도라오는 선배들에게 '파-리 너구리'니 '리리 린킷스'
> 니 하고 성함은 만히 들엇스나 뵈옵기는 이재 초면! '참 어엽부군! 어느
> 게 파-리 너구리인고? 에-라 영어 습자책은 다음에 사고 위선為先……'
>
> – 〈신입생 이태〉(《학생》 1929.)

그렇다면 조선 사회는 여성의 영화관 출입을 어떻게 받아들였을까? '극장 출입'은 신여성의 소비 목록에 빠지지 않고 등장하는 항목이었

〈신입생 이태〉(《학생》 1929.)

다.《중외일보》는 밤마다 극장을 배회하며 젊은 남자에게 추파를 던지다가 부친에게 붙들려 머리카락을 잘리고 만 열네 살 소녀를 소개한다.[9] 또한《동아일보》는 극장 출입이 잦은 열일곱 살 여학생을 미행한 기사를 게재한다. '자정 후의 경성'을 취재하러 나선 기자가 미행한 그녀는 머리를 길게 땋은 "변발 녀학생으로" "극장 일등석 기생들 틈에 끼여 안저서 변소 출입 자조 하시고 '껌' 만히 씨부시고 모양 만히 내시엇든 분이다."[10] 그녀는 홀어머니의 외동딸로 학업에 몰두해도 모자랄 판에 극장에 드나드느라 정신이 없다. '불량소녀'인 것이다. 왜 영화에 열광하는 소녀를 '불량소녀'라고 평가했던 것일까?

> "저 계집앤 영화라면 왜 저렇게 죽구 못 살까?" 하고 미운 소리를 한다.
> (중략) 계봉이는 오꼼이를 손으로 찔벅거리면서 남자 어른들 음성을 흉내 내어, "거…… 아무리 근대적 감각을 향락하기 위해서 그런다구 하더래두 계집아이가 영활 너무 보러 다니면은 뒤통수에 불자不字가 붙는 법이다. 응? 알았어? 불량소녀……."
>
> – 채만식, 《탁류》 (문학사상사, 460쪽, 1986.)

신여성에게 영화 관람은 근대적 감각을 향유할 수 있는 모던한 취미 생활의 하나였다. 그런데 이것이 지나치면 기성세대에 의해 '불량소녀'로 낙인찍히는 것이다. 이는 당시 극장이란 공간이 지닌 장소성에서 기인한다. 초기의 극장은 좌석이 남녀로 분리되어 있었다. 그래서 남성 관객들은 "부인석에 여자 한 명만 빗최"여도 "비인 자리를 내여노코" "부인석 구퉁이에 산을 이룬" 채 "서서도 서너 시간- 에로 대신(大神)의 작희(作戱: 남의 일을 방해함)"[11]를 연출했다. 미디어가 정작 영화에는 관심이 없고 서로를 "바라보며 눈짓 손짓"하는 "시선극"[12]을 연출하는 남녀 관객들을 재현하면서 극장은 에로의 공간이 되었다. 미디어는 특히 여성 관객의 반 이상이 여학생이며 이들이 "기생"이나 "가짜 녀학생들"[13] 틈에 섞여 로맨스 영화를 관람하며 이러한 시선극을 연출하고, 이는 극장 밖으로 이어지는 경우가 다반사라고 전했다.[14] 여학생들은 서구 영화의 노골적인 '러브신'에 몰입하여 흥분을 감추지 못하는 "망할 것들"로 일축되었고,[15] "련애극 중에도 '러브신-' 즉 남녀가 붓안고 '키스'를 하거나 속삭이는 장면을 보고 '애고머니! 엇저면……' 하고 여러 사람의 귀에 들리도록 소리를 지르다 못해 겻해 안진 동모를 끼어안고 굴르다시피 하는 경망한 거조를 대담스럽게 하는 여자"[16]들로 재현되었다.

근래 여학생들의 풍기도 너모나 짜쓰화 하야간다. 그 죄의 대반大半은

〈만추풍경(1)〉(《조선일보》 1930.10.26.)

활동사진으로 돌녀야 한다. 필자가 기자 생애를 바리고 활동사진 장사를 하며 이 가튼 소리를 하는 것은 좀 뻔뻔한 소리 가트나 엇잿든 러부 씬이 한참 달콤할 때 부인석에서 애뭔 탄성이 들닌다. 여학교 2~3학생 짜리들이 서로 허리를 꼭 끼고 '아이고' 소리를 연발하는 것을 나도 보왓다. 남도 보왓다. 이러니까 그들에게는 몸을 그릇치는 찬쓰가 너모나 만하진다. 성에 눈뜨는 처녀들이 변사의 달콤한 해설과 스크린에 빗기우는 사랑의 실연實演을 보고 그의 가슴이 조용할 수는 업지 안은가. 그리하야 이성을 그리는 마음은 폭발이 되어 멋잇게 놀고 십흔 마음은 홍수가티 밀녀서 한 거름 두 거름 공원으로 월미도로 극장으로 마음의 애인을 찻다가 꿈이 깨고 보면 손에 잡힌 것은 윤락과 치욕의 역사뿐- 그때에는 한번 소래처 울거나 쾌快하게 우서바리는 외에는 다시 차즐 길이 업게 되는 것이다.

– 이서구 〈경성의 짜쓰, 서울맛·서울정조〉 (《별건곤》 35쪽, 1929.9.)

〈러브신과 관객〉 (《동아일보》 1929.4.7.)

기사는 서구 영화의 에로틱한 러브신에 반응하는 여학생들을 남성의 시선에서 재현한다. 당대의 성교육 담론을 살펴보면 소설과 영화가 학생들의 성교육 텍스트라고 토로하는 견해들이 많다.[17] 이는 불량소년 소녀의 "동기적(動機的) 자극물의 대부분이 저급한 활동사진의 악영향에 있다"[18]는 시각으로, 활동사진 관람과 남녀 학생의 타락한 풍기 사이에 분명한 인과관계를 만들었다. 이제 극장은 풍기를 훼손하는 무엇보다 '불량소녀'를 양산하는 불온한 공간이 되었다. 이는 곧 사회가 여성의 영화관 출입을 통제해야 한다는 논리로 이어진다.

할리우드 판타지, 왜장녀

> 여름의 바다는 녀성을 위하야 푸른 물결을 치고 잇는지, 인어인지 백어인지 몰으게 헤엄을 치고 잇다. 여름은 녀성의 여름이다. '하리웃드'의 인기 녀배우 '프란세쓰·데이'는 큰 공을 가슴에 안고 향내 나는 곡선미의 내음새를 해변 바람에 날니고 잇다.
>
> – 〈인어〉(《조선일보》 1933.7.13.)

해변 바람에 '곡선미'의 향내를 날리는 이 할리우드 여배우의 사진은 조선의 젊은 여성들 사이에 여배우와 여름이 그려낸 할리우드 스타일 그 자체였고, 순식간에 소비문화의 상징이 되었다. 이제 조선의 여성들도 할리우드 여배우처럼 여름이면 피서지를 찾아 곡선미를 뽐내면서 여가를 즐기는 여가 문화의 새로운 소비 주체가 되었다.

1920~30년대 조선의 여성들은 "자동차가 추격을 하고 말이 달리고

하는 '스피드'를 조와서 손벽을 치"는
어린애들이나 "뎡탐극이나 련애극을
보러가"는 중학생들과는 달리 "사치
스러운 생활이나 외국 녀배우들의 류
행하는 옷매무새를 보기"[19] 위해 극장

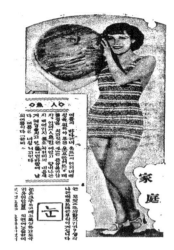

《조선일보》 가정란 (1933.7.13.)

을 찾았다. 이들은 배우의 차림새나
몸짓에서 눈을 떼지 못했고, 지식인들
은 영화 관람이 여성들 사이에 사치
와 허영을 조장하고 부추긴다고 입을
모았다.[20] 그러나 미디어는 〈세계 명
여우 순례〉(《조선일보》 1934.9.5.)나 〈세
계의 연인을 차저서(1)〉(《조선일보》 1940.4.3.) 같은 연재물들을 쏟아
내며 우려 섞인 목소리들을 잠식해나갔다. 이런 코너들은 독자들에게
'순례' 형식으로 여배우들의 아름다움과 맵시를 탐닉할 기회를 제공했
다. 그리고 매일 실리는 연예란의 여배우[21] 사진은 새로운 디자인 기술
에 힘입어 여성의 육체미를 한껏 뿜어내는 멋진 포즈로 사람들을 유혹
했다.

　1920년대부터 신문과 잡지를 장식한 여성들은 대부분 할리우드 여
배우들이었다. 그들의 이미지는 영화라는 근대 매체를 통해 세계의 다
양한 지역으로 확산되며 새로운 여성상을 만들어냈다. 류수연은 '할리
우드 영화'야말로 근대 조선에 모던걸이 유행하게 된 배경이라고 말한
다.[22] 할리우드 영화에 등장하는 여배우들의 외양과 몸짓이 그대로 실
체 없는 모던걸의 이미지가 되었다는 것이다. 할리우드 영화가 1920년
대에 세계 영화 시장을 장악하면서 조선에서도 할리우드 영화가 극장

〈누가 엡분가?〉(《조선일보》 1933.11.21.)

의 스크린을 점령했고, 할리우드 여배우들의 사진이 신문과 잡지의 연예란을 가득 메웠다.[23] 할리우드 여배우들은 특히 조선의 모던걸들 사이에서 새로운 미인의 전형이 되었다. 그녀들의 사진을 놓고 "누가 엡분가?"를 가늠하는 기준이 그대로 동양의 미적 기준으로 전이된 셈이었다.[24] 그리하여 서구적인 체형과 외모를 갖춘 여성들이 동양적인 얼굴과 몸매를 지닌 여성들을 밀어내고 신문과 잡지의 광고란을 잠식해갔다. 1930년대의 대중매체가 근대적인 미의 전형으로 제시한 서양 여배우 사진은 유행을 만들어내는 동시에 유행을 전파하는 매개체로 기능했고, 이들의 외양은 곧 모방해야 할 '유행' 문화가 되었다.[25] 1932년《신흥영화》창간호 표지를 장식한 여배우 뒤의 그림자는 여배우를 중심으로 한 모방과 유행을 의미한다. 강심호는 영화나 사진이 유행을 전파하며 소비문화의 첨병이 될 수 있었던 것은 바로 '이미지'를 살포하는 기능 때문이라고 지적한다.[26] 이 매체들은 이미지를 통해 사람들에게 새로운 삶의 패턴을 제시하면서 사람들의 내면을 바꾸어놓았던 것이다.

1920~30년대 조선의 모던걸들은 특히 서양의 영화배우들에게 열광했다. '안나' '사라' '메리' '아이라' 같은 일종의 필명을 사용하는 직업부인들을 재현한 1938년 9월호《여성》의 〈그림 없는 만화, 종로야화〉

에서도 확인할 수 있듯이 조선의 모던
걸들은 외국 여성 스타의 외양만이 아니
라 제스처와 걸음걸이, 말투까지 따라했
다.[27] 사정이 다르지 않기는 중국의 여성
들도 마찬가지였다.

《신흥영화》 창간호 표지 (1932.6.)

> 황색 인테리 아가씨들 그러나 그 아가씨
> 는 화장을 한다-. 크라라 보, 짜네트 게-
> 나-, 데이트 릿트, 구레다 갈보와 가튼 얼
> 골을 흉내 내는 것은 조선의 첨단적 아가
> 씨들과 조금도 틀님업다. 또 그리고 어느
> 아가씨들은 메이, 웡그의 피카지리, 프린치라고 하는 압머리를 바람에
> 한들거리며 활보들을 한다.
>
> – 오은숙, 〈성의 해방을 부르짓는 중국 여학생〉(《만국부인》 85쪽, 1932.10.)

물론 이는 미디어가 할리우드 여배우들을 유행의 아이콘으로 제시했
기 때문이다. 할리우드의 유행은 눈 깜짝할 사이에 세계를 한 바퀴 돌
았다.[28] 가령 "'파자마'라는 침의를 미국 뉴욕껄 아니 헐리웃드의 활동
녀배우들이 입고 대낮에 길거리를 나왓다는 '뉴-스'"가 전해지면 어느
새 "세계에서 제일 적고 저주 바든 가엽슨 도시인 '서울'에도 그와 조
금도 다를 것 업는 침의를 입고 초가집 틈박우니로 흐느적거리고 다니
는 왜장녀"들이 출현했다.[29] 이 '왜장녀' 즉 '부끄럼을 모르는 여자'란
말에서는 조선의 시각문화 속 신여성의 위상이 드러난다. 외국 영화
속 여배우들의 삶을 동경하고 모방했던 모던걸들을 "설명은 무요(無

要)"[30]할 만큼 의식 없는 서구 문화의 추종자로 매도하려는 뉘앙스이기 때문이다.

조선 여성들이 할리우드 영화를 보면서 사치스러운 생활이나 외국 여배우들의 차림새에 민감하게 반응했던 것은 당시 미디어가 할리우드를 화려한 공간으로 재현했기 때문이기도 하다. 1933년 《동아일보》는 미국 출신의 댄서로 1920년대에 〈몽파리Mon Paris〉(1928) 같은 활동 사진과 화려한 레뷰로 파리를 사로잡았던 조세핀 베이커를 다음과 같이 소개한다.

> 서반아西班牙인 흑인과의 혼혈아입니다. 그의 유명한 엉덩춤은 '쟈스'의 세계의 여왕으로 군림하고 잇습니다. 그가 그러케 춤을 잘 추게 된 것은 겨울에 치위를 잊으랴고 정신 몰으고 춤을 춘 것이 지금의 성공의 첫거름이엇다고 합니다. 지금은 '파리'에서 굉장한 큰 집을 짓고 대리석 투성이의 분수 옆에서 표범, 뱀, 일곱 마리의 개, 세 마리의 고양이, 도야지와 앵무 또 산양으로 더부러 사치한 생활을 하고 잇는 것입니다. 그의 남편은 향수왕 '코티'라고. 지금 이십팔 세의 청춘.
>
> – 〈저명 여성 인명사전(7)〉(《동아일보》 1933.10.31.)

추위를 잊기 위해 정신없이 추었던 춤이 오히려 성공의 밑거름이 되었다는 자수성가형 성공 스토리가 어느새 파리의 화려한 생활과 저명한 배우자 이야기로 끝을 맺는다. 미디어가 "황금과 에로 그로의 도시"로 떠벌리는 뉴욕과 파리[31]에서 화려한 생활과 스캔들에 묻혀 사는 여배우들의 모습은 식민지 조선의 여성들에게 일종의 판타지로 다가왔을 것이다. 미디어가 전하는 여배우들의 화려하고 사치스런 생활은 할리우드를 둘러싼 환상과 동경의 기폭제로 작용하였다.

할리우드 영화 속 미국은 부와 힘의 상징이었다. 조선의 신세대는 특히 영화 전반에 흐르는 미국식 소비 스타일과 경제적 풍요를 동경했다. 그들에게 '아메리카나이제이션(Americanization)'은 서구 문명으로부터 당한 모욕에서 벗어나 전근대성을 극복하고 그들과 같아지기를 갈구했던 시대의 심리를 반영하는 근대화의 지향점이었다.[32] 즉, 자신들에게는 결여되어 있는 근대적 이미지를 가지고 싶다는 조선 신세대의 절절한 바람이 투영된 것이었다.

할리우드 영화를 통해 간접적으로나마 근대화를 경험한 조선의 젊은 여성들은 할리우드의 라이프스타일을 자신들이 지향할 새로운 삶의 방식으로 인지했다. 이런 그들에게 "시대에 뒤떠러젓다"는 말은 사형선고와도 같았다. 그들이 생각하는 '시대'란 "할리우드 활동사진 배우들의 일거일동"이었기 때문이다. 자본가들은 그녀들의 이 괴상한 약점을 이용해 "우리 담배는 쫀 길벌트가 피우는 담베요" "우리 비누는 코린무어가 쓰는 비누요"[33] 하며 신명나게 광고를 해댔고 엄청난 이윤을 남겼다. 이처럼 활동사진은 "학교의 수신(修身)과정보담도 목사의 설교보담도 또한 어버이의 회채리보담도 감화되기에 빨"라서 "'하롤드 로이드'의 대모 테 안경이 됴선의 젊은 사람의 류행이 되엇고, '빠렌티노'의 귀밋머리 긴 살적이 됴선 청년들의 뺨에다가 염소털을 붓처 노핫고, '뻐스터키-톤'의 젬병 모자가 조선 청년의 머리에 쇠똥을 언저 주엇스며, 미국 서부활극에 나아오는 '카-뽀이'의 가죽 바지가 됴선의 청년에게 나팔바지를 입혀주"는 풍경을 연출했다. 만화가 안석영은 이런 젊은이들의 눈에 "다-쓰러저가는 초가집만 잇는 됴선의 거리"는 오히려 "외국의 풍정"처럼 느껴질 것이라 말한다.[34] 조선 사회는 서양 문

화에 열광하는 젊은이들을 결코 고운 시선으로 보지 않았다. 이 사회
에서 "유행을 짓기를 질기는 '못된껄' '못된뽀이'" 들은 외국에서 들어
온 것이면 "서반아 감기"나 "상해서 떠드는 '호열자'"에도 "엉덩춤을 추
는 유행 중독자들"[35]이었다. 해방 후에도 "양장한 '못된껄(모던껄)'"은
"악마구리(악머구리) 끓듯" 소리쳐대는 장사치들에게 "지폐를 한 뭉치
식 내어주며 서슴지 않고 물 건너온 물건들을 애용"하며 "이 정신 모르
는 길로부터 자꾸만 걸어 들어가면 도대체 어떠한 곳으로 다다르게 될
거인지" "신생 조선"의 앞날은 아랑곳 않는 서구 문화 추종자들로 보일
뿐이었다.[36]

〈가상소견(2) '모던뽀이의 산보'〉 《조선일보》 1928.2.7.)

잇(It), 플래퍼의 아이콘 '클라라 보'

경성의 모던걸과 모던보이 들은 근대성의 구현자로 자처하며 자신들의 육체에 재즈풍의 에로틱한 시선과 몸짓을 새겼다. 유선영은 모던걸과 모던보이의 몸짓과 외양이 에로티시즘으로 방향을 틀어간 이유가 식민지 현실에 있다고 지적한다. 노동의 기회를 갖지 못해 갇혀 있던 육체의 에너지가 피부 표면에 똬리를 틀고 있던 공격성과 만나 에로티시즘으로 분출되었다는 것이다.[37] 이들의 에로티시즘에 무엇보다 큰 영향을 끼친 것은 수입 영화였다. 조선의 젊은이들은 1929년 조선극장에서 개봉한 영화 〈물랭루주Moulin Rouge〉와 〈몽파리〉에서 화려한 '전식(電飾)'으로 꾸며진 "꽃 도읍 파리를 구경"[38]했다. 이 영화들은 불야성의 파리 시가에서 댄스홀 '물랭루주'로 이어지는 화려한 쇼를 재현하며 젊은이들을 열광케 했다.[39] 그러나 소설가 심훈에게 〈몽파리〉는 "현대인의 '히스테리칼'한 말초신경을 자극식히려는 일종의 춘화도에 지나지 못"[40]했고, 만화가 안석영의 눈에도 "모던-뽀이 모던-껄의 신경을 마비식힌 동시에 미처 뛰게" 만들 뿐만 아니라 "소위 대중덕이라는 의미에서"도 "천박한 영화"이며, "수십 수백의 뻘거버슨 여자들의 관능 충동의 변태적 딴스"였다. 그리고 퇴폐적이고 음란한 레뷰 영화에 취해 그 의상과 몸짓을 흉내 내는 모던걸들의 행위는 "넷날 도포짜리는 놀라서 길바닥에 잡바질 일"이었다. 그리하여 모던걸의 에로티시즘은 여름이면 "안해의 밧갓출입을 감시"할 근거로 작용하게 된다.[41] 조선 사회에서 여성 관객은 수입 영화에서 육체의 에로티시즘을 배워 거리의 남성을 유혹하는 "화장법과 연애기술 이외에 배운 것이 없"는 미성숙한 존재였다.[42]

1920~30년대 할리우드 영화에는 담배와 술을 즐기며 선머슴처럼

행동하고 이성과 자유롭게 교제하는 여성들이 등장한다. 이들이 바로 '플래퍼(flapper)'라 불리던 미국의 신여성들이다. 조선에도 할리우드 영화가 흥행을 거두면서 이 미국식 신여성인 플래퍼형 모던걸들이 등장하게 된다. 1927년 7월 25일자 《중외일보》는 〈모던걸이란 어떠한 여자인가〉란 기사를 통해 이 플래퍼형 모던걸의 정체를 규명하려고 한다. 기사는 영국의 어느 여기자가 동경에서 일본의 여성 문제를 취재하는 와중에 인터뷰한 내용이다.

'모던걸'이라는 말은 말하자면 '플래퍼-'(경박자輕薄者)라는 의미인데 이 '플래퍼-'라는 것은 수적 생활獸的生活을 조하하며 여자로서 상식을 갓지 못한 여자를 가르켜 말하는 것입니다. 영국으로 말하면 고전주의를 존중하게 알든 '빅토리아'왕 시대에도 이미 문제가 된 일이 잇습니다. 귀부인 가운데에도 '플래퍼'로 된 여자는 정말 '플래퍼'와 족음도 달음이 업섯습니다. 그리하야 이 '모던걸'이라는 것들은 정조를 귀중히 여기는 리상 알에서 교양을 바들 긔회가 업섯슴으로 인생의 실재實在가 어떠한 곳에 잇는지 알지 못하야 항상 구사상을 배착하는 생각에 평균을 일허버린 것입니다. 이와 가튼 부인은 최초부터 성적 행위를 리상적으로 행하고저 하는 생각이 업고 다만 무의미하게 남녀는 동권同權이오, 남녀는 서로 다 친구이라 하는 천박한 생각을 할 뿐입니다. 그런고로 '모던걸'을 가르치는 데는 어떤든 교육을 잘 시켜서 그에게 필요한 직업을 주며 독립적 생활을 할 수 잇도록 지도하야주지 아니하면 안 됩니다. 그리고 아모에게도 의지하지 말고 자치적으로 정치상, 사회상 두 방면으로 위치를 어들 수 잇게 하는 것이 필요한 것입니다.

– 〈모던걸이란 어떠한 여자인가〉(《중외일보》 1927.7.25.)

기사에 따르면 먼저 '모던걸=플래퍼=경박자'란 등식이 성립한다. 경박자란 "수적 생활을 조하하며" 즉 짐승처럼 본능대로만 살려 할 뿐 "여자로서 상식을 갓지 못한" 다시 말해, 아무런 이상이나 가치 체계 없이 "남녀는 동권이오, 남녀는 서로 다 친구"라고 떠벌리며 경박한 행동을 일삼는 부류다. 게다가 "정조를 귀중히 여기는 리상 알에서 교양을 바들 긔회가 업"어 "성적 행위를 리상적으로 행하고저 하는 생각"이라고는 없이 애초부터 천박하게 자유연애를 주장하는 여성들이다. 그래서 플래퍼형의 모던걸이란 교육을 통해 경제·정치·사회적으로 독립적인 생활을 하도록 만들어야 할 계도의 대상이었다.

1928년 조선인들은 〈잇It〉이란 영화를 통해 플래퍼의 고향 미국이 내세우는 플래퍼의 아이콘을 만난다. 바로 미국의 영화배우 클라라 보이다. 그녀는 "영화에 재생하는 잇트왕"[43] "모던걸의 대통령"[44]이라 불릴 정도로 엄청난 인기를 구가하며 1920년대 플래퍼의 전형으로 평가받던 여배우이다. 클라라 보가 출현한 〈잇〉은 미국의 파라마운트사가 1927년에 제작한 영화로 줄거리는 다음과 같다. 가난한 백화점 점원 베티 루〔클라라 보 분(扮)〕는 백화점 사장인 사이러스 월섬과 사랑에 빠지지만 친구 몰리와 그녀의 아이를 돌보다가 오해를 사 헤어지게 된다. 하지만 월섬의 오해를 알게 된 베티는 그와 오해를 풀고 다시 사랑을 이루게 된다. 이 영화의 흥행으로 클라라 보는 '잇걸(The It Girl)'이라는 별명을 얻으며 무명배우에서 일약 무성영화 시대의 아이콘으로 부상했다.[45] 여기서 영화의 제목이자 지시대명사인 '잇(It)'의 의미를 살펴볼 필요가 있다. 그 속에 플래퍼의 진짜 정체가 숨어 있기 때문이다. 〈잇〉은 엘리너 글린(Elinor Glyn)의 소설을 영화화한 것이다. 영화에도 자주 삽입되는 소설의 한 구절을 보자.

'It'은 자석 같은 힘으로 타인의 마음을 끄는, 몇몇 사람들만이 가진 자질이다. 'It'을 가진 당신이 만약 여자라면 모든 남자를, 당신이 남자라면 모든 여자를 차지할 수 있다. 육체적 매력만이 아니라 심성도 'It'일 수 있다.

— 엘리너 글린, 〈잇〉 (파라마운트사, 1927.)

'잇'은 남녀를 막론하고 모든 이가 욕망하는 '바로 그것'이다. 작가의 말에 따르면 '그것'이란 육체적 매력만이 아니라 마음 혹은 사고방식을 포함하는 개념일 수 있다. 영화 〈잇〉이 조선극장에서 개봉된 이후[46] 조선 사회에서도 이 '잇'의 정체를 두고 의견이 분분했다. 《조선일보》는 여주인공 베티를 "자긔가 가진 소위 '이트(그것)'라는 것을 가지고 모든 남성을 뇌살"시킬 수 있는 존재라며 그녀가 갖고 있는 "'그것'이야말로 여자로서 이성을 상대로 할 모든 정열, 표정, 기교를 한데 뭉친 것"이라 정의한다. 여주인공 베티가 성적 매력을 무기로 "자긔가 봉직하고 잇는 백화점 주인의 아들 '싸이라스 왈쌈'을 여디업시 사로잡"아 "연애의 개선을 울리엇다"는 해석이다.[47] 반면 《동아일보》는 여주인공의 성품에 초점을 맞춘다. 병든 친구를 위해 그녀의 자식을 건강한 자신의 자식이라고 거짓말하는 주인공 베티의 행동을 "보통의 말괄냥이나 허영의 여자로는 할 수 업는 일" "의협심이 굿세인 텬진이 아니면 안 될 일"이라며 이 부분이 바로 "팬"이 "가장 깃버할" 부분이라고 한다. "용모의 아름다운 것이 그의 아름다운 심정과 빈틈 업시 마저"[48] 떨어지는 것이야말로 그녀가 지닌 '잇'이라는 것이다. 류수연은 여기서 '텬진(천진)'이라는 표현에 주목한다. '천진'이라는 단어에는 여성을 길들여야 할 미성숙한 존재로 보려는 당대의 시선이 녹아 있기 때문이다.[49] 또한 치명적인 성적 매력일 수 있는 '잇'을 꾸밈없는 '천진'으로 희석시켜 수용하려는 조선 나름의 수용 방식도 눈여겨볼 필요가 있다.

그러나 미디어는 결국 '잇'을 육체의 매력으로 한정한다. 먼저 1931년 1월 30일자《동아일보》는 "두뇌 대 잇트"를 주제로 미국 디트로이트 시에서 벌어진 토론을 소개했다.[50] 두뇌를 강조한 한 여성은 "'부인은 사십 세에 이를 때 제일 지력 능력(知力能力)이 성왕할 수 있다"며 "'잇트'는 절믈 때박게 통용이 아니"되지만 "두뇌의 힘은 늙을 때까지 지속이 된다"고 주장한다. 이에 잇트를 우선시하는 다른 여성은 "'잇트'라는 것은 한마데로 설명할 수 업지만 형언할 수 업시 인긔를 끄는 것으로 아무리 지력이 발달된 소유자라도 이것을 활용시킬 긔회가 업서서 아모 것도 아니게 되어버리지만 '잇트'만은 사실 이 긔회를 얼마든지 끌어낼 수가 잇다"고 반박한다. 토론은 '잇'의 승리였다. 여성은 "지력 능력보다는 '이트'(성적 매력)를 가지는 편이 효력이 크다는 것으로 판정이 되엇다"는 것이다. 이후 1935년 6월 8일자《조선일보》는 "할리우드 미인 스타-의 의견"이라며 "남자를 끄는 데는, 엇던 화장 엇던

클라렌스 바져 감독 〈It〉의 일부. (파라마운트사, 1927.)

옷"이 효과적인지를 소개한다.[51] 이는 얼핏 '잇'을 소유한 모던걸을 만들어내려는 의도처럼 보이지만 실은 여성들에게 남성들이 좋아하는 타입과 싫어하는 타입을 학습시켜 여성의 몸과 마음을 통제하려는 것이었다. 이를테면 남성들은 "그레타 가르보 모양의 스타일을 가진 여자" "샛빨간 '베니'를 손톱과 입에 바른 여자" "잘랑잘랑 소리 나는 귀거리를 한 여자" 등 "기교적인 것이나 눈에 반짝 띄이는 것을 실혀"한다며 이런 남성의 "기호"를 알고 이 점을 "주의"해서 치장하라는 식이었다. 그것은 여성의 몸과 마음이 철저히 응시하는 타자의 시선에 맞추어 규율화되는 과정이었다.

서구 영화는 조선의 젊은이들에게 연애의 교본이기도 했다.[52] 미국은 물론 조선 영화계도 주로 러브신에 초점을 맞춰 영화를 선전했는데, 이는 러브신에 대한 대중의 높은 관심도가 반영된 결과이자 관심을 더욱 부추기는 요인이었다.[53] 그런 만큼 영화의 러브신은 더욱 "선정적이 되어"[54]갔고, 이는 조선 젊은이들의 연애 방식에도 변화를 가져왔다. 종래는 사람들의 눈을 피해 편지나 주고받는 것이 최대의 애정 표현이었다면, 이제는 카페나 댄스홀에서 만나 자연스럽게 사랑을 속삭이는 젊은이들이 생겨난 것이다. 미디어는 이런 젊은이들의 "사랑의 모-든 수단과 방식은 단성사 조선극장의 스크린에서 취하는 것"[55]이라며, 아직 "머리에 피도 마르지 못한 아해들 혹은 체조 선생께 따귀를 맞고 지내는" 불량학생들이 "변사의 지절거리는 러부씬의 대목을 그래도 드러다가" 거리에 펼쳐놓는다고 했다.

"에로군(群) 집중지"인 미국의 영화사들이 제공하는 영화들은 분명 조선의 현실과는 다른 모습을 그리고 있었다. "동양에서는 '그게 왼 말광냥이짓이냐?' 할 만한 일도 제멋대로 하는" 플래퍼들의 자유분방하

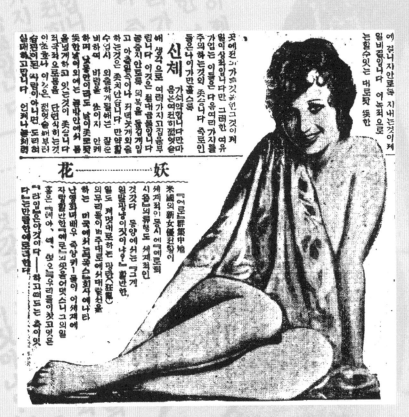

신체

花————妖

〈요화妖花〉《조선일보》 1930.12.11.

고 대담한 애정 표현을 여과 없이 전달한다는 점에서 조선인들은 서구 영화에 거부감을 가질 수밖에 없었다. 무엇보다 플래퍼는 조선 여성들로 하여금 거리로 나오게 하는 데서 그치지 않고 미국 여배우 같은 성적 매력을 지닌 양 에로를 뽐내며 거리를 활보하도록 만들었기 때문이다. 따라서 조선인들에게 플래퍼형 모던걸은 데카당스의 징후처럼 보였고, 이는 영화를 통제해야 한다는 여론으로 나아갔다. 하지만 당대의 미디어들은 통제의 목소리를 반영하는 듯하면서도 "에로틔시쯤의 류행"에서 결코 이탈할 생각이 없다는 듯 끊임없이 러브신을 지면에 게재하는 이중성을 유지했다.[56]

〈키스 연습〉(《조선일보》 1937.5.4.)

조선에서 여배우로 산다는 것

1937년 11월 5일자 《동아일보》〈연예와 오락〉란의 여배우 사진은 신여성의 자기현시 방식을 보여준다. 거울 앞의 그녀는 정작 거울을 볼 생각이 없다. 그저 거울에 비친 자신을 응시할 누군가를 위해 연기를 하고 있을 뿐이다. 그녀에게 거울은 극장의 스크린이요, 거울을 응시하는 누군가는 관객이다. 그리고 그녀는 배

《동아일보》〈연예와 오락〉란 (1937.11.5.)

우다. 그녀는 거울 앞에서 연기하는 배우로서 자아를 실현하고 있다. 신여성의 현시 방식이란 바로 그런 것이다. 신여성은 응시의 시선을 의식하고 스스로를 응시의 대상으로 전시하며 역(逆)응시하는 방식으로 근대의 주체로서 자아를 형성해나갔다. 근대의 과학기술이 낳은 스크린은 그녀들에게 근대를 학습하고 모방할 수 있게 해주는 창이자 현실과 환상을 이어주는 매개체였다.[57]

스크린 속 여배우는 이미지 복제 기술의 발달과 더불어 출현한 새로운 여성상이었다. 그래서인지 여배우에 대한 대중의 관심은 배우 활동과 사생활[58]에 얽힌 각종 가십을 수집하는 데 머물지 않고,[59] 그녀의 신체를 관찰자의 시선에서 벌거벗기고 해부하기에 이른다. 이는 1920년대 이후 스크린에 등장하기 시작한 조선인 여배우들을 다룬 기사들에서도 찾아볼 수 있다. 1938년 4월 1일자 《조선일보》는 〈배우 관상〉이라는 연재물에 돋보기 그림을 사용하여 여배우의 얼굴이 곧 돋보기와 현미경으로 들여다보며 해부할 대상임을 암시했다.[60] 또한 "인적이 미

〈손은 업서도 천석군, 스물넷에 시집
간다〉《조선일보》 1938.4.1.)

치지 안은 고원지대의 꼿가티 렴려한 자태를 가진 소녀"라거나 "아즉 소녀로되 얼골에는 센치멘탈한 빗을 숨길 수 업슴이 도리혀 애련해"[61]보인다는 등 남성의 시선으로 조선의 어린 여배우들을 카메라에 담았다. 조선 여배우들의 스타성을 분석하는 기사들은 이렇게 남성의 시선을 전제하고 있었다. 따라서 여배우를 취재한 기사들은 비교적 객관적인 듯 보여도 사실상 그녀의 사생활을 남성의 시선에서 대중의 볼거리로 확대시키는 통로였음을 부인할 수 없다.[62]

복제 기술의 산물인 영화와 사진은 유일한 존재로서 예술 작품이 가진 흉내 낼 수 없는 고유의 분위기를 제거한다. 발터 벤야민은 이것을 '아우라의 상실'로 정의했다. 영화배우를 유일한 존재 즉 원본으로서의 예술 작품에 비유하자면, 스크린 속 영화배우는 고유한 한 인간으로서 지닌 아우라를 상실한 채 카메라에 의해 가공되는 환영이다. 특히 근대의 여배우들은 모던한 분장과 몸짓으로 가공된 여성성을 제공하는 존재로 인식되었다. 당시 미디어는 외국 여배우들의 변장 능력에 초점을 맞춘 이미지들을 소개하면서 분장과 스크린의 시각적 효과를 전달하는 데 그치지 않고 스크린 속의 그 여신이 카메라가 만든 환영임을 폭로했다. 그리고 이 이미지의 기만성을 여배우의 기만성으로 몰아갔다. "변장 잘하는 녀배우"[63]들의 눈속임은 그녀들의 도덕적 기만성에 대한 알레고리이기도 했다. 그 덕에 여배우들은 도덕성이 모호한 존재로 인식

318

되었고, 스크린 안과 밖의 다른 모습을 빌미로 '유혹' '눈속임' '위선'과 같은 부정적인 의미 들로 덧씌워진 채 응시받기 바라는 욕망의 존재로 각인되어갔다.[64]

여배우들은 대중의 탐욕스런 시선이 만들어낸 성적 대상이기도 했다. 따라서 여배우의 스캔들은 대중의 성적 욕망이 빚어낸 타락의 소극(笑劇)이었다. 미디어는 여배우의 스캔들을 무대 뒤의 실화인 양 떠벌리며 대중의 흥미를 자극했다.[65]

조선의 무대는 표면과 리면이 흑과 백가티 딴판 다릅니다. 무대에 나설 때에는 한울에서 하강한 선녀의 약동가티도 아름답게 보이지마는 장막 뒤에는 용소슴치는 오뇌와 번민에 한숨과 눈물로써 실제의 비극을 연출하고 잇는 주역 배우가 됩니다. (중략) 이 사진을 보시오, 조선극장에서 박은 것이외다. 하나는 화려한 무대에 분장을 하고 무아경에 뛰노는 춤추는 미인들이오, 하나는 무대 뒤 화장실에서 얼굴에 분을 발르고 눈썹을 그리고 연지를 찍는 광경이외다. (중략) 극계에 유명한 B라는 녀배우는 다시는 무대에 들이지를 아니한답니다. 그 리유는 상등 관객 중 반수가 그와 성적 관계가 잇는 듯하다는 까닭이외다. 즉 말하면 넘우 타락하얏다는 것이지오. 극을 위하야 몸은 바친 배우도 사람입니다. 더욱 유혹에 빠지기 쉬운 천성을 타고나서 화사한 살림에 눈뜬 녀배우의 몸으로서야 비참한 현실에 번민과 저주가 업슬 리가 잇겟습니까.

— 〈압흐로 보고 뒤로 보고(1) '제1일 레뷰=극장'〉 《동아일보》 1929.11.2.)

"넘우 타락"해서 다시는 무대에 오르지 못하게 된 그녀는 "극을 위하야 몸은 바"쳤지만 "유혹에 빠지기 쉬운 천성을 타고"난 '사람'이라는 것

이다. 이처럼 흥미 위주의 자극적인 기사가 난무하는 상황에서도 잡지
사의 한 여기자는 여배우의 진짜 얼굴을 드러내 보이겠다며 배우 지망
생으로 가장하고 '토월회'의 오디션에 참가한다.[66] 기자는 "'여우모집
상세(女優募集詳細)는 내담(來談)하시오'라는 광고가 눈에 뜨일 때" "엇
던 생각이 머리에 떠"오르냐며 누구든지 "굽 놉흔 구두, 팔둑시계, 새
파란 치마, 단발, 빨강 칠한 입술"의 "모던-껄들이 먼저 떠돌고, 그러
고 독한 향내를 피우고 우스면서 모여드는 그런 여자들을 안내하노라
고 시험하노라고 하나씩 마터가지고 싱글거리는 라팔바지의 모던 뽀-
이들이 떠돌고, 그리고는 그 남녀들이 금방 친해 얼싸안고 쨔스의 춤
을 어즈러히 추는 것이 떠"오르겠지만, 정작 자신이 본 "그들은 미리
생각하든 것처럼 단발랑도 말괄냥이도 아니고 조곰도 잡스런 틔가 업
는 순진한 어린 처녀들"이었다고 전한다. 1925년 1월 27일자 《동아일
보》가 다룬 열네 살 소녀의 이야기는 한층 더 사실적이다. 이 소녀는

〈압흐로 보고 뒤로 보고(1) '제
1일 레뷰=극장'〉(《동아일보》
1929.11.2.)

320

연극 공연을 보러갔다가 극장 안에서 밤을 샌다. 경찰이 소녀에게 집에 돌아가지 않는 이유를 묻자, "나는 배우들의 미려한 옷을 입고 만흔 사람의 사랑을 밧는 그들이 넘우도 부럽어서 그 쓸쓸한 우리 잇는 농촌 가튼 데는 아조 안 갈 결심"[67]이라고 말하며 "텬진란만한 그 어린 가삼에" "알지 못하는 불꼿이 타올라" 눈물을 흘린다. 이 어린 가슴에 타올랐던 불꽃은 어쩌면 배우에 대한 열망이었을지도 모른다. 하지만 기자는 〈허영과 여성〉이라는 제목으로 그녀 가슴 속의 불꽃을 여지없이 '허영'으로 치부해버린다. 이 시기 '영화광'의 범주에 속하는 신여성들은 허영의 주체로 매도되는 일이 다반사였다.[68]

식민지 시기 신여성들의 대중문화에 대한 욕망은 '팬' 문화로 발현되었다. 팬들은 스타를 모방함으로써 자신과 스타를 동일시하고 그 속에서 스스로 존재감을 찾으려 한다. 영화가 보급되면서 조선에서도 "젊은 애 숙사(宿舍)치고" "활동사진 여배우의 얼골이" "안이 부튼 집이"[69] 드물 정도로 이른바 팬층이 형성되기 시작했다. 1928년에 조선극장에서 '팬'구락부, 즉 팬클럽이 발족하였다는 소식이나[70] 여배우에게 오는 팬레터가 "여자의 편지는 의례히 녀배우가 되겠다는 하소연이요, 남자의 편지는 의례히 사랑을 한번 달나는 몸부림이"었다는 기사 등은[71] 당시 젊은이들의 영화에 대한 열광을 짐작케 한다. 존 피스크(John Fiske)는 원래 사회 병리 현상으로 취급되던 '팬덤(fandom)'을 대중이 대중문화에 공식적이고 자발적으로 참여하는 방식으로 이해하였다. 즉, 팬덤을 문화가 지배하는 시대에 대중이 유일하게 힘을 얻을 수 있는 창조의 행위이자 욕망을 실현하는 행위로 인식한 것이다. 팬덤은 멸시받는 문화 형태들, 즉 팝 음악, 로맨스 소설, 만화, 할리우드 스타 들과 연결되기 때문에 사회구조상 종속적인 위치에 있는 사람들의 문화 취향과 관련이 깊을 수밖에 없다.[72] 따라서 신여성들이 할리우드 스타에 열광하며 대중문화 안에서 적극적으로 자신의 욕망을 표현하는 행위는 가부장 체제에 균열을 내는 전위적 행위로 비쳤다.

미디어는 이 시기 '팬레터' 문화를 다음과 같이 재현했다.

> 몇 해 전에 어떤 비행사가 서울의 창공을 한 박휘 도는 데에 뭇 녀자들의 '러부레터-'가 그 비행사의 집에 산떠미가티 싸혓다는 말과 그와 비슷한 말이지만 세계일주 비행에 성공한 비행사 '리드박-'의 얼골을 옷에 그리고 다니는 여자가 미국에 만히 잇섯다. (중략) 그리고 소설을 잘 써도 여자의 '러부레터-' 어름을 잘 지처도-, 연설을 잘해도-, 옷만 잘 입어도, 돈만 만해도-, 얼골만 잘생겨도, 스타일이 조하도 여자의 '러부레터-'가 잇다.
>
> - 〈여자와 허영심〉(《조선일보》 1929.7.17.)

그러나 신여성의 적극적인 욕망 표현은 기사의 제목에서도 보이듯 '천박한 허영심의 발현'으로 치부되었다. 미디어는 창조적인 공상과 달리 '허영심'은 인간의 타락을 불러온다며 팬 문화 전반을 폄하하는 근거로 삼았다. 이는 팬 문화의 주요한 구성 요소인 스타 곧 여배우에게도 동일하게 적용된다. 팬레터는 여배우들에게 "안 만난다면 건방지다구 그러구 또 만나자니 기맥히"[73]는 딜레마에 빠뜨리는 요물이었다. 그들이 어떤 행동을 취하든 성적 폄하와 스캔들을 피해갈 수 없었기 때문이다. 이렇게 여배우들이 공적 가시성 속에서 팬이라는 군중을 결집시키는 스펙터클로서 부정적으로 재현되었으니, 그녀들을 숭배하는 소녀 팬들이 '불량소녀'로 폄하되는 것도 어쩌면 자연스러운 일이었다.

식민지 시기 극장은 "불 꺼진 동안 불근 봉투 난비(亂飛)"하는 "음란의 터"[74]로써 풍기 단속의 공간으로 지명되기도 하였으나 조선인들이 그 속에서 "스크린의 위안"[75]을 얻은 것도 사실이다. 따라서 영화를 향유하는 여성들 가운데 스타를 동경하는 데서 나아가 스스로 스타가 되려는 여성들이 생겨난 것은 당연한 일이었다.[76] 다음은 배우가 되고 싶어 하는 어떤 여성이 당대의 유명 여배우 김연실[77]에게 보낸 팬레터이다.

보통학교 때에 영화에 정신을 빼앗긴 후로 정의여학교正義女學校에 드러갔었으나 삼학년에 그만두고 지금은 쓸쓸한 촌구석에 박혀 있습니다마는, 아즉도 영화를 동경하는 마음은 한시도 떠나지 않았어요. (중략) 언니의 프로마이드와 레코드로서 저는 언제나 언니와 얼골을 마조대고

〈팬 때문에 이 고심. 만내자니 기가 막히구 안 만나면 겁방젓단다〉(《조선일보》 1939.1.4.)

저를 데려가달라고 졸는답니다. (중략) 하로밧비 아름다운 화면 속에서 언니들과 같이 뛰놀 수가 있을가 하는 생각에 이렇게 처녀로서 부끄러움도 잊어버리고 붓을 들었사오니 반가히 불러주세요, 언니!

– 〈팬의 편지－김연실 언니에게〉(《여성》 20～21쪽, 1936.4.)

황해도 봉산에 사는 '조봉순'이란 이름의 이 여성은 보통학교 때부터 영화에 매혹되어 줄곧 배우란 직업을 꿈꾸어왔다고 고백한다. 1930년 대에 이르면 할리우드의 '배우학교(School for Stars)' 소식이나[78] 방학을 이용해 할리우드를 방문했다가 우연히 배우가 된 여학생을 소개하는 기사들이 등장하여 은막의 세계에 대한 조선 여학생들의 동경을 더욱 공고히 했다.

1936년 11월 25일자 《조선일보》에는 일본 오사카의 어느 여학교에 '프로덕션'이 설치됐다는 기사가 실렸다.[79] 여학교 내에 '영화부'를 설

〈화만 요지경〉(《동아일보》 1939.12.4.)

치하여 여학생의 "손으로 활동사진 기계를 늘 만지고 필름을 가위로 끈허가면서 만드러내게 하면" 오히려 "호기심이 적어"져서 "나쁜 영향을 주는 사진관 출입을 하지 안코도" 여학생들의 "영화에의 동경을 만족시"킬 수 있다는 내용이었다. 학교가 남녀 학생들의 활동사진관 출입을 엄금하고 있던 조선의 현실에서 꿈도 꾸지 못할 일이기는 했지만, 활동사진이 여학생들 사이에 허황된 꿈을 조장하고 악영향을 끼치는 골칫거리로 취급되기는 일본이나 조선이나 매한가지였음을 알 수 있는 기사인 것만은 분명하다. 학교와 사회단체는 무엇보다 배우 지망생의 육체적 타락을 우려했다. 이에 조응하듯이 미디어는 '여배우의 카페 진출'을 이슈화했다. 경제 대공황으로 인한 불경기의 여파로 카페 같은 환락장이 늘면서 "녀배우 출신의 녀급을 초빙하는 게 한 류행이 되야, 간 곳마다 녀배우 녀급을 만나지 못하는 곳이 업시 되고 마랏"[80]다는 식이었다. 이 시기에는 실제로 여배우들이 "배우의 일홈으로서는 아모런 생활 보장이 업는 극단과 프로덕슌의 배경을 탈출하야 까다로운 수속이 업시 곳 취직될 수 잇는 카페"[81]의 여급이 되어 생계를 이어가는 사례들이 속출했다.

이경설, 이애리수, 석금성, 나품심, 김연실, 강석연, 김선초 가튼 여배우가 연기로나 인물로나 상당한 자격을 가지고 잇다. 그러나 그들의 사생활은 눈물겨운 기록뿐이다. 극단의 빈약한 수입으로서는 그들에게 극단생활의 보장을 하야주지 못한다. 명우名優라고 소문 놉든 이월화의 거취이며 복혜숙의 기생사리(요새는 살님을 살지만)를 엇지 냉시冷視할 수만 잇슬가.

　　　　ㅡ 성북동인, 〈직업전선 언파레ㅡ드 '여성 직업 오상五相'〉 (《신여성》 13~16쪽, 1932.5.)

잡지에서 배우란 직업을 버리고 무대를 떠나 기생이나 여급이 된 여성의 수기를 찾기란 어렵지 않은 일이 되었다. 카페로 진출한 어떤 여배우는 "물질의 혜택을 모르는 우리 극계(劇界)의 여러분과 혹은 말할 수 업는 고생을 하면서도 출연할 때면 모든 고생스러움을 잇고 오즉 극중의 실재적 심리를 포지(抱持)하고 출연하는 동안이 오즉 행복스러웟스며 질거웟다고 할 수도 잇"던 예전과 달리, "불규칙한 나의 살님- 그리고 상품화해가는 이 몸- 그럿타- 이런 생각이 떠오를 때는 즉금의 모든 생활을 차버리고도 십지만 그러나 끈적끈적한 삶에 애닯은 바람이 그런 용기를 막는다"[82]고 고백하기도 했다. 어려움 속에서도 배우 생활을 고집해온 김연실의 이야기를 다룬 1930년 9월 30일자 《매일신보》의 〈웃음 속에 눈물 생활(1) '영화로운 반면에 숨은 고통 비애'〉란 기사에서도 화려한 영화계의 궁핍한 이면이 여과 없이 드러난다.[83] 이런 상황에서 "여우가 무엇을 먹고 입고 무대에 정진할 수 잇슬가"라며 이들의 처지를 안타까워하는 목소리도 없었던 것은 아니지만, 대부분의 미디어는 카페 여급이나 기생의 길을 택한 여배우 이야기를 흥미 본위로 구성하며 그녀의 상품화된 육체를 여배우의 타락을 상징하는 경계의 지표로 제시했다.

5장
스포츠걸

여학생의 체육시간

1920년대에는 소비문화의 급속한 성장과 여가 문화 형성으로 식민지 조선에서도 적지 않은 사람들이 다양한 근대 스포츠를 접하게 되었다. 특히 1920년대 초에 스포츠가 건강 증진에 커다란 역할을 한다는 인식이 생겨나면서 여성들의 체육 활동 참여가 공식화되었고, 여성들의 스포츠 참여는 여성의 정치·사회·경제·성적 위상에도 변화를 가져왔다. 무엇보다 여성들의 체육 활동 참여에 큰 영향을 끼친 것은 서구 문화에 대한 높은 관심이었다. 당시 젊은 여성들에게 기존의 가치 및 질서는 버려야 할 '낡은것'이었고, 서구문물은 '새로운 것, 근대적인 것'이었다. 모던걸들은 극장에서 서구 영화를 관람하며 새로운 라이프스타일을 접했고 레코드점에서 새로운 음악을 경험했으며, 카페와 다방에서 새로운 사람들과 마주했다. 또한 여름이면 피서지를 찾아 여가를

즐겼고 철따라 테니스나 수영, 스케이트 등 종목을 바꿔가며 스포츠에
탐닉했다. 그것은 조선의 여성이 테니스 "라켓트 구멍만 한 문구명으
로 내다만"[1]보던 생활을 청산하고 직접 라켓을 들고 공공장소에서 짧
은 치마를 휘날리며 육체의 해방을 외치는 새로운 장면이었다. 모던걸
들은 이렇게 서구적 라이프스타일을 추구하는 것으로 구여성과 차별
화하며 자신들의 정체성을 드러냈다.

우리 영숙군은 포스톰, 커피, 홍차, 레몽차, 코코아 등등 그 차에 대한 취
미도 만해서 웬만큼 아는 사나히면 '락랑파라' 명치 제과로 껄고 다니
며, 유성긔 소리에 찻잔 쥔 손꾸락으로 장단을 마쳐보는 서울의 차당茶
黨의 녀왕이다. 또 그는 스포-쓰에 대해서만 상식이 업스면 안 된다고
경성 그라운드에 무슨 운동이고 잇스면 공자표를 어떠케든지 어더가지

〈신구대조(5) '동아만화'〉 《동아일보》 1924.6.19.)

고 간다. 그는 '럭비'도 조하하지만 '뺵싱'을 조하하엿다.

– 〈아스팔트의 딸 경기구輕氣球 탄 분혼군粉魂群(2)〉 《조선일보》 1934.1.3.)

사실 조선의 모던걸들이 지향한 라이프스타일은 대개 서구 영화에서 영향을 받은 것이었다. 젊은 여성들은 서구 영화 속 플래퍼들의 자유 분방한 몸짓이나 외양만이 아니라 스포츠나 재즈 같은 취미 활동, 놀이공원 같은 오락 문화에 이르기까지 새로운 생활 방식을 보고 배웠다. 스포츠가 서양 여배우들 같은 육체미를 갖는 데 유용하다는 인식이 퍼진 후로는 젊은 여성들 사이에서 스포츠에 대한 관심도가 더욱 높아지는 추세를 보였다. 스포츠는 여성의 입장에서 육체의 자유와 해방이라는 근대성을 체현하는 기회였을 뿐만 아니라 모던 라이프스타일을 추구하는 데 없어서는 안 될 중요한 요소였다.

여자들도 어름판 우혜서 그 쫍은 치맛자락을 허공에 날리며 톡기 다름질을 한다. 큰길에 나아가보면 댓듬 엽구리에 스켓을 끼고 가는 모던-녀성들을 볼 수가 잇고 전신주 미테서 그 사나희를 맛나가지고 전차를 타고 스켓장을 가는 것도 볼 수 잇다. (중략) 아들, 딸, 손자, 손녀를 보려고 서울을 오는 그들과는 이미 멧 세긔를 압선 문화의 딸과 아들 들이다.

– 〈도회점경〉 《조선일보》 1934.2.8.)

1920년대 중반에는 여학교에도 운동부가 설치되기 시작했다. "보통교육에서부터 여자의 체육을 장려하고 발전식힌다고 하면 가정에 드러가기 전에 먼저 건강체를 얻을 수 잇고 또는 체육 위생에 대한 사상도 상당히 양성되게 될 것"[2]이기 때문이었다. 즉, 체육교육을 받는 여학생이 주부가 되면 가정의 보건과 위생 문제를 개선할 수 있다는 믿음이 전제해있었던 것이다. 사정이 이렇다보니 조선 사회에서는 적극적으로 여학생 체육 지도법과 장려책을 강구하기 시작했다. 1928년《조선일보》가 여학교 운동부를 순례기 형식으로 연재한 〈각 여학교 운동부를 차저〉(1928.10.6.~10.25.)를 보면, 여학생들의 체육활동 참여와 증진에 전력을 기울이는 여학교들의 모습이 보인다.

여학교에서는 "만위근본인 신체 강건에 일즉이 뜻을 두어 여자 정구는 물론" "농구, 배구"[3] 등을 장려했고, "덕성(德性)만 고상할 뿐 아니라 여자 체육을 발육시키는 체질 개선에 더욱 뜻을 굿게"[4] 두고 "매 주일 전교생에게 육상경기, 농구, 배구, 등산 또는 인디아 베스뽈, 등산을 하학한 뒤에 약 삼십 분 동안식 실시"[5]하기도 했다. 신문에 게재된 여학생들의 운동 모습 가운데 압권은 체조 장면이다. 당시 여학교에서는 일반 체조만이 아니라 기계체조와 리듬을 강조하는 리듬체조에 이르기까지 다양한 체조를 가르치려 하였다.[6] 스포츠는 여학생들이 근대

〈각 여학교 운동부를 차저(7)〉(《조선일보》 1928.10.18.)

인으로서 정체성을 형성해나가는
데 작지 않은 역할을 했다. 1927년
8월 25일자 《조선일보》는 서양 각
국이 오래전부터 "만흔 관중의 압헤
서" 여학생들의 경기를 개최해왔다
며 미국의 여학생들이 축구하는 사
진을 게재하였다. 무릎이 훤히 드러
나는 짧은 바지를 입고 "한울의 구
름이라도 움켜쥘드시 펄쩍 뛰어오
른" 여학생의 "축구하는 맵시"는 조
선 여학생들의 심장을 고동치게 했
을 것이다. 게다가 기자는 "녀자는

〈미국 녀학생의 공차기〉(《조선일보》 1927.8.25.)

은유하고 잔잔"해야 하고 "집안에서 남편을 직힐지니라"는 "동양 구도
덕"을 비웃기나 하는 듯 "젊은 녀성이여, 피의 고동에 딸아 힘껏" 뛰라
고 독려한다. 이런 식의 기사와 사진은 무엇보다 여학생들에게 운동
자체를 근대적인 것으로 인식하게 만들었을 것이다.

그러나 이어지는 문구는 여학생들의 기대를 은근슬쩍 배반한다. "그
리하야 튼튼하고 씩씩한 자녀를 나흐"라는 말로 끝을 맺기 때문이다.
이는 여성들에게 체육 활동을 장려하는 목적이 '건강'한 모성에 있음
을 보여준다. "은유"와 "잔잔"을 미덕으로 삼아온 조선의 여성들에게
"만흔 관중의 압헤서" "펄쩍 뛰어오"르라는 주문은 여성의 몸은 철저
히 국가에 기여해야 할 국민의 몸이라는 국가주의 여성관에서 비롯되
었던 것이다. 국가에 절대 가치를 부여하는 국가주의적 관점에서 여성
의 건강은 한 가정을 넘어서 민족과 국가의 문제로 확대된다. 국민의

《조선일보》 부인란 (1934.1.2.)

체력이 곧 국가의 힘을 의미한다고 외쳐대는 사회에서 젊은 여성은 곧 새로운 국민을 잉태할 몸이기 때문이다. 그런데 당시 조선의 여성들은 "세계의 문명국 여자의 체격과" "너무나 심한 차이"[8]라 할 만큼 작은 체구의 소유자들이었기에 조선 여성의 체육교육은 시급한 문제일 수밖에 없었다. 그래서 1934년 1월 2일자《조선일보》부인란에 게재된 조선의 '여성 스케이터' 사진은 국가의 정체(政體)를 지지하는 이미지로써 충분히 사용할 만하다. 또한 여성 정구 선수를 표지 모델로 등장시킨 1941년 6월호《건강생활》은 〈건강보국健康報國〉을 위해 〈건강생활의 원리〉를 밝히고, 여성의 〈불임증에 대하여〉 과학적으로 설명하는 글들을 싣고 있다. "장래에 모친이 될 여자의 체질은 우리 사회에 영향을 주는 것"[9]이란 생각이 반영되어 있는 것이다. 이렇듯 여성들의 건강에 한 국가와 민족의 장래가 달려 있다는 관점에서 보면, 조선의 가정주부들이 인습에 얽매어 스포츠와 완전히 등진 생활을 한다는 것 자체가 심각한 사회문제였다. 따라서 이 시기에 여성의 육체미가 강조되고 "현대 교육을 받는 신여성들은 스포츠와 친하기 때문에 그 체격이 균등히 발육하"[10]게 된 것도 이런 관점에서 진행된 국가의 프로파간다에서 파생된 결과라고 볼 수 있을 것이다.

여학교에서 교내 운동을 장려하는 목적 역시 "순결하여라! 거룩하여라! 마음에 잇서서나! 육체에 잇서서나!"[11]라는 이화여자보통학교의 교지처럼, 조선 여성의 체질을 근본적으로 개량하여 건강한 모성을 지닌 국민으로 만들려는 것이었다. 개인보다는 집단을 우선하고 규율을 중시하는 배구 같은 단체 운동이 주로 수용·보급된 것도 같은 맥락이라 볼 수 있다.

1930년대에 이르면, 여성의 육체미를 강조하는 '미용체조'가 널리 선전·보급된다. 특히 신문과 잡지 들이 "운동에는 몸이 튼튼해지는 운동만이 잇는 것이 아니라 모양이 이뻐지는" "미용운동"[12]도 있다며 경쟁하듯 미용체조 사진을 실어 날랐다. 그러나 미디어가 전달하는 미용체조는 '스포츠'라기보다 차라리 '볼거리'에 가까웠다. 1938년 11월 23일자 《동아일보》 가정란의 이미지는 운동하는 여성의 육체가 그야말로 구경거리가 된 예이다. 게다가 이 이미지는 새로운 운동기구를 여

《동아일보》 가정란 (1938.11.23.)

성의 육체가 빚어내는 아름다움을 이용해 효과적으로 소개하는, 상품 선전 효과를 거둔 것이기도 하다. 반면 1928년 12월 6일자《조선일보》는 〈부인의 히스테리는 운동 부족, 조석 체조는 기분을 상쾌케〉[13]한다는 제목으로 미용체조를 소개한다. 여성의 운동 부족을 그들의 정신 건강과 직결시켜 운동이 건전한 국민이 되기 위한 필수 요소라고 선전하는 것이다. 그러나 더욱 주의 깊게 살펴볼 만한 것은 앞서 언급한 《동아일보》 가정란의 하단에 실린 기사와 이미지다. 〈파시스트 아래 잇는 이태리의 부인단체〉란 이 기사는 한 여성단체의 질서정연한 행렬을 통해 파시스트 정권 아래 여성의 몸이 어떻게 규율화되는지를 보여준다. 기사는 제1차 세계대전 이전 이탈리아의 여성관은 "가정 이외에 그들의 이해를 부정"했지만, 이제는 "파씨스트 정치에 의하야 현저하게 개정되어" "여자 교육이 높고 안해로서 어머니로서 또는 직업부인으로서" 여성들의 이해에 "충분히 관심을 가지고 주의를 하게 되엇"음을 강조한다.[14] 그러나 당시 무솔리니는 건강한 모성을 프로파간다로 내세우며 다이어트하는 여성들을 힐난하고, 나아가 여성의류 디자이너들에게 몸이 풍성해 보이는 디자인을 사용해 마른 몸이 드러나지 않게 하라고 유고했다.[15] 이탈리아의 파시스트 정권은 이렇게 새로운 프로파간다 아래 여성의 신체를 통제하려 들었다. 그들의 여성관에 동조하는 기사의 논조를 감안하면 결국 가정란 상단의 미용체조 사진도 국가의 이념을 구현하는 것일 수 있다. 다시 말하면, 여성들은 근대 스포츠를 즐기며 육체의 자유와 해방을 맛보는 동시에 국가의 규율을 내면화하고 있는 것이다.

국가주의는 대중의 스포츠 참여와도 긴밀한 관계가 있다. '체력은 곧 국력'이기 때문이다. 식민지인들을 제국에 충성하는 건강한 신민으로 키워내기 위해 식민지 당국은 다양한 방식으로 조선인들에게 스포츠를 권장하였다. 1924년에 11월 3일로 제정된 '체육데이'는 그 정점이라 할 만하다. 초기에는 전국 각지에서 이날을 기념하여 소풍이나 등산을 가거나 운동회와 체육 강연 행사를 열었다.[16] 1926년에 10월 1일로 날짜가 바뀐 뒤로는[17] 경성에 있는 공·사립 남녀학교에서 수만 명이 동원되어 경성운동장에서 야구나 정구 경기를 치르고 체조와 댄스 공연을 펼쳤다. 국가 주도의 스포츠 띄우기는 겨울 스포츠도 예외가 아니었다. 예를 들어 1931년 용산철도국은 진고개의 미츠코시 백화점에서 "'윈터-스포츠' 전람회"를 개최했다. 전람회에서는 "스키-, 스게-트, 아이스혹키-, 럭비 등"과 관련된 용품을 전시하는 한편 "각종 스포-츠의 실황을 '파노라마'식으로 보게 꾸"며놓고 "고속도 촬영의 스키-, 스케-트 교수" 장면과 한겨울에 '알프스'를 등산하는 모습이 담긴 활동사진을 상영했다.[18] 이 모두가 부강한 국가는 건강한 국민으로부터 시작된다는 국가주의적 스포츠관에서 비롯된 것이었다.[19] 1940년대에 들어 매일 아침 '라디오 체조'를 장려한 것도 같은 맥락이다. 이는 1920년대부터 여학교에서 실시해온 체조가 국민보건체조로 확대된 것이기도 하다.

1930년대에는 신문들이 여러 단체와 학교가 주최하는 대운동회 소식을 전하면서 경성 시내의 여자 중등학교에서 동원된 여학생들의 매스게임 사진들을 앞다퉈 게재했다.[20] 일사불란하게 움직이는 여학생들의 매스게임은 대운동회 최고의 장관이었다.[21] 여학생 집단의 일사불란한 동작은 하나의 거대한 장식을 연출해 경기를 관람하는 군중에게 자신을 잊고 빠져들게 만든다. 여기서 여학생들은 자신들이 만들어내는 장식의 일부일 뿐, 인격을 가진 개인들이 아니다. 관중은 거대하고 읽기 쉬운 장식이 제공하는 장관에 환호성을 지르며 장식에 숨어 있는 의도를 내면화한다. 그래서 매스게임은 국가 권력을 과시하고 사회 구성원들을 탈정치화된 익명의 군중으로 만드는 정치적 스펙터클로 이용되기도 한다. 근대에는 국가 의례 속 스펙터클뿐만 아니라 오락 문화가 만들어내는 대규모의 스펙터클까지도 정치적 도구로 이용되었다. 여학생들은 정부나 각종 단체의 공식 행사에 동원되어 사람들에게 정치·사회적 슬로건을 전달하는 역할을 했던 것이다. 이때 여학생들의 육체는 권력의 의도를 직접적으로 드러내는 역할을 한다. 이처럼 권력에 '순종하는' 육체를 생산하고 감시하는 것이야말로 국가주의적 권력이 육체를 통치하는 방식이었다. 그들에게는 이질적이고 잠재적인 위협성이 내재된 대중을 하나로 집결시킬 수 있는 힘이 필요했기 때문이다. 제프리 슈나프(Jeffrey T. Schnapp)는 상징이 결국 대중 통제의

〈여학교생 '마스께임' 광경〉(《조선일보》 1933.10.3.)

알레고리로 환원된다고 주장한다.[22] 매스게임에서 여학생의 육체가 만들어내는 기하학적 패턴이나 상형문자는 한 집단의 지도자나 단체를 상징하게 되는데, 이는 개인을 초월해 집단의 알레고리가 되기 때문에 관람자들은 바로 그 집단의 규율과 통제를 내면화하게 된다는 것이다.

스포츠걸의 탄생과 정구대회의 스펙터클

'스포츠걸'은 이렇게 국가가 정책적으로 스포츠를 대중화하는 과정에서 탄생할 수 있었다. "사람은 몸을 단련치 안으면 퇴화가 된다. 소인국 사람이 그것인지는 모르나 움직이는 기능을 가진 자가 수선화가치 고요히 자라면 위축되고 쇠잔"[23]해진다는 진화론적 관점에서 보면 조선이 스포츠를 보편화시킨다는 것은 근대의 반열에 오르려는 기획이기도 하였다.

1920~30년대 조선에 수입된 권투는 부녀자들도 '링싸이드'에서 손뼉을 치게 만들 정도로 대중화되었다. '여성 권투광 시대'[24]란 표현은 과장된 감이 없지 않지만 "권투가 수입된 지는 얼마 안 되지만 가정 쟁의에 큰 무기가 되엿다"[25]고 할 만큼 실제로 스포츠에 대한 여성들의 호응은 가정 내 지위에도 변화를 가져왔다.

여전히 잡지와 신문에서는 주부로서 여성의 역할을 강조했지만, 여성의 레저 문화도 결코 소홀히 다루지 않았다. 1927년 6월 15일자《동아일보》는 각종 스포츠와 여가를 즐기는 신여성을 젊음과 자유를 상징하는 도상으로 활용했고, 1933년 12월호《중앙》과 1940년 2월호《소년》은 여성 운동선수를 잡지의 얼굴로 내세웠다. 스포츠의 인기는 "명일부터는 여지로서 무지·가련·섬약한 구식 미인으로는" "설지리가 업슬 것이"기 때문에 "딸을 시집 보내려면 교육과 훈련을 밧게 하여야 하고, 특히 강건한 체력을 엇게 하여야"[26] 한다는 말이 나올 정도로 여성관에까지 영향을 끼쳤다. 그러나 가부장적인 시선에서 보면 스포츠는 여전히 남성 고유의 영역이었고, 여성의 스포츠 참여는 기존 질서에 도전하는 껄끄러운 행위였다.

> 대동강변 부벽루에서 리수일은 박정한 계집애 심순애를 분이 치미는 발길로 한 번 차버리니 순애는 단번에 푹 걱구러젓겟다. 그러나 십 년 후의 현대 양– '스포츠·껄' 심순애는 열 번 백 번 리수일 군의 발길에 채도 끗덱 안하는 것을 으쩌노!
>
> – 〈심순애도 십 년 후면〉 《매일신보》 1934.7.2.)

이는 스포츠걸의 탄생을 알리는 동시에 스포츠와 가까워진 신여성의

《중앙》 표지 (1933.12.)

《소년》 표지 (1940.2.)

육체적 변화를 남성의 시선에서 풍자한 글이다. 여성의 스포츠 참여가 가져온 가장 두드러진 변화는 신체의 변화였다. 1927년 6월 25일자 《동아일보》는 〈미국 부인들의 다리가 커졋다〉는 기사에서 "수십 년 전 부인의 다리보다 약 반 치가 크고 굵기도 그 비례로 굵은데, 그 원인은 운동과 딴스의 류행과 또 행보를 만히 하는 것"[27]이라는 분석을 내놓으며 신여성의 체격 자체가 달라지고 있음을 강조했다.

　대규모 운동회나 각종 운동경기는 이 시기 조선인들에게 쾌락을 맛볼 수 있는 오락이자 새로운 구경거리였다. 그 가운데서도 여성들의 정구 경기는 1920년대 초부터 일찌감치 주목받았다.[28] 《동아일보》의 〈여자 정구대회 만화〉(1930.9.26.~9.28.)는 여성 정구대회를 여성만의 문화로 특화하는 동시에 유희화하여 대중의 오락으로 전이시켰다. 여성 정구대회가 여성들에게만 공개되었던 초기에는 "'세비로' 흰 구두는 물론이오, 누른 외투까지 입은" 신사가 "부인 입장권을 가지고 부득떼를 쓰는"[29] 장면을 포착하는가 하면, 스탠드에 "햇볏을 겁내는 여인(麗人: 미인)"들이 "궁여지책으로" "신문지, 푸로그람 같은 조이쪽을 곡

〈어틸 들어와요?〉(《동아일보》 1930.9.25.)

〈라켓 대신 손〉(《동아일보》 1930.9.26.)

《신가정》 표지 (1933.9.)

갈 모양으로 접어서 머리 위에" 쓴 모습을 "일견 산중 승려군이 구경을 온 듯한 감이 없지 안타"[30]고 유머러스하게 비꼬기도 했다. 무엇보다 승리를 다투는 "꽃 가튼 선수"[31]들과 응원하는 여학생들이 관중과 독자 들의 눈을 즐겁게 한다고 전했다. 여학교의 정구 시합은 스포츠라기보다 울기 잘하고 "향수 냄새" 나는 "여자들 모임"[32]이자 "나비는 공을 치고 참새는 응원하"[33]는 볼 만한 오락거리였던 것이다.

1923년 "미래의 조선의 어머니가 될 여자의 체육을 위하야 장려하는 한 방침으로"[34] '조선여자정구대회'가 개최[35]된 이래, 정구는 여성들에게 근대성을 발현할 통로로 선전되었다. 1933년 9월호《신가정》의 표지에 재현된 정구 선수 이미지는 활동적인 신여성의 출현을 상징한다. 스타일과 체격이 '보이시'한 그녀는 삶의 에너지를 온통 운동에 쏟아붓는 여성이다. 잡지는 여학교 운동부뿐만 아니라 성공한 여성 선수의 이야기를 실어서 "건강의 행복"을 누리게 된 조선 여성 스포츠계의 현황을 전하는 한편, 여자 정구대회에 대한 인상과 여성 선수들의 팀워크까지 독자들에게 전달한다. 이러한 이미지들과 기사는 스포츠 관련 여성 공동체 형성의 토대가 되었고, 정구는 여학교 간 정기전 등을 통해 여성 체육의 붐을 조성하는 데 크게 기여했다.

여성 정구대회가 인기를 끈 데는 언론의 역할이 지대했다. 무엇보다 신문들은 "장내는 엄숙 또 긴장"한 가운데 "턴녀가티 단장한 랑군"[36]이

접전을 벌인다며 경기가 벌어질 때마다 이를 치열한 결전으로 연출했다. 긴장감은 대회가 있기 전, 각 여학교 정구부의 동정을 살피는 것에 서부터 조성되기 시작했다. 기자들은 대회를 앞두고 연습에 매진하며 맘 졸이는 여학교 정구 선수들을 취재하여 대중으로 하여금 경기에 대한 기대를 품도록 만들었다.[37] 그리고 대회가 군중의 열광 속에 개최, 종료되는 과정을 화보의 형태로 지면에 실었다.[38] 이는 경기장의 관중과 유사한 경험을 독자들에게 제공하여 정구대회를 장대한 스펙터클로 만들기 위한 장치였다.[39] 예를 들면 전국의 여학교에서 동원된 "수백 명의 응원대와 함께"[40] 경기장에 입성하는 선수단과 경성운동장으로 모여드는 관중의 사진을 함께 게재하는 식이었다.

정구대회가 인기를 끌 수 있었던 또 하나의 이유는, 일본인 여학생들과 조선인 여학생들이 경기를 치를 때마다 정구대회 자체가 민족의식을 유발하고 고취하는 장이 되었기 때문이다.[41] 대회 초기에는 현저한 실력 차이로 1, 2부로 나누어 따로 경기를 진행했으나 5회 때부터는 조선인 여학생들이 일본인 여학생들과 패권을 다툴 정도로 실력이 급성장했던 것이다. 여성의 성적 매력을 가미한 선전도 빼놓을 수 없는 요인이었다.

오색기폭과 아울러 때 아닌 춘색이 방농하고 문자 그대로의 선녀들이 넘노는 듯 입추의 여지없는 관람석의 중압 밑에서 드디어 개회의 나팔은 울렸다.

– 〈대회 만문만화〉(《동아일보》 1938.9.25.)

"만인의 시선이 한곳에 모히는 중에 꽃 기튼 너선수가 적은 가슴을 조

이며 최후의 결공을 다토는 광경"은 "다른 곳에서는 볼 수가 없는 어엿
부고도 장쾌한 모양"[42]이었고, 그들의 경기는 "꽃 갓흔 선수가 모혀 패
권쟁탈의 혈전"[43]을 벌이는 것이었다. 이로써 정구가 여성 체육 발전의
원동력이 되었음은 두말할 필요가 없다.

미디어가 재현하는 스포츠걸은 더 이상 나약한 존재가 아니었다.
《매일신보》에 〈가을을 맞는 여류 운동선수〉라는 제목으로 연재된 기
사들은 여학교 정구 선수들을 단독으로 인터뷰한 것이다. 기사 속의
그녀들은 "라켓트만 들면 새로운 할긔가"[44] 나고 "대회에 나가도 조곰
도 겁 안"[45]내고 "용기와 열로써 끗까지"[46] 싸울 것이라고 말하는 '강인
한 여성'들이었다. 이들의 강인함은 겉으로 드러나는 스타일과 어우러
져 신선함·변화·젊음·혁명 같은 근대성의 표상으로 받아들여졌고, 이

〈꽃 갓흔 선수가 모혀 패권쟁탈의 혈전〉 (《매일신보》 1927.4.30.)

는 인텔리 신여성들을 스포츠의 영역으로 유인했다.[47] 그러나 스포츠가 신여성들의 '모던 라이프'의 하나로 정착해가는 동안 스캔들은 쉬지 않고 계속되었다. 특히 여성 운동선수들이 스캔들의 주인공이 되는 경우가 많았다. 1924년 9월호 《신여성》의 〈골계만화滑稽漫話 여류 운동가〉[48]에는 '서울××녀학교'의 '까마중이'라는 정구 선수가 등장한다. 그녀는 누구나 "아아 그 테니쓰 잘하는 색씨 말이지" 할 정도로 유명한 운동선수였다. 그러나 피부가 검고 체격이 커서인지 "공채만 휘두르면 자긔 세상인 줄" 안다는 식으로 사람들의 입방아에 오르내렸다. 이는 사실 그녀의 외모와 행동이 '여성'과 '남성'이라는 성의 분류를 모호하게 만드는 데서 비롯된 가십이었다. 《신여성》은 여자 정구대회의 우승자에게도 '남성적 여성'이라는 표현을 사용한다.[49] 결국 스포츠걸을 폄하하는 시선은 성별의 경계가 모호해지는 데 따른 불안에서 시작된 것이라고 볼 수 있다. 그러나 그것은 존재감 없는 조선의 여성이 주체적이고 적극적인 어떤 인간으로 변화되어가는 과정에서 맞이할 수밖에 없는 통과의례 같은 장면이었다.

칠팔 년 전에 정동고등녀학교 '그라운드'에서 여자 정구대회가 열인 거시 아마도 여자 운동계에 효시일 것 갓다. (중략) 그때 당시에 여자 운동 경기라고는 처음 열이엇스니까 호긔심에 띄인 남자들이 만히 몰녀들까보아서 장내를 정리한다는 것을 전제로 하얏다. 그러나 사실인즉 수집어하는 여자들의 첫 경지이니만치 혹시 그네들의 기능을 잘 발휘하지 못할가보아서 그와 가티 주최측에서 남자만 제한한 것이라고 해석하는 사람들까지 잇게 되엇다.

그러나 지금은 적어도 운동을 히게 되는 녀성으로서는 수집어할 사람은

업슬 것이다. 각금 우리들이 목도하지만 최근에는 넓은 운동장에서 '유
니폼'을 입고 남자들과 가티 한데 어울이여 운동경기를 한다.

— 〈1931년 유행환상곡(10) '만위근본이 내 몸, 건강이 제일의第一義, 이리하야 스포츠 열 고조, 낭자
군도 대진출'〉(《매일신보》 1931.1.18.)

여학생들은 더 이상 남성들의 경기장 입장을 제한해야 할 만큼 수줍어
하던 과거의 그녀들이 아니었다. "넓은 운동장에서 '유니폼'을 입고 남
자들과 가티 한데 어울이"[50]기를 주저하지 않았다. 나아가 여성들은 스
포츠를 하나의 '유행'으로 만들 만큼 적극적인 대중문화의 소비자로서
입지를 다져나가고 있었다.

여가 문화와 모던 라이프, 광고하는 몸

스포츠는 1930년대에 더욱 활기를 띠었다. 젊은이들 사이에 '건강 제
일주의'가 확산되어 '스포츠맨'도 날로 늘어가는 추세였다. 경성운동장
은 연일 운동경기를 관람하려는 사람들로 들끓었고, 한강은 겨울에도
스케이트대회 같은 체육 행사가 끊이지 않았다. 조선 여성 스포츠계도
활발한 활동을 보였다. 1930년에 창립된 '여자체육장려회'가 매년 기
획·개최하는 '전조선여자빙상경기대회' 같은 체육 행사[51]에는 "랑자군
들이 출전하야 새로운 이채를 나타"냈다. "멧 해 전에는 이와 가튼 현
상이 잇스리라고 생각도 못하든" 데에서 "여자들의 경기로는 봄과 가
을은 '테니쓰'요, 여름은 '뽀-트', 겨울은 '핑퐁'이나 '빠스켓뽈'이라고"
할 만큼 여성들이 다양한 스포츠의 영역에 당당히 발을 내딘 것이다.[52]
　'스포츠녀'들은 겨울이면 두터운 재킷에 털모자와 털목도리를 착용

하고 한강 인도교 밑에 진을 쳤고, 봄이
되면 보트에 앉아 한강의 푸른 물결 위
를 떠다녔다. 활동사진에서나 볼 수 있었
던 장면들이 경성을 배경으로 현실화되
었던 것이다. 1930년대에는 골프나 승마
같은 고비용 스포츠도 여학생들 사이에
서 즐기고 싶은 취미 활동의 하나로 부
상했다. 그 같은 취미가 유행을 선도하는
이상적인 모던걸의 자질로 거론되었기
때문이다. 스포츠는 여성들에게 남성을
사로잡는 무기가 되기도 했다. 염상섭의

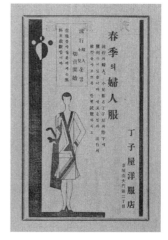

《현대부인》의 정자옥 양복점 광고(1928)

소설《모단꽃 필 때》의 주인공 영식이 두 여성을 저울질하다가 한쪽으
로 마음이 기울게 된 계기도 테니스 경기였다. 테니스 코트에서 갈팡
질팡하는 여성보다는 "운동복 입은 반라체의 곡선미와 율동미"[53]를 뿜
어내는 여성에게 마음이 끌렸던 것이다.

　여성의 스포츠 참여는 소비문화와도 떼려야 뗄 수 없는 관계를 형성
하였다. 이 시기 광고 속에서 여성들의 '근대성'은 소비를 통해서만 실
현될 수 있는 것으로 그려졌는데 스포츠걸 역시 1928년 잡지《부인》의
'정자옥 양복점' 광고처럼 세련된 옷차림을 하고 운동을 즐기는 근대
적인 취미와 유행을 향유하는 사람으로 그려졌다. 문화인이라면 스포
츠와 관련된 취미 하나쯤은 가지고 있어야 하며, 그렇지 못하다면 문
화인으로서 "그것은 곧 자격 상실을 의미하는 것"이 되었다.[54] 김진량
은 이러한 인식의 틀 안에 자본주의 소비문화의 대중화라는 이데올로
기가 녹아 있다고 주장한다.[55] 그들이 말하는 문화인이 되려면 광고 속

의 그 스포츠걸처럼 세련된 옷차림으로 운동을 즐기는 유행의 아이콘
처럼 보여야 했고, 그러려면 자본주의 소비문화에 포섭될 수밖에 없었
기 때문이다. 그래서 문화를 향유하고 소비할 수 있는가는 사회구조상
자신이 어느 계급에 속하는가를 가늠하는 잣대가 되었고, 미디어는 이
를 가지고 편 가르기를 시작했다. 즉, 골프 같은 운동을 '사치'의 범주
에 집어넣고 이를 즐기는 신여성에게 맹렬한 비난을 퍼부었고,[56] 어떤
때는 여성들의 레포츠(leisure sports) 활동 자체를 문제시하기도 했다.

스포츠는 여가 문화와도 관련이 깊다. 이 시기에는 여가를 즐기는
여성들이 자주 지면에 등장한다.《별건곤》1934년 6월호 표지의 챙 넓
은 모자를 쓴 신여성은 관심이 온통 여가에 쏠린 듯 뒤편의 유람선을
의식하는 눈빛이다.《여성》1938년 6월호 표지를 장식한 여성 역시 보
트에 앉아 한가로이 여가를 즐기는 모양새다. 당시에는 신여성들이나
"일에 억매어 지내는 월급쟁이는 물론, 학생들까지도"[57] 휴일의 여유를

《별건곤》 표지 (1934.6.)

《여성》 표지 (1938.6.)

만끽하기 위해 이른 아침부터 산과 들을 찾았고, 이런 풍경은 시시각각 지면을 장식했다. 1933년 7월호《신가정》을 보면, 이렇게 여가를 즐기는 사람들이 적지 않았다는 사실을 알 수 있다.

> 강가의 록음이 욱어진 조용한 곧으로 배를 저어 그는 노래하고 나는 휘파람 불고 - 여러분에게도 이러한 여름이 잇엇슬 것이외다. 그렇기에 더 길게 쓰지 않는 만화자의 심보도 물론 아르실 것이외다.
>
> - 〈선유풍경船遊風景(9)〉(《신가정》 59쪽, 1933.7.)

무엇보다 신여성들은 "하로 한 번 공원 산보, 잇틀에 한 번 극장 왕래, 일주일에 한 번 야외 산책, 녀름이면 삼장석왕에 피서, 가을이면 소요 금강에 려행, 겨울이면 온천, 봄이면 '하나미(はなみ: 꽃구경)'"[58]로 누군가 규칙을 정해놓은 듯 일정한 패턴을 따라 여가를 향유했다. 이런 상황은 여가 생활에 소비문화가 침투하는 원동력이 되었다. 1929년 6월《별건곤》이 특집으로 기획한 '청춘호'는 마치 '청춘의 약동'이 소비를 통해서만 발현될 수 있는 것인 양 이미지와 기사들을 배치해놓았다.

특히 각종 광고는 여가를 즐기는 사람들을 다양한 상품의 소비자로 끌어들였다. 1932년 7월호《별건곤》에 게재된 "헤지마 코론" 광고는 야외활동을 즐기는 젊은이들을 겨냥한 화장품 광고이다. 남녀공용이라 하지만 "칠월의 광휘한 해볏 아래 볏 걸지 안는 헤지마 코론과 헤지마 크림" "산보를 조와"하는 "젊은 여성"들을 위한 "미와 건강과 경쾌한 마음의 삼부합주"라는 광고의 주 타깃은 젊은 여성들이다. 당시에는 수입 초콜릿과 화장품이 "미와 건강의 최단 코-쓰"[59] 혹은 "스포츠용 화장"[60]이라는 수사와 함께 건강 보조제나 레저용 미용 상품으로

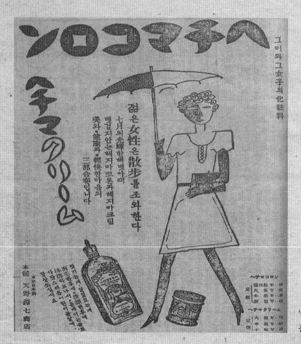

'헤지마 코론, 헤지마 크림'
광고 (《별건곤》 1932.7.)

삼영 밀크 초코레트 광고
(《동아일보》 1929.7.20.)

선전되는 일이 드물지 않았다. 이런 상품들은 "운동의 씨-슨"[61]을 맞은 스포츠걸들의 생활용품이자 "여름철의 질거움"[62]을 만끽할 수 있는 휴가지의 필수품으로 홍보되며 젊은이들의 여가 문화 속에 침투했다.

이 시기에는 조선에서도 스포츠나 여행 같은 여가 활동 그 자체가 상품화된 형태로 제공되기 시작했다. 테오도르 아도르노(Theodor Adorno)와 막스 호르크하이머(Max Horkheimer)는 '문화 산업(Culture Industry)'이라는 용어로 이를 설명한다. 자본주의에서 문화 산업은 문화를 자본의 적나라한 이윤 추구를 위한 도구로 변형시킨다.[63] 예를 들면 온천욕[64]이나 스키[65] 같은 여가 활동이 가족 단위의 오락과 휴식, 여유와 쾌락을 강조하는 광고를 통해 상품으로 제공되는 것이다.[66] 1930년 《조선일보》에 연재된 만문만화 〈납량풍경〉(1930.8.3.~8.7.)에는 여가 문화와 자본주의의 상관관계가 드러난다. 사실 문화 산업은 그것을 소유하고 통제할 힘을 가진 이해 집단의 요구에 따라 여가를 구조화한다. 그리고 이는 무비판적인 대중이 사회의 지배 질서에 복종하도록 만드는 기능을 한다.[67] 안석영의 〈납량풍경(2)〉 속 식민지 대중도 문화 산업의 이데올로기적 힘에 압도당한 채 여가 생활이라는 '유행'을 따라야 한다는 심리적 압박감에 시달린다. 그리하여 "참 긔막히게 더"운 여름이면 "하로에 죽 한 끼"[68]도 먹지 못한 채 좁은 방에서 모기와 싸우는 사람들도 "한 끼라도 먹고 나면 소풍할" "걱정"을 한다. 그래서 "십 전이면 피서 려행을 할 수 잇는 한강"[69]은 특히 "연화대회"날이면 "철교가 척척 휘여서 경성부 샌님들이 눈이 찌저질" 정도로 북적인다. "불경긔라 해도" "해수욕장은 대성황"이다. "'풀'에는 항아리 속에 송사리 떼 모양으로" "구정물 속에서 맨살 부비는" 사람들이 빽빽이 들어앉아 "'녀름 만세'를 고창한다."[70] 더구나 상가나 고리대금업으로 돈을 모은 사람들은 "'택시'를 모라서 몬지를 피"우면서 "기생을 껴안고 안저서 추태를 연출"[71]한다.

1930년대 여학생들 사이에서 하이킹 문화가 유행하기도 했다. 하이킹은 여학생들에게 권장되었던 레포츠 가운데 하나였다. 미디어에서도 "한 주일 동안 학과에 시달리던 몸을 시원스러이 해방하야 일요일마다 흩어져가는"[72] '여학교 하이킹반'을 순례기 형식으로 취재해 자주 소개했는데, 여학생들이 하이킹을 떠나는 이미지는 1940년대까지도 반복적으로 재생산되었다. 하이킹은 계절에 상관없이 즐길 수 있고 비용도 저렴한 데다 특별한 기술도 필요치 않아 누구나 즐길 수 있는 레포츠로 권장되었고,[73] 잡지나 신문 들은 하이킹에 적합한 장소들을 소개하면서 경험자들의 후기를 함께 실어 하이킹 붐을 부추겼다. 지식인들도 '하이킹 시대'를 선언하며 젊은 여성들을 "자연을 쓰다듬으며 건

〈납량풍경(2)〉(《조선일보》 1930.8.4.)

강을 말하는 '하이킹 이데오로기'"[74]로 포섭하였다. 1930년대는 온 사회가 여학생들을 '하이킹'으로 내모는 듯한 분위기였다. 이는 무엇보다 여성들의 하이킹을 근대성을 구현하는 행위로 받아들였던 까닭이다. "봉건의 울타리에 갇혀 규방을 넘지 못하던 발걸음이 마침내 장산(壯山)을 밟게 된 것" 자체를 구시대의 틀을 깨고 "우리의 가슴을 충만시켜주는 장한 일"로 보았던 것이다.[75] 이는 건강한 국민을 낳고 돌볼 건강한 모체를 준비해야 한다는 국가주의 프로파간다의 일부이기도 했다.

> 가정의 건강은 주부의 건강에서부터 뿌리를 깊게 하지 않을 수 없으며 그러하자면 가정 부녀들이 적극적으로는 체육, 소극적으로는 취미 또는 오락에 이르기까지 건강을 주제로 한 것이나 방법이 아니고는 그 가정의 건강이 서게 되기 어려운 것입니다. 그러므로 얼마 전에 가정부인네들의 대운동회가 장충단에 열린 일이 잇엇고 또 조선여자체육장려회라는 단체가 생겨 잇는 줄 압니다.
>
> — 이길용, 〈여자와 등산 취미〉 《신가정》 76쪽, 1933.7.)

그러면서 스포츠처럼 "건강을 주제로 한" 여학생의 취미나 여가 활동을 "창경원 야앵을 잠고대하는 소위 신여성의 비속성"이 드러나는 "불량소녀적 악취미"[76]와 비교했다. 하지만 하이킹 문화에도 자본주의 상업성이 손길을 뻗고 있었다. 여학생들의 하이킹을 예찬하는 기사 뒤에는 으레 서구식 하이킹복과 준비물을 홍보하는 〈하이칼라 하이킹은 이런 것을 입고 신고〉[77] 같은 광고성 기사가 따라붙기 마련이었다. 하이킹 문화는 신여성들에게 새로운 도전이자 기회인 것처럼 보였지만 사실은 '신여성＝문화인'이라는 환상을 제공하여 그들을 소비의 세계로 유인했다. 개방적이고 모던한 라이프스타일을 추구하던 신여성은 이렇듯 식민지 자본주의 경제에서 이상화된 소비자의 원형이었다.

해수욕장의 풍경

피한(避寒)이나 피서(避暑)를 앞세운 여가 활동이나 대중오락은 상품 시장에도 변화를 가져왔다. 이를테면 기업들은 계절별 스포츠를 광고의 전면에 내세워 여름이면 "초여름의 화장품"[78]은 "경쾌한 골프 자태"[79]를 만들어준다며 "스포츠는 조화하나 거는 것이 무섭다고 하시는 분은 반듯이 본품을"[80] 사용하라고 소비자를 유혹했고, 겨울에는 스키[81]나 스케이트[82]를 즐기는 스포츠걸들을 타깃으로 다양한 겨울 상품을 쏟아냈다. 근대 스포츠를 즐기는 신여성들의 쾌활한 이미지에 끌린 소비자들이 기꺼이 지갑을 열 것이라는 기대 때문이었다.

1936년 7월호《여성》에는 전문학교 여학생들을 대상으로 '이번 여름에는 무엇을 할까'에 대해 설문 조사를 실시한 결과를 게재했다. 고향에서 부모님의 농사일을 도우며 농촌 아동들을 지도하고 독서와 음악 감상, 하이킹을 하겠다는 답변이 대부분이었지만 해당 기사와 함께 게재된 이미지의 주인공은 해수욕장의 모던걸들이었다.[83] 여학생들이 계획과 다른 여름을 보냈는지는 알 수 없지만 그들에게 권장되었던 여가 생활과 그들 사이에서 실제로 흥행했던 여가 생활에는 어느 정도 차이가 있었음을 알 수 있는 대목이다. 그렇게 바닷가로 떠난 그녀들은 해수욕장이라는 공개된 장소에서 자신들의 몸을 응시하는 시선을 의식했을 것이다. 1936년 7월호《여성》이나 1935년 8월호《중앙》같은 잡지에 풍경의 한 조각인 듯 재현된 해수욕장의 그녀들은 전시되어 관찰당하는 존재로서 여가 문화가 만들어낸 또 하나의 상품이자 문화 산업의 광고 수단이었기 때문이다.

구라부 미신 크림 광고 (《동아일보》 1933.1.29.)

문화 상품으로써 해수욕장은 소비자에게 일종의 환상을 선사한다. 사람들은 수영복 차림의 마네킹과 흑인 소년, 야자수가 진열된 백화점 쇼윈도나 해수욕장 광고 전단을 보면서 이국의 바닷가를 상상한다. 김주리는 이러한 시각 장치들이 해수욕장을 '바다'라는 자연이 아니라 소비문화의 화려함이 존재하는 유혹적인 공간, 다시 말해 '상품'이 제공하는 상상적 허구의 공간으로 만든다고 말한다.[84] 1934년 8월《중앙》과 1931년 8월《신여성》표지처럼, 미디어는 수영복 차림의 여성 이미지를 생산하고 유포해서 해수욕장을 여성이 자신의 몸을 상품처럼 전시하는 공간으로 만들어나갔다. 즉, 여성의 육체를 통해 해수욕장을 환상의 공간으로 만들고자 한 것이다.

사실 수영은 노출이 심한 복장 탓에 전통적인 여성상에 배치되는 취미 중 하나였다. 하지만 미디어는 외국의 여성 수영 선수를 소개하거나[85] 각종 해수욕복을 선보이는 광고[86]의 노출 빈도를 높여 여성 수영 선수에 대한 인식을 개선하고 수영을 대중화하고자 했고, 이는 수영

《여성》 표지 (1936.7.)

《중앙》 표지 (1935.8.)

《중앙》 납량 특집호 표지 (1934.8.)

《신여성》 청량독물淸涼讀物 특집호 표지 (1931.8.)

관련 물품의 소비 증가로 이어졌다. 예를 들면, 〈금년의 해수욕복은 엇던 것이 류행하나〉라는 1934년 5월 29일자 《조선일보》의 기사는 유행하는 수영복 스타일을 소개하여 소비 욕구를 자극한다. 그런데 이 기사에 사용되었던 이미지가 1934년 6월 15일자 《동아일보》의 가정란에도 등장한다. 광고성 기사에 실린 이미지를 가정란의 대표 이미지로 사용한 것은 자본주의 사회에서 언론과 자본의 관계를 내비치는 것이기도 하다. 게다가 "바다가 백사장- 해수욕의 로만쓰"라는 자극적인 제목은 여름을 맞이한 젊은이들을 바다로 유혹하는 데 부족함이 없다. 기사는 이국의 풍경 같은 해수욕장에 '로맨스'라는 또 하나의 환상을 투사하여 수영복이라는 상품을 "여름의 사랑스러운 사자(使者)"[87]로 만들어버린다. 이런 메커니즘을 통해 해수욕장은 수영복이라는 사랑스러운 심부름꾼의 힘을 빌려 꿈꾸던 로맨스를 실현할 공간이자, 뜨거운 햇살 아래 바나체의 여성들을 탐닉할 에로의 공간으로 재탄생하는 것이다.

　소설 속의 로맨스도 해수욕장에서 꽃을 피운다. 1937년 영화감독이자 시나리오 작가인 서광제가 《동아일보》에 연재한 단편 시나리오 〈여학생 일기〉(1937.9.11.~9.16.)를 보자. 여름방학을 맞아 원산해수욕장으로 피서를 떠난 여학생 혜경은 "학교를 나온 신녀성은 제가 남편을 골러야 한다"[88]고 믿는 신여성이다. 그녀는 피서지에서 한 남성을 만난 뒤 "나도 인제 남자에게 편지할 때"가 되었다는 행복감을 느낀다. 이처럼 해수욕장이 소설 속에서도 로맨스의 공간으로 그려지는 것은 이곳이 몸과 마음의 개방성과 낭만을 보장하는 곳이기 때문이다. 그래서 '피서지의 로맨스'는 여름 상품의 훌륭한 광고 수단이 된다. 1928년 8월 10일자 《매일신보》 또한 화장품 광고 "언에는 질겁다!"는 카피 한 줄로 해수욕장을 연애의 쾌락을 향유할 수 있는 공간으로 만든다. 여기서 화장품은 남녀를 불문하고 연애의 주인공이 되기 위한 필수품으로 둔갑한다. 그래서 여가 문화란 자본주의가 '문화'라는 옷을 입고 대중의 삶에 침투한 것이 되고 마는 것이다. 전혜진에 따르면, 식민지 시기에도 거대 주식회사들이 전국 각지에서 휴양지를 운영했다고 한다. 이들은 1920년대 초반에 이미 철도를 비롯한 교통의 흐름을 감안하여 전국의 요지에 거대 관광지를 조성하고 소비자들을 휴양지로 끌어들였으며, 대중은 이들이 정해놓은 동선을 따라 이들이 제공하는 계절별 문화 상품을 향유했다.[89] 식민지 자본주의 사회에도 문화 산업이 똬리를 틀고 있었던 것이다.

자본주의 사회에서 여가는 자본가들이 대중을 관리하는 방식이기

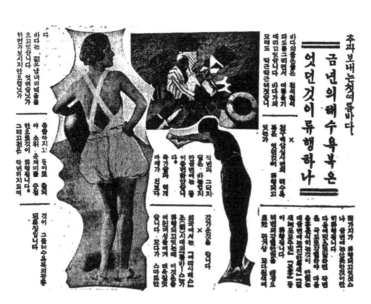

〈금년의 해수욕복은 엇던 것이 류행하나〉(《조선일보》 1934.5.2.)

도 하다. 자본가들에게 여가의 주된 기능은 노동자들에게 생산 활동에서 축적된 피로를 해소하고 일상에서 억압된 욕구를 배출할 통로를 제공하는 것이었다. 따라서 문화 산업은 일상생활의 걱정거리로부터 해방시켜준다는 말로 소비자를 유혹하며 자신들의 상품을 대중이 마땅히 소비해야 할 필수품인 양 선전한다. 여기서 미디어는 기자나 문필가 들에게 여행지 취재와 여행기를 청탁하여 연재함으로써 문화 산업에서 자신들이 해야 할 역할을 훌륭히 수행했다. 《동아일보》의 〈피서지 통신〉(1937.7.29.~8.26.)은 문필가들이 피서지에서 겪은 경험을 전달하는 것으로 독자들에게 대리 체험의 기회와 여행지에 관한 정보를 제공하는 역할을 했다.

그런데 최영수는 〈해수욕장 풍경(1)~(5)〉(《동아일보》 1936.8.5.~8.9.)

〈바다가 백사장- 해수욕의 로만쓰〉(《동아일보》 1934.6.15.)

에서 "만화안(漫畫眼)을 통해 본 해수욕장 풍경"은 결코 환상적이지 않았다고 말한다. 그는 피서를 즐기는 식민지 청년들의 불량성에 집중했다. "누구나 피서를 해야 한다는 법칙은 없"는데도 "근자(近者)에는 땅을 파라서라도 피서를 해야 한다"며 "의례히 산과 바다로 여름을 피하"러 다닌다. 그로 인해 "기약 없이 모여드는 피서객이 수백 수천!" 하지만 이는 "마치 교과서를 팔아서 활동사진 구경 다니는 망동학도(妄動學徒)와 같"아서 "인간 레벨 이상과 이하의 양극관(兩極觀)이 여실히 나타"난다.[90] 해수욕장은 일상에서 볼 수 없는 "여성의 배선(背線)" "각선(脚線)" "육감의 곡선"을 보여주는 "형형색색의 인형 전람회"[91]이며 "일종의 해변 레뷰-"가 "개막되면서 무서운 각선의 약동이 태양선의 조

〈해수욕장 풍경(2)〉(《동아일보》 1936.8.6.)

명을 바더가며" "사장(沙場)에서 바다로 바다에서 사장(沙場)으로" "이
동"⁹²하는 곳이다. 그리고 "자유가 잇는 곳" "시비가 없는 곳, 간섭이 없
는 곳"이기에 "교통 순사 없는 해안을 거닐는 짝과 짝!" "야간취체(夜間
取締)가 없는 밤의 사변(沙邊)에 누어 이야기하는 남과 여"⁹³로 득실댄
다. 그래서 "평상시에는 꿈에도 생각 못 할 반나체의 몸으로 남녀노소
를 가리지 않고 서로 조금도 거리낌 없이 모래사장에서 뒹굴고 뛰고
시시닥거리고 할 수 있"는 에로와 스캔들의 공간이라는 것이다.

이처럼 미디어가 해수욕장 풍경을 "에로 방면으로 그리"⁹⁴는 데만 집
중하자 "해수욕장이라면 부르주아 색기들의 유흥시장, 에로 백퍼-센
트의 곳"⁹⁵이란 비난이 일었다. 특히 성적 타락의 위험 요소를 가진 공
간으로서 해수욕장은 도덕적 지탄의 타깃이었다. "며누리가 종아리만
드러내여도 '액! 집안 망할 게 드러와서……' 하든 시아버지가 드러낼

〈1930년 녀름〉(《조선일보》 1930.7.15.)

대로 다…… 드러내노흔 얄팍한 해수욕복 입은 며누리의 섬섬옥수를 휘여잡고 뜀박질을 하는 광경"[96]은 삼강오륜을 "흐르는 바다에 내동댕이치는" 피서객들의 "호로 쇼"[97]로 묘사했다. "해수욕복 한꺼풀로는 도저히 유녀(遊女)와 가정부인을 감별하기 어려운 것"[98]도 그녀들 모두를 '불량'이라는 같은 범주로 묶어버리게끔 만들었다.

미디어는 이를 근거로 해수욕장의 여성들을 통제하려 들었다. 그리하여 신문의 가정란에는 비치볼을 들고 서서 늘씬한 몸매를 뽐내는 할리우드 여배우 옆에 "방학 때 잘못하면 일신을 망침으로 미리 복안을 만드러서 실행"[99]하라는 기사가 게재되었다. 특히 "피서지 가튼 데서는" "언제나 긴장한 마음으로 유혹에 걸리지 안토록 주의"하라는 내용의 기사들이었다. 피서 철이면 방학 중에 여학생이 지켜야 할 주의사항들이나[100] 해수욕장에서 품행이 좋지 못한 남성들의 유혹술들을 소

〈따님을 유혹하는 마수가 피서지에서〉(《동아일보》 1935.7.27.)

360

개하는 기사들이 잇따랐다.[101] 미디어는 기성세대를 자극하기도 했다. "따님을 유혹하는 마수가 피서지에 이리저리 활약"하고 있으니 "보호자 없으면 하로길이라도 보내지" 말라며 "어머니나 감독자의 밑에서 한여름을 유쾌히 지내게 하는 것이 부모된 이들의 중대한 책임"이라는 식이었다.[102] 뿐만 아니라 "화장을 너무 야단스럽게 해서 한 번 볼 것을 두세 번 보게 하고 다니"거나 "제 딴에는 활발한 짓"[103]이라고 생각하여 남다르게 행동하는 여성들을 유혹에 쉽게 걸려드는 타입으로 규정하며 그녀들의 차림새와 몸가짐을 통제하라고 했다. 종국에는 피서지에서 돌아온 자녀들에 대한 "엄중한 감독을 게을리하지 말"라며 그녀들의 방문 앞에 부모들을 보초병으로 세웠다.[104]

여름이라 하야 엄격한 부모의 감독을 벗어나서 해방적인 피서지로 가서 여름을 나고 돌아온 자녀들을 보는 때에 무슨 이상한 구석이 잇지나 아니합니까. (중략) 지금까지에 이름을 들은 일이 업는 사람에게서 편지가 오거나 전화가 오거나 하지 안습니까. 피서지에서 당신의 자녀를 노리고 잇던 불량한 사람이 도회지에 와서도 편지나 전화로 당신의 자녀를 낚어내려 하는 것입니다. (중략) 밤에 놀러 다니는 버릇이 생기는 것도 피서지에서 무슨 일이 잇은 증거입니다. 그러나 제일 중요한 것은 행동을 살필 일입니다. 웬일인지 마음이 안정되지 못하는 것 같고 갑작이 점잔히진 것 같으면 피서지에서 연애나 성적 방면에 무슨 관계가 생겻다고 하겟읍니다. 언제나 명랑하던 사람이 숨김질을 하고 부끄럼을 타고 하거던 신중히 조사해볼 필요가 잇읍니다.

　　　　— 〈피서지에서 돌아온 자녀에 대한 주의, 그 행동이 이상하지 안흔가〉 《동아일보》 1936.8.28.)

3부

근대 장식의 정치 경제학

1장
상업 디자인의 문화정치

윈도쇼핑

자본주의 사회에서 상품 소비는 곧 미적 경험과 동일시되었다. 프레드릭 제임슨(Fredric Jameson)은 상품경제에서 소비되는 모든 사물들이 상품화의 과정에서 미적 요소를 갖추기 시작했다고 말한다.[1] 따라서 경제력을 미적·문화적으로 표현하려는 움직임이 생겨나기 시작했다. 자연현상인 계절을 카메라로 촬영한 이미지를 개인이 소유하는 것도 그러한 움직임 중 하나였다. 이는 경제적 능력을 통해 자신의 정체성을 드러내고, 타인과 구별되고자 하는 문화화된 경제, 즉 '심미적 자본주의'[4]의 일부였다. 기 드보르는 근대적 생산 조건이 지배적인 사회에서는 생활 전체가 스펙터클의 방대한 축적으로 나타나므로 상품 물화의 궁극적 형태도 이미지 그 자체라고 말했다.[5] 소비자가 소비하는 것은 상품 그 자체라기보다 자신의 욕망과 맞닿아 있는 상품의 추상적

《조선일보》 가정란 (1938.10.13.)

인 관념이라는 것이다. 1938년 10월 13 일《조선일보》가정란에 게재된[2] 그림은 가을이라는 주제로 눈이 부시게 장식된 백화점 쇼윈도를 재현한 것이다. "봄이 쇼-윈도에 먼저 오드니 또 여름이 먼저 쇼-윈도에 온다"[3]라는 말처럼 계절은 쇼 윈도에 가장 먼저 찾아왔다. 철마다 관 중은 그 앞에 모여들어 "눈요기나 실컷" 하면서 각 계절과 관련한 온갖 공상의 나래를 펼쳤을 것이다.

경성의 도시성을 상징하는 대표적인 구경거리 가운데 하나는 '쇼윈도'였다. 1929년 8월 25일자《조선일보》 는 모던걸과 모던보이가 레뷰처럼 일제히 동일한 자세로 쇼윈도를 구 경하고 있는 모습을 재현하고 있다. 이는 소비자가 된 대중들을 유혹 하는 쇼윈도의 기능을 부각시킨다. 또한 1937년 1월 1일자《매일신보》 는 〈그대의 "윙크"에 끄을리는 발길 '도회의 명모 쇼-윈도'〉라는 제목 으로 기사를 게재했는데, 기사는 쇼윈도 속 "'마네킹'은 산 사람 이상 의 교태로서 상품 사회의 매소부로서의 역할을 백 '퍼센트' 이상으로 수행"[6]하고 있다며 쇼윈도를 여성화한다. 그런데 쇼윈도의 매력에 이 끌려 화신백화점의 쇼윈도 앞에 모여 선 군중의 이미지는 백화점 정문 사진과 분할되어 그 아래 배치되면서 백화점이라는 상품 세계를 숭배 하는 신도처럼 그려진다.

도시의 투명한 눈으로 비유되는 쇼윈도는 근대의 대표적인 시각문 화 장치였다. 눈부신 사치품들이 대량으로 늘어선 백화점의 쇼윈도가

〈백금 반지에 홀려서〉(《조선일보》 1929.8.25.)

□백금반지에홀려서□

서울 큰거리는백진열장 《陳列窓》놓지나
려면모ㅡ던녀성의양명이물치컬틀고고
라고 그대여서이두영웅을 치컬틀이엇을
하영만하니므ㅡ던님의 《펠릭치나》
퍼름잇지에 홀엇거나와 ㅁㅡ던녕이니
머느구엇에 홀렷는가?

〈그대의 "윙크"에 끄올리는 발길 '도회의 명모 쇼—윈도'〉(《매일신보》 1937.1.1.),

보여주는 '쇼'는 도시를 하나의 전시장으로 만든다. 또한 전시를 위해 사용된 수많은 유리들이 군중을 비추면서 그들을 스펙터클로 만들었다. 그러나 쇼윈도에 전시된 상품을 향유할 수 있는 인구는 소수에 불과했을 뿐만 아니라 실제 구매력을 소유한 인구는 그보다 더 적었다. 그런데도 구매력 부재의 군중들이 쇼윈도 앞에서 장사진을 치고 소비의 욕망을 불태우고 있는 이미지가 빈번히 나타났던 까닭은 무엇일까? 이수형에 의하면 식민지 시기 소비문화를 고찰하는 데 중요한 것은 구매력이 아니라 기꺼이 동참하려는 '의지'의 정체를 밝히는 것이다. 당시 사람들이 어떤 특정 상품을 구매했던 것은 물질적 만족을 위해서라기보다는 '상상적 쾌락을 추구하려는 의지'를 실현하려는 목적 때문이었다.[8] 다만 구매력이 떨어지는 근대 조선인들은 쇼윈도에 전시된 상품을 보면서 상품이 주는 쾌락을 상상할 수만 있었을 것이다.

　1936년 12월 21일 《매일신보》에는 쇼윈도를 파괴하는 여학생에 대한 기사가 게재되었다. 오후 7시 30분경 종로 화신백화점 서편 쪽 쇼윈도 유리창을 돌로 깨트리고 껄껄 웃는 소녀가 있어서 종로경찰서원이 조사해보니 그 소녀는 상습적으로 쇼윈도를 파괴하는 변태적 취미를 갖고 있었다는 내용의 기사였다.[9] 당시 쇼윈도를 파괴하는 사건들이 자주 발생하면서 관련 기사도 쏟아졌다. 이처럼 사건 사고가 많았던 근본적인 이유는 상품 세계의 유혹이 쇼윈도에 응축되어 있었기 때문이다. 관중은 유리를 통해 상품을 보는 윈도쇼핑만으로도 쾌락을 느낀다. 1934년 7월 16일자 《매일신보》는 쇼윈도 안의 선풍기를 보는 것만으로도 시원함을 느끼는 소비자를 그리고 있다. 이처럼 윈도쇼핑은 상상적 쾌락을 추구하는 근대 소비의 특징을 단적으로 드러내는 쇼핑 형태라고 할 수 있다.[10] 특히 윈도쇼핑을 즐기는 근대 여성의 이미지는 반복적으로 나타났다. 1934년 5월 30일자《조선일보》에 게재된 사진은 "금년 여름의 류행계, 더욱 여자의 옷감 그중에서도 치마감은 엇던 것이 류행되고 잇는가"[11]를 살피고 있는 쇼윈도 앞 여학생의 모습을 그리고 있다. 그녀의 분신인 그림자는 벌써 유리 너머의 세계로 들어가 있다. 여학생이 상점의 쇼윈도 앞에 못 박힌 듯 서 있는 장면은 그녀의 눈을 통해 쇼윈도의 공간을 묘사하는 데로 이어진다. 쇼윈도 속에는 색깔이 선명하고 호화로운 비단과 레이스 들이 화려하게 펼쳐져 있다. 이때 해당 사진들을 둘러싸고 있는 흰색의 테두리는 독자들에게 이 사진 자체가 하나의 쇼윈도로써 기능하고 있음을 암시한다.

1934년 5월 16일자《조선일보》의 또 다른 쇼윈도 사진은 〈나왓다 '파라솔'〉[12]이라는 제목으로 유행품을 선전하는데, 사진에는 최신 유행품으로 보이는 파라솔과 그 가운데 서 있는 여성이 등장한다. 이때 사진은 여성이 쇼윈도 안의 파라솔과 나란히 전시된 것처럼 보인다. 그

〈선풍기〉(《매일신보》 1934.7.16.)

것은 마치 유리벽으로 된 가게 내부를 밖에서 바라보는 듯한 광경과도 같다. 사진 옆의 기사는 "금년에는 엇던 것이 아씨의 비의를 맞추고 잇는가"라는 내용과 함께 금년 유행품의 목록과 특징 등 소비 상품 정보도 상세히 알려준다. 즉, 독자는 이 사진들을 통해 윈도쇼핑을 하고 있는 셈이다.

거울과 빛으로 장식된 백화점 쇼윈도 안의 상품들은 소비자를 유혹하도록 진열된다. 따라서 "어지럽게 흔들리는 눈을 그 시선을 길바닥에 난사(亂射)"[13]할 수밖에 없어진 근대 여성은 비록 양철 지붕의 가난한 살림을 살더라도 상품의 유혹에 넘어가 소비를 계획하곤 했다. "사치품을 늘어노흔 신장(新裝)의 '쇼윈도'가 룸펜의 이마에다 내천 자(川字) 주사를 노코 잇다"[14]라는 《동아일보》의 기사처럼 남성의 경우에도 이는 마찬가지였다. 모던보이는 쇼윈도를 쳐다보며 "올가을엔 어떤 유행이 생기는가"를 생각했던 것이다. 이처럼 쇼윈도가 제공하는 스펙터클에 매혹된 모던보이와 모던걸의 시선은 근대의 경성이 소비문화의 공간이 되었음을 보여준다.

쇼윈도에는 젠더가 반영되어 있었다. 쇼윈도는 주로 마네킹을 통해 고객을 유혹했는데, 마네킹은 남성 관찰자의 시선을 충족시켜주는 장치로 재현되곤 했다. 1936년 3월 13일자 《동아일보》의 기사 〈쇼윈도와 담배〉에는 쇼윈도에 전시된 마네킹을 구경하는 남성들의 모습이 재현되어 있다. 유리 안에 전시되어 있는 마네킹이나 여자 점원을 보는 남성들의 시선에는 성적 욕망이 투영되어 있다. 가게 앞면 전체를 점하고 있는 커다란 유리는 남성적 욕망의 시선이 투과될 수 있는 근대의 스펙터클한 장치로 기능한다. 1934년 9월 24일자 《매일신보》의 〈최신식 하숙 광고〉에는 "볏 잘 드는 한간방 여염집 하숙"이라는 광고 팻말

〈금년에 류행될 여름 옷감〉
(《조선일보》 1934.5.30.)

〈나왓다 '파라솔'〉 (《조선일보》 1934.5.16.)

을 든 어여쁜 딸과 함께 교외 산보를 나와 출장 선전을 하는 모녀의 모습과 또 그 풍경을 지켜보는 남성의 모습이 재현되어 있다. 이 하숙 광고는 여성을 성적으로 대상화해 남성들의 소비 욕망을 자극하고 있는 것이다.

산책자는 주로 산보를 즐기며 대로변의 쇼윈도를 탐색했다. 그런데 산책자가 관찰한 풍경은 대개 "종로 거리는 각 상점의 '대매출' 깃발에 파묻쳐"버렸으며, "그것은 마치 '왜광대'나 곡마단이 들어온 촌 거리와도 같"고, "오고 가는 수많은 사람들은 그 깃발과는 아모런 인연도 관계도 없다는 듯이 그 아래를 지나"다니며 "데파-트의 넓은 문으로 뚱뚱한 외투와 유리같이 빤짝이는 굽 높은 구두만이 드나"[15]드는 모습이었다. 따라서 조선에서도 산책자가 상품을 소비하게 만들기 위한 상품 광고 전략을 고민하게 된다. 당시 조선에는 이미 쇼윈도에 상품과 함께 예술품을 전시하여 눈길을 사로잡는 서구의 판매 전략이 들어와 있

〈최신식 하숙 광고〉(《매일신보》 1934.9.24.)

던 상태였다. 즉, 행인들의 눈을 사로잡기 위한 수단으로써 유행품의 장식과 배치가 갖는 중요성을 자각하고 있었던 것이다. 또한 쇼윈도는 "상품 진열을 의미하는 것"으로 "고객의 구매 심리를 환기하여 구매하도록"[16] 하는 역할을 하는 것이라는 인식이 자리 잡았다. 자본주의의 유입과 더불어 상품의 종류와 수요가 늘어난 것 또한 새로운 판매 전략으로써 쇼윈도에 대한 인식의 변화를 가져왔다. 이처럼 조선에서 쇼윈도가 상품 판매에 중요한 요소라는 점을 인식하는 데서 근대 장식과 상업 디자인의 발전이 시작되었다.

간판 품평회, 쇼윈도 순례, 진열창 장식 경기대회

조선에 대규모 상업자본인 백화점이 생기면서 중소상인들은 경영난을 겪을 수밖에 없었다. "일본 상계의 대표라고 볼 미쓰코시(三越: 삼월) 오복점(五服店)이 본정(本町) 입구 남편 광장에 또 이곳에서 멀지 안흔 남대문통 2정목(丁目) 중요한 도로에 조지아(丁子屋: 정자옥)이란 양대 백화점이 호각(互角)의 세(勢)로 남촌 손님은 물론 북촌의 손님까지 모라듸"[17]렷을 뿐만 아니라 "에누리제를 완전히 업새고 정가 판매하도록 소매 정찰제를 세워노앗고, 점원을 과학적으로 훈련하엿고 생산 공장과의 사입 방식을 개혁하엿스며, 고객층을 전 사회 각층에 확립하엿고 제조 공장을 가지는 등 상업 제도 우에 새 기초를 완전히 싸어 노흔"[18] 모습이었기 때문이다. 중소상인들은 이 같은 백화점의 영업 전략을 도저히 따라잡을 수 없었다. 이에 "백화점에 대한 대책"과 "상습(商習) 개선"[19] 등의 주제로 경성상공협회 주최 좌담회가 열렸고, 중소상인을 구제할 방안으로는 "탑동공원 압 축음기 상회의 이기세 씨(李基世 氏)가

매월 기십 원씩을 분발(奮發)하야 잡지사의 모 씨에게 진열창 장식을 촉탁"[20]할 것이 제시되었다.

《별건곤》은 탐보원을 내세워 그 원인 탐방에도 나섰다. 당시 백화점 의 진용은 일본 사람이 "진을 치고 잇는 남촌상가의 구역이 조선인 상 점의 집합처인 북촌으로 확대되여가는" 상태였는데, 이는 조선인 백화 점이 일본인 백화점에 "자본전이자 고객 쟁탈전"에서 밀리기 때문이라 는 분석이었다. 특히 소자본에다 전근대적인 상품 판매 방식이 문제로 지적되었다. 잡지는 상공인들이 "고객을 어떠한 선전과 방법으로 끄흐 는가"를 연구하지 않는 이상 "조선 사람의 손님이 날로 미쓰코시나 조 지아이나 이곳으로만 발길을 옴기는 수가 늘어가게 되는 것은 막기 어 려운 현상으로"[21] 예견했다.

당시 일본이 세운 대형 백화점들은 경품 추첨이나 지면 광고 등을 통해 고객 유치에 적극적으로 나섰고, 네온등·마네킹 등 화려한 장식 을 이용해 손님들을 유혹했다. 여기에 미인 여점원의 친절한 서비스까 지 더해지자 조선인들은 이 '진고개의 유혹'[22]을 도저히 거부할 수 없 었다. 식민지 조선의 지식인들은 이처럼 일본의 백화점으로 가득한 진 고개를 거닐면서 조선의 낙후성을 체감할 수밖에 없었고, 진고개를 곧 따라잡아야 할 문명화의 표상으로 인식하기에 이르렀다. 따라서 조선 상업계의 실상을 보고하고 종로의 상점들을 둘러보며 광고 전략이나 진열 방법의 낙후성을 지적하는 기사들이 대거 등장했다. 그것은 "조 선 사람의 상업계에 조곰이라도 참고가"[23] 되려는 목적이었다.

1920년대부터 《별건곤》에서는 미술계에 종사하는 조각가 김복진 과 만화가인 안석주 주관 하에 '경성 각 상점 간판 품평회'를 진행했 다. 간판 품평회는 종로에서부터 시작하여 각 상점 간판의 위치와 형식, 색채 등의 부조화 같은 요소들을 꼼꼼히 지적하고 비판했다.[24]《삼천리》또한 〈상가일지〉라는 글을 게재했는데, 무영당(茂英堂) 사주인 이근무(李根茂)가 "세계적으로 유명한 백화점의 대왕이라고 부르는 쫀와-나 메-카의 전기와 백화점 경영론"[25]을 읽고 백화점 견학을 나서는 내용이었다. 기사에서 그는 견학에서 본 것을 토대로 백화점의 건축양식과 상품 진열 방식, 여점원의 제복 및 용모를 포함한 서비스 태도에 대한 조언들을 첨부해 상업계에 도움을 주고자 했다. 이밖에도《동아일보》는 "점주가 점원에게, 점원이 점주에게, 공장주가 직인에게, 직인이 공장주에게, 구매자가 상점에게, 상점이 객에게 각각 보낼 말이 잇을 것이외다. 널리 이 교환실을 이용하시고 또 거리의 뉴쓰 같은 것 무엇이든지 상공계의 반성, 이익이 될 만한 것을 보내십시오"[26]라며 상품 판매자와 소비자 사이의 의사소통 장으로써 〈교환실〉을 마련했다. 이에 어떤 투고자는 "무양 상점의 윈도 중에 마네킹 인형 3개가 노혀 잇고 춘기용 부인복이 입혀저 잇다. 거기를 지내는 통행인은 모다 누구든지 '아참 기려(綺麗)하다'고 자기도 모르게 씨부렁대게 되엇다. 그런데 가찹게 가서 자세히 보면 그 마네킹의 코끝이 벗어지고 좌편 팔이 또 벗어저서 아조 흉하게 보엿는데 꾸며논 인형이 그러케 버서진다는 것은 좀 덜되엇든데(過客)"라며 의견을 보태었다.

　이러한 노력들은 상공업계에 대한 시찰과 순례 문화가 정착하는 계기가 되었다. 1930년대 중반에 이르면 조선일보사에서는 "'산업 조선'을 운전하여 할 제언(諸彦)의 희망에 봉부(奉副)키 위하야' '산업시찰단원'을 모집하기 시작했다.[27] 일본의 주요 상공업지인 동경, 오사카, 교토 등지를 택하여 상업가, 사무 회사 간부, 공장 경영자, 농수산업자 들을 시찰 보내 조선 산업에 도움을 얻고자 하는 의도였다. 동아일보사는 〈상공 쇼윈도 순례(1)~(23)〉(1938.4.1.~5.5.)라는 제목의 기획 연재를 진행했는데, 이는 각 상점들의 쇼윈도나 간판 장식 등의 시각적 장치를 찾아 독자에게 이미지로 전달하며 비판 분석하는 형식이었다. 〈상공 쇼윈도 순례〉에서 주목할 만한 부분은 화신백화점 장식부 소속의 직원인 정격(鄭格)의 진열창 디자인 분석이다. 장식 전문가인 정격은 근대 상품경제에 있어서 "특히 가게 앞에 손님이 멈춤에는 진열창에 특이한 진열과 기묘한 장치가 필요"하다며 "매일 발진(發進)되는 여러 상점에 진열창에 진열과 장식 구조에 대하야 차례로 몇 상점을 말하고" 있다.[28] 특히 진열창의 진열 상식을 조선의 대중에게 전달하면서 "쇼-윈도를 늘 엿보고 살펴볼 적에 청하고 싶엇고 이러케 고쳐 변형을 취하엿으면 어떠할가 한 생각"[29]에서 비롯한 조언과 당부를 전하기도 했다. 〈상공 쇼윈도 순례〉기 연재에서 쓰였던 이미지들을 연속해서 파

〈상공 쇼윈도 순례(5) '삼일 양복점'〉
《동아일보》 1938.4.6.)

노라마 형식으로 늘어놓으면 '경성의 상계상(商界相)'을 볼 수 있었다. 이를 통해 미디어는 조선의 상공업계가 근대 초기에 비해 장족의 발전을 보인 것은 분명하지만 여전히 개선할 점들이 많다는 결론에 이르렀으며, 따라서 상품 진열과 점원의 친절한 서비스는 지속적으로 강조되었다.

〈상공 쇼윈도 순례〉와 같은 페이지에 연재된 〈인기 점원이 되기까지 (1)~(10)〉(《동아일보》 1938.4.1.~4.13.)는 '조선인 상공업의 현상과 그 재건 공작의 구체적 방법'을 논하는 자리에서 제기된 "명랑한 태도의 써비스"[30]의 필요성이 반영된 것이다. 이 연재는 판매자에게 명랑하고 친절한 서비스 태도를 갖출 것을 강조하면서 여러 주의 사항을 전달했다. 기사에 따르면 "화형 점원(花形店員)이 되는 제1과는 먼저 '애교 제일'"이었다.[31] 아무리 미인 여점원이라도 냉정한 태도로 손님을 대한다

〈인기 점원이 되기까지(8) '상품의 전시'〉(《동아일보》 1938.4.10.)

면 손님의 감정을 해쳐 손님이 물건을 사지 않지만 외모가 조금 미려치 않더라도 활짝 웃고 애교가 있다면 손님에게 호감을 주어 물건을 구매하게끔 할 수 있다는 것이다. 이밖에도 풍부한 상품 지식을 가지고[32] 손님의 상품 선택에 도움을 줄 수 있을 것,[33] 손님의 구매가 끝나자마자 허겁지겁 상품 정리를 하는 등으로[34] 손님의 감정을 거스르지 않을 것,[35] 한가하고 태만한 기색을 보이지 않을 것,[36] 상품 전시에 신경 쓸 것[37] 등이 훌륭한 점원이 되기 위한 조건으로 제시되었다. 소래섭은 이러한 서비스 교육의 목표는 판매원을 감정 노동자로 재탄생시키기 위함이었다며 1930년대의 직업여성들이 '명랑' 때문에 고통을 겪었을 것으로 파악한다.[38] 결국 판매 전략의 모델로 제시된 이 같은 "명랑한 태도의 써비스"는 인기 상점과 인기 점원의 표준형으로 확산되어 여점원들에게 영향을 미쳤을 것이다.

조선 상공업계의 자문 위원들은 판매 전략으로써 쇼윈도의 진열 방식을 강조하기 시작했다. "상품 자체의 주요 목적을 전연 안중에 두지 안코"[39] 배경을 위한 진열인지 상품 선전을 위한 진열인지 알 수 없는 상점이 많이 발견되었기 때문이었다. 이에 상품 배치 방법에 대한 구체적인 방안이 모색되었는데 전국적으로 치러진 쇼윈도 장식 경기대회가 그 일환이다.[40] 평양 상공 진흥회에서는 조선일보사 평남지부 후원으로 종로 번화가의 상점에 진열창 경기를 개최하였으며,[41] 이밖에도 각 지역 상공회의소에서는 각 상점 진열창 장식 경기대회를 열었다.[42] 진열창 장식 경기대회는 "쇼윈도에 대하여 조선인으로서는 이의 가치성과 인식이 부족한 감이 없지 안튼바"였는데 "조선 상계의 번영의 일책으로서의 의의를 둔 행사"[43]라 평가됐다. 진열창 장식 경기대회에 대한 심사평[44]은 경기에 참가한 각 상점의 장식을 분석하고 진열창 장식에 필요한 조건 즉, 주의를 끄는 방법, 색채의 조화, 상품의 배합과 배열 방식, 조명의 효과 등에 대하여 간단한 설명을 덧붙인 것들이었다.[45]

"쇼-윈도의 장식에 상점의 흥망이 달렷다"[46]는 인식은 미디어의 기사나 각종 시각 장치들의 발전을 통해 더욱 확고히 자리 잡아갔다. 따

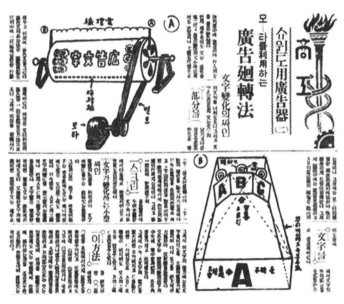

〈쇼윈도봉 광고기(2) '모-타를 이용하는 광고 회전법'〉《동아일보》 1938.5.25.)

라서 고객 유치 문제는 곧 어떤 장식이 고객의 눈을 사로잡는가의 문제와 직결되었고, 미디어는 '배경이나 세트보다도 진열의 미를 고려하라'는 식으로 소매상에 맞는 진열창의 장식법을 안내하기 시작했다.[47] 예를 들면《동아일보》에서 연재한 〈소점원小店員도 가능한 서늘한 식飾 창작법窓作法(上)~(下)〉(1938.7.8.~7.10.)이라는 기사는 소매상에 맞는 장식 방법을 이미지와 함께 구체적으로 알려주는 내용이다. 같은 신문에서 연재한 〈쇼윈도용 광고기(1)~(3)〉(1938.5.20.~5.29.) 또한 "전광(電光) 뉴-스 식(式) 싸인, 스크린의 문자 벨트 용법" 등을 다룬 것으로, 초심자에게 어려운 기계 사용법을 알려주기 위함이었다.

상업 예술, 상업 디자인

시각문화의 발달로 근대 조선인들은 신문과 잡지뿐만 아니라 선전 포스터와 삐라 등을 통해서도 갖가지 광고를 접하게 되었다. 근대 인쇄 기술이 발달하면서 대도시는 광고 이미지로 넘쳐났다. 그렇다면 조선 상업계의 상품 광고술은 얼마나 발달했을까. 1929년 9월 8일자《조선일보》에 실린 만화에서는 상점보다 3~5배나 되는 크기의 간판이 내걸린 상황을 "난쟁이가 큰 갓만 쓰면 큰 키로 볼가"[48]라며 조롱하고 있다. 조선이 처한 경제 상황과 시각적 효과에만 치우친 근대 광고술 사이의 괴리를 지적하는 것이었다. 근대 조선인들이 상품 광고술에 몰두하고 있었다는 것은 분명한 현실이었다.

그런데 소비문화의 형성 과정에서 상품 전시 전략은 하나의 '예술'로 자리 잡는다. 투명한 유리와 화려한 전기 불빛의 장식, 색채의 조화, 상품 배치 같은 전시 전략이 쇼윈도의 배경 디자인에 대한 관심으로 전이된 것이다.《동아일보》의 〈양화 진열 사제洋靴陳列四題(1)~(4)〉(1939.3.25.~3.30.) 연재는 외국의 유명한 도안 디자이너가 고안한 작품 도안들을 "효과적인 진열 방법"의 좋은 참고 사례로 소개하는 내용이다. 이 도안들은 이미 "뉴욕의 한 대형 상점에 설계되어 훌륭한 효과를 본"[49] 것들이었다. 특히 오른쪽 위에 놓여 있는 커다란 구두 한 짝을 보고 동경하는 것처럼 세 명의 여성을 그린 도안은 대담하게 상품을 살린 효과적인 진열 방식으로 평가되었다.[50] 또한《동아일보》는 〈봄과 창(1)~(2)〉(1938.4.14, 4.24.) 연재를 통해 봄철 쇼윈도의 우수 디자인들을 소개하고 그 제작 방법도 알려주었다. 예를 들면 모자를 위한 배경 제작법 및 상품 진열 위치, 글자 도안 배치까지 상세한 설명을 덧붙여 이미지와 함께 제시하는 식이었다.[51] 이 밖에도 미디어는 외국의 사례

〈점체보다 간판이 3배 5배〉《조선일보》 1929.9.8.)

들을 가져와 소개하며 계절별 쇼윈도를 진열하는 방법에 대한 지침을 제공하기도 하였다.[52]

근대 미술에 대한 관심과 조선 민중을 위한 미술교육의 필요성은 '전조선학생작품전'의 기획과 운영에서부터 시작되었다고 볼 수 있다. 동아일보사 학예부는 조선 학생의 예술 수준을 높여보겠다는 취지하에[53] 1929년 9월 26일에 시작된 '전조선학생작품전람회'를 매년 정기적으로 개최했으며, 우수 작품의 사진을《동아일보》지면에 소개했다. 예술을 멸시하고 그것을 장인의 일로만 치부하던 전통적 관념은 시대에 뒤떨어진 것으로 여겨졌으며, 예술은 유한계급의 향락적 기구라는 프롤레타리아 계층의 인식 또한 민족문화의 특성을 모르는 무식자들의 생각으로 여겨졌다. 19세기 후반부터 번성한 만국박람회 등을 통해 전 세계적으로 미술의 발전은 국가의 문명화 정도를 보여주는 지표로 점차 이해되어가고 있는 상황이었다. 게다가 이러한 세계적 조류로 인해 미술을 감상하는 데 필요한 문화적 독해 능력이 하나의 기초 소양처럼 여겨졌다.[54] 그런데 근대 조선에는 "경제적 불안과 지도 방법의 결함, 말세기적 탕락(蕩樂) 경향과 진정한 예술의 몰이해"[55] 등 예술 발달에 불리한 조건들이 겹겹이 가로놓여 있었다. 따라서 백화점 미술부나 각 기관 단체 주관하에 전시회가 자주 개최되었으며 일반 대중에게도 관람이 권장되었다. 이뿐만 아니라 신문과 잡지는 세계적으로 유명한 명화들을 〈태서 미술 지상전泰西美術紙上展〉(《조선일보》1930.2.19.), 〈동서 명작 미술 순례〉(《동아일보》1932.1.11.~2.15.), 〈세계 미술 순례〉(《동아일보》1939.3.25.~4.14.) 등 이미지 순례 형식으로 연재하면서 미술교육의 장을 형성했다. 또한 예술 작품들을 가정란의 도상으로 사용하기도 하였는데, 이는 여성에게도 미술교육을 권장하려는 목적이었다.

洋靴陳列四題 (第二)

▼…윗그림의 上例에 여러분이 보신바와같이 크다란洋靴가 一분이 잇지요? 그리고 이大洋靴를보고 아조 憧憬하는것갓흔 婦人三人이 잇지안읍니까? 아조大體的 方法으로 이洋靴一분만을 살리어效果的陳列方法이라 하겟는데 얼른보아 따分明하고 線이滋味잇게 萬一보아볼수록 깨끗할수끗잇다.

〈양화 진열 사제(2)〉 (《동아일보》 1939.3.26.)

① 窓과 봄

〈봄과 창(1)〉 (《동아일보》 1938.4.14.)

오윤정은 근대 미술의 대중화 현상이 백화점 미술부의 사회적 기능과 연결되어 있다고 주장했다. 1907년 일본의 미츠코시 백화점은 '신미술부'를 개설하고 유명 작가들의 작품을 진열·판매하기 시작했는데 그 이후 다른 백화점들에서도 하나둘 미술부를 개설하기 시작하면서 미술 감상의 대중화가 이루어지기 시작했다는 것이다.[56] 일본의 이러한 문화적 흐름이 조선에 영향을 끼친 것도 사실이지만, 1920년대 초반 문화주의의 표명 아래 진행된 문화 운동도 근대 조선인들의 예술적 관심을 촉진시켰을 것이라 여겨진다. 신문화 건설을 목표로 한 문화 운동에서 예술은 분명 새로운 문화를 이룰 수 있는 핵심 인자였기 때문이다. 문화주의와 결부된 예술의 진흥은 개인의 삶에서 예술적 관심을 불러일으키는 데 그치지 않고 자본주의 산업을 미학화하는 데까지 나아갔다.

산업화된 사회 속에서 발전한 근대 미술은 일상 속에서 상업미술로 자리 잡았다. 이에 따라 상공계는 예술에 근접한 형식의 상품광고를 장려하기 시작했다. 이는 예술과 상품광고의 경계를 모호하게 만들어서 광고를 보거나 소비하는 행위를 심미적 체험으로 만들었다. 그리하여 소비자의 일상은 광고를 통해 예술과 밀접한 관계를 맺게 된다. "광고라는 것은 그 영업과 상품 등을 도안 또는 문안으로 가장 조화적 색채로 나태는 민중례술"[57]로 규정됐다.

1920년대부터 신문에는 광고 이미지가 대폭적으로 증가한다. 그런데 당시 신문을 차지했던 광고의 대부분은 일본의 것이었다. 일본은 1907년에 미쓰코시 백화점에서 소비와 관련된 광고를 처음 실시했다. 그 이후로 1916년 와세다 대학교에 생긴 광고학회 같은 단체들과 월터 딜 스콧(Walter Dill Scott)의 《광고 심리학》을 소개한 잡지 〈실업세계〉

나 〈광고잡지〉(1916), 〈광고연구 잡지〉(1917) 같은 출판물 들을 통해 광고 산업이 자리 잡았다.[58] 반면 1920년대 조선에는 상업광고가 아직 발달하지 않아 공을 들이는 것에 비해 큰 효과를 얻지 못하고 있던 형편이었다.[59] 미처 상품광고의 중요성도 제대로 이해하지 못한 조선의 상업계는 소비자를 공략하기 위한 광고술을 적극적으로 모색하기 시작한다. 권창규에 의하면 광고의 필요성을 알리고 광고술을 보급하는 데 앞장섰던 것은 광고 수입이 안정적이지 않았던 신문이었다고 한다.[60] 1920년대부터 동아일보사 광고부는 '도안 광고 현상투표모집'을 시행했다.[61] 그것은 신문에 게재된 도안 광고를 보고 그 도안과 문안이 상품이나 영업에 가장 적합한 광고를 선별·투표하는 방식이었다.[62] 동아일보사는 광고술의 중요성을 대중에게 인식시키고자 광고의 도안과

〈세계 미술 순례(8)〉(《동아일보》 1939.4.7.)

문안에 따라 경제적 소득과 이윤이 좌우됨을 강조했다. 그리고 광고술의 파급효과를 인지한 선진국은 각 상점에 전문 지식을 가진 도안가를 둔다는 정보도 숙지시켰다.

> 아메리카 대규모의 데파-트멘트 가튼 데는 광고부 점원이 백 명 이상이나 되어서 매일 아츰부터 저녁까지 광고 도안과 문안에 대하야 여러 가지로 연구도 하며 토의도 한다고 합니다. 이것으로만 미루어 보아도 광고 정책에 잇서서 문안과 도안이 어느 만큼 필요하고 또 중대한 것임을 알 수 잇습니다.[63]
>
> — 〈본보에 게재할 현상 도안 광고!〉 《동아일보》 1926.11.7.)

광고술이 발달하기 전 조선에서는 일본의 광고 도안을 그대로 사용하였지만, 1930년대부터는 점차 변화를 주기 시작했다. 조선에서는 곧 광고술 연구가 하나의 과목으로 인정되는 단계까지 이르렀으며,[64] 상품 광고술에 필요한 제반 지식의 한 가지로 대중들의 심리를 이해하기 위한 '심리학적 상식'의 중요성도 부각되었다. 게다가 광고 카피가 소비자의 주의를 환기시키고 욕망을 불러일으켜서 구매하도록 교묘하게 만들어져야 한다는 정보가 알려진 것도 '심리학'이 주목받기 시작한 이유였다. 소비자의 "심적 과정을 충분히 연구하고 편히 이것을 과학적 방법으로 적용할 길을 알"[65]아야 한다는 것이다. 쇼윈도의 전시 전략이 소비자의 심리를 제대로 반영하지 못할 경우 "쇼-윈도어(店頭裝飾)는 광고에 필요한 것이요, 상점의 내용, 실력의 표상이지만 그 표상이 못될 경우도 업지 안흔 것"[66]이었기 때문이다. 또한 상업은 판매자가 고객의 기호를 파악해서 이윤을 남길 수 있는 상품을 선택하는 일이라는 점에서 심리학과 밀접한 관련이 있을 수밖에 없었다. 따라서 조선 상공업계는 "요런 급(級)이 요런 데에 반하야 돈을 까먹으리라" "뭇 사람의 눈치를 보아보아 통계를 꾸미나니" "설계자는 눈치 빠른 장사앗치다"⁶⁷라는 말처럼 소비자의 심리를 정확하게 파악하는 일이 판매 전략에 미치는 영향이 엄청나다는 사실을 자각하게 됐다. 게다가 당시 상공업계는 조선인 상점이 일본인 백화점과 상품가격으로 경쟁할 경우 반드시 패한다는 현실을 알고 있었다. 따라서 자본이 덜 들면서 고객 유치에 효과가 좋은 방법에 더욱 집중하는 것으로 돌파구를 찾고자 했다. 그런 면에서 심리학 연구는 조선인 상계가 살기 위한 제일선의 노력이었다.

심리학에 대한 연구는 미술에 대한 연구로 연결된다. "미술의 원리를 응용하여야 한다는 것은 가장 대중의 감정과 심리를 끌 수 잇는 방책을 공부하여야 한다는 것"이었기 때문이다. 따라서 상공업계에서는 조선의 상인들 또한 "미학적 수양"을 조금씩이라도 해야 한다고 주장했다. 이상적인 상인이 갖출 소양으로 장식부원에 버금가는 미학적 상식이 제시될 정도였다. 아래의 인용문은 근대 상공업계에 미적 가치가 얼마만큼 중요해졌는지를 알 수 있게 해준다.

현대 상공업에 미적 요구가 얼마나 만허젓스며 미적 조건이 얼마나 고속도로 손箸을 껄어오며 가치를 보이는가는 저 아메리카의 형편을 잘 알므로써 분별될 것이다. 전 아메리카의 미술 장식창이 백만 개 이상이라 하니 놀랍다. 뉴욕 시가만을 보아도 전면으로 들어난 창은 전부 커다라케 장식 창으로 제공하얏다고 한다. 그리고 그들은 이것의 효과와 가치를 가장 숫자적으로 분명하게 계산하야 그 판매율이 증진한 것을 실증하고 잇는 것이다. 그리하야 그들은 더욱이 손客을 껄어오기에 비상한 거액을 그 장식 창에다 소비하고 잇다 한다. 아메리카와 가티 무섭게 숫자 관념이 강한 곳에서도 저가티 상점 건물의 외관, 상점의 전시 창, 상품의 진열대, 기타의 장식물置物, 상품 외관, 상품의 포장지包紙 등에 미술 장식을 하기에 고심 노력하는 것을 보아서 미술과 상업과의 관계를 잘 알 수 잇슬 것이다.

– 심영섭, 〈상공업과 미술, 시대성과 상품가치〉 《동아일보》 1932.8.4.)

1932년 12월 20일자 《조선일보》는 "상징파의 조각인대 진열창용"[68]으로 사용되었다는 독일의 상업미술 작품 사진을 게재했다. 이 이미지처럼 상품광고에 이용되는 도안은 실물과 거리가 멀게 단순화·추상화된 것들이 많았다. 대중성을 표방하는 상업미술은 단순화와 감각화를 특징으로 했는데, 변화의 흐름이 빨라진 근대에는 짧은 시간에 대량의 상품을 판매할 수 있는 방법으로써 '상공업의 미술화' '상점의 미화'가 더욱 중요해졌기 때문이다.

미술을 전공하면서 상업미술에 관심을 갖게 된 심영섭은 심미적 관점에서 1930년대 당시 조선인 상점의 모습을 비판한다. "종로사가에 나서서 공정하게 좌우를 둘러"보면 "금은상유창상회(金銀商裕昌商會)의 무미건조한 건축 외관과 그 비원칙적 장식창, 인습적 포목 상점들, 기개(幾個)의 산란(散亂)하야 보이는 잡화상, 그리고 동아백화점과 화신상회"[69] 모두 문제가 있다는 것이다. 그는 조선인 상점이 상점 건물에나 기타 미관을 드러내는 것에 비용을 아끼는 까닭에 항상 일본인의 대상점에게 밀리는 것이라 분석했다. 즉 조선인 상점은 쇼윈도에 이끌리는 소비자의 심리를 반영하지 않았을 뿐만 아니라 쇼윈도 장식도 미

학적으로 잘 살리지 못하고 있다는 것
이다.

심영섭이 주장하는 '상공업의 미술
화'는 "건축의 미를 개량하게 하고, 장
식창 기타의 미관을 경쟁하게 하여 각
종 광고 선전 의지와 그 방법에 대하여
신기로운 시험을 하게 하는 동시에 내
부에는 상품 진열 기타의 분류적 조직
을 정연하게 하야 미화하며 대중으로
하야금 가정의 한 연장(延長)과 가티
생각되도록 상점 내의 기분을 평화롭

〈독일의 상업미술〉(《조선일보》 1932.12.20.)

게 하여야만 할 것"[70]이었다. 그는 이것만이 조선의 상계가 살 방법이
라고 역설했다.

상업미술은 '도안'의 국가적·정치적 중요성도 부각시켰다. 근대 산
업사회에 자리 잡은 기계 생산 체제는 하나의 디자인이 기계를 통해
대량생산될 수 있다는 것을 의미했다. 즉 성공적인 디자인 하나가 막
대한 이익을 불러올 수 있게 된 것이다. 따라서 제조업자들에게 디자
인이 갖는 의미는 커질 수밖에 없었다. 결국 상업미술은 조선 상공업계
가 많은 사람들의 아이디어를 끌어모으는 과정에서 대중화된 것이다.

하여간 이것은 가장 감각적 특장(特長)을 가진 것이다. 그리고 이것은 거
리는 사람의 재능도 분명이 나타나는 것이다. 그리고 다른 미술보다도
일반적이며 실제적이다. 딸아서 우리 인간이 감각을 가지고 잇는 이상
에는 미술에 대한 이해가 업는 사람, 교육이 업는 사람, 언어가 통치 안

商美展當選作紙上展 …〈其四〉… 〈上〉… 一等…

〈상미전 당선작 지상전〉(《동아일보》 1938.9.30.)

는 외인外人이라도 이 장식미술에 대하야는 흥미를 늣기게 되는 것이다. 그럼으로 이것은 대중적 가치를 求하는 상공미술에서는 중요한 것이다.

– 심영섭, 〈상공업과 미술, 시대성과 상품가치〉 《동아일보》 1932.8.19.)

이처럼 대중들의 상업미술 활동은 다양한 아이디어를 내는 데서부터 시작해 점차 삶 전반으로 확대되어갔다. 1938년 9월 28일부터 동아일보사는 '상업미술 작품 전람회'를 개최해 지면에 〈상미전商美展 당선작 지상전紙上展〉이라는 제목으로 입상한 작품들의 사진을 연재했다. 이러한 과정을 통해 미디어는 대중들의 삶의 영역을 자연스럽게 예술화해갔다. 상업미술의 대중화는 그렇게 이루어졌다.

2장
실내장식과 소비주의, 가정의 정치학

수예시대

이제 상업미술의 대중화가 근대 여성의 삶에 어떤 영향을 끼쳤는지 살펴보자. 1930년대 들어서면서 조선에는 치마저고리에 스웨터를 입고 양편 호주머니에 손을 쓸어 넣고 다니는 이들이 많아졌다.[1] 1920년대 중반만 하더라도 "쇠꼬창이나 대까지로 실을 얽어 토수나 목도리를 뜬다" 하면 "아조 신출귀몰한 큰 재간을 가진 여자"로 여겨졌다. 그러나 1930년대에는 경성이나 평양같이 도회지에서는 열 살 이상부터 서른 살 내외의 여자들이라면 수예를 모르는 이가 거의 없었다고 한다. 궁벽한 시골도 마찬가지였다. "어느 부인, 어느 여성, 어느 학생을 물론하고 수예를 모르는 사람"[2]이 없을 정도로 "토수, 혹은 장갑, 목도리, 양말, 모자, 족기, 짜켓트 – 저마다 온몸에 털실 투성이를 만들냐고 다투는 세상"[3]이 된 것이다. 1935년 12월 12일사 《매일신보》 가정란의 자

《매일신보》 가정란 (1935.12.12.)

수 도안은 수예가 가정에 완전히 정착했음을 암시한다. 식물 넝쿨 줄기 무늬를 활용한 아르누보 양식의 도안은 단순한 장식이 아니라 여성들에게 장식의 미적 측면을 환기시키기 위한 것이었다. 즉 조선의 가정에도 장식으로써의 '수예의 시대'가 도래한 것이다. 1938년 12월 21일자《동아일보》의 가정란에도 뜨개질을 하고 있는 여성이 등장한다. 이때 뜨개질을 하는 여성은 양장 차림의 신여성으로, 수예의 유행이 신여성의 삶에도 영향을 미쳤음을 보여준다.

수예의 유행은 실로 대단했다. 여학생 사이에서는 통학 길인 전차나 기차 안에서 목도리, 자켓, 장갑을 뜨는 것이 대유행이었고, 가정에서는 "늙은이 젊은이 할 것 업시 몸에 편물을 걸치지 안는 사람"⁴이 없을 지경이었다. 이처럼 일반 가정에서 편물 수요가 늘자 동아일보사는 여성들을 대상으로 편물 강습회를 개최했으며,⁵ 이 밖에도 여러 기관들이 "최신식의 여러 가지 수예를 조선 가정에 보급하기 위하여"⁶ 앞장섰다. 동경여자미술학교를 졸업한 문경자는 1926년 '조선 수예 보급회'를 설립하고 일반 대중에게 편물법을 가르치기 시작했는데,⁷ 1927년부터는 동아일보사 주최 '재봉 자수 강습회'의 강좌도 맡아 함께 진행했다.⁸ 매년 개최되던 동아일보사 주최의 편물 강습회는 강습회에서 배우게 될 작품들의 사진이 신문에 게재되었으며,⁹ 모사 편물 견본들(〈모사 편물 견본(1)~(4)〉,《동아일보》 1932.10.21.~10.25.)의 이미지도 연재되

었다. 또한 편물 강습회는 강습 이후에 수
강생들이 만든 편물들을 전시하는 전람회
도 개최했다.[10] 《동아일보》는 그 당시 재봉
강습회나 편물 강습회의 강습 광경과 함께
수강생들의 단체 사진을 신문지상에 자주
공개했는데 이는 대단한 관심과 인기를 불
러일으켰다고 한다.[11] 강습회는 거추장스
럽고 비경제적인 조선옷을 개량해 가정생
활을 개선하고자 하는 운동의 일환으로 전
국에서 열렸다. 편물 강습이 강조된 것은
조선 민족, 특히나 여성을 계몽하기 위한

《동아일보》 가정란 (1938.12.21.)

것이었다. "생활을 좀 더 합리적으로 문화적으로 경제적으로" 하기 위
한 생활개선 운동으로써 "사기보다는 맨드는 편이 재미도 잇고 경제도
된다"[12]라는 강습회의 선전 주체는 여성이었기 때문이다.

수예 강습회는 수예 강습에서 배울 수예품의 이미지를 제공하였으
며,[13] 미술 재봉 강습회는 새로 고안된 도안과 디자인을 소개하는 등
시각적인 볼거리를 제공하면서 수강자 모집 광고의 효과를 높이고자
했다.[14] 미디어는 미리 신유행품의 디자인을 확인하고 일본에서 초빙
된 강사의 강좌에서 "신기한 본과 새로운 짜는 법"을 소개받는 일은 최
신의 유행 흐름과 기술을 접할 수 있는 좋은 기회이므로[15] "기회를 놓
치지 말라"[16]며 여학생, 처녀, 가정부인 들의 참가를 독려했다.[17]

편물 강습회 광고는 편물이 조선 부녀자들에게 필수적인 재주[18]이자
"경제적"이고 "실용적"[19]인 방법이라는 것을 내세웠다. 편물은 조선 의
복에 비하년 경제적이고 산련할 뿐 아니라 세탁도 자수 할 필요가 없

〈모사 편물 견본(4)〉(《동아일보》 1932.10.25)

고, 쉽게 착용할 수 있는 장점이 있다는 것이었다. 또한 "털실 옷을 입는 사람이 차차 늘어나는데 전부 사서 입기에는 가정경제에 적지 않은 영향을 줄 것이니 털실 옷 짜는 법을 주부가 배울 필요가 있고 또 여유 있는 가정일지라도 편물을 취미로 삼는 것이 유익"하다고 선전했다. 편물이 '실익'과 '취미'의 차원에서뿐만 아니라[20] 가정경제의 경제적 차원에서도 장려되었던 까닭은 가정경제에 대한 당시 여성들의 고민을 반영했기 때문이다. 동아일보사 제1회 편물 강습회 역시 "편물이니 재봉이니 자수니 염색이니 하는 것은 여자에게 업지 못할 긴요한 기술인 동시에 이것이야말로 실익을 우리 생활에 주게"되므로 편물을 통해 가정경제의 곤궁과 결핍을 보충하자는 취지로 시작된 것이었다. 따라서 미디어는 "이와 가튼 실리적 강습 가튼 곳이 성황을 이루게 되는 것은 우리 가난한 조선 사람의 생활을 위하야 매우 깃버할 일"[21]로 평가하였으며 생활양식이 자꾸 변해가는 "이때에 항상 눈을 이 방면에 크게 뜨고 시대에 뒤떨어지지 안을 정도의 모든 재조를 가지는 것"이야말로 "이 시대의 새녀성"이 갖출 자질이라고 선전했다. 그중에서도 특히 편물은 "가정부인들로 하여곰 빈 시간을 이용하야 생계를 보충하는 방법을 강구하게 하고 또는 신기한 물품을 만들어냄으로 인하야 창조적 환희를 맛보게 하야 일하는 데 자미를 부치게 하는 것은 또 심신을 쾌활하게 하고 딸아서 육체를 건강하게 하는 효과도 있게 할 수 잇는 것"[22]이었다. 이러한 가운데 편물은 여성이 가질 수 있는 직업의 한 형태라고까지 선전되었다. 결국 각 기관과 언론, 잡지사 등이 수예·편물 강습회를 개최한 것은 "여자의 내직을 장려"[23]하기 위한 목적도 분명히 있었다. 내직은 가정 내의 여성 노동력을 활용하는 방법이기도 했기 때문이다.

한 가정이 사치하거나 수입 이상의 돈을 쓰게 되면 결딴나고 만다는 생각은 살림하는 존재로서 주부의 역할에 막중한 책임을 부여한다. 그런데 이 살림이 한 사회, 한 민족의 것으로 확대될 경우 그 역할에 따른 책임의 무게는 더욱 가중될 수밖에 없다.[24] 식민지 시기 조선의 살림이 불경기에 처한 원인 중의 하나는 제조·생산 문제였다. 파는 것보다 사들이는 것이 많았던 데다가 생필품의 많은 수가 수입품이었기 때

〈본사 주최 편물 강습회 '긔회를 노치지 마시오'〉 (《동아일보》 1927.9.2.)

〈동아만화〉(《동아일보》 1924.2.5.)

문이다. 따라서 조선의 제조업 발달을 촉진하고자 토산품 구매 운동이 펼쳐졌다. "남의 만든 상품을 사지" 말고 "조선 물산을 팔고 사자" "조선 물산을 먹고 입고 쓰자"[25]라는 물산장려 선전 삐라가 조선 곳곳에 살포되었으며, "내 살림은 내 것으로"[26]라는 '조선 물산장려'의 모토를 가정의 생활 모토로 삼을 것이 요청되었다.

1920년대 초반부터 열악한 조선의 산업 발달 상태를 반성하면서 민족의 장래를 위해 조선 민족은 조선인의 손으로 만든 물건을 사용해야 한다는 움직임이 맹렬히 일어난 것이다. 1923년에는 "우리 사회의 산업 발전을 기도(企圖)하려면 우리의 물산을 장려하고 동시에 우리의 손으로 무엇이든지 제조하야 우리 생산력을 조장함이 무엇보다 긴급하다는 각오하에"[27] 신의주에서 물산장려회가 발족했다.[28] "조선 사람이 조선 사람의 물산을 장려하자"는 취지를 널리 선전하기 위해 조직된 물산장려회는 순회강연을 개최하였으며, 물산장려회원들은 기(旗)를 세우고 북을 울리며 시가행진을 하기도 했다. 물산장려회는 "영국에서 나온 세루치마를 닙고 미국에서 들어온 구두를 신어야만 행세를 하게 된다면 사회적으로 일반 풍긔를 고치기 전에는 도저히 실행할 수 업고 한갓 불으지짐에 끄치고 말 것"[29]이라며 최신 유행을 좇는 여성들을 비판했다. 당시 조선인들은

396

"생활품에서 외국 것을 빼어낸다면 하루라도 사람다운 생활을 하기 어려운 처지"에 놓여 있을 수밖에 없었으므로 수입품 가운데 일용품과 사치품을 구분하기 시작했는데, 신여성들이 유행을 좇아 소비하는 것이 사치품으로 여겨지면서 이것을 사용치 않는 것이 곧 물산장려운동의 행동 강령으로 자리 잡았다.[30] 게다가 "내 살림은 내 손으로"라는 모토에서도 확인할 수 있듯 조선 여성은 물산장려운동의 주요 대상이자 혁신해야 할 주체였다. 따라서 조선물산장려는 이들의 자각 없이는 도저히 진행될 수 없는 것으로 선전되었으며, 신교육을 받은 여성의 가정 내 주부 역할이 강조된 것은 당연한 흐름이었다.[31] 여학생은 "조선의 꽃이요 진주며 새 조선을 나을 귀한 어머니들"이므로 "물산장려 절제 생활은 여학생으로부터 시작하여야 한다. 그래야 그것이 가정화하고 사회화할 것"[33]이라는 인식에서 볼 수 있듯 여학교는 근대국가가 원하는 주부상을 만들어내고 교육해내는 장으로 기능했던 것이다.

"역사 오랜 우리의 물산을 장려하자"라는 프로파간다 아래 정기적으로 개최된 '조선물산장려 바사대회'[32] 또한 여학교 바자회로 전이된다. 1924년 5월에는 경성 시내의 대상점들이 청년회관에서 바자회를 개최했다.[34] 종로중앙기독교청년회와 경성여자기독교청년회의 주최로 열린 것으로, 시내 각 잡화상을 비롯하여 조선의 물산·약품·화장품·서적·염료·가구에 이르기까지 각 상점들이 청년회관에서 출장 판매하는 형식이었다.[35] 이 밖에 각 지방의 특산물을 모아 전시 판매하는 형식의 '전조선물산빠사회'도 열렸는데, 바자회는 조선인 산업가들에게 상품 판매를 촉진시키기 위한 방법으로써 상품에 대한 연구의 필요성을 인식시키는 계기이기도 했다.[36]

그렇다면 여학생들이 중심이 되어 진행한 여학교 주최 바자회는 어떠했을까. 식민지 시기 여학교나 여학교 동창회가 바자회를 개최하는 것은 연중행사였다. 여학교 바자회에서는 물건의 전시·판매는 물론이고 작은 음악회도 열렸으며, 여학생들이 직접 만든 음식까지 팔았기 때문에 조선 사회의 이채로운 풍경으로 여겨졌다.[37] 1926년부터는 여자기독교청년회와 조선일보사 후원으로 '전조선여학교연합빠사대회'도 개최된다. 종로 청년회관에서 펼쳐진 전조선여학교연합빠사대회에서는 전 조선의 여학교 학생들이 3~4개월 정도 준비한 작품이 전시되었다. 출품작들은 해마다 발전하는 "기예"[38]로 제작된 것으로 "갑 싸고 물건 조흔 빠사-대회의 특별한 이채"[39]로 선전되어 대성황을 이루었다. 《조선일보》에서는 바자회 전에 각 여학교에서 당일 출품할 물건이 얼마나 되며 어떠한 물건인 것과 참가하는 학교 자체의 포부를 독자에게 알리는 연재 기사 〈연합빠사 참가 학교 소개〉(1926.1.16.~1.21.)를 게재해 바자회에 대한 관심을 불러일으켰다. 또한 바자회가 끝난 후에는 "가정 각성(覺醒)의 호기(好機)" "내외국 내빈 감탄" "지방에도 장려" 등 각계 인사들의 감상평을 실어 바자회의 이미지를 좋게 만들었다.[40]

1928년 1월 18일자 《조선일보》에 게재된 '빠사 화보'는 각 여학교의 상품을 진열한 바자회의 전경(上)과 근우회 식당(下)의 이미지다.[41] 전조선여학교연합빠사대회는 수천 명에 달하는 여학생들의 수예품을 망라하여서 한곳에 진열했기 때문에 분명 큰 장관을 이루었을 것이다. 이는 바자회가 "천자만홍의 꼿들이 일시에 어울어저 핀 꼿동산 속가티 관객을 황홀시켜마지" 않는 곳이자 "조선 턴디에서는 다시 두 번 어더볼 수 업는"[42] 곳으로 홍보되었던 것만 보아도 예상할 수 있다. 신문사는 "여학생들의 고은 손으로 정력을 들여 만든 8천여 가지의 수예품이 사람을 황홀케 한다"[43]며 출품물을 광고했다. 게다가 "장내의 첨단적

398

장식과 진열 밋 재삼 관객의 호기심을 도발하지 안코는 마지안는 전 조선의 수천 여재원들의 제작 인긔에 다시 인긔를 끄러서 개장 제이일 은 더욱이 휴일임으로 이른 아침부터 남녀학생을 위시하야 열광하는 수천 명의 입장자가 입구에 물밀 듯 밀고 닥치는 대성황으로서 장내의 각교 진렬대는 제마다 다토아 입장자들의 눈을 끄을려고 경연하는"[44] 전시장 풍경도 자주 게재되었다. 미디어는 독자의 흥미를 자극하기 위 해 "매약제(買約濟) 주문바든 물품이 구할이나 된 학교도 잇"다며 학교 마다 수입액을 공개적으로 비교[45]하기도 했다. 이는 바자회를 전 조선 의 여학교가 각자의 특색과 자랑거리를 비교하는 장으로 만들었고,[46] 이는 참가자 수는 물론 진열품의 구매율을 높이는 데도 큰 역할을 했다.

그러나 바자회에서 여학생은 계몽의 대상으로 여겨졌을 뿐이었다. 독자의 흥미를 끌기 위해 마련된 장치 중에 하나였던 복면기자가 바자 회의 '대회잡관(大會雜觀)'을 취재한 기사를 보자.

〈제3회 전선여고 연합빠사一〉(《조선일보》 1928.1.18.)

이번 빠사대회에 데일 눈이 떠우는 것은 실용품인 편물이 만허진 것에 각 학교를 통하야 공통되는 점이다. 각 학교 당국자가 한데 모혀서 '이 번에는 이러케 합시다' 하는 공동 협조도 업섯지만 무슨 의론이나 한 것 가티 각 학교의 출품을 한 박휘 돈 어떤 중노인 신사 뒤에서 딸아오는 그의 친구인 듯한 사람을 돌아다보며 작년보다 편물이 퍽 만허젓구면 사치스러운 것보다 실용품의 는 것은 역시 시대의 요구이야.[47]

– 〈최종까지 성황 니룬 '빠사-'대회 폐막〉(《조선일보》 1927.1.23.)

여학생은 사치와 실용 사이에서 계속 비난과 관리의 대상이었던 것이 다. 《조선일보》의 연재만화 〈빠사-대회 소견〉(1928.1.18.~1.20.) 또한 어 느 예술가가 "빠사-대회에 실용품도 물론 만히 출품되엇지만 그것보 담도 사치품에 예약표가 만히 부텃슴은 퍽 희한한 노릇"[48]이라고 평하 는 모습이다. 그는 "대개 자수나 야들야들한 방석이 만히 팔린 모양인 데 어느 틈에 조선 사람도 저 자수를 걸 만하고 저 방석을 깔 만한 생 활의 여유를 갓게 되엇다면는 진실로 고마운 일"이라며 사치 풍조를 조롱한다. 그의 조롱은 "'자수'는 대개 물 건너 곳에 것을 직수입한 늣 김이"들 정도로 "그곳 정됴(情調)까지" "흉내"내는 것을 가르친 여학교 의 교육 문제로 이어진다. 1927년 2월호 《별건곤》에도 한 기고자가 '빠 사대회'를 준비하는 여학교의 가난한 여학생이 재봉 시간의 재료값 준 비 때문에 어머니와 실랑이하는 일화를 소개하면서 "그러지 안하도 생 각 적은 녀선생님은 갓흔 학생도 무명감보다는 비단이라야 먼저 번을 그려주는 고로 가난한 어머니와 불상한 소녀들이 눈물을 짓는데 월사 금도 못 내서 학교에 못 갈 디경인 학생에게 얼마나 못할 것인 것을 간 혹 가다가라도 생각하는 때가 잇서야 한다"[49]라는 충고를 통해 당대 여학교 연합 바자회의 이면을 고발한다.

　바자회 감상문들은 대개 각 여학교의 출품작들에 대한 특색과 자수 및 편물 실력을 논하고 있었다.[50] 여학생들의 수예품은 그들의 개성이 발현되는 하나의 '예술품'으로써 인지되었던 것이다. 따라서 전조선여학교연합빠사대회는 "조선 미술사상 불멸의 기록 남긴 연합빠사"로 평가됐다.[51] 1930년대에는 자수가 '문화 자수'라 명명될 정도로 예술품이라는 인식이 더욱 공고해진다.[52] "문화 경제 혹은 미적 경제라 불리는 경제적 양태는 상품을 예술 작품처럼 다루거나 일터의 관념을 문화적 실천의 장소로 번역하여 생산·노동을 미적 취향과 라이프스타일 등의 생산과 동일시한다"라는 서동진의 지적이 합당하게 적용되는 부분

〈빠사-내회 소견(3) '아티스트의 평'〉(《조선일보》 1928.1.20.)

이다.[53] 자수가 미술과 결합되면서 근대 예술 개념으로 변화된 것이다. 이는 식민지 시기 일본 미술학교로 유학을 떠나는 조선 여성들의 8할이 회화과가 아닌 자수과를 지원하는 데도 영향을 끼쳤을 것이다.[54]

게다가 당시 여학생 교육은 '부덕(婦德)' 함양이 목적이었다. 이는 고등보통학과 과정에 '기예과' 규정을 두어 재봉과 수예 등을 학과목으로 지정하고 있었던 조선총독부의 여성 교육 정책에도 드러난다. 부덕의 함양을 통해 신여성들을 근대 '주부'로 재탄생시켜 국가의 일원으로 만들고자 한 것이다. 안재홍이 "여학교와 기술 산업에 만흔 관계 잇는 빠사대회"[55]의 개최가 민족적 차원에서 퍽 필요한 일이라고 말한 것은 여학생들에게 편물 교육과 '빠사대회'가 국가의 일원이 되기 위한 중요한 실습 교육으로 여겨졌던 현실의 반영이다. '내 집 살림은 내 것으로'라는 모토가 '내 집 장식은 내 손으로'라는 것으로 변형된 것도 같은 이유에서였다. 여학교 바자회의 의의는 "예술적 노력과 산업 의식의 고취, 취미성의 함양 및 그로 인한 인간적 향상"[56]을 이루는 데 있

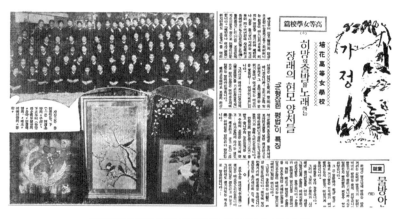

〈고등여학교 편(6) '배화고등여학교'〉 (《동아일보》 1939.3.1.)

었던 것이다. 이렇게 교육된 여학생들이 교문을 나서는 순간에 그들의 예술품과 함께 신문 지면을 장식하는 것은 매우 상징적이다.[57]

신가정의 도상, 현모양처의 이데올로기

학교에서 기술을 연마한 여학생들이 교문을 나선 뒤에는 어떻게 되었을까. 제복을 벗은 여학교 졸업생들은 직업부인으로 취직을 하든지 연애결혼을 통해 '스위트 홈'을 이루든지 하는 기로에 놓여 있었다. 1933년 4월호《별건곤》의 김규택 만화 〈졸업을 하고 나니!〉는 막상 "졸업을 하고 나니 할 일이" 없었던 여학생들을 "백화점 쇼-윈도- 압헤서 삼십분식 서 잇는 무보수 취직"[58]을 한 존재로 그리고 있다. 미디어는 여학교 졸업생들을 쇼윈도 안에 웨딩드레스를 입고 결혼식을 올리는 마

〈졸업을 하고 나니!〉 (《별건곤》 1933.4.)

네킹 같은 삶을 꿈꾸는 존재로 그렸다. 이때 '마네킹'처럼 쇼윈도 앞에 서 있는 여성은 소비와 유행의 전파자 역할을 한다. 제복을 벗은 졸업생들은 그녀들이 '스위트 홈'이라 꿈꾸고 있는 '신가정'을 만들기 위해 사치품을 소비하기 때문이다.

1927년 12월호 《별건곤》에서 双S生이 여학생과 결혼하면 어떤 일이 벌어지는지를 묘사한 글을 보자.[59] 배경은 "20(세) 내외의 꽃다운 녀자들만 오붓하게 모여드는" "녀학교의 동창회" 모임으로, 그녀들은 모여 앉아 신식 살림의 필수 요소로써 '피아노'나 '라디오'를 언급하며 "10년 동안이나 학교를 다니고 나서 신식 결혼이라구 해가지구 누가 식어미 버선짝이나 꿰매구 아궁이에 불이나 때구 잇단 말요"라는 식의 대화를 나눈다. 이들은 신혼여행에서 돌아오는 즉시 "미리 뎡해논 새 개와집에 행낭 두고 찬모 두고 방 속에는 기생집 갓해서 안 되엿지만 자개의 거리 놋코 마루에는 후록고투 입고 나막신 신는 격이지만 신식이 닛가 둥근 테불에 등걸상(藤椅子) 둘너놋코 책장에는 금 글씨 잇는 책만 골나다 놋코 그러면은 대강은 살림이 짜여"진 모습을 상상하면서 '사랑의 보금자리'를 위해 "좀 더 엇더케 꾸며노아야 할 것"을 고민하는 허영심에 들뜬 집단으로 그려지고 있었다.

双S生이 《별건곤》에서 묘사한 풍경이나 1934년 12월호 《신가정》의 표지화에서 볼 수 있듯이 피아노는 1920~30년대 신가정의 필수품이었다. 근대인의 교양 있는 생활에서 음악의 향유는 필수였기 때문이다.[60] 온 가족이 피아노 앞에 모여 단란한 저녁 한때를 보내는 것이나 피아노 소리가 흘러넘치고 부부가 신문에 실린 이야기를 서로 나누며 산보를 나가는 풍경들은 이상적인 신가정상의 전형적인 모습이었다. 하지만 한편으로 화목하고 단란한 '스위트 홈'은 자본주의가 만들어낸 허구적 신화로 비판받았다. '양요리'와 '청요리'를 외식으로 자주 즐기며, 피아노가 있는 풍경에 자동차로 교외 드라이브와 산보를 자주 즐기는 신여성은 타락한 여성으로 그려지기까지 했다.[61] 1930년 7월 18일자《조선일보》에서는 스위트 홈을 꾸민 "게으른 서울의 안악네들 중에는 왼종일 물속에서 지내는 이가 만타"며 신여성을 "물속에서 밥을 먹고 물속에서 화장을 하고 물속에서 춘향전을 읽고 물속에서 비누질을 하"[62]는 존재로 그렸다. 미디

《신가정》 표지 (1934.12.)

어는 신여성들이란 한가로이 "백화점에서 점심 잡스시는" "신가정 지식 있는 정실부인들"[63]이라며 풍자했다. 결국 신가정의 안주인이 신여성은 '게으름'과 '나태'라는 비생산성을 대표하는 유한부인으로, 신가정은 그녀들의 사치성이 발현되는 공간으로 여겨졌다. 그리고 신가정이 부정적 이미지를 가지게 된 것은 전적으로 게으르고 사치한 신여성 탓으로 돌아갔다.

다른 한편에는 이상적인 신가정상과 주부상을 확립하기 위한 노력도 존재했다. 신교육을 받은 여성을 근대 주부로 재탄생시키는 것이 근대국가 형성에 무엇보다 중요한 과업이었기 때문이다. 따라서 여학교는 근대 주부를 탄생시키는 교육장으로 여겨졌다. 미디어는 여학생을 "장차 교문을 등지고 가정으로 들어갈" 존재로 규정하고 여학교를 "조선 가정의 '살림사리' 실습장"[64]이라 지칭하면서 탐방기자를 통해 가시 교육의 현황을 점검하기도 하였다. 또한 여학생들에게 실시되는

교육은 산업화 시대에 맞춰 가정의 발전을 꾀하기 위한 도구라고 선전했다.[65] 뿐만 아니라 여학생이 교문을 나선 후를 '결혼 준비 시대'라고 공표해 여학생들의 미래를 확정지었다.[66] 근대의 여학생은 학교에서 받은 교육을 가정에서 실천하는 근대 주부로 계획된 존재였던 것이다.

또한 미디어는 근대의 이상적인 가정상을 제시했다. 《매일신보》의 〈신가정 방문기(1)~(10)〉(1930.11.25.~12.5.) 연재는 각계 인사들의 결혼 생활을 탐방하는 내용이다. 여기서 신가정의 부부들은 직업이나 가정생활에 있어 애로 사항이 없는 것은 아니지만 "결혼한 이후로는 마음이 퍽 든든합니다"라며 결혼을 긍정적으로 평가한다. 《신여성》·《별건곤》·《여성》 또한 기자가 유명인의 가정을 찾아가 그들의 가정생활을 인터뷰한 '가정 탐방기'를 연재했는데, 이는 당시 지식인들의 가정생활을 소개해 대중들에게 새로운 가정이 나아가야 할 방향을 제시해

〈동아만화〉(《동아일보》 1923.12.15.)

주기 위함이었다.[67]

소비문화의 발달은 가족의 형태를 핵가족화했으며 '신가정'의 풍경 역시 이를 반영해 부부와 자녀 중심으로 그려졌다. 남성들이 직장 생활을 하는 동안 여성들은 가정에 집중하는 것이 일반적이었다. 이때 여성들은 자신의 개성을 반영해 가정을 꾸미는 것이 자신의 근대적인 정체성을 표현하는 것이라 생각했다. 마케팅 전문가들이 여성은 소비를 통해 개성을 드러낼 수 있으며 근대적인 정체성을 발현

《신가정》 표지 (1933.3.)

할 수 있는 것으로 광고했기 때문이다. 그러나 근대 여성들의 자유로운 소비는 생산을 중심으로 돌아가던 기존의 경제체제를 위협하는 것으로 여겨지면서 여성들에게 새로운 윤리를 교육시킬 필요성이 대두되었다. 이에 신교육을 받아 가정을 경제적으로 경영하는 여성상이 이상적인 여성상으로 제시된다. 사실상 각종 매체에서 강조했던 '합리적인 주부'란 합리적 소비를 하는 주부였다. 1933년《신가정》3월호의 표지화에 등장한 신문 읽는 여자 또한 매체에서 얻은 정보를 통해 가정을 운용하는 합리적인 여성을 나타낸 것이었다.[68]

근대 조선은 전통적으로 가족을 돌보는 양육자로서의 여성상과 '잇트걸'처럼 근대적인 매력을 지닌 여성상 사이에서 이상적인 주부상을 안착시켜야 했던 것으로 보인다. 그것은 플래퍼형의 모던걸을 어떻게 현모양처로 가정에 정착시키느냐의 문제와도 같았다. 그들은 "실로 현대 문명의 모든 소비 면(消費面)을 유지하기 위하여서는 물도 새지 이

《신여성》 표지 (1933.9.)

니할 듯한 그들의 '가정의 평화'조차를 용감하게 깨트리기도"[69] 하는 위험천만한 존재들이었기 때문이다. 따라서 조선 사회가 허영심 많은 소비 주체로서의 모던걸을 소명에 찬 신여성, 생산성 있는 여성으로 재창조하는 과정은 이상적인 신여성상을 구현하는 일인 동시에 여성을 국가의 일원으로 인정하는 것이기도 하였다.

표지에 모던걸이 앉아 있는 1933년 9월호 《신여성》은 '부부 생활 문제 특집'호로 기획된 것이다. 여기에는 〈남편의 도道〉(김윤경), 〈안해의 도道〉(조재호)를 비롯해 결혼과 이혼의 문제를 다룬 〈부부학 전서全書〉(황인석) 등 부부 생활을 다룬 글들이 수록돼 가정생활의 지침서 역할을 했다. 여기서 조재호는 '안해의 도리'를 이렇게 규정하고 있다.

물질문명의 진보를 따라 생활은 극도로 편리하야지고 공장은 가정 생산을 빼아서가며 그릇된 자유사상과 개인주의와 찰나적 향락욕이 나날이 커감을 따라 인심은 야박하야지고 대중은 감각적 기분에 도취할여고 하는 때에 가정을 버서나서 가두로 진출하는 여성은 더구나 자중하야 여성의 천성인 미(영원한 미)를 잊지 말어야 할 것이다. 더구나 가정의 주부로서 사람의 안해로서는 이 여성미를 중심으로 그 생활을 일관一貫하여야 할 것이다. 안해의 마음이 아름답다면 그 집안도 아름다울 것이다. 물건 하나 두고 놓는 것도 아름다워질 것이요 변소 쓰레기통까지라도 깨

끗하야질 것이요 어린이들의 코 밋 손톱 밋까지라도 아름다울 것이다.[70]

– 조재호, 〈안해의 도道〉(《신여성》 18~19쪽, 1933.9.)

자본주의 세계에서 주부는 모성적인 면모를 발휘하고 위생적인 환경을 만들어야 하며 집을 아름답게 가꿔야 한다는 것이다. 《중외일보》는 모던걸이란 결혼과 일 사이에서 "자기의 사업과 자기의 남편을 한꺼번에 조종(操縱)하야갈 만한 힘이 잇"[71]는 존재라는 클라라 보의 인터뷰를 실었는데, 클라라 보가 밝힌 결혼관은 다음과 같다.

가뎡과 남편만을 위하야서 사는 여자는 반듯이 어떠한 일에든지 비관덕으로 관찰하며 흠집만 차저낼려고 분주하며 공연한 일에 머리를 썩이게 된다. 현대의 남성은 녀성의 이러한 흠집만 뒤저낼려고 하는 성질을 조하하지 아흐리라. 그럼으로 여자가 어더한 일을 가지고 잇다는 것은 쓸대업시 뒤꾸녁을 됴사할려고 눈을 날카롭게 하는 버릇을 업시하는 의미로 보아도 대단히 조흔 일이라고 생각한다. 또 그리고 '우처愚妻'가 환영을 밧든 시대도 지나갓다. 현대의 남성은 '쏘ㅁ스틱케트·껄'의 사랑을 찾고 잇는 것이 사실이다.

– 〈모단랑의 결혼관 '전형적 플래퍼 클라라 양'〉(《중외일보》 1927.8.26.)

명백히 새로운 '현모양처관'을 피력하고 있는 클라라 보의 인터뷰는 조선인들에게 신가정의 신여성이란 성적 매력을 지닌 현명한 가정주부임을 의미하는 것으로 만들었다. 결국 조선의 여성들에게는 근대적인 현모양처상을 구현하기 위해 '부부독본'에 나타난 것처럼 결혼생활 시침서와 금언을 숙지하고,[72] 남자의 마음을 알아내는 비결을 체득할

것이 요구되었던 것이다.[73]

신여성이 외국 영화를 모델로 하여 이상적인 배우자감을 제시하거나 가정불화를 일으키는 것은 국가의 가족 이데올로기에 대한 도전으로 받아들여졌다.[74] 따라서 미디어는 '신가정생활 파종기(新家庭生活破綻記)'를 기획해 신여성들의 결혼 생활이 파경에 이른 중요 원인을 분석했다.[75] 결혼 생활이 파경에 이르는 이유로 공통적으로 지적된 요인은 신여성들이 지나치게 많은 것을 바라기 때문이라는 것이었다.

> 그들의 머리맡에는 달큼한 연애소설이 펴저 잇고 그들의 바느질 꼬리에는 파리(巴里)에서 유행하는 신식 옷 만드는 번이 잇고 피아노의 정가표와 축음기의 카타로그가 책상 설합을 차지해슬 것이다. 그들은 학교를 졸업하고 장차 자기 남편이 될 남자를 그리여 볼제 봐렌티노나 라믄나봐로 가튼 미남자美男子에다 시인이나 소설가나 음악가나 그중에 하나면 조커니와 피아노 그러치 안으면 유성긔 하다못해 손풍금이라도 사노을 만한 남자를 눈에 암암히 그리고 잇섯다. 결혼이라면 연애결혼이라야 하고 생활은 중류 이상의 생활이라야 한다.
>
> ― 우석, 〈악마의 연애, 신가정생활 파탄기, 신여성들 그는 왜 시집살이를 못하나〉(《별건곤》 131쪽, 1930.10.)

《조선일보》의 연재기사 〈열리어가는 가정(1)〉(1928.11.10.)에서 가정주부는 "이제는 순옥이 아버지가 안 계신 동안 들어누어 구소설만 볼 때는 아니다. 그리고 다드미질한 거치장스럽고 군때 잘 뭇는 옷을 지어 입을 때는 아니다. 튼튼하고 질기고 모양잇고 더러움 안 타는 옷을 지어 입어야 하겠다. 이번 겨울에는 순옥이의 짜켓과 양말과 장갑을 떠

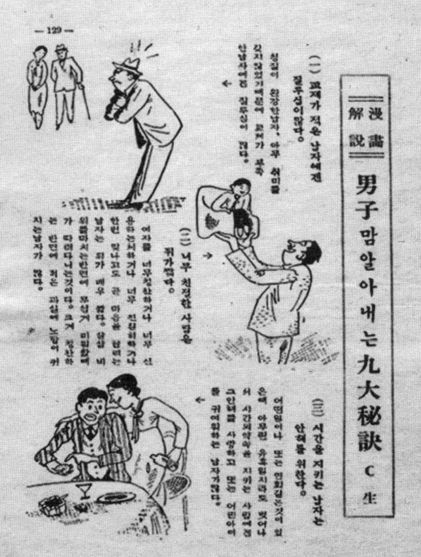

漫畫
解說

男子 맘 알아내는 九大秘訣 C生

(一) 꾀제가 적은 남자에겐
질투성이많다.

성질이 완강한남자、아모 셔미물
갓지않엇기때문으로 꾀제가 부족
한남자에게 질투성이 만타.

(二) 너무 친절한 사람을
뀌가깁다.

여자를 너무친절하거나 너무 신
용을 엇지하거나 너무 친절히하거나
한번 맛나고도 곳 마음을 허리는
남자는 퇴가 매우 깁다。얼골 나
위없마지하안면서 무섭게 미워할때
가 다 어다니는것이다。크게 정산하
는 빈민가 뀌운 과실게 녹람어 카
지는남자가 만타。

(三) 시간을 지키는 남자는
안해를 위한다.

어떤일이나 또는 연회갈은것이 잇
슬때 아모런 유혹일지라도 벗어나
서 시간제약에서 지키는 사람일전
그안해를 사랑하고 또는 어린아이
를 귀여워하는 남자가깁다。

〈남자맘 알아내는 9대 비결〉(《신가정》 1934.2.)

서 해 주고 순옥이 아버지는 양복 족기를 떠 들여야 하겠다. 이제는 돈 주고 그 비싼 것을 살 필요 업시 모든 것을 내 손으로 맨드러야 하겠다. 가령 부인의 직책은 남편에게 우슴만 드리는 것이 본직이 아니니까! 이것이 남편을 도웁는 것에 한나이다"[76]라고 말한다. 여기서 가정 주부는 김장철이 되면 시장에서 김장 재료를 사는 것이 아니라 스스로 밭에서 자급자족할 정도로 노동을 즐기며 스스로 가정의 문제를 해결해나가는 주체적 여성상이었다. 하지만 〈열리어가는 가정〉이라는 제목 아래 자급자족형의 여인상을 바람직한 근대적·합리적 주부상으로 제시하고 있는 기사들의 궁극적 목적은 '이러한 조그만 수고가 남편을 도웁는 큰 힘이 된다'[77]는 논리 속에 여성을 가두기 위함이었다.

실내장식 취미, 신가정의 설계사

1930년대부터는 여성이 '취미'를 가지는 것이 자기 발전을 위한 것으로 여겨지기 시작했다. "몰취미의 생활"[78]은 인간을 부패와 타락으로 몰아넣는 첩경이라는 인식 아래 취미 생활이 교양의 하나로써 장려될 정도였다. 당시 대다수 주부들의 취미는 '실내장식'이었다. 집을 거처하는 사람의 반영물로 인지하기 시작하면서 실내장식은 돈보다는 꾸미는 사람의 역량에 달린 것이라는 홍보와 함께 유행하기 시작했다.[79] 1930년대 잡지나 신문에서는 가구의 배치 등 실내장식에 대한 정보를 쉽게 찾아볼 수 있다. 김진량에 의하면 1920~30년대 잡지나 신문에서 취미 관련 기사가 활발히 게재되었던 것은 민족이나 국가 담론이 퇴조한 자리를 대체하기 위함이었으며, 이 과정에서 소비문화가 형성되었다고 한다.[80] 미디어의 각종 취미 생활 관련 기사들이 근대 대중의 소비 욕망을 자극했던 것이다.

1933년 1월 《신가정》 창간호의 표지에
서 주목해야 할 것은 꽃이 수놓아진 붉
은 커튼이다. 수놓아진 꽃과 여성이 입은
치마는 동일한 색으로, 여성이 커튼에 직
접 수를 놓았으리라는 점을 암시한다. 수
를 놓는 행위에는 당사자의 욕망이 반영
될 수밖에 없다는 점을 고려한다면 이는
《신가정》이라는 잡지의 편집 방향이 앞
으로 어떻게 진행될 것인지를 짐작할 수

《신가정》 창간호의 표지 (1933.1.)

있는 그림이다. 여기서 수놓아진 꽃 모양
'레이스(lace)'는 "서양 부인들의 옷에, 손수건에, 테이블보에 유리창에
치는 휘장" 등 그야말로 안 쓰이는 곳이 없었을 정도로 중요한 실내장
식이었다. 15세기 이탈리아에서 처음 만들어진 레이스는 전 세계로 확
산되며 유행했는데, 조선에서도 그 유행이 대단해서[81] 테이블보·모자
·리본·숄·파라솔 할 것 없이 전부가 "'레쓰' 만능의 경향"을 보인 것은
물론이고 "'레쓰' 황금시대"가 열렸을 정도였다.[82] 신문과 잡지는 교양
이라는 명목 아래 레이스 뜨는 방법을 소개했다.[83]

1930년대에는 "내 집 살림은 내 손으로"라는 물산장려운동의 모토
가 "내 집 장식은 내 손으로"[84]라는 구호로 전이되면서 '집 가꾸기'가
새로운 문화로 자리 잡았다. 신문과 잡지에서는 실 꼬는 방법, 수틀 매
는 법, 밑그림 옮기기 등의 기본적인 수예법 뿐만 아니라 새로운 여성
복 디자인의 본을 뜨는 법이나 옷감 마르는 법 등 다소 어려운 기술까
지 알려주었다.[85] 1910년대부터 근대국가의 이상적인 가정상으로 신가

정이 제시된 영향도 있지만 산업 발달로 인한 핵가족화와 여성의 사회
진출이 가정의 중요성을 더욱 부각시키면서 나타난 변화였다. 또한 자
본주의 사회에서 가정은 노동의 공간과 분리되는 영역이자 시장과 무
관한 영역으로 철저히 사회에서 은폐되었으며 여성의 공간이라는 인
식이 팽배해 있었다. 그로 인해 실내장식의 중요성이 부각되었고 여성
들은 집안의 장식을 책임져야 했다.

양실洋室이든 조선 방이든 유리창이 잇스면 반드시 '커-튼'을 처야 할
것입니다. 그러치 아느면 마치 니빠진 톱 가태서 격이 맛지 안습니다.
훌륭한 '커-튼' 하나로 방안에 풍치가 생기고 또 실용적으로 본다면 여
름 가튼 때 발 대신도 될 것입니다. 그러나 입때까지의 '커-튼'은 대개
만드러 파는 것을 그대로 갓다 달고 실내장식이라는 것을 조금도 생각
지 안엇습니다.[86]

　　　　　 – 유의순, 〈내 집 장식은 내 손으로 '수 잘 놋는 비결(2)'〉 《조선일보》 1938.11.5.)

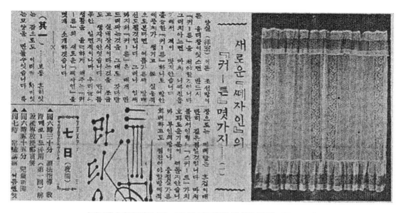

〈새로운 '쩨자인'의 '커-튼' 몃 가지(1)〉 《매일신보》 1936.5.8.)

게다가 실용성을 최우선으로 삼았던 조선의 가정에서도 "한여름 동안 일면적(一面積)이나마 우리들의 생활을 윤택하게 해주는" 커튼을 통해 실내장식의 가치에 공감하기 시작했다. 새로운 취미로 떠오른 실내장식은 여성들을 새로운 소비주체로 변화시켰다. 자본주의는 실내 장식용품들을 폭발적으로 생산해냈으며, 대다수의 신여성들이 미디어가 앞다퉈 제시한 지침에 따라 실내를 장식하기 시작했다. 《매일신보》의 〈새로운 '쩨자인'의 '커-튼' 몇 가지(1)~(4)〉(1936.5.8.~5.12.)의 연재를 보자. 기사는 "치위와 더위에 딸하서 의복을 밧구는 것과 가티 실내장식도 절긔에 딸하서 의복을 밧구어주고 십혼 법"[87]이니 "봄철 방 장식은 어떤 빗츠로 할가"[88]라는 고민에 대해 "그 방의 쓸모에 따라서 산듯한 색채를 선택할 것"이라고 조언한다. 또한 여름철에 맞게 방을 장식하는 법으로는 "세간 수효를 줄이고 커-텐을 선택해서 쓰는 것으로 실내의 광선을 녀름철에 맛게 한 후에는 다음에 실내의 색채 수효를 줄일 것"[89]을 제안한다. 《매일신보》는 건축가 박길용이 진행한 '실내장식법' 강의를 토대로[90] 〈실내장식법 '우리들이 거처하는 실

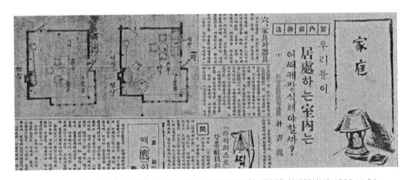

〈실내장식법 '우리들이 거처하는 실내는 어떠케 장식해야 할까?(1)'〉(《매일신보》1933.11.8.)

《신여성》 표지 (1932.4.)

내는 어떠케 장식해야 할까?(1)~(11)'〉 (1933.11.8.~11.19.)라는 연재도 진행했다. 강의 주제는 세간의 정리 요령과 실내 각 부분의 구조, 색조, 벽지 선택, 가구와 기구의 배치 방법 등이었다. 강의에서 박길용은 실내장식이란 "우리 생활을 행복스러웁게하는 조건"[91]이며 실내장식의 근본적인 목적은 거주자의 감정을 유쾌하게 만드는 데 있다는 점을 강조했다. 이러한 인식은 실내장식을 통해 가정이라는 공간을 공적 공간과 더욱 명확히 구분되는 사적 공간으로 만들어갔다.

실내장식은 예술적 행위로도 인식되었다. "실내장식에도 근대 예술은 여러 가지 영향을 주었다"라는 이유에서였다.[92] 1932년 4월호 《신여성》의 표지화를 보자. 꽃을 입에 물고 생각하는 듯한 모습으로 그려진 여성의 신체 위에는 다양한 색채와 무늬가 자리 잡고 있다. 무늬를 디자인할 때는 개인의 심미적 취향이 반영된다. 그러므로 여성의 신체 위에 있는 다양한 색채와 무늬는 그녀가 가지고 있는 욕망을 표현한 것이 된다. 따라서 이 그림은 여성이 자신의 상념을 곧 가정의 실내로 투사할 것을 예고하고 있는 것이다. 이처럼 신여성들은 집안의 장식을 결정해서 배열하는 과정에서 실내장식의 주체가 된 것처럼 보였다.

그러나 당시 사회에는 보편적으로 동의하는 아름다운 실내장식의 전형이 존재했다. 따라서 실내장식을 하는 것은 사적인 미적 활동이라기보다는 사회적인 유행을 따르는 일에 가까웠다. 유행은 그것을 따르는 이들을 결속시켜 새로운 소비주체로 만든다. 식민지 시기 일본 실내장식법 지침서인 《일본주택日本住宅 '실내장식법室內裝飾法'》·《신도안의 기초新圖案の基礎》·《역대 장식도회歷代裝飾圖繪》 같은 장식 도안 잡지가 수입된 것도 근대 여성들 사이에서 유행하는 실내장식의 수준을 높여 많은 이들이 전문가적 수준의 미학적 지식을 가지도록 교육시켜 이들을 새로운 소비주체로 만들고자 함이었다.

실내장식이 미학적 가치를 인정받게 된 것은 백화점에 장식부가 개설되면서다. 일본은 1900년에 백화점에 장식부를 설치하고 직물류·커튼·의자·커버 등의 장식품을 중심으로 일반 고객들의 주문을 받기 시작했다.[93] 1920~30년대 조선에 설치된 백화점들의 장식부도 일본을 모델로 한 것이었다. 백화점은 주로 젊은 고객층을 대상으로 그들이 꿈꾸는 이상적 실내공간을 제시하고 직접 그것을 연출하는 데 필요한 가구와 장식품 들을 판매했다. 따라서 조선의 젊은 부부들에게 백

〈탁상의 석류〉(《매일신보》 1934.11.26.)

《동아일보》 가정란 (1940.7.3.)

화점은 근대적인 미적 교양을 습득할 수 있는 공간이었다. 오윤정은 백화점에서의 상품 소비 행위가 '하이칼라'라고 불리던 젊은 부부들에게 신중산층이라는 집단 정체성을 형성시켰다고 본다. 신중산층은 부부 중심의 가정생활을 추구했는데,[94] 공통적으로 핵가족을 위한 '우리 집'을 만들고자 하는 욕망을 가지고 있었다. 이러한 '우리 집'에 대한 이상이 실내장식에 대한 관심으로 이어지면서 1940년 7월 3일자《동아일보》가정란의 이미지처럼 '취향'에 따라 사물을 배치하는 등의 활동이 근대 주부들의 새로운 일상이 된다. 1934년 11월 26일자《매일신보》의 〈탁상의 석류〉에서 볼 수 있듯이, 그녀들은 물건을 매일 새롭게 배치하는 가운데서 '예술'을 실현했다.

한편 1920~30년대 실내장식은 '집의 개조'에서부터 '가정의 개조'까지를 꾀하는 것으로써 여성운동의 표상이기도 했다. 근대 여성에게 실내장식이란 집안 내의 인테리어를 바꾸는 일뿐만 아니라 전근대적인 가정의 풍습까지 대대적으로 개조하는 일이었기 때문이다.

> 음식을 먹을 때는 여자는 여자끼리 먹고 남자는 남자끼리 먹으며 어른은 어른끼리 먹으며 할머니는 할머니 혼자 먹고 아버지는 아버지 혼자 먹는 것은 대단히 좋지 못한 일이라고 합니다. 이것은 공연한 시간과 노력을 허비하는 동시에 가정의 즐거움을 소멸시키는 것이외다. 적어도 가정에 있어서는 어떤 커다란 식탁 위에 밥과 반찬을 한 그릇에 놓고 남녀상하의 분별이 없이 서로 웃고 즐기며 재미있게 먹어야 하겠습니다. 그리하고 침실에서 밥을 먹지 말고 부엌과 가장 가까운 곳에 식당을 만들고 밥을 먹도록 개량하면 좋겠습니다.[95]
>
> — 〈지적 가정 여자 교육이 급무〉(《동아일보》 1923.1.1.)

이 같은 신여성의 발언은 한집안의 관습과 주거 공간의 배치를 송두리째 바꿔놓겠다는 도전이었다. 1920년대부터는 여성들이 본격적으로 의식주 전 영역에서의 근대화를 요구한다.[96] 여성에게 실내장식은 결코 수예 등으로 한정되지 않았던 것이다.

그러나 가정 살림을 실용적이고 경제적으로 운영해야 한다는 사회적 차원에서 여성들에게는 특히 수예가 권장되었다. "우리의 재래 자수는 사치품으로 미관상에 좋고 또는 장치품에 속하여 세탁할 수가 없음으로 그개는 밥상보를 뜨고도 더러워질 것을 염려하여 먼지를 음식에 넣어 먹게 되는 수"가 있으나 "이 새로 고안된 누비 판상보 수젓집, 방석, 보료, 저고리, 바지, 두덕이, 포대기 등은 수공에 장시간을 허비치 않고 먹지로 그리는 불편도 없고 비용도 불과 얼마 안 들고 마음대

〈미술재봉 '어머니들과 신혼 준비하실 분들께'〉 (《신가정》 1936.4.)

로 세탁할 수 있어 우리의 살림의 매우 실용"[97]적이라는 것이다. 게다가 미디어는 백화점에서 파는 물건을 그대로 사는 것보다는 작은 물건이라도 직접 자기의 이상과 기호를 표현해서 만드는 것이 훨씬 경제적이고 가치 있는 일이라고 선전했다.

수예에 '기술'적 측면이 강조되기 시작했던 것은 1930년대에 이르러서다. 최영수가 "여성의 예술적 생활에 있어서 가장 넓은 지폭을 점령하고 있는 것이 수예일 것이외다. 불란서의 어떤 부인은 말하기를 그 나라의 수예품으로서 그 나라 여성이 갖는 예술 생활의 레벨을 관측할 수 있다고까지 말하였습니다"[98]라고 한 것처럼 1930년대 여성의 수예품은 각 나라 예술성을 짐작해볼 수 있는 지표이자 국가 간의 기술적 경쟁력을 확인할 수 있는 기준이었다. 따라서 조선에서는 '가정 기예 종합 강습회'를 열어 여성들의 수예품 제작에도 기술의 단련을 강조했다. 신문에는 기술 단련에 도움을 줄[99] 미술 재봉의 기초법과 수예 도안도 소개되었다. 1930년 10월 22일자 《동아일보》는 여러 가지 무늬를 놓아 엮어나가는 모사 편물법을 소개하고 있다.[100] 그러나 대다수 여성들이 복잡한 도안 탓에 어려움을 느끼자 "수예라는 것은 본래로 그처럼 어려운 것이 안임으로 그 순서를 발바서 하시게 되면 비교적 그처럼 어렵지 안코 용이히 할 수 있읍니다"[101]라며 쉽게 가르치기 위한 방법 또한 모색하기 시작했다. 당시 여성 잡지뿐만 아니라 일반 신문의 지면에 '지상강습(紙上講習)'이란 제목으로 게재된 수예와 편물 강습 관련 기사나[102] 이미지는 그러한 움직임의 일환이었다.[103]

수예 문화의 발달에 가장 큰 장벽은 수예품을 예술품으로 인식하면서 요구되었던 창의성이었다. 당시 문제점으로 지적된 것은 목도리 같은 것을 만들 때 여학생들이 천편일률적으로 똑같은 도안을 사용한다는 것이었다. 따라서 "다른 본을 생각해내십시오, 생각해내시는 동시에 서로서로의 창작심이 이러한 데서도 생길 것이외다"[104]라는 충고와 더불어 새로운 디자인을 고안해내라는 요구가 지속적으로 있었다. 당시 '가정 수예'는 대량생산품이 아니므로 예술성을 갖춰야 한다는 인식이 지배적이었다. 따라서 "재래식 전 조선의 수예도에서 좀 더 의식적이며 예술적 다시 말하면 본격적 수예도로 들어가기"[105]가 촉구되었고, 수예에 '설계'의 의미를 지닌 '디자인' 개념이 강조되기 시작한 것이다. 또 디자인이란 기존의 도안에 나름대로 새로운 요소를 첨가하는 작업이었기 때문에 창의성이 강조될 수밖에 없었다. 여성 잡지나 신문에서는 창의적 도안의 예시로써 전문가들의 도안을 소개하며 독자들이 이를 응용해볼 것을 제안했다.[106]

실내장식의 유행은 예술을 상업의 영역뿐만 아니라 노동의 영역과

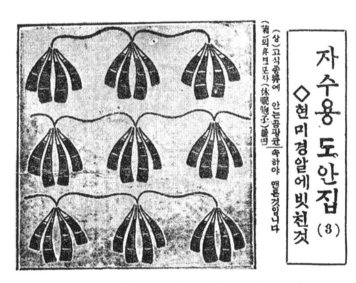

⟨자수용 도안집(3) '현미경 알에 빗진 것'⟩ 《동아일보》 1930.9.7.)

도 결합시켰다. 자수보다 시간이 덜 들고 응용이 다양하다는 점에서 편물과 수예 같은 '미술 재봉'을 배운 "부인들의 내직이 상당"[107]해졌던 것이다. '미술 재봉'은 '취미'이자 가족의 생계를 유지하기 위한 '생산 기술'이었다. 또한 스스로 가정을 개조하고 설계할 수 있는 자율적인 생산 주체로서의 여성은 가정과 민족, 국가가 요구하는 긍정적인 여성상이기도 했다. 그러나 에이드리언 포티(Adrian Forty)는 집 꾸미기를 통해 여성들이 개성을 추구할 수 있었으며, 자율성을 발휘할 수 있었다는 인식에 의문을 제기한다.[108] 당시 실내장식 전문가들 대부분이 모든 집은 집주인의 개성을 분명하게 표현해야 한다고 주장하면서도 실제로는 장식에 있어 따라야 할 매뉴얼을 제시하고 있었기 때문이다. 게다가 시장에서 선택할 수 있는 물건은 제한적이었던 것도 사회가 제시하는 표준에서 벗어날 수 없는 이유였다. 당시 모던걸과 모던보이 들이 이상적인 주거 형태라고 생각한 '문화주택'의 이미지 또한 "돈 만은

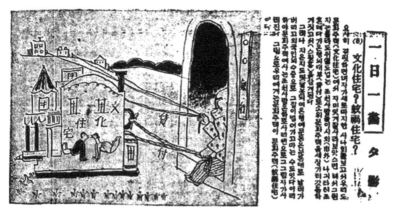

〈1일1화(8) '문화주택文化住宅? 문화주택蚊禍住宅?'〉《조선일보》 1930.4.14.) 젊은 부부의 문화주택이 대부(貸付)라는 글자가 써진 거미줄에 묶여 있다. 이 그림은 '문화주택'이라는 이상을 실현하기 위해 은행 대출도 불사했던 근대 젊은이들의 삶을 상징적으로 드러내고 있다.

사람의 문화주택에서는 향락에 넘치는 우슴소리와 어울려 백옥가티 히고 풀솜가티 보드러운 마마님의 흰 손이 건반 위에서 춤을 출 때마다 창박으로 '피아노' 소리가 흘너"[109] 나오는 풍경을 그대로 받아들인 것이었다. 결국 1930년 4월 14일자 《조선일보》의 〈1일1화(8) '문화주택文化住宅? 문화주택蚊禍住宅?'〉에서 볼 수 있는 것처럼 문화적인 것과 경제적인 것은 결코 서로 동떨어진 것이 아니었다. 문화라는 이름 아래 대중에게 접근한 자본주의의 영향력은 근대 여성의 취미뿐만 아니라 근대적인 삶의 형태를 규정하는 데까지 이르렀던 것이다.

되돌아오는 착한 여자와 나쁜 여자

1920년대 조선에 들어온 서구 문명은 수공업이 지배적이던 조선의 산업 형태를 기계 공업으로 바꾸어놓았다. 그러나 아이러니하게도 근대 여성에게는 자수나 뜨개질이 권장되었다. 자수나 뜨개질은 전통적으로 여성의 영역이었던 가정에서 이루어지기 때문이다. 1920년대 발간된 《신여성》의 표지에는 당시 실내장식 도안으로 주로 사용되었던 아라베스크 무늬, 즉 식물 줄기 무늬가 자주 나타난다. 무한한 확장 가능성을 가진 식물 줄기의 속성을 통해 증식하기 시작한 근대 여성의 욕망을 표출했던 것이다. 해당 표지화 아래에는 남성 본위의 세상에서 묵살되었던 여성의 인격을 되찾기 위해 여학생을 비롯한 신여성들이 여성해방운동에 적극 참여해야 한다는 글들이 실려 있었다. 그 계몽적인 목소리들은 조선 여성들에게 내면을 들여다보고 '개성'에 눈뜰 것을 촉구하였다.[1]

산업사회에서 생산 활동은 주로 사회적 공간에서 이루어졌으므로 근대의 공적 공간은 더욱 중요할 수밖에 없다. 그러나 사람들은 역설적으로 사적 공간인 가정에 더 주목했는데, 그것은 규율화된 생산 시스템 속에서 치열한 생존경쟁이 벌어지던 공적 공간이 많은 사회문제를 일으켰기 때문일 것이다. 산업혁명이 한창이었던 19세기 서유럽 부르주아의 실내공간은 역사와 자연을 모티프로 한 귀족적인 실내장식품으로 가득 차 있었다. 부르주아에게 실내공간은 산업사회의 냉엄한 현실로부터 벗어날 수 있는 피난처였다. 그리고 가정을 노동의 세계와 구분해주는 역할을 담당했던 것이 바로 실내장식이었다.

할 포스터에 의하면 사적인 영역과 공적인 영역 사이의 틈을 실내장식을 통해 메워보려 했던 시도에서 생겨난 것이 아르누보라고 한다.[2] 제시된《신여성》표지화는 아르누보 양식이 쓰인 것으로, 자연을 연상시킨다. 자연은 공적 영역과 사적 영역의 대립이 존재하지 않는 세계

《신여성》 표지 (1926.5.)

《신여성》 표지 (1926.7.)

이다. 아르누보 양식은 자연 공간의 곡선을 모티브로 삼은 것으로 곡선의 장식 가치를 곧 아름다움의 기준으로 받아들였는데 이는 조선이 장식을 예술의 한 장르로 인식하는 토대가 되었다.

1926년 5월호《신여성》표지화의 여성 또한 아르누보 장식을 배경으로 악기를 연주하고 있다. 서구의 예술 양식은 악기를 연주하는 여성과 조응하면서 예술적 취미로써 음악을 권장했던 1920년대 취미 담론과 연결된다.[3] 1920년대에는 취미 생활이 문명의 지표로 받아들여지면서 "빈취미증(貧趣味症)"이 만연한 조선인들의 생활을 개조하자는 목소리가 높았다.[4] 1920년대 문화 운동은 취미 생활을 장려해서 조선인들의 삶의 가치를 높이고자 했다. 문화주의는 근대 예술을 개인의 품성을 가꾸고 삶을 심미화하는 도구로 삼았으며 개인이 자신을 하나의 예술 작품으로 취급하도록 요구하기까지 했다. 취미는 이러한 사회의 요구에 부합하는 활동으로 장려되었다. 여기서 주목해야 할 것은 취미 생활이 곧바로 소비로 이어졌다는 사실이다. 서동진은 '미적 경제'에서는 상품을 예술 작품과 동일시하고, 소비 행위를 미적 취향과 라이프스타일을 드러내는 것으로 이해한다고 주장한다. '경제적인 주체'를 곧 '심미적인 주체'로 이해하는 것이다.[5] 이에 따르면 특히 여성들은 근대적인 라이프스타일을 상징하는 신가정의 실내장식을 통해 개인으로서 자아를 표출하고 자신의 '미적 교양'을 드러내는 존재였다. 또한 가정은 근대 여성의 취미 공간으로써 부덕(婦德)을 강조하는 전통성과 사적이고 내면적인 가치를 강조하는 근대성이 공존하는 영역이었다.

민족 개조 운동을 필두로 조선 사회 전반을 개혁하겠다는 취지 아래 1920년대 유행한 '사회개조' 담론은 근대 교육을 받은 신청년들의 사회변혁 의지를 반영한 것이라 할 수 있다. 근대는 개인의 인격과 자

《동아일보》 가정란 (1933.12.21.)

유, 평등이 중요해진 시기라는 점에서 혁신적이다. 1920년대 등장한 신여성 집단 역시 여성의 개성과 인격이 존중되어야 함을 주장했다. 그 결과 여성을 가부장제의 억압으로부터 해방시키고 남성과 동등한 사회적 지위에 올라갈 수 있도록 교육해야 할 필요성에서 여성계몽운동이 시작되었다. 1933년 12월 21일자 《동아일보》 가정란의 여성은 발코니에 서서 종을 바라보고 있다.

1930년대 각 신문사의 가정란과 부인란에 자주 등장한 '종' 이미지는 여성의 삶에 새로운 '경종'을 울리겠다는 취지에서 사용된 것이었다. 전통적인 생활을 근대적인 생활로 개선해야 할 주체는 여성이었기 때문이다.

근대 교육을 받으면서 지식인 집단을 이루게 된 신여성들은 가부장 제도에 짓밟혀온 조선 여성의 해방을 선언하며 의복과 생활개선 운동을 이끌었다. 이들은 여성해방의 첫걸음은 지식의 축적, 즉 교육이라고 생각했다. 따라서 독서를 강조하는 글을 지속적으로 발표했다[6] 1932년 7월호의 《신여성》처럼 여성 잡지의 표지화에는 손에 책을 들고 서 있는 여학생의 모습도 자주 등장했다. 전통적으로 "녀자는 집 안에서 살림을 하고 자녀를 양육하는 것이 텬직이오 남자는 밧게서 활동하는 것이 당연한 의무"[7]로 여겨져왔기에 1920년대 당시 조선 여성의 문맹률은 매우 높았다. 따라서 독서하는 여성의 이미지는 문자 습득을 통해 해방의 첫발을 내딛은 근대적 여성의 탄생을 의미하는 것이었다.

이같이 계몽적인 신여성 이미지는 반복적으로 생산되며 근대 여성이 추종해야 할 여성상으로 자리 잡았다.

1920년대 신여성들은 과거의 불합리한 인습과 관념을 타파하고 가부장 제도의 횡포에서 벗어나기 위한 투쟁을 시작하며 조선 여성의 해방을 목적으로 조선여성동우회를 비롯한 여러 여성단체들을 창단했다.[8] 정부 차원에서도 민법상 혼인 및 재산권의 개정, 소녀회의 검열 및 주동자 구속 등의 정책을 시행했다. 평등주의 아래 여성을 근대국가의

《신여성》 표지 (1932.7.)

국민으로 인정하게 되면 권력의 배분이 일어날 수밖에 없다. 따라서 기존 체제의 입장에서는 여성이 근대적 주체로 부상하는 것이 달갑지 않았을 것이다. 이때 사회에 진출하기 시작한 여성들을 가정으로 돌려보내려는 기존 체제의 세력에 의해 여성들은 '불량'이라는 단어로 재정의되었던 것이다. 이 움직임은 오랜 기간 동안 지속되었다. 특히 미디어와의 공조 아래 효과적으로 '불량'이라는 단어가 여성들에게 덧씌워졌다. 여성운동의 급진성과 취업 경쟁의 과열로 불안에 휩싸인 조선의 남성들은 대중매체를 이용해 여성계몽운동의 본질을 흐리고, 불량한 존재로서의 '신여성' '여학생' '모던걸'이라는 단어의 경계를 모호하게 만들었다. 특히 미디어는 여성해방운동을 비롯한 신여성의 정치적 행위를 허영과 문란, 이기주의 같은 부정적 자질에서 비롯된 것으로 그려내 신여성을 '불량소녀'이자 '모던걸'로 만들어 신여성들의 주장의 본질을 감추었다. 근대 조선은 사회에 등장한 여성을 반기면서도

이들을 경계하고 억제하고자 하는 이중적 태도를 취했던 것이다.

이는 여성의 독서를 통제해야 한다는 움직임으로 이어졌다. 안석영은 현재 조선에서 발행되고 있는 잡지 가운데는 "우리들의 부녀의 아름답고 깨끗한 일홈을 파라서- 또한 정조 부박한 나어린 사람들의 타락을 예찬하야 인도에 버스러지는 수단으로써 몽매한 사람을 흥분 식히는 데에 목적을 둔 것"이 있다고 비판하며 "지도 기관이 적고 여론이 적은 이 조선의 부인 중에 판단력이 업고 마음이 어린 이는 이러한 것들에게 마취될"⁹ 가능성이 높으므로 여성들의 독서 취향을 관리해야 한다고 주장했다. 또한 소설류의 이야기책에 대한 부녀자들의 열광은 가정주부가 가정 살림을 소홀히 할 정도였기 때문에 '불량'한 것으로 여겨졌다.¹⁰ 미디어는 이처럼 여성해방을 경계하고 규제·감독했다.

그렇다면 불량한 여성의 이미지는 어떻게 만들어졌을까. 시각문화의 발달이 두드러졌던 근대에는 거리에 등장한 여성을 하나의 이미지로 받아들였다. 그러나 "무슨 글자나 다 그러치만은 여학생이라는 글자만침 보는 사람의 주관 딸아서 빗갈이 왓다갓다 하는 글자도 만치는 못하다"¹¹라는 서술처럼 이미지는 수용자의 관점에 따라 다르게 보였다. 또한 공맹(孔孟)의 가르침을 따르는 유학자나 남학생, 오입쟁이, 시골 농민의 눈에 비친 여학생이 제각기 다른 모습이었듯이 '여학생'이란 단어는 각 이데올로기에 따라서도 다르게 정의될 수 있었다. 그것은 마치 "장님들이 모혀들어 코끼리 감정하는 격"이라 "발만 보고는 구두 신은 것을 여학생이라고 하고, 손만 보고는 책보 들은 것을 여학생"¹²이라고 하는 식이었다. 사정이 이러할 수밖에 없었던 근본적인 이유는 근대의 신문이나 잡지에서 재현되는 신여성상이 실체와 무관하게 그려졌기 때문이다. 신하경에 의하면 근대 일본의 모던걸 이미지

또한 결코 당시 여성의 실체를 반영한 것이 아니라 영화나 부인 잡지 같은 미디어에 나타난 외국의 여성상을 일본의 대중적 여성상과 접목시켜 만든 사회적 이미지였다고 한다.[13]

미디어는 다채로운 신여성의 특성을 하나로 수렴시키곤 했다. 당사자의 의사와는 무관하게 "연애만 하여도 신여성이오 단발만 하여도 신여성이오 이혼만 하여도 신여성"[14]이라고 '함부로 부르는' 태도에는 새롭거나 진보적인 것에 대해 "얼마큼 비웃는 의미도 들었

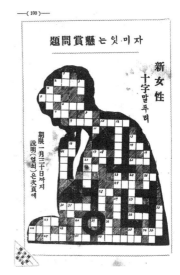

〈신여성 십자말풀이〉(《신여성》 1926.1.)

고 미워하고 냉대하는 의미도 들어" 있었다. 신여성 그 자체의 의의를 생각하기 전에 그에 대한 반발과 거부감이 앞섰던 것이다. "새것을 좋아하고 낡은것을 싫어하는 사람의 상징으로서 어찌하여 신여성이라는 새로운 것을 악용하게 되는 것입니까"라는 말에는 신여성들에 대한 당혹감과 거부감이 드러난다. 신여성을 함부로 부르는 심리 저변에는 근본적으로 진보적인 이미지에 대한 부정적인 관점이 자리하고 있었다. 물론 이 시기 근대인들에게 영화나 신문 잡지의 인쇄물을 통해 "새것을 보고 싶어 하고 새것을 듣고 싶어 하는"[15] 욕망이 존재하지 않았던 것은 아니다. 그러나 변화를 두려워하는 사람들이 새로운 문화를 받아들이는 것은 결코 쉬운 일이 아니었기에 새롭게 등장한 신여성은 1926년 1월호《신여성》의 〈신여성 십자말풀이〉처럼 '수수께끼' 존재로 형상화된 것이다. 물론 신여성을 비밀 투성이의 위험한 존재로 만드는

데 가장 큰 역할을 한 것은 미디어가 생산한 스캔들과 가십이었다. 어찌되었건 신여성이 전통적인 여성 관념에서 다소 벗어난 모습일지라도 조선은 그들을 인정해야만 했다. 신분제 폐지와 더불어 평등을 이상적 가치 가운데 하나로 내세운 근대국가는 결코 남자 구성원만으로 성립할 수 없었다. 근대 국민국가의 이상을 실현하기 위해서 국민의 일원으로 여성을 포섭해야 했던 것이다. 따라서 '국민 이상' 실현의 선두에 서야 할 여학생들에게 "나오라 쏘다저 나오라 그래지고 양(量)으로 부(富)해지고 질(質)로 순화(純化)하라"[16]며 양적 증가와 교육을 독려했다.

　거리로 나온 신여성들의 모습에는 조선에 깊이 침투한 제국주의와 식민지 자본주의의 흔적이 고스란히 드러난다. 미디어에 등장하는 신

〈만화자가 예상한 1932(2) '모껄 제3기 1932년 모껄 시위행렬'〉
《조선일보》1932.1.19.)

여성들은 유행의 선도자로서 늘 사치품으로 몸을 치장한 모습이었기 때문이다. 곧 여성의 몸은 자본주의의 유혹에 넘어간 조선을 상징하는 것으로 받아들여졌다. 따라서 "조선의 모던껄들은 성격으로나 자본주의 생활로나 화류병으로나 임이 제삼기의 파산기를 훨신 넘어스고 잇"[17]다는 모던껄 파산론은 조선의 위기론으로 직결되었다.

〈만화자가 예상한 1932(2) '모껄 제3기 1932년 모껄 시위행렬'〉에서 안석영은 모던걸의 신체를 파편화해 각각을 상품처럼 늘어놓고 있다. 거리 위를 활보하는 모던걸을 살아 있는 마네킹으로 취급하고 있는 것이다. 모던걸들이 자본주의 상품에도 이동성을 부여한 것은 사실이다. 서울에 상경해 공부하던 여학생들이 귀향길에 자본주의 상품을 가져가곤 했던 것이다. 방학을 맞이한 여학생들이 귀향하기 전에 백화점에 들러 시골 부모님께 드릴 선물 대신 자신의 화장품을 사는데 급급해하는 모습이 이기적이고 부도덕한 '못된걸'로 나타난 것은 그 때

〈1930년 녀름〉(《조선일보》 1930.7.19.)

문이다.[18]

또한 이 이미지는[19] 유행을 추종하며 소비에 탐닉하는 신여성들을 장식처럼 그린 것으로, 신여성의 모습을 비판하는 데 자주 활용되었다. 상품경제가 '레뷰' 같은 형식으로 여성들의 모습을 광고에 적극 활용했던 이유는 여성 소비자를 통제하기 쉽게 집단화하기 위한 것일 뿐만 아니라 상업미술에서는 특히 질서 있는 배치가 중요했기 때문이다. 그러나 가부장적 체제 내에서 소비하는 여성의 집단화된 이미지는 혐오스럽고 불량한 것으로 인식되었다. 신여성들의 집단적 움직임은 "'마쓰(군중)'라는 위대한 폭군"[20]에게 복종하여 "달게 하는 종살이"로 비유되며 자유의지 없이 군중 심리에 이끌려 유행을 따르는 그들의 허영과 굴종 심리에서 비롯되는 것으로 여겨졌다. "시대에 뒤떨어졌다"는 말을 사형선고로 받아들이고 유행을 따르는 데 급급한 신여성의 소비 행위는 식민지라는 상황에서 나타난 히스테리적 증상이라는 것이 당시 사회가 내린 진단이었다. 국가는 매스게임처럼 체제를 유지하기 위한 여성 대중의 장식성만을 인정했던 것이다.

신여성의 소비 행위에 대한 도덕적 비난은 악과 유혹에 대한 처단을 꿈꾸는 가부장적 사회의 욕망이 반영되어 있었다. 근대에는 유행이 "너무 가속도로 변하는"[21] 탓에 어제의 유행이 오늘의 옛것이 될 정도였다. '모던'을 종교로 삼은 모던걸과 모던보이는 온갖 유행에 "황홀히 정신을 일코 미친 듯이 그의 일거일동과 어릿광대적 복색까지도 모방"[22]한다고 비판받았다. 이것은 "유행이라는 전염병 가튼 괴물은 시간의 유전(流轉)을 따라서 영원히 근절되지 안을 것"[23]이기에 더욱 문제였다. 따라서 "유행의 황홀한 의장과 요염한 화장에 세련되지 못한 서투른 표정의 흉내는 불량녀나 매소부로 밧게 보이지"[24] 않는다며 "마음과 행동의 아름다움과 새로움"으로 자아를 재형성시켜야 한다는 계도의 목소리가 높았다.

식민지 시기에는 1925년 1월 14일자 《동아일보》 만화처럼 기근이나 일본의 착취에 삶의 방편을 찾아 떠나는 이주 노동자들을 묵시록적으로 그린 이미지들도 많았는데, 이는 시대적 상황이 그만큼 좋지 않았다는 것을 보여준다. 이러한 시대적 상황 속에서 "겨울이 되어 엄한에도 배곱하 떨면서도 칠피 구두와 여호털 목도리는 놋치 안는 괴이한 여자"와 "거처하는 곳의 벽마다 빈대 피난초 그림과 뚜러진 장판을 바르지 안코 이불 요 밋헤서 구데기가 나도 얼골에 분만 바르고 하부다에(순백색의 비단)를 두르고 개털 목도리라도 두르고 길로"[25] 나서는 여성들에 대한 비난은 거셀 수밖에 없었다. 이주홍은 1939년 12월 28일자 《동아일보》의 〈요지경 '신학설 이전'〉에서 지구상에 서식하는 여우와 여자의 수가 동일하다며 여우 목도리의 유행 현상을 풍자했다. "여

〈동아만화〉(《동아일보》 1925.1.14.)

자 명색하고 여호 안 둘른 사람은 한 사람도 없"[26]는 종로 거리는 요지
경의 세상이라는 것이 그 내용이었다. 피식민지 대중들에게 사회나 민
족, 국가의 대의가 아닌 개인의 욕망에 충실한 근대 여성은 '호귀(狐鬼)
의 출몰'로 받아들여졌다. 그럼에도 여전히 신여성들은 여우털 목도리
에 대한 욕망에 들끓고,[27] "여호털을 뒤집어쓰고 다"[28]니며 남성을 유혹
하는 요괴 같은 존재가 되길 자처했다. 논평자들은 "거리로 기어다닐
여우씨"들 때문에 "문명한 거리에는 마치 동물원이 제멋대로 전개된
세음"[29]이라며 우려와 비난의 소리를 높였고,《매일신보》는 〈여호털 목
도리〉라는 제목으로 신여성들이 여우 목도리 때문에 총을 맞는 모습
을 그린 이미지를 싣기도 했다.[30]

1925년 5월 10일자《동아일보》의 〈동아만화〉처럼 "소위 신여성"[31]이
"'피아노' '연애' '돈' '자동차' '미남자' '미국 유학생' '사치' '음난'의 기
표로 채워지는 '불량소녀'"로 전형화된 것은 이때부터이다. 불량소녀

〈동아만화〉(《동아일보》 1925.5.10.)

漫画 요지경 李周洪

新學說以前

新解의 敎授「여사람이 地球
上에 棲息하는 여호가얼마
되는줄 아는가?」
敷學先生「그것야아地球上
여인는 女子의 數와 똑갓
을 테지헤야될나아 보게
女子행색하고 여호
앗물른 사람은 한사
탐도없으니까」

〈요지경 '신학설 이전'〉 《동아일보》 1939.12.28.

여호털 목도리

검색, 대어목도리, 그포웅이숙에니여성 하마드면, 네가
총마진빈했다」

〈여호털 목도리〉 《매일신보》 1934.11.26.

인 신여성들이 이룬 '신가정' 역시 "요것이 신가정인가"라며 풍자의 대상이 된 것도 이때부터였다.[32] 미디어는 신여성들의 사치스럽고 게으른 성향만을 부각시켰다. 신여성의 등장을 가부장적 질서에 대한 도전으로 받아들인 남성 중심의 사고방식이 반영된 결과였다.

천정환은 근대사회의 질서와 주체의 변화에 대한 남성들의 방어기제는 두 가지 유형의 웃음으로 나타났다고 주장한다. 하나는 '약한 존재'가 되어 가고 있는 남성 자신을 풍자하는 것이고, 또 하나는 여성을 비하와 조롱의 대상으로 삼음으로써 불안을 해소하는 방식이다.[33] 즉 남성들이 신여성을 '불량소녀'로 전형화한 것은 신여성을 비하와 조롱의 대상으로 삼음으로써 남성들이 느끼는 불안을 완화시키고, 더 나아가 그들을 기존의 질서에 맞게 길들이기 위함이었던 것이다. 이처럼 모던걸을 향한 비방 가운데는 여성을 견제하고 훈육하려는 의도가 다분히 반영되어 있었다.

하지만 광고는 지속적으로 신여성을 사회적 개혁의 주체로 삼았다. 자본주의 체제는 생활 개선을 모토로 삼은 근대화의 프로파간다를 전략적으로 활용하며 기초 소비 단위인 가정을 공략했다. 특히 '아지노모도(味の素)' 광고는 이상적인 '신가정'의 모습을 제시하는 방식으로 신여성들을 공략했다. 아지노모도는 "최소의 경제와 순간적 수고로 모든 음식을 맛있게" 생산하는 새로운 방법을 제시할 뿐만 아니라 음식 준비나 상차림, 먹는 매너 등에 이르는 식문화 까지도 변화시킨다고 광고했다. 결국 이를 가정에 상비하지 않는다면 "문화에 뒤진 것"(《삼천리》 1935.8.)으로 여겨질 정도로 아지노모도는 근대화의 대표적인 상징물이 되었다. "가정경제 개혁 단행"(《동아일보》 1938.5.8.)이 아지노모도의 사용에서부터 시작된다고 할 정도였다.

1938년 9월호《조광》에 게재된 "안해의 음식 솜씨를 도두고 수고를 덜어주고 경제(經濟)하시는 남편은 잊지 안코 아지노모도를 사오시지요!"라는 광고 이미지는 신가정의 다정한 부부상을 그린 것이다. 이처럼 광고는 점차 신가정에 적합한 가족 구성원들의 역할도 규정하기 시작했다. 1929년 5월 15일자《동아일보》에는 "가뎡부인이여 모-든 음식을 맛잇게 하야 하로종일 일하고 피로하야 도라오시난 이와 일가뎡이 유쾌한 식사를 하게 하는 것이 얼마나 큰 책임입니까"라는 여성 강연에 "열변"과 "박수"로 답하는 아지노모도 광고가 실렸는데, 여기서는 가정주부의 역할을 노동의 세계에서 시달린 남편을 위해 안락한 가정을 꾸리는 것으로 규정짓고 있다.

또한 1937년 11월호 잡지《여성》에서는 "아지노모도로 저녁 음식을 조리해놓고 남편을 기다림은 즐거운 일과며 여성의 특권"이라며 가정주부의 뒤로 근대적인 조리도구들을 배열해 여성들에게 가정의 근대화라는 차원에서 조리기구를 이용해 가사 노동 시간을 절약하고 살림살이를 합리적으로 꾸릴 것을 제안한다.《조광》도 1936년 3월호에서 "현명한 주부는 아지노모도로 시간과 경제를 절약하면서도 맛잇는 요리를 맨들어서 식탁의 단락(團欒)을 맛본다"라는 이미지를 제시해 합리적이고 경제적으로 살림을 꾸려가는 '현명한 주부' 이데올로기를 퍼뜨렸다.

특히 1937년 7월호《여성》의 경우 "화장을 하야 얼골을 곱게 하는 것도 여성의 직책이거니와 아지노모도로 조리한 맛잇는 밥상으로 가정의 평화를 직힘이 더 한층 여성을 아름답게 뵈이게" 한다며 근대 이상적인 여성상과 아지노모도를 연결지었다. "개성을 도도어 화장하고, 음식을 아지노모도로 더부러 맛잇게 조리하고, 손수 바느질하는 자대야 말로 참된 여성의 아름다움"이라고 설파하는 1939년 3월호《여성》의 광고 문구 또한 개성을 적극적으로 표현하는 모던함과 '아지노모도'를 구매하여 요리하는 합리성, 손수 바느질하며 가정경제를 살피는 경제성을 모두 갖춘 모습을 바람직한 근대의 주부상으로 제시했다.

광고가 만들어낸 근대 주부상은 신가정을 상품 소비 단위로 편성해나가면서 아지노모도가 "신가정의 량식"[34]으로 자리 잡도록 도왔다. 아지노모도는 "맛잇는 미각은 사람에게 차별업시 다가치 가진 바" "평등의 위안"[35]을 주며 "새로운 생활에"[36] 적합한 것으로 선전됐다. 특히 여학교를 졸업한 "지식 잇난 부인"이 꾸리는 "이상적 가정"[37]에서 마땅히 구비해야 할 품목으로 "'신여성'의 필수품"[38]으로까지 여겨졌다. 광고는 아지노모도를 근대의 상징으로 제시하며 여성들의 욕망을 부추겼다. 근대 여성이라면 누구나 그 "애용자"[39]여야 한다며 소비 공동체를 형성하려는 의도였다.

그러나 아지노모도 광고는 이중성을 띠고 있었다. 아지노모도를 구매하는 여성들을 신여성이라는 이름 아래 하나의 소비 공동체로 조직해나가는 미디어의 행위는 여기에 속한 이들과 속하지 않은 이들을 구분 짓는 행위이기도 했던 것이다. "모든 녀성이여!"라는 구호와 함께 "오늘부터라도 곳 쓰십시오"[40]라는 문구는 물품을 구매하지 않아 "모든 녀성"에 속하지 못한 다른 여성들의 심리를 자극했을 것이다. 그래서 아지노모도 광고는 "음식 솜씨의 비밀?"[41]을 은밀히 알려주는 형식을 취한 것이 많았다. "모든 음식을 맛잇게 잘하난 료리 선수의 비밀은 세상이 다 아는 아지노모도입니다. 모든 음식에 아지노모도만 사용하시면 누구든지 요리 선수!"[42]라는 말로 "음식 솜씨"[43]의 비밀을 알게 된 사람들만을 따로 분리해 소속감을 심어주곤 했다. "아지노모도 애용

《조광》에 실린 아지노모도 광고 (1938.9.15.)

《동아일보》에 실린 아지노모도 광고 (1928.10.10.)

《여성》에 실린 아지노모도 광고 (1939.3.)

《동아일보》에 실린 아지노모도 광고 (1928.6.4.)

《동아일보》(1935.6.10.)

자"[44]이자 "아지노모도당"[45]이라는 문
구는 그 전략이 얼마나 유효했는지 보
여준다.

아지노모도 광고를 통해 우리는 근
대 자본주의 소비문화가 기존의 가부
장적 체제에 맞게 현모양처 이데올로
기를 구현해나가는 모습을 확인할 수
있다. 동시에 여성의 소비 행위가 유
행을 따르는 집단적인 행위에 불과한
것으로 격하되는 과정도 볼 수 있다.
자본주의 경제체제는 자유로운 소비
활동이 가능해진 여성들을 동일한 미
적 취향을 가진 집단으로 만들어 소비 이데올로기를 강화하는 데 적극
활용했다. 각 이데올로기에 따라 근대 여성 대중의 집단적 시각성은
유행과 규율을 환기시키는 계기가 되었다. 자본주의 그리고 가부장제
와 국가 체제는 소비하는 여성의 이미지를 각자의 이익에 따라 관리·
경영하는 '이콘의 경제학'[46] 형식을 취해 체제의 이데올로기를 뒷받침
해왔다고 할 수 있다.

근대 여성이 시각적으로 조명받기 시작한 것은 그들이 공적 영역인
도시의 대로에 진출하면서다. 거리에는 그들을 향해 "온 요사히 여학
생들은 기생인지 불량소녀인지 분간을 못하겟드라"라며 폭언을 토하
는 "모던뽀이"가 있는가 하면 "편발 처녀(編髮處女)들이 엇저면 그럿케
시큰둥스러울가" 하며 침을 뱉는 노인들이나 "참 무엇이니 무엇이니
하야도 요사히 여학생들밧게 틈실하고 조흔 것은 업데" 하며 침을 흘

리는 남학생들이 있었다.[47] 이들은 모두 여학생의 외식(外飾)과 육체에만 집중했다. 그리고 미디어의 발달은 철저히 남성의 입장에서 여성을 이런 식으로 시각화했다. 1934년 3월호《별건곤》의 표지화를 보자. 거리 한복판의 신여성이 남성 앞에 배치된 구도는 근대에 이르러 발생한 젠더 구조의 변동을 반영한 것으로 볼 수 있다. 그러나 주목해야 할 것은 남성이 팔짱을 낀 채 먼 산을 바라보는데도 그를 의식하고 있는 여성의 모습이다. 마치 보이지 않

《별건곤》 표지화 (1934.3.)

는 곳에서 남성이 여성을 감시하고 있다는 듯이 말이다. 즉 이 그림은 철저히 남성 위주였던 미디어의 시선을 드러내고 있다. 안석영이 그린 이 표지화는 해당 잡지 속 입선소곡(入選小曲) 〈나도 몰라요〉와 공명하며 근대 대로(大路) 문화 속 젠더 구조를 드러내고 있다. 거리 위에서 남성의 시선을 의식하며 끊임없이 자신을 현시하고 있는 신여성은 〈나도 몰라요〉의 화자처럼 전통적인 여성상에서 크게 벗어나지 않은 모습이면서도 동시에 춘정을 이기지 못하고 '나도 몰라요'라며 욕망을 표출하는 이중적인 모습으로 표현되었다. 이처럼 미디어는 여성에게 해방과 자유의 문을 열어주는 동시에 성차의 질서를 따르도록 관리하고 규율하는 이중적 역할을 했다.[48]

당시 조선 사회는 거리 위에서 만난 이성과 자유로이 접촉하는 모던걸의 성적 개방성을 위협으로 받아들였다. 미디어는 여성해방을 부르

짖으며 가정과 성적 억압에서 해방된 여성들이 급격히 증가하며 경성이 '에로' 도시화됐다고 비판하기에 이른다.[49] 그리고 '에로'는 경성의 이중성에 의해 더욱 증폭됐다는 지적이 뒤따랐다. "압거리는 애스팔트! 뒷골목은 청질통! 낮에는 신사숙녀! 밤에는!"이란 말처럼 전혀 다른 이 도시의 "표리(表裏)"[50]가 불량성을 양산한다는 것이었다. "여학생을 유인하는 소굴이 만"[51]은 경성의 길거리는 매음굴과 동일시될 정도였다.[52] 도시에서 값비싼 장신구로 치장하고 정조를 쉽게 내던지는 불량소녀들의 출현에 가부장적 사회는 복장 단속과 정절 이데올로기를 강화해 여성의 성을 관리하고자 했다.

여학생을 '내외를 튼 존재'[53]라고 정의하는 데서 우리는 공간의 분리를 성적 차이에 따른 불가피한 것으로 인식했던 가부장적 사고를 읽어낼 수 있다. 전통적인 시각에서 여성은 남성의 소유물로서 가정 내에 있어야만 했으므로 거리 위의 여성은 매춘부 취급을 받았다. 거리 위에 등장한 여성들이 펼친 활동들은 '꼴불견'으로 이미지화되었고, '남들이 좋아하는 여자와 싫어하는 여자'라는 기준을 세우는 것은 곧 여성의 불량성을 부각시켜서 교화하고자 하는 가부장적 욕망의 표출이었다. 순수한 여자와 음란한 여자를 구별하려는 남성들의 욕망에서 시작된 '착한 여자/나쁜 여자'의 이분법은 국가와 가부장 체제, 그리고 자본주의 시스템이 여성을 관리할 수 있는 효율적인 명분이었다. 새 시대에 적합한 이상적 여성상을 창조해내는 과정도 마찬가지였다. 조선 여성들이 자기 정체성을 정립하는 데 참고할 모델이 필요해지자 미디어는 국가가 상상하고 기대하는 조선 여성의 모습을 제시하는 데만 집중했다. 당시 미디어는 이미지로 좋고 나쁜 행동들의 목록을 제시해 여성들이 훈련 지침으로 삼도록 했다.[54]

잡지와 신문은 탈선의 심판대 역할을 맡아 불량학생의 수기도 자주 실었다. 불량소녀들이 고백의 형식으로 '죄'를 인정하며 기존의 사회 질서에 순응하겠다고 다짐하는 것이 일기나 수기의 주된 내용이었다. 미디어는 근대 여성이 스스로를 스펙터클한 존재로 연출하며 나타나는 문제를 여성들이 "동물의 본능"[55]을 지닌 탓으로 돌렸다. 이는 이미지 수용자를 도덕적 재판관이자 숨은 공모자로 만들었다. "그 사람의 입은 옷의 빛깔 맵시 치마기리 소매부리 같은 것을 눈역여본다면 곧 그의 맘씨를 알아낼 수가 잇"다는 전제는 "굽 높은 뾰족구두, 고양이 모양을 한 핸드빽에 잘끈한 외투를 입은 단발랑"을 "제법 새것을 좋아하는 불량소녀 축에서 한목 보는 여자"[56]로 인식하게 만들기 때문이다. 여성의 외식은 곧 도덕성을 판가름하는 기준으로 작용했다. 하나의 사진으로 모든 것을 판단하는 대중의 시선에서 이미지는 사실을 반영한

〈즈로―쓰의 죄〉 (《신여성》 1933.8.)

것으로 받아들여졌다. 그러나 이미지는 특정한 문화나 이념을 공고히 하기 위한 이데올로기의 반영물이었으며, 분명 근대 불량소녀의 문제는 전적으로 개인의 문제라기보다는 사회 구조의 문제였다. 그럼에도 불구하고 근대 조선에서 미디어는 과도기의 무질서에서 기인한 혼란을 여성 개개인의 성적 방종 탓으로 돌려버렸고, 이것이 근대 이후에도 체제에 위기가 닥칠 때마다 반복적으로 사용되는 이미지로 자리 잡고 만 것이다.

프롤로그

1. 바네사 R. 슈와르츠, 노명우 역,《구경꾼의 탄생: 세기말 파리, 시각문화의 폭발》, 마티, 2006, 7~15쪽 참조.

2. Liz Conor,《*The Spectacular Modern Woman*》, Indiana UP, 2004 참조. 리즈 코너의 생각들은 이 책을 구성하는 데 많은 영향을 주었다. 식민지 사회 내의 근대적 변화를 파악하려면 제도적 차원의 '규율 권력'뿐만 아니라 소비문화의 헤게모니라는 측면에서 '욕망하는 주체'에 주목하며 당대의 시각문화에 접근할 필요가 있다.

3. Laura Miller and Jan Bardsley,《*Bad Girls of Japan*》, Palgrave macmillan, 2005, 5쪽.

4. '불량국가'라는 개념은 자크 데리다의 책을 그대로 인용하자면 "최근 몇십 년 전부터 미국 행정부가 고발하고 있는 국가, 즉 세계 공동체의 법 앞에서 국가의 의무와 국제법상의 의무를 이행하지 않으며 법을 조롱하고 법치국가를 우롱하는 국가인 'rogue state'에 대한 애매모호한 최근의 번역어이다."(자크 데리다, 이경신 역,《불량배들: 이성에 관한 두 편의 에세이》, 휴머니스트, 2003, 12쪽.)

5. 〈1930년 에로·그로 尖端相, 에로·그로·넌센스 亂舞한 諸尖端相(1)〉,《조선일보》1931. 1. 2.

6. 김안서, 〈毛斷걸과 남성해방연맹(2)〉,《동아일보》1927. 8. 23.

7. 심훈, 〈여우 목도리〉,《동아일보》1936. 1. 25.

8. 장어진, 〈조고마한 반항〉,《신여성》5권 1호, 1931. 1, 23~24쪽.

9. 이갑기, 〈街頭風景(5) '선술집 풍년'〉,《중외일보》1930. 4. 16.

10. 기 드보르, 이경숙 역,《스펙타클의 사회》, 현실문화연구, 1996.

11. 〈春光點描(1)〉,《동아일보》1934. 3. 30.

12. 〈春光點描(3)〉,《동아일보》1934. 4. 1.

13. 바네사 R. 슈와르츠, 노명우 역,《구경꾼의 탄생: 세기말 파리, 시각문화의 폭발》, 마티, 2006 참조.

14. 이도훈, 〈영화의 장식성 예찬: 지크프리트 크라카우어의 사진적 이미지와 영화〉,《영상예술연구》22호, 2013, 278쪽 참조.

15. 히라타 유미, 임경희 역,《여성 표현의 일본 근대사》, 소명, 2008, 12쪽.

1부 1장

1. 〈江心의 流燈 岸上의 炬火〉,《매일신보》1918. 7. 19.

2. 〈한강관화대회〉,《매일신보》1917. 6. 10.

3. 〈한강관화대회〉, 《매일신보》 1917. 6. 20.

4. 〈관화대회장 가는 순서〉, 《매일신보》 1917. 6. 22.

5. D기자, 〈不夜城風景 (4) '전화교환국'〉, 《동아일보》 1932. 11. 26.

6. A기자, 〈不夜城風景 (1) '百貨商篇'〉, 《동아일보》 1932. 11. 22.

7. 《동아일보》, 1932. 11. 22.

8. 朴露兒, 〈카페의 情調, 서울 맛·서울 情調〉, 《별건곤》 23호, 1929. 9, 43쪽.

9. C기자, 〈不夜城風景 (3) '카페 편'〉, 《동아일보》 1932. 11. 25.

10. E기자, 〈不夜城風景 (5) '극장 편'〉, 《동아일보》 1932. 11. 27.

11. 〈不夜城의 萬戶長安, 信號一聲에 暗黑天地!〉, 《동아일보》 1933. 6. 4.

12. 〈要處마다 警戒는 嚴重 店鋪는 대부분 撤市〉, 《동아일보》 1933. 6. 15.

13. 一記者, 〈거인 김부귀를 요리했소〉, 《별건곤》 1930. 9.

14. 〈모던-복덕방〉, 《별건곤》 1930. 11, 150쪽.

15. A기자, 〈不夜城風景 (1) '百貨商篇'〉, 《동아일보》 1932. 11. 22.

16. 안석영, 〈晩秋風景 (9) '昇降機의 魅力'〉, 《조선일보》 1933. 10. 29.

17. 화신주단 포목부, 〈유행게를 찾어서 (上) 유행은 누가 지어내나?〉, 《동아일보》 1937. 6. 3.

18. 銀座行人, 〈新春銀座夜話〉, 《개벽》 1호, 1934. 11, 89쪽.

19. 〈백화점 풍경〉, 《조광》 1937. 4.

20. 〈暴露主義의 商賈街〉, 《조선일보》 1934. 5. 14.

21. 〈金風蕭瑟〉, 《조선일보》 1930. 10. 5.

22. 〈대경성 광무곡〉, 《별건곤》 1929. 1, 83~84쪽.

23. 안석영, 〈都會點景 (1)〉, 《조선일보》 1934. 2. 7.

24. 강심호, 《대중적 감수성의 탄생: 도박, 백화점, 유행》, 살림, 2005, 54쪽 참조.

25. 鄭秀日, 〈진고개, 서울 맛·서울 情調〉, 《별건곤》 23호, 1929. 9.

26. 김진섭, 〈綺語雜學 (14) '百貨店中'〉, 《조선일보》 1933. 2. 26.

27. 김백영, 〈제국의 스펙터클 효과와 식민지 대중의 도시 경험〉, 《사회와 역사》 75호, 2007 참조.

28. 서광제, 〈봄의 전주곡 (1) '데파-트 화장 (상)'〉, 《조선일보》 1933. 2. 16.

29. 〈범죄의 양조장, 백화점 경비, 본정서에서 대책 협의〉, 《조선일보》 1934. 2. 17.

30. 서광제, 〈봄의 전주곡 (1) '데파-트 화장 (상)'〉, 《조선일보》 1933. 2. 16.

31. 손정목, 《일제강점기 도시사회상 연구》, 일지사, 1996, 202~211쪽 참조.

32. 〈박람회 구경을 왔다 길 일코 헤매는 鄕客들〉, 《동아일보》 1935. 5. 4.

33. 〈박람회 바람에 집 나간 처녀 총각〉, 《동아일보》 1935. 5. 14.

34. 〈未備하나 豫定대로 開場, 定刻前에 万頃人波〉, 《동아일보》 1929. 9. 13.

35. 〈構造부터 堅固雄壯한 國防館內外偉觀 육해공 전투의 파노라마와 科學的 武器의 陳列〉, 《매일신보》 1932. 7. 21. 참조.

36. 〈할 일 업는 사람들〉,《조선일보》1929. 8. 25.

37. 〈기생의 시중 순회와 광대 일행〉,《매일신보》1915. 9. 12.

38. 〈寫眞은 上으로부터-滿洲部隊의 武器一部(背景은 山田新一畵伯의 파노라마)兒童國의 名物 小型汽車試運轉, 滿洲色이 豊富한 出品, 會場依女看守〉,《매일신보》1932. 7. 21.

39. 〈만몽박화보〉,《매일신보》1932. 8. 10.

40. 〈만몽박화보〉,《매일신보》1932. 7. 28.

41. 이각규,《한국의 근대박람회》, 커뮤니케이션북스, 2010, 526쪽 참조.

42. 〈휴지통〉,《동아일보》1923. 10. 5. 참조.

43. 요시미 순야, 이태문 역,《박람회》, 논형, 2004, 44~45쪽 참조.

44. 신지영,〈과학이라는 인종주의와 복수의 지방화: 박람회(1903, 1915, 1929)에 나타난 '적극적 수동성'과 '욕망을 동반한 거부'〉,《문학과 과학 2》, 황종연 엮음, 소명, 2014, 467쪽 참조.

45. 〈박람회와 警戒〉,《동아일보》1929. 8. 21.

46. 제프리 슈나프·매슈 튜스, 양진비 역,《대중들》, 그린비, 2015, 64~65쪽 참조.

47. 김계원,〈파마와 제국: 근대 일본의 국가 표상과 파노라마의 시각성〉,《한국근현대미술사학》2008, 37쪽 참조.

48. 〈構造부터 堅固雄壯한 國防館內外偉觀 육해공 전투의 파노라마와 科學的 武器의 陳列〉,《매일신보》1932. 7. 21.

49. 안석영,〈도회풍경(4) '博覽會狂'〉,《조선일보》1929. 6. 8.

50. 안석영,〈만화자가 예상한 1932(4) 봇다리 시대 - 1932년 봇다리 세상〉,《조선일보》1932. 1. 28.

51. 〈'스리'의 한갑날〉,《조선일보》1929. 9. 22.

52. 〈횡설수설〉,《동아일보》1929. 8. 10.

53. 晶月,〈一年만에 본 京城의 雜感〉,《개벽》49호, 1924. 7, 86쪽.

54. 〈창 밧게 락엽 소리 들리는 가을철은 나날이 깁허간다〉,《동아일보》1924. 10. 2.

55. 〈일허버렷든 딸을 운동 구경 갓다 邂逅〉,《동아일보》1925. 10. 20.

56. 〈시골 손님들에게〉,《동아일보》1935. 4. 22.

57. 〈서울 구경 오는 사람 하로에 삼만여 명!〉,《동아일보》1935. 4. 25.

58. 一記者,〈2일 동안에 서울 구경 골고로 하는 法, 시골親舊 案內할 路順〉,《별건곤》23호, 1929. 9, 58~63쪽.

59. 〈未備하나 豫定대로 開場, 定刻前에 万頃人波〉,《동아일보》1929. 9. 13.

60. 春坡,〈서울 구경 왓다가 니저버리고 가는 것〉,《별건곤》23호, 1929. 9, 130쪽.

61. 〈連作滑稽小說 '시골 아저씨의 서울 구경'〉,《별건곤》53호, 1932. 7, 34~39쪽.

62. 〈시골 손님들에게〉,《동아일보》1935. 4. 22.

63. 〈시골 손님을 맞이하면서〉,《동아일보》1935. 4. 25.

64. 安邊 金雲波, 〈不良한 四角帽에게 妓生집에 끌녀서, 서울은 낭이다! 京城와서 속아본 이약이(各地各人의 實地經驗談)〉,《별건곤》23호, 1929. 9, 119~121쪽.

65. 開城 任萬壽, 〈妖術쟁이에게 속아, 서울은 낭이다! 京城와서 속아본 이약이(各地各人의 實地經驗談)〉,《별건곤》23호, 1929. 9, 121~122쪽.

66. 유도순, 〈유무어 漫筆 '서울 구경온 老婆-내가 묵는 려관이 어대요-'〉,《동광》4권 1호, 1932. 1, 108~109쪽 참조.

1부 2장

1. 김기란, 〈근대계몽기 스펙터클의 사회, 문화적 기능 고찰〉,《현대문학의 연구》23호, 2004, 참조.

2. 박명진, 〈1930년대 경성의 시청각 환경과 극장문화〉,《한국극예술연구》27집, 2008, 77쪽.

3. 김백영, 〈제국의 스펙터클 효과와 식민지 대중의 도시경험: 1930년대 서울의 백화점과 소비문화〉,《사회와 역사》75집, 2007, 77쪽 참조.

4. 〈大京城〉,《조선일보》1935. 1. 1.

5. 박명진,《문화, 일상, 대중: 문화에 관한 8개의 탐구》, 한나래, 1996, 161쪽 참조.

6. 〈30년 후의 대경성(1)〉《매일신보》1926. 1. 10.

7. 〈30년 후의 대경성(終) '흥폐 존망은- 부민의 각성 여하'〉,《매일신보》1926. 1. 21.

8. 〈대경성의 자랑은 이것?〉,《시대일보》1924. 12. 13.

9. 기자 이길용, 사진반 문치장, 조종 일등병사 신용욱, 〈新錄의 大京城 俯瞰記(5)〉,《동아일보》1933. 6. 12.

10. 기자 이길용, 사진반 문치장, 조종 일등병사 신용욱, 〈新錄의 大京城 俯瞰記(3)〉,《동아일보》1933. 6. 9.

11. 기자 이길용, 사진반 문치장, 조종 일등병사 신용욱, 〈新錄의 大京城 俯瞰記(1)〉,《동아일보》1933. 6. 5.

12. 기자 이길용, 사진반 문치장, 조종 일등병사 신용욱, 〈新錄의 大京城 俯瞰記(6)〉,《동아일보》1933. 6. 15.

13. 기자 이길용, 사진반 문치장, 조종 일등병사 신용욱, 〈新錄의 大京城 俯瞰記(11)〉,《동아일보》1933. 6. 24.

14. 기자 이길용, 사진반 문치장, 조종 일등병사 신용욱, 〈新錄의 大京城 俯瞰記(6)〉,《동아일보》1933. 6. 15.

15. 기자 이길용, 사진반 문치장, 조종 일등병사 신용욱, 〈新錄의 大京城 俯瞰記(9)〉,《동아일보》1933. 6. 21.

16. 〈'카메라'는 현대인의 뱃곱〉,《조선일보》1937. 3. 12.

17. 〈예술사진〉,《동아일보》1930. 2. 13.

18. 〈懸賞寫眞募集 여름은 카메라의 時節! 팬들은 續續應募하라〉,《매일신보》1933. 7. 7.

19. 1930년대 말 조선 반도가 전시체제에 돌입한 후로는 해마다 격증하는 '카메라'에 대한 수효가 방첩 운동의 방해 요소로 작용했다. "여행 유람 중에 기렴촬영 또는 기차 대합실에서 기차를 기다리다가 지루하면 선로를 촬영한다거나 높흔 곳에서 내려다보고 촬영하는 등의 부주의가 원인이 되"어 "이러케 박은 사진이 잘못하야 '스파이' 손에 들게 되면 그야말로 국가를 불리게 할 결과"를 초래하게 된다는 것이 군사 당국의 논리였다. 〈防諜의 關心薄弱, 年復年으로 격증되는 '카메라' 禍〉,《매일신보》1941. 1. 14.

20. 〈캐메라산보(2)〉,《조선일보》1934. 7. 14.

21. 〈캐메라산보(3)〉,《조선일보》1934. 7. 17.

22. 〈캐메라산보(6)〉,《조선일보》1934. 7. 20.

23. 〈캐메라산보(4)〉,《조선일보》1934. 7. 18.

24. 〈캐메라산보(5)〉,《조선일보》1934. 7. 19.

25. 〈캐메라산보(7)〉,《조선일보》1934. 7. 21.

26. 〈캐메라산보(8)〉,《조선일보》1934. 7. 24.

27. 천정환, 〈관음증과 재현의 윤리: 식민지 조선에서의 '근대적 시각'의 성립에 관한 일 고찰〉,《사회와 역사》81집, 2009, 43쪽.

28. 바네사 R. 슈와르츠, 노명우 역,《구경꾼의 탄생: 세기말 파리, 시각문화의 폭발》, 마티, 2006, 50쪽 참조.

29. 〈京城街頭人物展覽〉,《별건곤》23호, 1929. 9. 11.

30. 이석훈, 〈서울 구경(1) '서울서 보고 늣긴 바'〉,《동아일보》1932. 3. 29.

31. 박명진,《문화, 일상, 대중: 문화에 관한 8개의 탐구》, 한나래, 1996, 166쪽 참조.

32. 〈춘일가상소견(4)〉,《동아일보》1928. 4. 15.

33. YI生, 〈춘일가상소견(6) '황금정 끗거리'〉,《동아일보》1928. 4. 18.

34. 李益相, 〈이꼴·저꼴, 街頭漫筆〉,《별건곤》23호, 1929. 9, 82~83쪽.

35. 〈꼴불견集〉《동아일보》1932. 9. 4.
    황정수, 〈꼴불견〉,《별건곤》1933. 1.

36. 김백영, 〈제국의 스펙터클 효과와 식민지 대중의 도시경험: 1930년대 서울의 백화점과 소비문화〉,《사회와 역사》75집, 2007, 103쪽 참조.

37. 〈실업 시대의 신범죄〉,《동아일보》1931. 4. 17.

38. 유광열, 〈대경성의 점경〉,《사해공론》1935. 10.

39. 金永八, 〈路上스케취- 하나·둘, 街頭漫筆〉,《별건곤》23호, 1929. 9, 84~85쪽.

40. 〈도회가 그리는 만화풍경(5)〉,《동아일보》1933. 9. 10.

41. 〈서울의 눈꼴틀리는 것(1)〉,《동아일보》1929. 6. 1.

42. 〈서울의 눈꼴틀리는 것(4)〉,《동아일보》1929. 6. 4.

43. 〈서울의 눈꼴틀리는 것(3)〉,《동아일보》1929. 6. 3.

44. 〈서울의 눈꼴틀리는 것(5)〉,《동아일보》1929. 6. 5.

45. 〈서울의 눈꼴틀리는 것(2)〉,《동아일보》1929. 6. 2.

46. 〈서울의 눈꼴틀리는 것(7)〉,《동아일보》1929. 6. 9.

47. 〈서울의 눈꼴틀리는 것(6)〉,《동아일보》1929. 6. 6.

48. 〈夜京城巡禮記 깃붐의 밤 서울, 서름의 밤 서울(1)'인물 진열의 야시장'〉,《조선일보》1925. 8. 23.

49. 〈夜京城巡禮記 깃붐의 밤 서울, 서름의 밤 서울(2)'안식과 정숙의 공원'〉,《조선일보》1925. 8. 25.

50. 〈夜京城巡禮記 깃붐의 밤 서울, 서름의 밤 서울(6)'歌曲聲中의 요리점'〉,《조선일보》1925. 8. 30.

51. 〈夜京城巡禮記 깃붐의 밤 서울, 서름의 밤 서울(3)'전개된 인육의 시장'〉,《조선일보》1925. 8. 26.

52. 〈夜京城巡禮記 깃붐의 밤 서울, 서름의 밤 서울(8)'대지 우에 잠자는 사람'〉,《조선일보》1925. 9. 2.

53. 蒼石生, 〈鐘散이·진散이, 서울맛·서울情調〉,《별건곤》23호, 1929. 9, 41~42쪽.

54. 李瑞求, 〈京城의 짜쓰, 서울맛·서울情調〉,《별건곤》23호, 1929. 9, 32쪽.

55. 〈大京城白晝暗行記 '기자 총출동(제1회) 一時間社會探訪'〉,《별건곤》2호, 1926. 12, 13쪽

56. 松雀 외, 〈大京城白晝暗行記 '기자 총출동(제2회) 一時間社會探訪'〉,《별건곤》4호, 1927. 2, 26~38쪽.

57. B기자, 〈變裝出動 臨時 OO되여본 記, 추탕鰌湯집 머슴으로 잇흘 동안의 더부사리〉,《별건곤》9호, 1927. 10, 20~23쪽.

58. C기자, 〈變裝出動 臨時 OO되여본 記, 새벽에도 妓生 모시고 自動車運轉助手가 되야〉,《별건곤》9호, 1927. 10, 24~29쪽.

59. D기자, 〈變裝出動 臨時 OO되여본 記, 사주쟁이가 되야 늙은이 젊은이의 신수를 보아주어〉,《별건곤》9호, 1927. 10, 30~39쪽.

60. 岸公, 〈阿片窟探訪〉,《삼천리》13호, 1931. 3, 46~49쪽.

61. 〈자정후의 경성, 街上의 인생과 현실의 一面〉,《동아일보》1926. 6. 4.

62. 松雀生, 雪熊生, 〈變裝記者暗夜探查記〉,《별건곤》3호, 1927. 1, 62~69쪽.

63. 白시라, 〈婦人記者暗行記(其二), 女子苦學生으로 變裝하고 學生下宿村探訪記, 試驗 때의 學生生活〉,《별건곤》18호, 1929. 1, 138쪽.

64. 白시라, 〈婦人記者暗行記, 村에서 逃亡온 여자로 꾸미고 女俳優募集에 試驗본 記, 女優選擇의 珍奇한 試驗〉,《별건곤》1928. 12, 114쪽.

65. 〈변장기자 찾기, 본사 강경지국 주최 단오를 기하야 三隊로 출동식힐 터〉,《동아일보》 1925. 6. 20. 〈변장기자 찾기, 위안회를 기회로 양지국 기자 출동〉,《중외일보》1930. 4. 21.

66. 〈변장기자 찾기〉,《동아일보》1925. 6. 25.

67. 〈子正後의 경성 '街上의 인생과 현실의 一面(12)'〉,《동아일보》1926. 6. 30.

68. 〈變裝探訪 '廿分間의 苦學生, 로서아 빵치룽을 메고 송현식산은행 사택까지, 철저히 실패한 고학생 변장'〉,《조선일보》1924. 10. 13.

69. 〈부인기자의 대담한 변장, 今十三日夜第四軍 출동〉,《조선일보》1924. 10. 13.

70. 〈變裝探訪 '黑化粧에 襤褸衣, 아이 업고 무청 들고 나서니 틀림 업는 행랑어멈이다. 행랑어멈으로 변장하야(1)'〉,《조선일보》1924. 10. 15.

71. 〈子正後의 경성 '街上의 인생과 현실의 一面(1)~(14)'〉,《동아일보》1926. 5. 26.~7. 3.

72. 필립 아리에스·조르주 뒤비, 김기림 역,《사생활의 역사》5권, 새물결, 2006, 248쪽 참조.

73. 〈비밀 명령 환영〉,《별건곤》1928. 12.

74. 이에 관해서는 졸저인 〈근대 과학수사(科學搜査)와 탐정소설의 정치학〉(《한국문학연구》 45호, 2013)에서 보다 상세히 다루었음.

75. 박숙자, 〈1920년대 사생활의 공론화와 젠더화:《별건곤》에 나타난 비밀코드와 여성의 기호를 중심으로〉,《한국근대문학연구》7권 1호, 2006, 182쪽 참조.

76. 이용희, 〈1920~30년대 단편 탐정소설과 탐보적 주체 형성과정 연구〉, 성균관대학교 석사논문, 2009, 38쪽 참조.

77. 발터 벤야민, 〈보들레르의 몇 가지 모티브에 관해서〉,《발터 벤야민의 문예이론》, 민음사, 1992, 139~142쪽 참조.

78. 〈暮街行脚(1)〉,《동아일보》1933. 12. 22.

79. 〈暮街行脚(2)〉,《동아일보》1933. 12. 23.

80. 〈暮街行脚(3)〉,《동아일보》1933. 12. 24.

81. 〈暮街行脚(5)〉,《동아일보》1933. 12. 28.

82. 1930년대에 유행어였던 '에로·그로'는 에로티시즘(eroticism)과 그로테스크(grotesque)가 결합된 순간, 즉 에로와 기괴함이 동시적으로 느껴지며 이중적인 효과를 거두는 상황을 의미한다. 그래서 '에로·그로'를 연출하는 당대의 '엽기적', '변태적' 취미란 것들은 향락과 더불어 규범의 전복과 일탈을 동시적으로 보여주는 아주 감각적인 순간을 생산한다.

83. 염상섭,《사랑과 죄》,《동아일보》1927. 12. 8. '긴부라(ぎんぶら)'라는 것은 동경의 은좌통(銀座通)으로 산보를 간다는 말이다. 경성의 모던걸과 모던보이는 진고개(혼마찌)로 산보

를 다녔다. 이는 '긴부라' 대신 '혼부라'를 즐겼던 것.

84. 蒼石生, 〈鐘散이·진散이, 서울맛·서울情調〉, 《별건곤》 23호, 1929. 9, 41~42쪽.

85. 〈아스팔트를 걷는 친구〉, 《별건곤》 1930. 8, 161~162쪽.

86. 안생, 〈街上所見(2) '모던뽀이의 산보'〉, 《조선일보》 1928. 2. 7.

87. 〈1930년 녀름〉, 《조선일보》 1930. 7. 16.

88. 조용만, 〈춘일가상소견(7) '모던뽀이 모던걸'〉, 《동아일보》 1928. 4. 19.

89. 월탄, 〈心琴을 울린 문인의 봄(1) '봄의 行樂도 각가지'〉, 《동아일보》 1934. 4. 11.

90. 〈誌上討論, 現下 조선에서의 주부로는 여교 출신이 나흔가 구여자가 나흔가?〉, 《별건곤》
    16·17호, 1928. 12.

91. 서지영, 〈식민지 조선의 모던걸: 1920~30년대 경성 거리의 여성 산책자〉, 《한국여성학》 22
    권 3호, 2006 참조.

92. 〈鋪道의 舞踊女〉, 《매일신보》 1934. 7. 30.

93. 〈街頭에서 본 여성의 美態〉, 《신가정》 1권 8호, 1933. 8, 148~149쪽.

94. 여기서 가시성(visibility)이란 한 집단의 구성원이 집단의 규범과 구성원으로서의 역할을
    관찰하고 지각하는 정도를 의미한다.

95. 이석훈, 〈서울 구경(4)〉, 《동아일보》 1932. 4. 1.

96. 〈街頭風景(3)〉, 《신가정》 1권 7호, 1933. 7, 41쪽.

97. 〈街頭風景(4)〉, 《신가정》 1권 7호, 1933. 7, 43쪽.

98. 〈夜市風景(5)〉, 《신가정》 1권 7호, 1933. 7, 49쪽.

99. 〈夜市風景(6)〉, 《신가정》 1권 7호, 1933. 7, 51쪽.

100. 〈엽서통신: 鐘路一通行人〉, 《별건곤》 1930. 11, 49쪽.

101. 〈가두풍경 '털시대'〉, 《조선일보》 1932. 11. 24.
     〈가상소견(1)〉, 《조선일보》 1928. 2. 5.

102. 〈1931년 유행환상곡(7) '궐녀의 손가락은 금강석 진열소'〉, 《매일신보》 1931. 1. 15.

103. 梁白華, 〈女學生과 金時計, 隨感隨想, 요새 이때에 생각되는 일〉, 《별건곤》 10호, 1927.
     12, 78~79쪽.

104. 목성, 〈은파리〉, 《신여성》 1924. 6.

105. 안석영, 〈女性宣傳時代가 오면(5)〉, 《조선일보》 1930. 1. 16.

106. 안석영, 〈女性宣傳時代가 오면(1)〉, 《조선일보》 1930. 1. 11.

107. 안석영, 〈女性宣傳時代가 오면(2)〉, 《조선일보》 1930. 1. 12.

108. 안석영, 〈女性宣傳時代가 오면(6)〉, 《조선일보》 1930. 1. 19.

109. 안석영, 〈女性宣傳時代가 오면(3)〉, 《조선일보》 1930. 1. 14.

110. 안석영, 〈女性宣傳時代가 오면(4)〉, 《조선일보》 1930. 1. 15.

111. Rae Beth Gordon, 《Ornament, Fantasy, and Desire in Nineteenth Centurey French Literature》,

Princeton UP, 1992, 13쪽 참조.

112. 〈젓가슴 베어버린 울트라·모던껄〉,《동아일보》1932. 2. 1.

113. 〈구미 모던껄의 신유행〉,《매일신보》1928. 7. 3.

114. 서지영,《경성의 모던걸: 소비, 노동, 젠더로 본 식민지 근대》, 여이연, 2013 참조. 이 책에
    서 서지영은 데보라 파슨스(Deborah L. Parsons)의 '여성 산책자(flanerie)'라는 개념을 차
    용하여 논의를 전개했다. 데보라 파슨스가 제시한 '여성 산책자'란 남성 산책자의 '전지전
    능한' 관점과 배타성, 도시 전체를 조망하는 시선이 지닌 추상성과 모호성을 넘어선, 사회
    적 실재를 기반으로 한 보다 직접적인 '관찰자로서의 개인'을 의미한다.

115. 〈京城慶雲洞開闢社 葉書通信〉,《별건곤》1930. 11, 49쪽.

116. 〈춘일가로소견〉,《중앙일보》1932. 3. 6.

117. 유치진, 〈시골띠기 동견견문록〉,《동아일보》1934. 7. 3.

118. 〈輕氣球를 탄 粉魂群(1) '아스팔트의 딸(1)'〉,《조선일보》1934. 1. 1.

119. 〈輕氣球를 탄 粉魂群(2) '아스팔트의 딸(2)'〉,《조선일보》1934. 1. 3.

120. 李瑞求, 〈京城의 짜쓰, 서울 맛·서울 情調〉,《별건곤》23호, 1929. 9, 33쪽.

121. 城東生, 〈조선 가뎡의 오락〉,《동아일보》1929. 1. 22.

122. 〈근대 도시화한 종로〉,《동아일보》1933. 11. 15.

123. 城東生, 〈구경과 녀성〉,《동아일보》1929. 5. 21.

124. 박봉애, 〈여성 체육계의 일 년〉,《신가정》1933. 12, 26쪽.

125. 〈습률대회는 십삼일 일요일, 자미잇는 경기와 보람으로 예년보다 상품이 만허〉,《조선일
    보》1929. 10. 12.

126. 〈여인국! 즐겁든 하로! 婦女園遊會記〉,《신여성》3권 8호, 1925. 8, 75쪽.

127. 〈부인견학 제2단〉,《동아일보》1925. 5. 31.

128. 〈습률대회 후기〉,《동아일보》1933. 10. 4.

129. (본사 부인기자) 〈부인견학 감상〉,《동아일보》1929. 5. 7.

130. 〈신가정사 주최의 부인습률대회 화보〉,《동아일보》1935. 9. 30.

131. 〈상식이 필요한 만큼 부인견학이 필요〉,《동아일보》1929. 5. 10.

132. 〈흥미 잇는 생활과 감탄한 문명리기〉,《조선일보》1928. 5. 1.

133. 城東生, 〈부인견학〉,《동아일보》1929. 4. 23.

134. 〈꽃구경과 서울부인, 안팍이 달른 그 생활〉,《동아일보》1934. 4. 28.

135. 〈상공 운동회〉,《태양의 풍속》,《김기림 전집 1》, 1939, 122~123쪽.

136. 최영수, 〈狂則不當〉,《신가정》1932. 12.

137. 城東生, 〈조선 가뎡의 오락〉,《동아일보》1929. 1. 22.

1부 3장

1. 〈늘어가는 것(4)〉,《동아일보》1929. 1. 4.

2. 〈여학생 변장〉,《동아일보》1925. 6. 25.

3. 연구공간 수유너머 근대매체연구팀,《신여성: 매체로 본 근대 여성 풍속사》, 한겨레출판, 2005, 37쪽 참조.

4. 〈門牌의 來歷談, 사람으로의 여자, 제도와 인습에 반기〉,《동아일보》1926. 1. 4.

5. 김기림, 〈'미쓰코리아'여 단발하시오〉,《동광》1932. 9, 62쪽.

6. 長髮散人, 〈斷髮女譜〉,《별건곤》9호, 1927. 10, 74쪽.

7. 〈단발랑 미행기〉,《별건곤》1926. 12.

8. 〈女學生도 帽子를 써라〉,《삼천리》4권 5호, 1932. 5, 19쪽.

9. 覆面子, 〈斷髮娘 尾行記, 京城名物女 아모리 숨기랴도 나타나는 裏面〉,《별건곤》1926. 12, 69~70쪽.

10. 김활란, 〈나는 治裝을 이러케 본다〉,《동광》1932. 9, 198쪽.

11. 김기림, 〈'미쓰코리아'여 단발하시오, 治裝과 朝鮮女性〉,《동광》1932. 9, 61쪽.

12. 염상섭, 〈여자 단발 문제와 그에 관련하야 - 여자계에 與함〉,《신생활》8호, 1922. 8.

13. 〈女學生 스카-드는 쩌르게〉,《삼천리》4권 5호, 1932. 5, 18~19쪽.

14. 〈女學生도 帽子를 써라〉,《삼천리》4권 5호, 1932. 5, 19쪽.

15. 박닝희, 〈유산사 사회의 소위 '근대녀', '근대남'의 특징, 모던걸 모던보이 내평론〉,《별건곤》 1927. 12, 114~116쪽.

16. 〈여학생계 유행가 시비 - 여학생 자신과 여학교 당국의 주의를 촉하기 위하야〉,《신여성》2 권 6호, 1924. 6, 46~53쪽.

17. 〈5월 풍경〉,《매일신보》1934. 5. 7.

18. 〈鋪道의 舞踊女〉,《매일신보》1934. 7. 30.

19. 綠眼鏡, 〈이모저모로 바라본! 경성 十五 女學校評判記〉,《신여성》7권 10호, 1933. 10, 56~63쪽.

20. 〈學生生活行進曲〉,《동광》35호, 1932. 7, 76~78쪽.
    〈學生生活行進曲〉,《동광》37호, 1932. 9, 87~89쪽.

21. 李淑鍾, 〈京城 各 女學校 校服評, 實用과 美觀을 主로〉,《삼천리》8권 8호, 1936. 8, 178~180쪽.

22. W生, 〈여학교 방문기(1) '정신여학교 첫나드리'〉,《신여성》2권 1호, 1924. 2, 50~57쪽.

23. 심진경, 〈문학 속의 소문난 여자들〉,《여성, 문학을 가로지르다》, 문학과지성사, 2005 참조.

24. 〈閑人勿入處 訪問記 '제복 처녀 그들도 宿寮서는 綠衣紅裳(1) 일사불란 규칙정연한 그 들 생활, 제동여고보 기숙사 편'〉,《조선일보》1934. 2. 1.

25. 朴돌이, 〈女學校를 訪問하다가 안이꼬은 꼴〉, 《개벽》 49호, 1924. 7, 55쪽.

26. 夢見草, 〈여학생夜話 '비밀'〉, 《신여성》 2권 5호, 1924. 7, 28쪽.

27. 〈검소하고도 안정한 여학교 기숙사 생활, 우정의 하기 속에 기쁘게 배우니 시골 계신 부모 님 안심하십시오〉, 《조선일보》 1938. 4. 9.

28. 綠*鏡, 〈女子만 사는 世上, 第一回 修道院 – 僧房 – 女學校 寄宿舍〉, 《별건곤》 38호, 1931. 3. 15쪽.

29. 金八蓮, 〈最高學府를 찾고서(1) '文學과 音樂의 殿堂 梨花女子專門學校, 寄宿舍의 여러 가지 로-맨스 等'〉, 《삼천리》 3권 12호, 1931. 12, 57쪽.

30. 윤봉순, 〈寄宿舍秘話 '명랑한 제복의 처녀'〉, 《신여성》 7권 6호, 1933. 6.

31. 모윤숙, 〈女學校寄宿舍夜話〉, 《신여성》 6권 12호, 1932. 12, 73쪽.

32. 春葉, 〈寄宿舍夜話 '순자의 비밀'〉, 《신여성》 1924. 10, 34~36쪽.

33. 윤봉순, 〈女學校寄宿舍秘話 '명랑한 제복의 처녀'〉, 《신여성》 7권 6호, 1933. 6, 136쪽.

34. 〈여학생 일기〉, 《신여성》 1933. 6.

35. 〈신학기 임박 학생 일기장 조사(3) '여학생 회계, 강변에 아기를 보내듯 넘려 무궁한 시골 부모 통신비가 만히 들게 돼, 脂粉代와 香水價'〉, 《조선일보》 1926. 3. 16.

36. 〈E女學校寄宿舍暗察記〉, 《신동아》 1932. 11, 172~173쪽.

37. 흰달, 〈人間界에서 모르고 잇는 여학교 기숙사 비밀〉, 《별건곤》 15호, 1928. 8, 130~132쪽.

38. 김원주, 〈우리 여자의 요구와 주장〉, 《신여자》 1920. 4.

39. 〈婦人時論 '부인 공개장을 읽고서'〉, 《조선일보》 1929. 10. 29.

40. CR生, 〈부인 공개장 '완고하신 할아버지 세상을 살펴보십시오'〉, 《조선일보》, 1929. 10. 9.

41. 김원주, 〈우리 여자의 요구와 주장〉, 《신여자》 1920. 4.

42. 〈먼저 현상을 타파하라〉, 《신여자》 4호, 1921.

43. 〈휴지통〉, 《동아일보》 1927. 7. 20.

44. 〈婦人時論 '부인 공개장을 읽고서'〉, 《조선일보》 1929. 10. 29.

45. 〈아즈랑이의 봄은 出奔期? 自殺期?〉, 《동아일보》 1938. 4. 26.

46. 〈부녀자의 出奔事件漸發〉, 《동아일보》 1934. 3. 26.

47. 〈부녀자의 出奔事件漸發〉, 《동아일보》 1934. 3. 26.

48. 김안서, 〈毛斷결과 남성해방연맹(2)〉, 《동아일보》 1927. 8. 23.

49. 〈代書, 신년 새해의 새로운 편지〉, 《동아일보》 1932. 1. 1.

50. 자크 데리다, 이경신 역, 《불량배들: 이성에 관한 두 편의 에세이》, 휴머니스트, 2003, 149~150쪽 참조.

51. 〈서평양 밤거리 불량소녀 발호〉, 《조선중앙일보》 1935. 6. 12.

52. 〈사회의 이면을 말하는 소녀들의 범죄〉, 《동아일보》 1937. 6. 12.

53. 平山亜佐子, 《明治大正昭和 不良少女伝: 莫連女と少女ギャング団》, 河出書房新

社, 2009, 11~39쪽 참조. 일본에서 불량소년·소녀 라는 말이 쓰이기 시작한 것은 대정 2년 (1913) 5월 27일 한 신문에 〈죄는 학교와 더불어 가정에 있다, 불량소년소녀의 증가〉란 기 사가 연재되면서부터였다고 한다. 처음에는 걸식이나 도적질을 하던 무리들이 청일전쟁 이 후 불량소년단의 형태로 조직화되었다는 것이다. 이 책에서는 대정시대에 불량 문화가 비 약적으로 증가했음을 지적하고 있다. 그 때문에 당대 지도층 인사들은 원인을 분석하고 대 책을 강구하기 시작했는데, 그들의 분석에 의하면 불량화의 원인은 가정 문제, 사회 구조와 경제 정세, 영화와 카페의 문화적 영향에 있었다.

54. 城東學人, 〈불량소녀(1)〉, 《동아일보》 1929. 11. 12 참조.

55. 一讀書子, 〈'뺏·껄'이란 무엇?〉, 《동아일보》 1931. 7. 27.

56. 〈과도기의 희생아, 늘어가는 불량소녀, 남성의 유혹을 받기는커녕, 도리어 제가 농락〉, 《조 선중앙일보》 1934. 12. 8.

57. 손혜민, 〈'소문'에 대응하여 형성되는 '신여성'의 기표: 나혜석의 단편 〈경희〉(1918)를 중심 으로〉, 《사이間SAI》 7호, 2009, 147쪽~149쪽 참조.

58. 〈신구대조(1)〉, 《동아일보》 1924. 1. 11.

59. 〈신구대조(3)〉, 《동아일보》 1924. 3. 4.

60. 〈신구대조(11)〉, 《동아일보》 1924. 7. 1.

61. 김기림, 〈'미쓰코리아'여 단발하시오〉, 《동광》 1932. 9, 62쪽.

62. 박현숙, 〈미국 신여성과 조선 신여성 비교 연구: 복식과 머리 모양을 중심으로〉, 《미국사연 구》 28집, 2008. 11, 7쪽 참조.

63. 〈이것이 女子의 特權인가?〉, 《매일신보》 1934. 7. 23.

64. TS生, 〈스케취 '하이칼라 깍정이'〉, 《동아일보》 1929. 4. 5.

65. 김안서, 〈毛斷껄과 남성해방연맹(1)〉, 《동아일보》 1927. 8. 20.

66. 김안서, 〈毛斷껄과 남성해방연맹(2)〉, 《동아일보》 1927. 8. 23.

67. 極態, 〈신여성-권두언에 대함-〉, 《신동아》 1935. 5, 2~3쪽.

68. 城東生, 〈조선에 '모던껄'이 잇느냐〉, 《동아일보》 1929. 5. 25.

69. 〈여학생 제복과 교표 문제〉, 《신여성》 1권 2호, 1923. 11.

70. 〈경성 여자 사회의 유행과 사치의 種種〉, 《동아일보》 1925. 8. 8.

71. 〈기생의 學生裝은 엄중히 금지〉, 《동아일보》 1923. 1. 29.

72. 〈여학생 제복과 교표 문제〉, 《신여성》 1권 2호, 1923. 11.

73. 김은정, 〈1920~30년대 한국 여성 패션과 소비문화의 변화〉, 연세대학교 박사 논문, 2013, 112~118쪽 참조.

74. 〈새로운 경향의 여인점경〉, 《별건곤》 1930. 11.

75. 城東生, 〈불량소녀〉, 《동아일보》 1929. 1. 25.

76. 〈煙突女〉, 《신여성》 1931. 11.

77. 김옥엽, 〈청산할 연애론 – 과거 연애론에 대한 반박〉, 《신여성》 1931. 11, 6쪽.

78. 〈서울 학교 공부〉, 《신여성》 3권 6호, 1925. 6, 33~67쪽.

79. 김경재, 〈연애와 결혼 '결혼 문제에 대한 조선 청년의 번민'〉, 《신여성》 1925. 6, 15쪽.

80. 〈옥경의 일생〉, 《조선일보》 1925. 9. 20.

81. 〈연애를 하랴거든〉, 《신여성》 7권 5호, 1933. 5.

82. 〈신판 연애독본〉, 《조광》 1937. 1.

83. 〈현대의 여학생은 엇던 남편을 구하나(1) '얼골, 성질, 취미는 이러해야 비로소 리상뎍 남편이 될 수 잇다'〉, 《조선일보》 1929. 1. 13.

84. 〈봄(7) '人戀, 犬戀'〉, 《조선일보》 1928. 4. 15.

85. 〈春日小景(4) '망원경의 매력'〉, 《조선일보》 1935. 4. 22.

86. 〈봄(1) '無言劇'〉, 《조선일보》 1928. 4. 4.

87. 〈봄(2) '로메오와 쭐렛'〉, 《조선일보》 1928. 4. 6.

88. 〈봄(7) '사랑이 달든가'〉, 《조선일보》 1928. 4. 14.

89. 김길성, 〈厭女의 연애〉, 《매일신보》 1938. 4. 3.

90. 1920년대 사회주의 신연애론자라 할 수 있는 코론타이는 저서 《赤戀(붉은 연애)》를 통해 '동지적 연애'와 자유로운 성적 관계를 언급하며 남녀관계에 대한 새로운 시각을 제시했다.

91. 권보드래, 《연애의 시대》, 현실문화연구, 2003 참조.

92. 城東生, 〈조선에 '모던껄'이 잇느냐〉, 《동아일보》 1929. 5. 25.

93. 〈모껄과 령감님〉, 《별건곤》 3권 4호, 1928. 7, 97쪽.

94. 〈만화산보 '路上에 艷書, 말업는 한강에 말한다'〉, 《조선일보》 1928. 10. 13.

95. 〈부인평론 '남자의 정조와 여자의 정조'〉, 《조선일보》 1932. 12. 10.

96. 팔봉, 〈그 녀자와 나, 젊은 시절의 로맨스, 무의미한 러브·레터–(1)〉, 《조선일보》 1929. 3. 26.

97. 〈이혼결혼 사실담 모집〉, 《매일신보》 1930. 4. 2.

98. 〈世界一의 이혼국〉, 《동아일보》 1920. 9. 1.

99. 김원주, 〈이혼하려는 분에게〉, 《신여성》 5권 1호, 1931. 1, 20쪽.

100. 城東生, 〈結婚難과 신여성(1)〉, 《동아일보》 1929. 2. 23.

101. 城東生, 〈結婚難과 신여성(2)〉, 《동아일보》 1929. 2. 24.

102. 홍란, 〈평론〉, 《신여성》 3권 2호, 1925. 2, 13쪽.

103. 전희복, 〈제2부인문제 검토〉, 《신여성》 7권 2호, 1933. 2, 3쪽.

104. 三淸洞人, 〈여학교를 졸업하고 첩이 되어가는 사람들〉, 《신여성》 2권 4호, 1924. 4, 48쪽.

105. 〈新女性求婚傾向〉, 《별건곤》 1권 2호, 1926. 12, 47쪽.

106. 박명규·서호철, 《식민권력과 통계: 조선총독부의 통계체제와 센서스》, 서울대학교출판부, 2003, 18쪽.

107. 이돈화, 〈조선 여성의 자살 비판〉, 《신여성》 1932. 1, 14~16쪽.

108. 〈柳絲에 목을 매고〉, 《조선일보》 1934. 4. 5.

109. 〈정사의 분수령〉, 《조광》 1935. 1, 28쪽.

110. 〈미완성 정사〉, 《매일신보》 1938. 7. 24.

111. 〈點點의 流火 딸하 女學生漢江投身〉, 《동아일보》 1928. 7. 24.

112. 方小波, 〈尾行當하든 이약이, 도리어 身勢도 입어〉, 《별건곤》 27호, 1930. 3, 48~54쪽.

113. 徐椿, 〈尾行當하든 이약이, 運動場에서 假睡〉, 《별건곤》 1930. 3, 56쪽.

114. R기자, 〈不良學生尾行記〉, 《철필》 2권 1호, 1931. 1.

115. 〈자정 후에 다니는 여학생들〉, 《별건곤》 1928. 2, 124쪽.

116. 〈밤 세상 사랑 세상 죄악 세상〉, 《별건곤》 1928. 2, 121쪽.

117. 夜光生, 〈祕密家庭探訪記, 變裝記者=냉면 配達夫가 되어서〉, 《별건곤》 48호, 1932. 2, 16~20쪽.

118. 馬面, 〈大京城 不良少年少女 檢擧錄〉, 《신여성》 1931. 10, 68~71쪽.

119. 〈여학생의 慘死-아라사 여학생의 참혹한 일, 일반 청년계에게 경계될 일〉, 《매일신보》 1912. 8. 9.

120. 〈덧양말 털댄 외투, 여학생 사치풍. 몸치장 정성도 퇴폐〉, 《조선일보》 1932. 1. 1.

121. 안석영, 〈新入生二態〉, 《학생》 1929, 55쪽.

122. 城東生, 〈(모던)남녀〉, 《동아일보》 1929. 1. 20.

123. 방인근, 〈풍자만화(3) '본 대로 들은 대로'〉, 《동아일보》 1928. 9. 3.

124. 玉仁洞人, 〈나의 항의(1) '여학생 제씨에게 밧치는 몃 가지'〉, 《중외일보》 1930. 1. 15.

125. 윤성상, 〈유행에 나타난 현대 여성〉, 《여성》 2권 1호, 1937. 1, 48~49쪽.

126. 이경훈, 〈식민지의 돈 쓰기: 민족과 개인, 그리고 여성〉, 《현대문학의 연구》 46호, 2012, 61쪽 참조.

127. 안석영, 〈漫畵子가 예상한 1932(2) '모걸 第三期-1932년 모걸 시위 행렬-'〉, 《조선일보》 1932. 1. 19.

128. 〈街上所見(3) '꼬리 피는 공작'〉, 《조선일보》 1928. 2. 9.

129. 이태준, 〈掌篇小說 '모던걸의 晩餐'〉, 《조선일보》 1929. 3. 19. 〈모던껄과 구두〉, 《매일신보》 1938. 6. 12.

130. 안석영, 〈一日一畵(5) '어듸서 그 돈이 생길가'〉, 《조선일보》 1930. 4. 8.

131. 김규택, 〈황금 부족증〉, 《별건곤》 1930. 11, 84쪽.

132. 〈돈과 모던걸의 인과〉, 《매일신보》 1930. 2. 18.

133. 〈불량소녀〉, 《중외일보》 1930. 9. 4.

134. 〈만화(1) '돈!돈!돈!'〉, 《조선일보》 1930. 2. 8.

135. 〈街上所見(4) '위대한 사탄'〉, 《조선일보》 1928. 2. 10.

136. 〈불량소녀의 일기 '돈이냐 사랑이냐(1)'〉, 《매일신보》1925. 8. 9.

137. 〈불량소녀의 일기 '돈이냐 사랑이냐(4)'〉, 《매일신보》1925. 8. 30.

138. 〈신학기 임박 학생 일기장 조사(1) '중학생 회계, 사랑하는 자녀를 공부시키고 저 멀리 보내고 궁금하신 디방 부형께, 學費用處公開'〉, 《조선일보》1926. 3. 14.

139. 〈신학기 임박 학생 일기장 조사(3) '여학생 회계, 강변에 아기를 보내듯 넘겨 무궁한 시골 부모 통신비가 만히 들게 돼, 脂粉代와 香水價'〉, 《조선일보》1926. 3. 16.

140. 白岳泉, 〈거즛 학생〉, 《동아일보》1924. 4. 27.

141. 〈학생들이 웨 타락하는가 '불량소년 재검토(下)'〉, 《동아일보》1938. 9. 3.

142. 〈지방 단편〉, 《동아일보》1925. 1. 9.

143. 김규택, 〈깃도 구두 한 켜레=벼 두 섬, 용맹스러운 아가씨〉, 《별건곤》1927. 12, 92쪽.

144. 서지영, 〈소비하는 여성들: 1920-30년대 경성과 욕망의 경제학〉, 《한국여성학》26, 2010, 137~140쪽 참조.

145. 〈배란 글은 안 배고 애만 배고 와〉, 《매일신보》1934. 1. 15.

146. 〈現代娘〉, 《사해공론》1935. 12.

147. 〈불량소녀단 칠십 명 검거〉, 《매일신보》1922. 2. 24.

148. 〈北國港市雄基에 不良少女團 跋扈〉, 《조선중앙일보》1934. 8. 28.

149. 〈서평양 밤거리 불량소녀 발호〉, 《조선중앙일보》1935. 6. 12.

150. 〈에로의 소굴 회사원, 관리 도의원도 출입〉, 《동아일보》1934. 2. 18.

151. 〈서울 장안에 색마굴! 녀학생은 경계하라〉, 《조선일보》1934. 1. 31.

152. 梁白華, 〈女學生과 金時計, 隨感隨想, 요새 이때에 생각되는 일〉, 《별건곤》10호, 1927. 12, 79쪽.

153. 房在旭, 〈여학생 哀話 '悲運의 꽃'〉, 《신여성》2권 8호, 1924. 10, 37쪽.

154. 城東學人, 〈불량소녀(2)〉, 《동아일보》1929. 11. 13.

155. 〈가을의 소년소녀에 무서운 유혹의 손〉, 《동아일보》1931. 9. 29.

156. 李瑞求, 〈實査 1年間 大京城 暗黑街 從軍記, 카페·마작·연극·밤에 피는 꽃〉, 《별건곤》47호, 1932. 1, 36쪽.

157. 〈가을의 소년소녀에 무서운 유혹의 손〉, 《동아일보》1931. 9. 29.

158. 〈頻頻한 여학생 능욕사건〉, 《조선일보》1928. 4. 29.

159. 조풍행, 〈그림 없는 만화, 鐘路夜話〉, 《여성》3권 9호, 1938. 9, 77쪽.

160. 돌이, 〈어엽븐 여학생의 新案護身具〉, 《별건곤》1928. 2, 99쪽.

161. 송작, 〈여학생의 보호침〉, 《별건곤》1932. 4.

162. 〈남녀학교 만화 순례(2)〉, 《동아일보》1929. 7. 9.

163. 〈남녀학교 만화 순례(6)〉, 《동아일보》1929. 7. 13.

164. 미셸 푸코는 권력이 감시와 통제의 영속적인 메커니즘을 통해 행사된다고 주장한다. 그는

저서《감시와 처벌: 감옥의 탄생Surveiller et punir: naissance de la prison》를 통해 감옥뿐만 아니라 군대, 공장, 학교, 병원 같은 다양한 제도적 장소들이 규범을 개인에게 어떻게 내면화하는지를 보여주었다.

165. 〈酒店, 극장 출입에 학생 풍기 극도 문란〉,《조선일보》1932. 2. 22.

166. 〈서울행진(5) '사백팔십 석, 오년 간 중학생 학비'〉,《조선일보》1928. 11. 7.

167. 〈만화와 만문(13) '우동 갈보집에 녹는 朝鮮의 將來 主人들'〉,《매일신보》1930. 2. 25.

168. 〈取締係新設, 불량소년 단속〉,《동아일보》1932. 2. 4.

169. 〈문란악화해가는 남녀학생의 풍기 문제〉,《신여성》3권 6호, 1925. 6.~7. 참조.

170. 김기전, 〈누가 음부탕녀가 아니엇느냐, 젊은 남녀의 교제를 선도하는 길〉,《신여성》3권 6호, 1925. 6, 45쪽.

171. 〈학생만화〉,《조선일보》1930. 9. 24.

172. 〈학생만화〉,《조선일보》1930. 9. 26.

173. 〈여학생의 유혹 문제 해부(1)〉,《신여성》4권 10호, 38쪽.

174. 이희경, 〈1920년대 '여학생'의 사회적 표상: 잡지《신여성》을 중심으로〉,《한국교육연구》10권 1호, 2004, 60~61쪽.

175. 〈불량소녀 유혹 경로〉,《매일신보》1924. 3. 16.

176. 〈불량소년소녀는 부모가 맨드러줍니다〉,《조선일보》1932. 2. 17.

177. 〈여학생의 기숙사 생활(1)〉,《동아일보》1928. 10. 14.

178. 〈여학생=기숙관〉,《동아일보》1925. 4. 4. 참조.

179. 〈여학생의 기숙사 생활(1)〉,《동아일보》1928. 10. 14.

180. 三山人, 〈女學校다니곤 結婚을 못하게 되어서(3)〉,《별건곤》1928. 2, 103쪽.

181. 〈엇더케 녀학생들의 정조대를 지킬가〉,《조선일보》1933. 9. 2.

182. 〈봄과 유혹 '식골 녀학생은 유혹의 손을 피하자'〉,《조선일보》1932. 4. 7.

183. 〈장모 살해 범인 공판에 남녀학생의 방청〉,《매일신보》1930. 3. 18.
〈법정에 여학생 견학단〉,《매일신보》1928. 3. 14.
〈음산한 법뎡에도 때 아닌 꼿밧〉,《조선일보》1927. 10. 16.

184. 〈여학생군 감시 하에 심판 밧는 誘拐犯〉,《조선일보》1934. 2. 22.

185. 〈병 고처준다고 속여 처녀 유괴한 兇漢〉,《조선일보》1934. 2. 28.

186. 권헌익, 정병호, 〈극장국가 북한〉, 창비, 2013 참조.

187. 〈여학생 公판 방청〉,《매일신보》1930. 3. 4.

188. 〈毒殺未遂 14회, 姦夫에 밋친 안해의 짓, 본부 죽이려다 도로혀 경찰에〉,《매일신보》1935. 4. 14.

189. 이영애, 〈女性時評〉,《신여성》8권 1호, 1934. 1, 26쪽.

190. 〈본부독살에서 이혼으로 방향 전환, 신여성의 행진곡〉,《조선일보》1931. 5. 5.

191. 김정실, 〈민법 개정안과 여성〉, 《신여성》 8권 3호, 1934. 4, 20쪽.

192. 최애순, 〈식민지 조선의 여성 범죄와 한국 팜므파탈의 탄생: 방인근의 《마도의 향불》을 중심으로〉, 《정신문화연구》 32권 2호, 2009, 165~191쪽.

193. 〈妖艶한 毒婦의 本夫殺慘事件, 치마 고름으로 목을 졸나 죽여〉, 《매일신보》 1932. 8. 28.

194. 〈일시 소문 놉든 여성의 최근 소식(5) '가슴에 타는 반역의 화염, 남편 죽이인 독살미인'〉, 《조선일보》 1928. 1. 7.

195. 〈법정에서 毆打怒號, 증인 심문은 피고에게 불리익. 방텅자의 답지로 한층 긴장한 문제의 毒殺美人公判〉, 《조선일보》 1924. 10. 11.

2부 1장

1. 〈'인형의 家'를 나서자〉, 《동아일보》 1924. 3. 27.

2. 〈'인형의 집'을 나선 조선의 '노라'들, 육십여 건의 이혼소 중 여성 원고가 반수 이상〉, 《조선일보》 1934. 4. 20. 이 기사에 따르면 1934년 평양지방법원에 쇄도한 이혼과 위자료 청구 등에 관한 소송 육십여 건 가운데 태반이 여성의 소(訴)에 의한 것이었다.

3. 〈위험합니다!! 밤에 혼자 다니지 마서요〉, 《동아일보》 1940. 5. 14.

4. 城東生, 〈街頭로 나오는 조선 여성〉, 《동아일보》 1929. 3. 18.

5. 서항석, 〈근대극과 여성(4)〉, 《동아일보》 1933. 11. 23.

6. 〈家庭爭議異風景 '허영에 뜬 노라들, 학대 밧는 남편들, 각각 경찰에 애첩 수사를 탄원, 현대 남편의 고민상'〉, 《조선일보》 1934. 7. 4.

7. 〈脫閨한 '노라'들, 法庭呼訴三題, 혼인신고도 일즉 해둘 일이요 친정 가서 오래 잇지도 말 일〉, 《조선일보》 1935. 3. 10.

8. 염상섭, 〈너희들은 무엇을 어덧느냐(7)〉, 《동아일보》 1923. 9. 2.

9. 〈중국 부인의 參政期成會出席〉, 《동아일보》 1920. 5. 12.

10. 菅原百合, 〈1920년대의 여성 운동과 근우회〉, 연세대학교 석사 논문, 2003, 44~58쪽 참조.

11. 이헌구, 〈극예술연구회 제6회 공연 극본-《인형의 家》 해설(3)〉, 《동아일보》 1934. 4. 18.

12. 〈세계명저소개 '헨릭 입센 作, 《인형의 家》'〉, 《동아일보》 1931. 8. 3.

13. 〈모성애를 상실한 '노라'의 大妄發, '인형의 家'를 뛰처낫스나 취직 방해라고, 유아를 投池코 法網에〉, 《조선일보》 1935. 4. 28.

14. 〈결혼 위기 너무려, '모던 노라'가 出奔〉, 《조선일보》 1936. 3. 4.

15. 〈철 느진 '노라', 그대와 다시 살진대 차라리 水國에 入籍〉, 《조선일보》 1937. 5. 19.

16. 루쉰, 이욱연 역, 〈노라는 집을 나간 뒤 어떻게 되었는가〉, 《아침 꽃을 저녁에 줍다》, 창,

1991.

. 한지현, 〈채만식의 《인형의 집을 나와서》에 나타난 여성문제 인식〉, 《민족문학사연구》 9호, 1996 참조.

18. 〈'인형의 집' 나오니 간 곳마다 誘拐魔〉, 《조선일보》 1936. 10. 7.

19. 〈因襲生活의 叛逆〉, 《동아일보》 1924. 5. 14.

20. 城東生, 〈여성의 叡智〉, 《동아일보》 1929. 1. 23.

21. 〈거리의 女學校를 차저서, 戀愛禁制의 和信女學校, 制服의 處女 百四十名〉, 《삼천리》 10호, 1935. 11, 106쪽.

22. 〈조선 녀성 직업 조합을, 선각한 녀성들이 발긔〉, 《조선일보》 1926. 5. 17.

23. 〈미국의 첨단 직업부인(1)~(5)〉, 《매일신보》 1936. 1. 9.~1. 14.

24. 김경일, 《여성의 근대, 근대의 여성》, 푸른역사, 2004, 339쪽 참조.

25. 김수진, 《신여성, 근대의 과잉》, 소명, 2009 참조.

26. 〈직업부인 좌담회〉, 《신여성》 1933. 4.

27. 〈오늘부터 운전할 버스와 여차장〉, 《동아일보》 1928. 4. 22.

28. 〈엡부고 怜悧하고〉, 《매일신보》 1928. 4. 10.

29. 〈'뻐쓰,껄' 채용 시험〉, 《매일신보》 1934. 6. 25.

30. 〈美貌를 主觀으로, 버스껄- 채용 시험〉, 《조선일보》 1928. 4. 5.

31. 〈동아만화〉, 《동아일보》 1924. 3. 29.

32. 김수진, 《신여성, 근대의 과잉: 식민지 조선의 신여성 담론과 젠더정치, 1920~1934》, 소명, 2009, 21쪽.

33. 城東生, 〈街頭로 나오는 조선 여성〉, 《동아일보》 1929. 3. 18.

34. 〈만화로 본 세계 시사, 시선 투쟁〉, 《신동아》 1권 1호, 1931. 1.

35. 〈만국부인, 싸론 신여성의 코가 커진다. 백이의에서 생기는 새 법률〉, 《삼천리》 1933. 4.

36. 〈남성에 대한 선전포고, 각계 신구여성의 기염〉, 《동아일보》 1932. 1. 1.~1. 2.

37. 〈이래도 남녀평등인가?〉, 《매일신보》 1934. 5. 28.

38. 〈학생만화〉, 《조선일보》 1930. 10. 6.

39. 〈학생만화〉, 《조선일보》 1930. 10. 8.

40. 김안서, 〈毛斷껄과 남성해방연맹(2)〉, 《동아일보》 1927. 8. 23.

41. 〈자미잇는 남녀 강약대조〉, 《조선일보》 1933. 1. 20.

42. 〈과학의 첨단·성이의 비행계〉, 《조선일보》 1934. 1. 2.
〈고향방문 비행코자 入京한 박경원양〉, 《조선일보》 1929. 3. 24.

43. 〈과도기 현상 女强男弱〉, 《조선일보》 1929. 9. 1.

44. 〈녀자가 남자로 남자가 여자로, 칠십사 세에 발각된 미국 스피탈에 남장 여자〉, 《조선일보》 1929. 4. 6.

45. 〈사나희와 녀편네(3)〉,《조선일보》1928. 9. 23.

46. 〈사나희와 녀편네(2)〉,《조선일보》1928. 9. 22.

47. 〈動亂歐洲의 여성 활동(3) '불란서 여성'〉,《동아일보》1939. 9. 13.

48. 〈여성은 말 없고 근면〉,《동아일보》1939. 11. 16.

49. 〈'까소링,껄'의 남편은 술 먹지 마시오〉,《매일신보》1934. 7. 16.

50. 〈녀자 우편배달〉,《조선일보》1930. 1. 12.

    〈서반아의 모던-천녀〉,《조선일보》1931. 8. 7.

51. 〈조선 여성이 가진 여러 직업(1) '의사'〉,《조선일보》1926. 5. 9.

52. 〈모던-여자·모던-직업, 新女子의 新職業〉,《별건곤》16·17호, 1928. 12, 126쪽.

53. 〈生活戰線에 나선 職業婦人 巡禮, 그들의 生活과 抱負〉,《별건곤》29호, 1930. 6, 31쪽.

54. 〈거리의 女學校를 차저 '纖纖玉手로 짜내는 紡織女學校'〉,《삼천리》8권 2호, 1936. 2, 144쪽.

55. 〈거리의 女學校를 차저(3) '꼬·스톱하는 뻐스 女學校, 街路에 活躍하는 104名의 女人軍'〉,《삼천리》8권 1호, 1936. 1, 168쪽.

56. 金仁淑(少女車掌),〈발등과 拾圓〉,《여성》3권 7호, 1938. 7, 82~83쪽.

57. 이숙자(모 깨소링껄),〈직장의 명랑화〉,《여성》3권 7호, 1938. 7, 85~86쪽.

58. 소래섭,《불온한 경성은 명랑하라: 식민지 조선을 파고든 근대적 감정의 탄생》, 웅진지식하우스, 2011 참조.

59. 〈직업전선에 나선 여성들(2) '여자로 직업을 가짐은 당연하고도 어려운 일'〉,《매일신보》1931. 11. 6.

60. 김진량,〈근대 잡지《별건곤》의 '취미 담론'과 글쓰기의 특성〉,《어문학》88집, 2005, 340~341쪽 참조.

61. 〈가정부인, 녀성의 희망과 경제와 직업, 어떠한 동기로 취직하나, 직업부인들의 번민이란〉,《중외일보》1930. 3. 5.

62. 〈미인은 성적 불량〉,《동아일보》1925. 2. 6.

63. 〈1931년 유행환상곡(5) '鐘路街의 新風景, 最新式就職法, 리력서 간판 미테 요령 소리, 경탄할 그들 勇氣'〉,《매일신보》1931. 1. 13.

64. 〈히틀러는 말한다, 직업부인이여 속히 결혼을 하라〉,《조선일보》1933. 7. 14.

65. 삼천리사,〈거리의 女學校를 차저서 '戀愛禁制의 和信女學校, 制服의 處女 百四十名'〉,《삼천리》10호, 1935. 11, 102~106쪽.

66. 〈歲暮苦(3) '직업부인'〉,《조선일보》1928. 12. 22.

67. 白露子,〈職業線上의 여성은 어대로?〉,《신여성》6권 5호, 1932. 5, 9쪽.

68. 〈직업전선 '데파트껄의 비애'〉,《조선일보》1833. 1. 11.

69. 〈여성 직장의 초년병(2) '여점원 편'〉,《조선일보》1939. 4. 9.

70. 〈직업부인의 고통과 불평〉,《동아일보》1926. 5. 6.

71. 〈가정부인, 여성의 희망과 경제와 직업, 어떠한 동기로 취직하나, 직업부인들의 번민이란〉, 《중외일보》1930. 3.

72. 〈여학교 졸업생에게(5) '직업에 나갈 때 주의할 여러 가지'〉,《조선일보》1929. 4. 5.

73. 城東生,〈여성의 직업과 결혼〉,《동아일보》1929. 3. 24.

74. 〈경제상으로 풍족지 못한 직업부인의 사치는 잘못〉,《동아일보》1931. 10. 11.

75. 〈직업부인 될 분은 다시 한번 반성하라(4)〉,《동아일보》1929. 4. 8.

76. 백장미,〈神經을 일은 機械, 목소리 接待·할로껄〉,《신여성》7권 12호, 1933. 12, 58쪽. 전화교환수의 경우 한 달에 40원의 월급을 받았는데 당시 여자의 수입으로는 적은 편이 아니었다고 한다.

77. 김영희,〈직업을 못 구해서 우는 신여성〉,《신여성》1925. 11.

78. 城北洞人,〈직업전선 언파레-드 '女性職業五相'〉,《신여성》6권 5호, 1932. 5, 13~16쪽.

79. 〈구라파 부인의 새 직업〉,《조선일보》1928. 4. 29.

80. 〈해골 만드는 직업녀성〉,《조선일보》1933. 2. 16.

81. 〈萬國職業婦人戰線〉,《만국부인》1호, 1932. 10, 30~35쪽.

82. 《여성》1938. 3.

83. 城東生,〈직업부인〉,《동아일보》1929. 2. 6.

84. 〈1930년 경성의 모-던, 스틕껄의 出現〉,《매일신보》1930. 4. 16. '스틕껄'은 "사나희의 집행이 대신으로 산보를 즐기는 사니희의 겨드랑이를 부측하야 준다"는 의미에서 나온 말이다.

85. 〈裸體氾濫〉,《삼천리》8호, 1930. 9, 60~61쪽.

86. "박람회 녀간수(女看守) 중에 일급 오십 전에 '키스'를 팔다가 내여쫏긴 여자가 잇다. 원인은 생활난이라 할 수도 잇겟지만 여자들의 직업으로는 꾀 빗싼 직업은 장차로 번식될 '키스껄'의 직업일 것이다."(〈'키쓰껄'의 출현〉,《조선일보》1929. 9. 22.)

87. 안석영,〈도회풍경(1) '핸드·껄'〉,《조선일보》1929. 6. 4.

88. 〈녀사무원이 '에로'공부〉,《조선일보》1931. 8. 10.

89. 〈'쓰틕껄'은 女盜〉,《조선일보》1935. 5. 28.

90. 소래섭,《불온한 경성은 명랑하라: 식민지 조선을 파고든 근대적 감정의 탄생》, 웅진지식하우스, 2011 참조.

91. 〈空中에도 '에로', '애어-껄'出現〉,《동아일보》1931. 1. 26.

92. 〈에로·그로·넌센스 亂舞한 諸尖端相(2) '1930년 첨단 직업 마니큐어껄'〉,《조선일보》1931. 1. 4.

93. 〈裸體氾濫〉,《삼천리》8호, 1930. 9, 60쪽.

94. (米) P·와일드,〈매니큐-어·껄(MANIQURE GIRL)〉,《별건곤》23호, 1929. 9, 159~162쪽.

95. 안석영,〈도회풍경(2) '핸드·뿌이'〉,《조선일보》1929. 6. 5.

96. 城北洞人, 〈직업전선 언파레-드 '女性職業五相'〉,《신여성》6권 5호, 1932. 5, 15쪽.

97. 〈여점원 정조를 노리는 악점주의 毒牙〉,《조선일보》1936. 3. 26.

98. 〈부인과 직업, 특히 직업여성에게〉,《조선일보》1929. 10. 17.

99. 〈大秘密 大暴露, 현대 비밀 직업 전람회〉,《별건곤》14호, 1928. 7, 58쪽.

100. 金城馬, 〈-西都水鄕의 가지가지- 貞操와 職業女性〉,《삼천리》1934. 9, 106~161쪽.

101. 〈안해를 직업부인으로 내보낸 남편의 소감〉,《삼천리》3호, 1929. 11, 31~32쪽.

102. 金乙漢(作) 李承萬(畵), 〈女人群像〉,《삼천리》3권 10호, 1931. 10, 78~81쪽.

103. 金玉順, 〈職業婦女와 誘惑〉,《삼천리》3권 11호, 1931. 11, 102~103쪽.

104. 이서구, 〈데파-트 哀話, '키쓰'와 '월급'과 '처녀'〉,《신여성》6권 11호, 1932. 11, 81~86쪽.

2부 2장

1. 김규택, 〈요-요-狂時代〉,《신여성》7권 5호, 1933. 5, 6~7쪽.

2. 〈요-요- 狂時代〉,《신동아》1932 참조.

   〈요요狂時代〉,《동아일보》1933. 10. 13.

3. 백철, 〈문화현상으로 본 요-요-의 유행성〉,《신여성》7권 5호, 1933. 5, 87~91쪽.

4. 〈요요의 世界一周〉,《신가정》4권 2호, 1936. 2, 149~151쪽.

5. 〈말세를 의미한 '요-요-' 작란감〉,《조선일보》1933. 4. 29.

6. 백철, 〈문화현상으로 본 요-요-의 유행성〉,《신여성》7권 5호, 1933. 5, 87~91쪽.

7. 〈新流行의 納凉處〉,《동아일보》1921. 8. 22.

8. 〈가진 오락은 인간 생활의 량식〉,《동아일보》1928. 12. 5.

9. 〈오락의 건전화, 사회화〉,《동아일보》1931. 11. 8.

10. 현철, 〈교화와 오락과 三談(4)〉,《동아일보》1936. 2. 1.

11. 〈못된 류행(1)〉,《조선일보》1929. 4. 6.

12. 〈변천도 형형색색, 십년간 유행 오락〉,《동아일보》1930. 4. 6.

13. 〈만화자가 상상한 1932(3) '노름꾼 도시'〉,《조선일보》1932. 1. 24.

14. 李瑞求, 〈實査 1年間 大京城 暗黑街 從軍記, 카페·마작·연극·밤에 피는 꽃〉,《별건곤》 47호, 1932. 1, 35쪽.

15. 〈民衆娛樂向上爲한 四道聯合 檢閱當局會議 低俗 레코-트 印刷物等排擊 出版警察의 淨化企圖〉,《매일신보》1937. 6. 17.

16. 최영수, 〈봄이 쓰는 漫文, 봄이 그리는 漫畵(1)〉,《동아일보》1933. 4. 1.

17. 이영철,《21세기 문화 미리보기》, 시각과 언어, 1999, 15쪽.

18. 안석영, 〈金風蕭瑟〉, 《조선일보》 1930. 10. 9.

19. 李瑞求, 〈모뽀 모껄의 新春行樂 經濟學〉, 《별건곤》 51호, 1932. 5, 24~27쪽.

20. 이갑기, 〈街頭風景(10) '21일!'〉, 《중외일보》 1930. 4. 21.

21. 이갑기, 〈街頭風景(9) '한강씨-슨'〉, 《중외일보》 1930. 4. 20.

22. 〈눈꼴틀리는 일(1) '세계만유비행'〉, 《조선일보》 1930. 4. 4.

23. 〈이꼴저꼴(4)〉, 《조선일보》 1933. 2. 19.

24. 수전 벅모스, 윤일성 역, 《꿈의 세계와 파국: 대중 유토피아의 소멸》, 경성대학교출판부, 2008 참조.

25. 〈初夏風景(1)〉, 《조선일보》 1930. 5. 20.

26. 〈初夏風景(2)〉, 《조선일보》 1930. 5. 21.

27. 〈初夏風景(3)〉, 《조선일보》 1930. 5. 24.

28. 〈初夏風景(4)〉, 《조선일보》 1930. 5. 25.

29. 〈濟物夜話〉, 《동아일보》 1924. 4. 24.

30. 이갑기, 〈街頭風景(3) '街頭 레뷰-'〉, 《중외일보》 1930. 4. 14.

31. 〈불! 꽃! 사람! 간밤의 야앵 구경군 자그만치 삼만팔백〉, 《동아일보》 1933. 4. 28.

32. 〈花雲人海의 不夜城〉, 《동아일보》 1933. 4. 22.

33. 〈夜櫻 구경꾼 總計卅萬名〉, 《동아일보》 1934. 5. 2.

34. 〈頻頻한 여학생 능욕사건〉, 《조선일보》 1928. 4. 29.

35. 尹梧月, 〈尾行꾼 골려준 이야기〉, 《별건곤》 1933. 9, 24쪽.

36. 〈어머니의 꽃구경〉, 《동아일보》 1924. 4. 24.

37. 〈꽃구경 가랴거든 이러한 것을 주의〉, 《동아일보》 1928. 4. 18.

38. 김현숙, 〈창경원 밤 벚꽃 놀이와 夜櫻〉, 《한국 근현대미술사학》 2008, 153쪽 참조.

39. 〈꽃보다 다리 구경〉, 《조선일보》 1934. 5. 3.

40. 〈花雲人海의 창경원에 夜櫻으로 전개된 歡樂劇〉, 《동아일보》 1929. 4. 22.

41. 〈夜櫻 때면 맛나는 여자〉, 《별건곤》 1933. 4.

42. 〈모던어 데파트 레뷰〉, 《조선일보》 1933. 9. 5.

43. 愚石, 〈레뷰-의 근대성〉, 《별건곤》 23호, 1929. 9, 158쪽.

44. K·K, 〈演藝週題 '朝鮮과 레뷰- 日劇땡싱퇾의 宿題'〉, 《매일신보》 1940. 5. 17.

45. 愚石, 〈레뷰-의 근대성〉, 《별건곤》 23호, 1929. 9, 158쪽.

46. 안석영, 〈一日一畵(9) '다리! 다리! 눈눈눈!- 1930년 야앵 레뷰-'〉, 《조선일보》 1930. 4. 15.

47. 尹梧月, 〈尾行꾼 골려준 이야기〉, 《별건곤》 1933. 9, 24쪽.

48. 〈一日一畵(11) '양키-레뷰단의 가장행렬'〉, 《조선일보》 1930. 4. 20.

49. 〈변천도 형형색색, 십년간 유행 오라〉, 《동아일보》 1930. 4. 6.

50. 〈녀름 극장〉, 《조선일보》 1929. 8. 3.

51. 〈꽃보다도 더 아름다운 이 여자들의 포스〉, 《동아일보》 1938. 1. 30.

52. 〈참 곱기도 하다〉, 《매일신보》 1926. 12. 21.

53. 〈에로 滿點의 레뷰- 의상〉, 《매일신보》 1931. 2. 10.

54. 윤우영, 〈뮤지컬 이야기(26) '뮤지컬의 새로운 비전 버즈비 버클리(Busby Berkeley)'〉, 《포천 신문》 2007. 9. 12. 참조.

55. 〈최신식 거울 땐스〉, 《매일신보》 1930. 8. 7.

56. 〈레뷰二題〉, 《매일신보》 1933. 2. 9.

57. 〈금년에 미국의 새 '스타'들〉, 《동아일보》 1928. 2. 23.

58. 조선극장에서 상연했던 레뷰에 대한 대중의 불만도 물론 있었다. 1929년 11월 조선극장을 상대로 '저작권 침해' 고소가 제기된 가운데 "조국에 상영되는 영화는 우리의 생활방면의 입장으로 보던지 예술 이론으로 보던지 모다 그 가치가 저렴한 것 뿐"이라는 비난이 가해진 다. 그 근거로 상연되는 극이나 영화와 무관하게 삽입되는 '기괴한 레뷰'를 제시하고 있었 다.(〈朝劇의 醜態暴露 檢事局에 告訴提起〉, 《매일신보》 1929. 11. 2. 참조)

59. 〈발성영화 레뷰시대〉, 《조선일보》 1930. 2. 7, 〈발성영화 레뷰시대〉, 《동아일보》 1930. 2. 8.

60. 〈朝劇의 혁신과 新試驗인 레뷰〉, 《조선일보》 1929. 9. 11.

61. 〈歌劇大會盛況〉, 《조선일보》 1930. 5. 20.

62. 〈宗家天勝一行入城, 明夜부터 大興行〉, 《매일신보》 1934. 3. 17.

63. 〈喜歌劇界의 一流綱羅, 名物 寶塚쇼- 來演〉, 《조선일보》 1940. 4. 5.

64. 〈카메라 순례 '레뷰-'〉, 《조선일보》 1931. 2. 11.

65. 〈맨발에 구두 신기와 두 겹 양말 유행, 학대 밧는 여자의 다리〉, 《조선일보》 1931. 1. 4.

66. 〈맥고모 레뷰-〉, 《조선일보》 1938. 7. 3.

67. 발터 벤야민, 최성만 역, 《기술복제시대의 예술작품, 사진의 작은 역사 외》, 길, 2014 참조.

68. 수전 벅모스, 윤일성·김주영 역, 《꿈의 세계와 파국: 대중 유토피아의 소멸》, 경성대학교출 판부, 2008, 11~13쪽 참조.

69. Siegfried Kracauer, 《The Mass Ornament》, Harvard UP, 1995, 75~79쪽.

70. 이도훈, 〈영화의 장식성 예찬: 지그프리트 크라카우어의 사진적 이미지와 영화〉, 《영상예술 연구》 22호, 2013. 5, 300~305쪽 참조.

71. 〈레뷰二題〉, 《매일신보》 1933. 2. 9.

72. 〈환락의 최고봉, 레뷰의 전당〉, 《매일신보》 1932. 5. 19.

73. 고영한, 〈독갑이 들린 문화, 썩어드는 이꼴 저꼴〉, 《별건곤》 1934. 3, 17쪽.

74. 〈서울행진(5) '나 좀 보아요'〉, 《조선일보》 1928. 11. 8.

75. 〈학생만화〉, 《조선일보》 1930. 9. 27.

76. 〈압흐로 보고 뒤로 보고(1) '제1일 레뷰 극장'〉, 《동아일보》 1929. 11. 2.

77. 〈때 아닌 꽃들 사람 꽃들〉,《조선일보》1933. 1. 16.

78. K·K, 〈演藝週題 '朝鮮과 레뷰- 日劇땡싱틤의 宿題'〉,《매일신보》1940. 5. 17.

79. 김진송,《서울에 딴스홀을 허하라》, 현실문화연구, 2002 참조.

80. 〈서울行進(1) '狂亂테리아 – 흠, 소리 고흔데'〉,《조선일보》, 1928. 10. 30.

81. 〈아이스크림(3) '카페마다 딴스홀 겸영'〉,《조선일보》1931. 6. 26.

82. 〈파렴치한의 탈선된 행동, 잘못 쓴 '자유'와 '명랑'(上) 유한매담 딴쓰홀 사건〉,《조선중앙일보》1936. 2. 21.

83. 〈무용국에서 온 5월의 사진 편지(1)~(3)〉,《조선일보》1934. 5. 26.~5. 29.
    〈춤(1)~(15)〉,《조선일보》1930. 3. 12.~3. 29.

84. 〈두 가지 춤〉,《조선일보》1930. 12. 7.

85. 〈체육학교의 레뷰〉,《동아일보》1935. 3. 23.

86. 〈용감한 독일 여성의 권투, 에로 滿點의 레뷰-의상〉,《매일신보》1931. 2. 10.

87. 〈육체미를 완성하자면, 미용체조〉,《조선일보》1937. 5. 9.

88. 〈건강 미용체조, 당신들은 아름다운 여인이 되라!〉,《조광》1936. 2, 202~204쪽.

89. 〈배구자의 신작 무용〉,《동아일보》1931. 1. 22.
    〈神秘境 일울 무용의 夕, 최승희 무용소원 일동 총출연〉,《조선일보》1930. 10. 21.

90. 〈만화와 만문(9) '작년에 全盛을 極한 무용계의 今年展望'〉,《매일신보》1930. 2. 21.

91. 크리스 로제크, 김문겸 역,《자본주의와 여가 이론》, 일신사, 2000, 108~110쪽 참조.

92. 〈1931년 유행환상곡(3) '藝術보다도 肉體, 에로적 歌舞劇'〉,《매일신보》1931. 1. 9.

93. 〈일시 소문 놉든 여성의 최근 소식(2) '花形俳優로 세계를 편답, 舞臺를 떠나 가정 속으로'〉,《조선일보》1928. 1. 3.

94. 〈은퇴하얏든 배구자 양 극단에 재현〉,《동아일보》1928. 4. 17.

95. 〈배구자 무용연구소, 제1회 공연 19일 중앙관에서〉,《동아일보》1929. 9. 18.

96. 〈본보 독자 우대의 배구자 무용단 공연〉,《조선일보》1930. 11. 4.

97. 〈금월 4일부터 4일간 배구자 무용가극단 공연〉,《조선일보》1930. 11. 2.

98. 〈최승희 여사의 세계적 성공〉,《동아일보》1938. 4. 5.

99. 〈藝苑에 빗나는 조선의 딸들〉,《매일신보》1934. 1. 1.

100. A生, 〈무용과 레뷰-〉,《조선일보》1929. 10. 9.

101. 모윤숙, 〈여성 인물평(2) '인간 최승희의 一面'〉,《여성》1937. 5, 52쪽.

102. 具王三, 〈崔承喜 舞踊을 보고〉,《삼천리》7권 1호, 1935. 1, 127쪽.

103. 〈불행한 대중을 위해 무용 왕국도 進軍, 녀류 무용가 최승희 양의 기염, 辛未의 광명을 차저(5)〉,《매일신보》1931. 1. 8.

104. 〈신여성이여 무용하라〉,《만국부인》1932.

105. 〈민화와 만문(9) '작년에 全盛을 極한 무용계의 今年展望'〉,《매일신보》1930. 2. 21.

106. 〈戰時의 生活 이대로 좋을까(4) '극장 앞에 늘어선 풍경 - 아메리카 풍의 짜쓰 외 - 레뷰 환영은 국민의 수치-, 芳村喬道 氏 談'〉,《매일신보》1942. 1. 21.

107. 〈'레뷰-걸'들의 自肅〉,《매일신보》1940. 8. 27.

2부 3장

1. 〈다리의 '마네킹'〉,《조선일보》1930. 5. 25.

2. 〈새로된 '매뉴켠' 학교〉,《동아일보》1928. 8. 24.

3. 〈중국 첨단 여성 맹렬한 그들의 활약(1)〉,《동아일보》1930. 11. 29.

4. 〈오늘의 이야기〉,《동아일보》1929. 12. 3.

5. 〈마네킹 여왕〉,《중외일보》1930. 4. 4.

6. 〈勞動層은 意外稀少, 대부분이 지식 계급〉,《동아일보》1933. 1. 19.

7. 〈봄의 표정(2) '석고 아씨 회춘의 기쁨'〉,《조선일보》1937. 3. 4.

8. Liz Conor,《The Spectacular Modern Woman》, Indiana UP, 2004, 108쪽. 1925년에 만 레이(Man Ray)가 마네킹을 잡지《보그Vogue》의 표지 모델로 사용하면서, 마네킹은 전 세계로 유통되는 패션 도상이란 인식이 형성되어갔다.

9. 〈초기의 인조인간들〉,《중외일보》1930. 4. 19.

10. 수전 벅모스, 김정아 역,《발터 벤야민과 아케이드 프로젝트》, 문학동네, 2004, 136쪽 참조.

11. 〈봄의 표정(2) '석고 아씨 회춘의 기쁨'〉,《조선일보》1937. 3. 4.

12. 〈유행의 몃 가지〉,《동아일보》1924. 3. 2.

13. 〈유행의 몃 가지〉,《동아일보》1924. 3. 6.

14. 〈유행의 몃 가지〉,《동아일보》1924. 3. 10.

15. 〈유행의 몃 가지〉,《동아일보》1924. 3. 14.

16. 〈유행의 몃 가지〉,《동아일보》1924. 3. 4.

17. 〈유행의 몃 가지〉,《동아일보》1924. 3. 8.

18. 〈휴지통〉,《동아일보》1928. 2. 10.

19. 〈短裳과 美足 영화까지 나타나〉,《동아일보》1927. 7. 30.

20. 고지현, 〈유행 개념으로 바라본 식민지 조선의 근대성〉,《대동문화연구》71집, 2010, 376쪽 참조.

21. 〈1931년이 오면(1)〉,《조선일보》1930. 11. 18.

22. 김상용, 〈하이킹 예찬-春·山·女〉,《여성》1권 1호, 1936. 4, 2~3쪽.

23. 윤성상, 〈유행에 나타난 현대 여성〉,《여성》2권 1호, 1937. 1, 48쪽.

24. 윤성상, 〈유행에 나타난 현대 여성〉, 《여성》 2권 1호, 1937. 1, 48~49쪽.

25. 〈카메라 매니킨〉, 《조선일보》 1938. 6. 24.

26. Liz Conor, 같은 책, 105쪽 참조.

27. 〈이것이 세계 제일의 '마네킹껄'〉, 《매일신보》 1932. 9. 28.

28. 〈어느 편을 선전?〉, 《조선일보》 1931. 4. 27.

29. 이무영, 〈먼동이 틀 때(11)〉, 《동아일보》 1935. 8. 16.

30. 〈新案情死法 '관 속에서 포옹코 가스 마시고 窒死'〉, 《동아일보》 1933. 12. 5.

31. 〈錯覺된 인간의 玩具 마네킹,껄〉, 《조선일보》 1929. 9. 7.

32. 〈매신춘추 '마네킨,껄'〉, 《매일신보》 1929. 9. 6.

33. 〈錯覺된 인간의 玩具 마네킹,껄〉, 《조선일보》 1929. 9. 7.

34. 〈어느 게 마네킹인지?〉, 《조선일보》 1929. 9. 8.

35. 〈조선 녀자의 마네킹껄 출현〉, 《조선일보》 1929. 9. 8.

36. 〈매신춘추 '마네킨,껄'〉, 《매일신보》 1929. 9. 6.

37. 〈휴지통〉, 《동아일보》 1929. 10. 27.

38. 〈마네킹껄의 化粧法實演〉, 《동아일보》 1933. 8. 19.

39. 〈봉사에서 해방된 一日, 四百餘選手勇躍〉, 《동아일보》 1931. 5. 4.

40. 〈千代田整髮料 마네킨 實演〉, 《동아일보》 1934. 5. 6.

41. 〈새로 생긴 스위쓰껄〉, 《동아일보》 1934. 4. 8.

42. 〈實演과 卽賣〉, 《동아일보》 1934. 4. 19.

43. 〈마네킹 순회단〉, 《동아일보》 1935. 8. 10.

44. 〈마네킨껄〉, 《매일신보》 1930. 6. 22.

45. 〈마네킨의 가지가지(2)〉, 《매일신보》 1930. 6. 28.

46. 〈마네킨의 가지가지(3)〉, 《매일신보》 1930. 7. 3.

47. 〈마네킨의 가지가지(4)〉, 《매일신보》 1930. 7. 4.

48. 〈현대식 판매법(4)〉, 《동아일보》 1931. 11. 10.

49. 〈조선인 상공업의 현상과 그 再建工作의 구체적 방법〉, 《동아일보》 1935. 1. 18.

50. 〈여객 비행기 안에도 마네킹껄〉, 《동아일보》 1935. 1. 24.

51. 〈새 유행 '마네킹 인형 이야기'〉, 《동아일보》 1935. 2. 8.

52. 〈廣告術取締〉, 《동아일보》 1935. 2. 9.

53. 〈큰 효과를 얻은 향수 콩클〉, 《동아일보》 1938. 5. 11.

54. 〈사람을 너어 만든 어름기둥〉, 《동아일보》 1938. 8. 23.

55. 〈설거지를 하고 나서 '마네킹 학교'〉, 《조선일보》 1934. 4. 6.

56. 〈금년의 첨단을 밟는 의복 차림〉, 《동아일보》 1937. 6. 3.

57. 〈유행기를 찾어서(上)〉, 《동아일보》 1937. 6. 3.

58. 〈만년춘의 매니킨〉,《조선일보》 1937. 3. 10.

59. Liz Conor, 같은 책, 108쪽 참조.

60. 〈음식점 메뉴에 새로 나타난 '홀몬' 요리의 제법〉,《조선일보》 1937. 3. 10.

61. 〈마네킹 제조〉,《조선일보》 1930. 3. 13.

62. 〈마네킨 인형〉,《매일신보》 1933. 5. 3.

63. 〈마네킹 인형의 정체〉,《조선중앙일보》 1933. 4. 26.

64. 〈'마네킨'의 매력〉,《매일신보》 1936. 7. 8.

65. 〈1930년식 괴물〉,《조선일보》 1930. 3. 7.

66. 〈일요 페이지〉,《동아일보》 1932. 1. 18.

67. 〈人形化時代〉,《조선일보》 1933. 10. 6.

68. 염상섭, 〈현대인과 문학(1)〉,《동아일보》 1931. 11. 7.

69. 염상섭, 〈현대인과 문학(1)〉,《동아일보》 1931. 11. 7.

70. 이향, 〈인생과 기계, 기계와 문예(9)〉,《동아일보》 1929. 11. 6.

71. 이향, 〈인생과 기계, 기계와 문예(4)〉,《동아일보》 1929. 10. 31.

72. 이향, 〈인생과 기계, 기계와 문예(9)〉,《동아일보》 1929. 11. 6.

73. 이향, 〈인생과 기계, 기계와 문예(4)〉,《동아일보》 1929. 10. 31.

74. 이향, 〈인생과 기계, 기계와 문예(5)〉,《동아일보》 1929. 11. 1.

75. 이향, 〈인생과 기계, 기계와 문예(9)〉,《동아일보》 1929. 11. 6.

76. 염상섭, 〈현대인과 문학(1)〉,《동아일보》 1931. 11. 7.

77. 할 포스터, 전영백과 현대미술연구팀 역,《욕망, 죽음 그리고 아름다움》, 아트북스, 2005, 192~221쪽 참조.

78. 〈불란서 '파리'의 마네킹 이야기〉,《조선일보》 1932. 3. 30.

79. Liz Conor, 같은 책, 105쪽 참조.

2부 4장

1. E기자, 〈壁上世態에 喜悲도 猝變, 自我를 忘却하는 陶醉境(5) '극장 편'〉,《동아일보》 1932. 11. 27.

2. 주훈, 〈1920~30년대 한국의 영화 관객성 연구〉, 서울대학교 석사 논문, 2005, 18~19쪽 참조.

3. 유선영, 〈육체의 근대화: 할리우드 모더니티의 각인〉,《문화과학》 24호, 2000 참조.

4. E기자, 〈壁上世態에 喜悲도 猝變, 自我를 忘却하는 陶醉境(5) '극장 편'〉,《동아일보》 1932. 11. 27.

5. E기자, 〈활동사진대회〉, 《조선일보》 1930. 6. 8.

6. 김소영, 〈신여성의 시각적 재현〉, 《문학과 영상》 2006, 가을·겨울호, 100쪽 참조. 김소영은 비서구가 영화라는 근대적 시각 장치를 받아들이는 과정을 검토하면서, 신여성을 '문자성에서 시각성으로' 변화하는 근대적 시각문화, 시각적 영역의 체제 변화란 맥락에서 읽고 있다. 즉, 영화와 마찬가지로 신여성 현상을 문자에서 복제 예술이 가져다준 시각적 전환에 따르는 근대성과 시각문화라는 맥락에서 읽으려는 것이다.

7. 〈활동사진 이약이〉, 《별건곤》 1926. 12.

8. 노지승, 〈식민지 시기 여성 관객의 영화 체험과 영화적 전통의 형성〉, 《현대문학의 연구》 40호, 2010, 179쪽.

9. 〈劇場專門 不良少女〉, 《중외일보》 1927. 5. 8.

10. 〈자정 후의 경성, 街上의 人生과 현실의 一面(12)〉, 《동아일보》 1926. 6. 30.

11. A生, 〈만추풍경(1)〉, 《조선일보》 1930. 10. 26.

12. 〈享樂의 大京城(1) '生의 爭鬪에 疲弊한 市民'〉, 《매일신보》 1925. 6. 6.

13. 〈극장만담〉, 《별건곤》 1927. 3, 94쪽.

14. 双生, 〈戰慄할 大惡魔屈, 女學生誘引團本屈探査記〉, 《별건곤》 1927. 2, 78쪽.

15. SK生, 〈러브씬과 관객〉, 《동아일보》 1929. 4. 7.

16. 熏生, 〈젊은 여자들과 활동사진의 영향〉, 《조선일보》 1929. 4. 5.

17. 〈性에 관한 문제의 토론 – 성지식 성교육 남녀교제〉, 《동광》 1931. 12, 35쪽.

18. 〈活動寫眞과 學生〉, 《동아일보》 1925. 10. 10.

19. 熏生, 〈젊은 여자들과 활동사진의 영향〉, 《조선일보》 1929. 4. 5.

20. 朴英熙 〈有産者社會의 所謂近代女 近代男의 특징〉, 《별건곤》 1927. 12.

21. 《동아일보》 1937. 9. 7, 《동아일보》 1937. 9. 15, 《조선일보》 1937. 11. 12.

22. 류수연, 〈조선의 '이트(It)'가 된 모던걸〉, 《민족문학사연구》 52호, 2013, 213~214쪽.

23. 이호걸, 〈식민지 조선의 외국 영화〉, 《대동문화연구》 72집, 성균관대학교 대동문화연구원, 2010, 81쪽.

24. 〈누가 엡분가?〉, 《조선일보》 1933. 11. 21.

25. 〈모자 대신 리본으로 장식〉, 《동아일보》 1937. 9. 7.

26. 강심호, 《대중적 감수성의 탄생: 도박, 백화점, 유행》, 살림, 2005, 39~40쪽.

27. 〈그림 없는 만화, 종로야화〉, 《여성》 3권 9호, 1938. 9.

28. 〈이동하는 새집〉, 《사해공론》 4권 10호, 1938. 10, 27쪽.

29. 안석영, 〈漫畫子가 예상한 1932(2) '모껄 第三期 – 1932년 모껄 시위행렬-'〉, 《조선일보》 1932. 1. 19.

30. 〈이동하는 새집〉, 《사해공론》 4권 10호, 1938. 10, 27쪽.

31. 〈황금과 에로, 그로의 수도인 '뉴욕'〉, 《조선일보》 1930. 12. 16.

32. 안선경·양숙희, 〈한국 근대 복식문화에 나타난 아메리카나이제이션(Americanization)에 관한 연구: 1920년대부터 1930년대까지의 잡지를 중심으로〉, 《한국 의류학회지》 2001, 25권 1호, 51쪽.

33. 〈자유 세상에서 류행의 노래〉, 《동아일보》 1930. 2. 4.

34. 안생, 〈街上所見(2) '모던뽀이의 산보'〉, 《조선일보》 1928. 2. 7.

35. 〈인삼은 어떠한 것인가(10)〉, 《동아일보》 1929. 8. 25.

36. 〈探照燈(3) '골목에 홍수 난 서양 물품'〉, 《경향신문》 1947. 4. 8.

37. 유선영, 〈육체의 근대화: 할리우드 모더니티의 각인〉, 《문화과학》 24호, 2000, 247쪽.

38. 고정옥, 〈파리의 아팟슈〉, 《동아일보》 1929. 11. 12.

39. ISK生, 〈'무란루주'를 보고〉, 《동아일보》 1929. 1. 9.

40. 〈'프리츠 랑그'의 力作 '메트로포리쓰'〉, 《조선일보》 1929. 4. 30.

41. 안석영, 〈녀름풍정(2) '몽파리 裸女'〉, 《조선일보》 1929. 7. 27.

42. 서광제, 〈女性과 映畵〉, 《조선일보》 1931. 6. 22.

43. 〈엘로우 섹션〉, 《신여성》 1932. 12.

44. 〈움직이지 안는 영화〉, 《동아일보》 1928. 3. 29.

45. 김혁, 〈Betty Boop, 20세기 디자인 아이콘-캐릭터〉, 《월간 디자인》, 2010. 8. 참조.

46. 〈'이트(그)'〉, 《조선일보》 1928. 12. 21.

47. 崔生, 〈영화 인상기-'이트'〉, 《조선일보》 1928. 12. 25.

48. R生, 〈시사평, '이트'를 보고〉, 《동아일보》 1928. 12. 23.

49. 류수연, 〈조선의 '이트(It)'가 된 모던걸〉, 《민족문학사연구》 52호, 2013, 216쪽.

50. 〈頭腦보다 '잇트'〉, 《동아일보》 1931. 1. 30.

51. 〈남자를 끄는 데는, 엇던 화장 엇던 옷? 헐리우드 미인스타-의 의견〉, 《조선일보》 1935. 6. 8.

52. 〈키스 연습〉, 《조선일보》 1937. 5. 4.

53. 〈이러케 어려운 '러브씬-' 촬영〉, 《조선일보》 1932. 12. 11.

54. 〈영화에 나타난 연애의 표현 기교(1) '점점 선정적이 되어간다'〉, 《조선일보》 1929. 2. 6.

55. 李瑞求, 〈京城의 짜쓰, 서울맛·서울情調〉, 《별건곤》 23호, 1929. 9, 33쪽.

56. 〈妖花〉, 《조선일보》 1930. 12. 11.

57. 문경연, 〈1920~30년대 대중문화와 《신여성》: 활동사진과 유행가를 중심으로〉, 《여성문학연구》 12호, 307쪽 참조.

58. 〈美國映畵界消息二題〉, 《동아일보》 1937. 6. 20.

59. 〈가르보의 추억〉, 《조선일보》 1938. 9. 18.

60. 〈손은 업서도 천석군, 스물넷에 시집간다〉, 《조선일보》 1938. 4. 1.

61. 〈明日의 스타-型(4) '인적이 미치지 안은 아츰에 高原의 꽃, 극단이 스타로 맨드러야'〉, 《조선일보》 1931. 6. 16.

62. 〈조선 영화계 인기 여우 - 신일선 양과의 문답기〉,《별건곤》1927. 7, 94~103쪽.

63. 〈변장 잘 하는 녀배우〉,《조선일보》1930. 2. 2.

〈'스완손' 양의 四時代變裝〉,《동아일보》1926. 3. 6.

64. Liz Conor,《The Spectacular Modern Woman》, Indiana UP, 2004, 96쪽.

65. 〈銀幕千一夜話 '셋트 뒤에서 사랑 멧고 스타-가 된 여우 일대기'〉,《조선일보》1940. 3. 2.

66. 白시라,〈婦人記者暗行記, 村에서 逃亡온 여자로 꾸미고 女俳優募集 記, 女優選擇의 珍奇한 試驗본 記〉,《별건곤》16·17호, 1928. 12, 114~121쪽.

67. 〈허영과 여성〉,《동아일보》1925. 1. 27.

68. 문경연,〈1920~30년대 대중문화와《신여성》: 활동사진과 유행가를 중심으로〉,《여성문학연구》12권, 2004, 304쪽.

69. 李瑞求,〈京城의 짜쓰, 서울 맛·서울 情調〉,《별건곤》23호, 1929. 9, 33~34쪽.

70. 〈朝鮮劇場의 팬구락부 발회〉,《동아일보》1928. 10. 17.

71. 이경설,〈유명 여배우 신변일기 '무장하는 여배우'〉,《신여성》6권 12호, 1932. 12, 50쪽.

72. 박명진,《문화, 일상, 대중: 문화에 관한 8개의 탐구》, 한나래, 1996, 187쪽.

73. 〈팬 때문에 이 苦心, 만내자니 기가 막히구 안 만나면 검방젓단다〉,《조선일보》1939. 1. 4.

74. 〈1931년 유행환상곡(3) '藝術보다도 肉體, 에로적 歌舞劇'〉,《매일신보》1931. 1. 9.

75. 波影生,〈스크린의 慰安, 서울 맛·서울 情調〉,《별건곤》23호, 1929. 9, 39~40쪽.

76. 이주홍,〈화만 요지경〉,《동아일보》1939. 12. 4.

77. 《여성》3권 5호, 1938. 5.

78. 〈배우학교〉,《조선일보》1935. 6. 8.

79. 〈여학생들이 동경하는 은막세계〉,《조선일보》1936. 11. 25.

80. 李瑞求,〈實査 1年間 大京城 暗黑街 從軍記, 카페·마작·연극·밤에 피는 꽃〉,《별건곤》47호, 1932. 1, 34~35쪽.

81. 〈여배우의 카페 진출〉,《신여성》5권 11호, 1931. 12, 51쪽.

82. 鈴蘭,〈인테리 女給手記, 컥텔에 빗친 내 얼골, 묵은 日記를 읽으며〉,《삼천리》6권 5호, 1934. 5, 175쪽.

83. 〈웃음 속에 눈물 생활(1) '영화로운 반면에 숨은 고통 비애'〉,《매일신보》1930. 9. 30.

2부 5장

1. 〈新舊對照(5)〉,《동아일보》1924. 6. 19.

2. 김영애,〈여자와 체육〉,《신동아》1934. 4, 46~49쪽.

3. 〈각 여학교 운동부를 차저(10)〉,《조선일보》1928. 10. 25.

4. 〈각 여학교 운동부를 차저(3)〉,《조선일보》1928. 10. 10.

5. 〈각 여학교 운동부를 차저(7)〉,《조선일보》1928. 10. 18.

6. 〈각 여학교 운동부를 차저(5)〉,《조선일보》1928. 10. 12.

7. 〈미국 녀학생의 공차기〉,《조선일보》1927. 8. 25.

8. 김영애, 〈여자와 체육〉,《신동아》1934. 4, 46~49쪽.

9. 〈多大한 찬성, 空前의 盛況, 여자정구대회〉,《동아일보》1923. 7. 5.

10. 정보라, 〈여성과 스케팅〉,《여성》2권 2호, 1937. 2, 76~79쪽.

11. 〈각 여학교 운동부를 차저(2)〉,《조선일보》1928. 10. 7.

12. 〈육체미를 완성하자면, 미용체조〉,《조선일보》1937. 5. 9.

13. 〈부인의 히스테리는 운동 부족, 조석 체조는 기분을 상쾌케 해〉,《조선일보》1928. 12. 6.

14. 〈파시스트 아래 잇는 이태리의 부인단체〉,《동아일보》가정란, 1938. 11. 23.

15. 〈약한 어머니에겐 건전한 아이가 들지 않는다〉,《신가정》1권 7호, 1933. 7, 26쪽.

16. 〈인천 체육데이〉,《동아일보》1924. 11. 6.

17. 〈朝鮮 體育데이 十月 一日로 改正, 今年부터 施行〉,《동아일보》1926. 8. 18.

18. 〈冬節 스포츠展 활동 영화도 잇다〉,《동아일보》1931. 1. 30.

19. 박봉애, 〈가정부인과 체육〉,《여성》1권 3호, 1936. 6, 9쪽.

20. 〈여학교생 '마스께임' 광경〉,《조선일보》1933. 10. 3.
   〈중등여학교 마스껨〉,《신동아》1934. 11.

21. 〈大會隨一의 異彩, 여생도의 마스께임〉,《조선일보》1937. 5. 26.

22. 제프리 T. 슈나프·매슈 튜스, 양진비 역,《대중들》, 그린비, 2015, 62쪽.

23. A生, 〈필마를 타고(3) '스포츠의 보편화'〉,《조선일보》1933. 11. 19.

24. 〈女性拳鬪狂時代〉,《조선일보》1932. 1. 8.

25. 안석영, 〈拳鬪熱〉,《신여성》1933. 8.

26. 〈여자와 체육 – 여자 정구대회에 臨하야〉,《매일신보》1940. 9. 22.

27. 〈미국 부인들의 다리가 커젓다〉,《동아일보》1927. 6. 25.

28. 〈大會雜觀〉,《동아일보》1923. 7. 5.

29. 〈大會雜觀〉,《동아일보》1923. 7. 5.

30. 〈대회 만문만화〉,《동아일보》1938. 9. 25.

31. 〈꽃 가튼 선수 一百人〉,《매일신보》1923. 6. 30.

32. 一記者, 〈全鮮女子庭球大會를 보고〉,《별건곤》9호, 1927. 10, 79쪽.

33. 〈대회 만문만화〉,《동아일보》1938. 9. 25.

34. 〈多大한 찬성, 空前의 성황, 여자 정구대회〉,《동아일보》1923. 7. 5.

35. 〈조선 여자 정구대회〉,《동아일보》1923. 6. 14.

36. 李吉用, 〈全朝鮮女子庭球大會評判記, 第六回大會를 보고〉, 《별건곤》 14호, 1928. 7, 127쪽.

37. 〈대회 날을 고대하는 각 녀학교 정구 선수, 맘 졸이는 그들의 요즈음(1)〉, 《동아일보》 1930. 9. 19.

38. 〈여자 정구대회 화보〉, 《동아일보》 1928. 5. 28.

〈여학생 정구대회 화보〉, 《매일신보》 1925. 10. 3.

39. 〈경성의 天空까지, 우슴의 빗을 띄운 듯〉, 《동아일보》 1924. 6. 23.

40. 〈여자 정구대회 압두고(4)〉, 《동아일보》 1927. 9. 30.

41. 李吉用, 〈全朝鮮女子庭球大會評判記, 第六回大會를 보고〉, 《별건곤》 14호, 1928. 7, 125쪽.

42. 〈경성의 天空까지, 우슴의 빗을 띄운 듯〉, 《동아일보》 1924. 6. 23.

43. 〈꼿 갓흔 선수가 모혀 覇權爭奪의 血戰〉, 《매일신보》 1927. 4. 30.

44. 〈가을을 맛는 女流運動選手(1) '라켓트만 들면 새로운 할긔가 난다'〉, 《매일신보》 1930. 9. 10.

45. 〈가을을 맛는 女流運動選手(6) '대회에 나가도 조곰도 겁 안 나요'〉, 《매일신보》 1930. 9. 14.

46. 〈가을을 맛는 女流運動選手(7)〉, 《매일신보》 1930. 9. 17.

47. 채만식, 〈Modern Life '베비 꼴프'〉, 《조선일보》 1933. 10. 8.

48. 雙S, 〈滑稽漫話 '여류 운동가'〉, 《신여성》 2권 6호, 1924. 9, 76쪽.

49. 灘破生, 〈남성적 여성, 여자 정구 선수 문상숙 양 이약이〉, 《신여성》 1권 1호, 1923. 9, 33쪽.

50. 〈1931년 유행환상곡(10) '萬爲根本이 내 몸, 건강이 第一義, 이리하야 스포츠 열 고조, 娘子軍도 大進出'〉, 《매일신보》 1931. 1. 18.

51. 〈조선 여자 빙상 경기대회〉, 《조선일보》 1939. 1. 20.

52. 〈1931년 유행환상곡(10) '萬爲根本이 내 몸, 건강이 第一義, 이리하야 스포츠 열 고조, 娘子軍도 大進出'〉, 《매일신보》 1931. 1. 18.

53. 염상섭, 《모단꽃 필 때》, 《염상섭 전집 6》, 민음사, 1987, 122~123쪽.

54. 〈유행의 발단〉, 《동아일보》 1936. 3. 20.

55. 김진량, 〈근대 잡지 《별건곤》의 "취미 담론"과 글쓰기의 특성〉, 《어문학》 88집, 2005. 6, 331~352쪽 참조.

56. 〈사치한 운동〉, 《조선중앙일보》 1936. 5. 17.

57. 〈산으로! 들로!〉, 《동아일보》 1938. 9. 26.

58. 박춘파, 〈지상 토론, 현하 조선에서의 주부로는 녀교 출신이 나흔가 구녀자가 나흔가〉, 《별건곤》 16·17호, 1928. 12, 100쪽.

59. 《동아일보》 1931. 8. 6.

60. 《동아일보》 1933. 4. 29.

61. 《동아일보》 1929. 4. 12.

62. 《동아일보》 1932. 8. 14.

63. 크리스 로제크, 김문겸 역, 《자본주의와 여가이론》, 일신사, 2000, 168~170쪽 참조.

64. 〈온천 광고〉, 《별건곤》 1933. 1, 《동아일보》 1938. 6. 9.

65. 〈스키 광고〉, 《동아일보》 1931. 1. 21.

66. 김윤우, 〈민중과 영화(3)〉, 《동아일보》 1929. 11. 21.

67. 크리스 로제크, 김문겸 역, 《자본주의와 여가이론》, 일신사, 2000, 179쪽 참조.

68. 안석영, 〈納凉風景(1)〉, 《조선일보》 1930. 8. 3.

69. 안석영, 〈納凉風景(2)〉, 《조선일보》 1930. 8. 4.

70. 안석영, 〈納凉風景(5)〉, 《조선일보》 1930. 8. 6.

71. 안석영, 〈納凉風景(4)〉, 《조선일보》 1930. 8. 5.

72. 김상용, 〈하이킹 예찬〉, 《여성》 1936. 4, 4~5쪽.

73. 이규동, 〈경성 근교 하이킹 코-스, 北漢登山案內篇〉, 《신세기》 1권 4호, 1939. 4, 46쪽.

74. 홍종인, 〈하이킹 예찬 - 서울 근교의 名 코-쓰〉, 《여성》 1권 2호, 1936. 5, 44~45쪽.

75. 〈그들은 제비 떼같이, 여학교 하이킹 班〉, 《여성》 1권 1호, 1936. 4, 4~5쪽.

76. 김상용, 〈하이킹 예찬 - 春·山·女〉, 《여성》 1권 1호, 1936. 4, 2~3쪽.

77. 〈하이칼라 하이킹은 이런 것을 입고 신고〉, 《여성》 1권 1호, 1936. 4, 4~5쪽.

78. 《동아일보》 1929. 5. 21.

79. 《동아일보》 1929. 6. 12.

80. 《동아일보》 1927. 7. 17.

81. 《동아일보》 1933. 1. 29.

82. 《동아일보》 1935. 2. 27.

83. 〈이번 여름에는 무엇을 할까〉, 《여성》 1권 4호, 1936. 7, 2~4쪽.

84. 김주리, 〈식민지 시대 소설 속 해수욕장의 공간 표상〉, 《인문연구》 58호, 2010. 6, 160쪽.

85. 〈세계 수영계에 뛰어나는 이들〉, 《동아일보》 1932. 9. 8.

86. 〈1930년 型의 해수욕복〉, 《매일신보》 1930. 6. 21.

87. 〈바다가 백사장- 해수욕의 로만쓰〉, 《동아일보》 1934. 6. 15.

88. 서광제, 〈여학생 일기(5)〉, 《동아일보》 1937. 9. 16.

89. 전혜진, 〈《별건곤》에서 드러난 도시 부르주아 문화와 휴양지 표상〉, 《한국언어문화》 41집, 2014, 25~26쪽 참조.

90. 최영수, 〈해수욕장 풍경(1)〉, 《동아일보》 1936. 8. 5.

91. 최영수, 〈해수욕장 풍경(2)〉, 《동아일보》 1936. 8. 6.

92. 최영수, 〈走馬看山記(2)〉, 《동아일보》 1932. 9. 3.

93. 최영수, 〈해수욕장 풍경(5)〉,《동아일보》1936. 8. 9.

94. 〈避暑地夜話〉,《별건곤》1931. 8, 27쪽.

95. 이동원, 〈여름의 歡樂境 – 해수욕장의 에로 그로〉,《별건곤》1932. 7, 12쪽.

96. 〈1930년 녀름〉,《조선일보》1930. 7. 15.

97. 〈학생 카메라 '해수욕장'〉,《매일신보》1938. 9. 4.

98. 〈산으로 바다로, 나체 대학 수신서〉,《신세기》1권 6호, 1939. 8, 38쪽.

99. 〈하긔 방학과 녀학생〉,《조선일보》1933. 7. 13.

100. 〈하긔 방학 중에〉,《조선일보》1932. 7. 26.

101. 〈海水浴場의 誘惑術〉,《삼천리》7권 7호, 1935. 8, 188~191쪽.

102. 〈따님을 유혹하는 마수가 피서지에서〉,《동아일보》1935. 7. 27.

103. 〈여름 피서지에 불량배가 활약〉,《동아일보》1936. 7. 18.

104. 〈피서지에서 돌아온 자녀에 대한 주의〉,《동아일보》1936. 8. 28.

3부 1장

1. 이영철,《21세기 문화 미리보기》, 시각과 언어, 1999, 16쪽 참조.

2. 〈쇼-윈도우의 가을〉,《조선일보》1938. 10. 13.

3. 최영수, 〈진열창에 오는 여름〉,《동아일보》1933. 6. 11.

4. 서동진, 〈심미적인, 너무나 심미적인 자본주의〉,《경제와 사회》92호, 2011, 12쪽.

5. 기 드보르, 이경숙 역,《스펙터클의 사회》, 현실문화연구, 1996 참조.

6. 〈大京城考現風物詩〉,《매일신보》1937. 1. 1.

7. 〈산과 바다! 젊은이를 부른다〉,《동아일보》1936. 6. 13.

8. 이수형, 〈소비의 감성 혹은 감성의 소비: 1930년대 소비문화에 대한 일고찰〉,《상허학보》41
집, 2014. 6, 160쪽 참조.

9. 〈陳列窓 깨트리고 哄笑하는 少女〉,《매일신보》1936. 12. 21.

10. 이수형, 앞의 논문, 170쪽.

11. 〈금년에 류행될 여름 옷감〉,《조선일보》1934. 5. 30.

12. 〈속일 수 업는 여름! 나왔다 '파라솔'〉,《조선일보》1934. 5. 16.

13. 석영, 〈오월의 스케치, 초하의 양광과 파라솔의 미소(1)〉,《조선일보》1934. 5. 12.

14. 〈秋狂曲(1) '流行의 天災'〉,《동아일보》1935. 8. 30.

15. 一松, 〈暮街行脚(1)〉,《동아일보》1933. 12. 22.

16. 김용문, 〈상전 경영 연구, 상품 진열의 배경〉,《동아일보》1934. 5. 20.

17. 申泰翊, 〈東亞·和信 兩 百貨店 合同內幕, 그 내용과 今後 觀望〉, 《삼천리》 4권 8호, 1932. 8, 80쪽.

18. 朴興植, 〈我觀 '百貨店과 連鎖店'〉, 《삼천리》 7권 6호, 1935. 7, 56쪽.

19. 〈경성상공협회 제2회 좌담회〉, 《동아일보》 1931. 6. 24.

20. 京城探報軍, 〈商界閑話〉, 《별건곤》 5호, 1927. 3, 106~107쪽.

21. 申泰翊, 〈和信德元 對 三越丁子 大百貨店戰〉, 《삼천리》 12호, 1931. 2, 53쪽.

22. 정수일, 〈진고개, 서울 맛·서울 情調〉, 《별건곤》, 1929. 9, 46~47쪽.

23. 審査記者 金復鎭, 安碩柱, 一記者, 〈京城各商店 看板品評會〉, 《별건곤》 3호, 1927. 1, 114쪽.

24. 審査 安碩柱, 權九玄, 〈京城各商店 陳列窓品評會〉, 《별건곤》 4호, 1927. 2, 125~133쪽.

25. 茂英堂主 李根茂, 〈百貨店批判 其他, 젊은 商家日誌〉, 《삼천리》 5권 10호, 1933. 10, 90쪽.

26. 〈교환실〉, 《동아일보》 1938. 4. 8.

27. 〈산업시찰단원 모집〉, 《조선일보》 1935. 3. 10.

28. 〈商工 쇼윈도 巡禮(1) '백상회'〉, 《동아일보》 1938. 4. 1.

29. 〈商工 쇼윈도 巡禮(19) '한경선양화'〉, 《동아일보》 1938. 4. 24.

30. 〈조선인 상공업의 현상과 그 재건공작의 구체적 방법〉, 《동아일보》 1935. 1. 27.

31. 〈人氣店員이 되기까지(1) '愛嬌第一'〉, 《동아일보》 1938. 4. 1.
    〈人氣店員이 되기까지(9) '怒顔은 不可'〉, 《동아일보》 1938. 4. 12.

32. 〈人氣店員이 되기까지(5) '多言은 禁物'〉, 《동아일보》 1938. 4. 7.
    〈人氣店員이 되기까지(7) '商品知識'〉, 《동아일보》 1938. 4. 9.

33. 〈人氣店員이 되기까지(3) '賣物援助'〉, 《동아일보》 1938. 4. 5.

34. 〈人氣店員이 되기까지(10) '客前의 整品'〉, 《동아일보》 1938. 4. 13.

35. 〈人氣店員이 되기까지(4) '冷笑는 禁物'〉, 《동아일보》 1938. 4. 6.

36. 〈人氣店員이 되기까지(6) '私語는 禁物'〉, 《동아일보》 1938. 4. 8.

37. 〈人氣店員이 되기까지(8) '商品의 展示'〉, 《동아일보》 1938. 4. 10.

38. 소래섭, 《불온한 경성은 명랑하라: 식민지 조선을 파고든 근대적 감정의 탄생》, 웅진지식하우스, 2011, 179~180쪽.

39. 정경호, 〈쇼윈도와 배경의 가치, 상품가치를 幇助하는 힘(下)〉, 《동아일보》 1935. 9. 6.

40. 〈三越쇼-윈드를 장식하고 우승긔와 우승컵〉, 《매일신보》 1932. 8. 28.
    〈쇼윈도 경기회 강릉서 개최〉, 《동아일보》 1938. 5. 8.

41. 〈평양 상점 진열창, 장식 경기대회 심사 전기〉, 《조선일보》 1938. 5. 8.

42. 〈진열창 장식 경기, 인천에서 입상자 4명〉, 《조선일보》 1940. 2. 13.

43. 〈店頭飾窓裝飾 競技大會評〉, 《동아일보》 1938. 5. 31.

44. 〈진열창 장식 경기대회 소감(4)〉,《조선일보》 1938. 5. 14.

45. 〈진열창 장식 경기대회 소감(3)〉,《조선일보》 1938. 5. 13.

46. 〈어떠한 장식이 눈을 끄으나〉,《매일신보》 1930. 5. 11.

47. 〈소매상에 맞는 진열창의 장식법〉,《중앙일보》 1932. 3. 20.

48. 〈店體보다 간판이 三倍吾倍〉,《조선일보》 1929. 9. 8.

49. 〈洋靴陳列四題(1)〉,《동아일보》 1939. 3. 25.

50. 〈洋靴陳列四題(2)〉,《동아일보》 1939. 3. 26.

51. 〈봄과 창(1) '부인 모자점'〉,《동아일보》 1938. 4. 14.

52. 〈여름과 飾窓(1)~(4)〉,《동아일보》 1938. 5. 6.~5. 13.

53. 〈爛漫한 百花를 一堂에, 全朝鮮學生作品展〉,《동아일보》 1929. 9. 6.

54. 오윤정, 〈근대 일본의 백화점 미술부와 신중산층의 미술소비〉,《한국근현대미술사학》 23집, 2012 상반기, 119쪽 참조.

55. 〈학생 작품전을 마치고〉,《동아일보》 1929. 10. 23.

56. 오윤정, 같은 논문, 125쪽 참조.

57. 〈本報에 揭載할 懸賞圖案廣告!〉,《동아일보》 1926. 11. 7.

58. 미리엄 실버버그, 강진석·강현정·서미석 역,《에로틱 그로테스크 넌센스: 근대 일본의 대중문화》, 현실문화, 2014, 50쪽 참조.

59. 〈圖案廣告〉,《동아일보》 1926. 12. 7.

60. 권창규, 〈근대 문화자본의 태동과 소비 주체의 형성: 1920~30년대 광고 담론을 중심으로〉, 연세대학교 박사 논문, 2011, 59~60쪽 참조.

61. 〈현상 도안 광고〉,《동아일보》 1926. 11. 13.

62. 〈圖案廣告 懸賞投票募集〉,《동아일보》 1926. 11. 12.

63. 〈本報에 揭載할 懸賞圖案廣告!〉,《동아일보》 1926. 11. 7.

64. 정경호, 〈효과적인 광고 원리와 방법(上)〉,《동아일보》 1935. 9. 7.

65. 정대업, 〈상품광고와 심리학의 관계(1)〉,《조선일보》 1935. 10. 25.

66. 염상섭, 〈배홀 것은 기교(2)〉,《동아일보》 1927. 6. 9.

67. 趙碧岩, 〈쇼-윈드〉,《삼천리문학》 2집, 1938. 4, 148쪽.

68. 〈독일의 상업미술〉,《조선일보》 1932. 12. 20.

69. 심영섭, 〈상공업과 미술, 시대성과 상품 가치〉,《동아일보》 1932. 8. 6.

70. 심영섭, 〈상공업과 미술, 시대성과 상품 가치〉,《동아일보》 1932. 8. 5.

3부 2장

1. 임정혁, 〈여자 유행계의 일년〉, 《신가정》 1933. 12, 40쪽.

2. 최영수, 〈수예와 도안〉, 《신가정》 1권 8호, 1933. 8, 112쪽.

3. 〈새로 발명된 자수식 편물법(1)〉, 《조선일보》 1925. 10. 15.

4. 〈오래동안 기다리든 제2회 편물 강습회 개최〉, 《동아일보》 1928. 9. 21.

5. 城東學人, 〈편물 강습을 마치고〉, 《동아일보》 1929. 11. 6.

6. 〈卄七日부터 개강하는 夏期手藝講習〉, 《동아일보》 1928. 7. 27.

7. 〈조선 수예 보급회〉, 《동아일보》 1926. 6. 9.

8. 〈수예 보급회 주최 하기 수예 강습회〉, 《동아일보》 1927. 7. 14.

9. 〈편물 강습회에서 배울 녀아동복 일습〉, 《동아일보》 1930. 10. 19.

10. 〈편물 강습회원들의 작품 무료 공개 전람〉, 《동아일보》 1930. 11. 3.
    〈女子編講終了 作品展覽會 개최〉, 《동아일보》 1930. 11. 1.

11. 〈동복 편물 강습 성황이 개회〉, 《동아일보》 1927. 9. 14.
    〈성황으로 열린 편물 강습〉, 《동아일보》 1928. 9. 27.

12. 〈가정마다 필요한 편물 자수 수공〉, 《동아일보》 1932. 7. 25.

13. 〈편물 강습회〉, 《동아일보》 1927. 9. 4.

14. 〈미술재봉 강습회〉, 《동아일보》 1935. 5. 4.

15. 〈모사 편물 강습회〉, 《조선일보》 1931. 9. 11

16. 〈긔회를 노치지 마시오〉, 《동아일보》 1927. 9. 2.

17. 〈학생도 처녀도 가뎡부인도 주의하시오〉, 《동아일보》 1927. 9. 3.

18. 〈털실 편물 강습회 개강일이 갓가왓다〉, 《동아일보》 1930. 10. 19.

19. 〈실용 편물 강습 숙명여교에서〉, 《동아일보》 1924. 12. 27.

20. 〈털실 옷 입을 씨즌을 앞두고, 제6회 모사 편물 강습〉, 《동아일보》 1932. 10. 20.

21. 城東學人, 〈편물 강습을 마치고〉, 《동아일보》 1929. 11. 6.

22. 〈가정경제와 편물 강습〉, 《동아일보》 1927. 9. 14.

23. 〈수예 편물 강습회〉, 《동아일보》 1923. 10. 6.

24. 〈내 살림은 내 것으로〉, 《동아일보》 1934. 3. 6.

25. 〈물산장려 선전 비라〉, 《동아일보》 1931. 2. 18.

26. 〈동아만화〉, 《동아일보》 1924. 2. 5.

27. 〈物産奬勵續報〉, 《동아일보》 1922. 6. 29.

28. 〈물산장려 창립〉, 《동아일보》 1923. 4. 22.

29. 〈사치품과 물산장려〉, 《동아일보》 1928. 2. 7.

30. 城東生, 〈물산장려는 가정서부터(1)〉, 《동아일보》 1929. 2. 13.

31. 城東生, 〈물산장려는 가정서부터(2)〉, 《동아일보》 1929. 2. 14.

32. 〈조선물산장려 宣傳紙數萬枚〉, 《조선일보》 1929. 4. 4.

33. 방인근, 〈女學生論〉, 《동광》 28호, 1931. 12, 56쪽.

34. 〈조선 초유의 바사회, 오월 이삼 양일 청년회관에서〉, 《매일신보》 1924. 4. 28.

35. 〈青年會바사 금일부터 개시〉, 《매일신보》 1926. 9. 23.

36. 〈全 조선물산 바사, 대대적 참가 勸誘〉, 《조선일보》 1931. 3. 31.

37. 〈梨花 '바사'會〉, 《동아일보》 1926. 10. 31.

38. 〈전조선여학교연합빠-싸-대회 '新銳와 老鍊으로 특색삼고 雙星이 燦然한 호수와 동덕'〉, 《조선일보》 1928. 1. 13.

39. 〈전조선여학교빠사-대회 前記(1)〉, 《조선일보》 1928. 1. 12.

40. 〈滿都人士가 苦待하든 빠사-대회의 第一日〉, 《조선일보》 1926. 1. 23.

41. 〈제3회 전선여고 연합빠사-〉, 《조선일보》 1928. 1. 18.

42. 〈비빨가튼 豫約과 滿都人士의 讚歡聲〉, 《조선일보》 1928. 1. 19.

43. 〈22일부터 공개하게 된 8여학교 연합빠사대회. 장내를 미려히 장식하는 8천여 점의 수예품〉, 《조선일보》 1926. 1. 21.

44. 〈출품 삼천 점에서 일천여 점 예약제, 금일 오전 중 입장자만 삼천 명, 聯合'빠사' 대성황〉, 《조선일보》 1931. 2. 12.

45. 〈최종까지 성황 니룬 '빠사-'대회 閉幕〉, 《조선일보》 1927. 1. 23.

46. 〈여학교 연합빠사대회〉, 《조선일보》 1926. 1. 16.

47. 〈최종까지 성황 니룬 '빠사-'대회 閉幕〉, 《조선일보》 1927. 1. 23.

48. 〈빠사-대회소견(3) '아틔스트의 評'〉, 《조선일보》 1928. 1. 20.

49. 雙S, 돌이, 〈아홉 女學校 빠사會 九景〉, 《별건곤》 4호, 1927. 2, 52~58, 63쪽.

50. 〈가정부인 '바사대회 본 뒤에'〉, 《조선일보》 1927. 1. 22.

51. 〈비빨가튼 豫約과 滿都人士의 讚歡聲〉, 《조선일보》 1928. 1. 19.

52. 이영애, 〈문화 자수, 객실의 모양도치는 아름다운 자연색〉, 《조선일보》 1933. 10. 15.

53. 서동진, 〈심미적인, 너무나 심미적인 자본주의〉, 《경제와 사회》 92호, 2011, 22쪽.

54. 김철효, 〈근대기 한국 '자수' 미술 개념의 변천〉, 《한국근대미술사학》 12집, 2004, 95~99쪽 참조.

55. 〈22일부터 공개하게 된 8여학교 연합빠사대회. 장내를 미려히 장식하는 8천여 점의 수예품〉, 《조선일보》 1926. 1. 21.

56. 〈전조선여학교연합빠사, 기술적 노력의 한 표현〉, 《조선일보》 1928. 1. 17.

57. 〈교문을 나서는 재원들〉, 《동아일보》, 1939. 2. 23.
〈고등여학교 편(6) '배화고등여학교'〉, 《동아일보》 1939. 3. 1.

58. 김규택, 〈졸입을 하고 나니!〉, 《별건곤》 1933. 4.

59. 双S生, 〈警告, 女學生과 結婚하면〉, 《별건곤》 10호, 1927. 12, 134~139쪽.

60. 홍난파, 〈가정과 음악〉, 《여성》 1937. 1, 50~52쪽.

61. 〈신가정〉, 《동아일보》 1932. 1. 1.

62. 〈1930년 녀름〉, 《조선일보》 1930. 7. 18.

63. 〈신가정 젊은 매담들의 점심은〉, 《조광》 1935, 26쪽.

64. 〈학창에 잇어 신학문을 닦는 장래 안해, 장래 어머니〉, 《동아일보》 1934. 2. 18.

65. 〈梨專 가사과 '바사'대회를 보고〉, 《조선일보》 1933. 2. 21.

66. 〈교문을 나선 후에는 결혼 준비 시대〉, 《동아일보》 1935. 3. 14.

67. 전미경, 〈1920~30년대 가정 탐방기를 통해 본 신가정〉, 《가족과 문화》 19집 4호, 2007, 104 쪽 참조.

68. 권창규, 〈근대 문화자본의 태동과 소비 주체의 형성: 1920~30년대 광고 담론을 중심으로〉, 연세대학교 박사 논문, 2011, 45~47쪽 참조.

69. 김기림, 〈그 봄의 전리품〉, 《조선일보》 1935. 3. 17.

70. 조재호, 〈안해의 道〉, 《신여성》 7권 9호, 1933. 9, 18~19쪽.

71. 〈毛斷娘의 결혼관, 전형적 '플래퍼' 클라라 孃〉, 《중외일보》 1927. 8. 26.

72. 老新郎, 〈夫婦讀本, 新家庭 結婚生活의 大經典〉, 《별건곤》 40호, 1931. 5, 21~23쪽.

73. 〈남자맘 알아내는 구대 비결〉, 《신가정》 2권 2호, 1934. 2, 129~131쪽.

74. 미리엄 실버버그, 강진석·강현정·서미석 역, 《에로틱 그로테스크 넌센스: 근대 일본의 대중문화》, 현실문화, 2014, 338쪽 참조. 이혼보다도 가족제도(와 부부제도)에 문제가 되었던 것은 독신으로 지내려는 직장여성들의 욕구였다.

75. 金口淑, 〈第一步가 글럿다, 新家庭生活破綻記, 新女性들 그는 왜 시집살이를 못하나〉, 《별건곤》 33호, 1930. 10, 137쪽. 1. 約婚 時代 或은 約婚 前에 서로 交際가 업서서 對象을 充分히 알지 못한 것과 또 사랑으로 매즌 結婚이 안인 것. 2. 道가 달너서 風俗 習慣이 다른 것. 3. 大家族 制度의 缺陷.

76. 〈열리어가는 가정(1)〉, 《조선일보》 1928. 11. 10.

77. 〈열리어가는 가정(2)〉, 《조선일보》 1928. 11. 13.

78. 김윤경, 〈건전한 취미와 오락〉, 《삼천리》 13권 4호, 1941. 4, 229쪽.

79. 김영애, 〈취미의 실내장식〉, 《신가정》, 3권 5호, 1935. 5.

80. 김진량, 〈근대 잡지 《별건곤》의 '취미 담론'과 글쓰기의 특성〉, 《어문학》 88호, 2005, 332쪽 참조.

81. 〈부인 수예품 '레이스'〉, 《조선일보》 1934. 11. 30.

82. 〈봄과 유행·유행과 봄……〉, 《여성》 1권 1호, 1936. 4, 44~45쪽.

83. 〈夏節에 적당한 수예(2) '마구라떼 레-쓰'〉, 《동아일보》 1928. 7. 24.

84. 유의순, 〈내 집 장식은 내 손으로, 수 잘 놓는 비결(2)〉, 《조선일보》 1938. 11. 5.

85. 임정혁, 〈부인 가정복〉, 《여성》 1권 4호, 1936. 7, 23~24쪽.

86. 〈새로운 '쩨자인'의 '커-튼' 몃 가지(1)〉, 《매일신보》 1936. 5. 8.

87. 〈녀름철에 맛게 방을 장식하시오〉, 《동아일보》 1929. 5. 17.

88. 〈봄철 방 장식은 어떤 빗츠로 할가〉, 《동아일보》 1932. 3. 30.

89. 〈녀름 실내장식은 색 수효를 적게〉, 《동아일보》 1929. 5. 18.

90. 〈室內裝飾法에 對하야〉, 《매일신보》 1933. 8. 4.

91. 박길용, 〈실내장식법, 우리들이 거처하는 실내는 어떠케 장식해야 할까?(1)〉, 《매일신보》
    1933. 11. 8.

92. 〈첨단을 것는 예술 양식(6)〉, 《동아일보》 1930. 9. 7.

93. 진노 유키, 문경연 역, 《취미의 탄생: 백화점이 만든 테이스트》, 소명, 2008 참조.

94. 오윤정, 〈근대 일본의 백화점 미술부와 신중산층의 미술소비〉, 《한국근현대미술사학》 23집,
    2012 상반기, 127쪽.

95. 〈知的 가정 여자 교육이 급무〉, 《동아일보》 1923. 1. 1.

96. 宋玉璇, 〈合理的 新家庭 生活論〉, 《삼천리》 7권 6호, 1935. 7, 250~251쪽.

97. 권복해, 〈어머니들과 신혼 준비하실 분들께〉, 《신가정》 4권 4호, 1936. 4, 128쪽.

98. 최영수, 〈수예 도안의 본질과 화법〉, 《신가정》 2권 2호, 1934. 2, 153쪽.

99. 〈종합 강습회를 앞두고(1) 기술은 계속해야 산다〉, 《동아일보》 1935. 10. 2.

100. 〈여러가지〉, 《동아일보》 1930. 10. 22.

101. 김광지, 〈핸드빽은 이렇게 손수 맨드러 가집시다〉, 《여성》 2권 6호, 1937. 6, 88~89쪽.

102. 박한구, 〈모사 편물 紙上講習〉, 《신여성》 6권 3호, 1932. 3, 66~70쪽.

103. 〈毛糸로 만든 헨드빽의 도안〉, 《신가정》 4권 4호, 1936. 4, 123~125쪽.
     〈자미잇는 수예, 우드피스〉, 《조선일보》 1937. 9. 5.

104. 一記者, 〈겨울編物 '털실 사는 것과 가리는 법'〉, 《신여성》 2권 12, 1924. 12, 66~67쪽.

105. 최영수, 〈수예와 도안〉, 《신가정》 1권 8호, 1933. 8, 112쪽.

106. 〈응용 자재 도안집〉, 《신가정》 2권 1호, 1934. 1.
     〈자수용 도안집(1)~(6)〉, 《동아일보》 1930. 9. 4.~9. 14.
     〈(應用自在) 수예 도안집(2)〉, 《신가정》 2권 2호, 1943. 2, 162~165쪽.

107. 〈종합 강습회를 앞두고(4) 부업이 되는 미술 재봉〉, 《동아일보》 1935. 10. 5.

108. 에이드리언 포터, 허보윤 역, 《욕망의 사물, 디자인의 사회사》, 일빛, 2011, 135쪽.

109. 〈1931년 유행환상곡(6) '구로 에로로 갈린 尖端酒店出現, 아양 떠는 게집들의 카페와 선
     술집의 文化化'〉, 《매일신보》 1931. 1. 14.

에필로그

1. 김기전, 〈개성의 亡失을 아울너 울 수는 업슬가 – 힌 옷 입고 검은 댕기 듸린 녀성들에게〉, 《신여성》 4권 6호, 1926. 6, 4쪽.

2. 할 포스터, 전영백과 현대미술연구팀 역, 《욕망, 죽음 그리고 아름다움》, 아트북스, 2005, 244 쪽 참조. 할 포스터에 따르면 '아르누보'는 신소재를 환상적인 형태로 만들어 산업과 예술의 반대 요구를 모두 수용하려 했던 산물이었다.

3. 김수진, 〈한국 근대 여성 육체 이미지 연구: 1910~30년대 인쇄미술을 중심으로〉, 이화여자 대학교 석사 논문, 2013, 28~35쪽 참조.

4. 碧朶, 〈貧趣味症 慢性의 조선인〉, 《별건곤》 1호, 61쪽.

5. 서동진, 〈심미적인, 너무나 심미적인 자본주의〉, 《경제와 사회》 92호, 2011 겨울호, 22쪽.

6. 一凡生, 〈조선 부인과 독서〉, 《동아일보》 1924. 11. 24.

7. R生, 〈녀자와 독서(1)〉, 《동아일보》 1928. 4. 11.

8. 〈門牌의 來歷談, 사람으로의 여자, 제도와 인습에 반기〉, 《동아일보》 1926. 1. 4. 1924년 김 필애, 허정숙, 고원섭 외 10여 명이 뜻을 모아 창설한 '조선여성동우회'사는 낙원동에 위치해 있었고, 회원은 70여 명이었다. 조선여성동우회는 후일 중간착취를 폐지하고 생산자의 손에 서 물품을 직접 가져다 소비하자는 취지하에 '경성여자소비조합'으로 바뀌었다.(〈勞働服의 大行進, 階級的 前衛의 旗를 들고 一百娘子軍이 團結, 京城女子消費組合 訪問記〉, 《삼천리》 12호, 1931. 2, 46~48쪽 참조.)

9. 석영생, 〈취미 잡지와 부녀의 타락〉, 《조선일보》 1929. 4. 4.

10. 〈얘기책에 미처서〉, 《매일신보》 1934. 10. 22.

11. 김재은, 〈여학생(1)〉, 《동아일보》 1926. 1. 3.

12. 김재은, 〈여학생(2)〉, 《동아일보》 1926. 1. 5.

13. 신하경, 《모던걸: 일본제국과 여성의 국민화》, 논형, 2009, 24~28쪽 참조. 신하경은 모던걸 담론의 다양한 생산자들을 각자의 인식 틀 속에서 대중을 '대변=표상(representation)'하고, 미디어와의 교섭 속에서 의미를 생산해간 '행위자(actor)'로서 파악한다. 즉, 모던걸이라는 담론의 공간을 그와 같은 다양한 행위자 간의 치열한 갈등이 펼쳐졌던 '장場'으로 이해하고 있다.

14. 〈함부로 부르는 신여성〉, 《조선일보》 1925. 8. 28.

15. 碧朶, 〈貧趣味症 慢性의 조선인〉, 《별건곤》 1호, 61쪽.

16. 김재은, 〈여학생(2)〉, 《동아일보》 1926. 1. 5.

17. 안석영, 〈漫畵子가 예상한 1932(2) '모껄 第三期 – 1932년 모껄 시위행렬 –'〉, 《조선일보》 1932. 1. 19.

18. 안석영, 〈1930년 녀름〉, 《조선일보》 1930. 7. 19.

19. 안석영, 〈漫畵子가 예상한 1932 (2) '모껄 第三期- 1932년 모껄 시위행렬-'〉, 《조선일보》 1932. 1. 19.

20. 〈자유 세상에서 류행의 노래〉, 《동아일보》 1930. 2. 4.

21. 〈휴지통〉, 《동아일보》 1927. 8. 27.

22. 朴露兒, 〈十年後 流行〉, 《별건곤》 25호, 1930. 1, 100쪽.

23. 權九玄, 〈諷刺諧謔, 新流行豫想記〉, 《별건곤》 11호, 1928. 2, 95쪽.

24. 윤성상, 〈유행에 나타난 현대 여성〉, 《여성》 2권 1호, 1937. 1, 48~49쪽.

25. 〈만추풍경(4) '狐鬼의 출몰'〉, 《조선일보》 1933. 10. 25.

26. 이주홍, 〈요지경 '신학설 이전'〉, 《동아일보》 1939. 12. 28.

27. 김규택, 〈아- 털목도리!〉, 《별건곤》 1932. 12.

28. 〈여호털 여성들이여〉, 《조광》 1935. 27.

29. 〈휴지통〉, 《동아일보》 1934. 11. 8.

30. 〈여호털 목도리〉, 《매일신보》 1934. 11. 26.

31. 〈동아만화〉, 《동아일보》 1925. 5. 10.

32. 〈동아만화〉, 《동아일보》 1923. 12. 15.

33. 천정환, 〈식민지 조선인의 웃음: 《삼천리》소재 소화와 신불출 만담의 경우〉, 《역사와 문화》 18집, 2009, 21~22쪽 참조.

34. 《동아일보》 1934. 3. 24.

35. 《동아일보》 1926. 6. 8.

36. 《동아일보》 1926. 5. 26.

37. 《동아일보》 1928. 6. 10.

38. 《동아일보》 1928. 8. 24.

39. 《동아일보》 1928. 10. 10.

40. 《동아일보》 1935. 11. 22.

41. 《동아일보》 1928. 9. 8.

42. 《동아일보》 1928. 6. 4.

43. 《동아일보》 1935. 7. 27.

44. 《동아일보》 1931. 1. 24.

45. 《동아일보》 1935. 6. 10.

46. 수전 벅모스, 〈시각적 제국〉, 《계간 자음과 모음》 2010 겨울호, 1087쪽 참조. 수전 벅모스는 이콘이 기독교 사회에서 정치적 정당성의 핵심이라 말하며 시각적으로 믿음을 관리하는 '이콘 정치'에 대해 말한다. 이때 그녀는 이콘의 원리가 '가정'을 질서정연하게 통치하는 '경제적 원리'와 닮아 있다는 몽드젱의 논의를 차용하며 이콘의 작동 방식이 시각적 경제 시스템을 갖추고 있다고 주장한다.

47. 〈경성 행진곡(5) 건강미 예찬, 녀학생의 변해가는 상태 그는 여성미의 中樞〉,《매일신보》
   1928. 9. 6.

48. 히라타 유미, 임경화 역,《여성 표현의 일본 근대사》, 소명, 2008, 12쪽 참조.

49. 고영한, 〈독갑이 들린 문화, 썩어드는 이꼴저꼴〉,《별건곤》1934. 3, 17쪽.

50. 이석훈, 〈서울 구경(3) '서울서 보고 늣긴 바'〉,《동아일보》1932. 3. 31.

51. 〈봄과 유혹 '싀골 녀학생은 유혹의 손을 피하자'〉,《조선일보》1932. 4. 7.

52. 〈문인이 본 서울, 異端女의 서울〉,《조선일보》1932. 1. 14.

53. 김재은, 〈여학생(2)〉,《동아일보》1926. 1. 5.

54. 최영수, 〈고칠 수 없을까요〉,《신가정》1권 10호, 1933. 10.
   〈꼴불견 언파래드〉,《사해공론》2권 11호, 1936. 11.

55. 〈즈로-쓰의 罪〉,《신여성》1933. 8.

56. 〈의상의 철학(1)〉,《동아일보》1934. 1. 2.

불량소녀들

– '스펙터클 경성'에서 모던걸은 왜 못된걸이 되었나

지은이 | 한민주

1판 1쇄 발행일 2017년 8월 14일

발행인 | 김학원
편집주간 | 김민기 황서현
기획 | 문성환 박상경 임은선 김보희 최윤영 조은화 전두현 최인영 이보람 정민애 이효온
디자인 | 김태형 유주현 구현석 박인규 한예슬
마케팅 | 이한주 김창규 함근아 김규빈
저자·독자 서비스 | 조다영 윤경희 이현주(humanist@humanistbooks.com)
스캔·출력 | 이희수 com.
용지 | 화인페이퍼
인쇄 | 청아문화사
제본 | 정민문화사

발행처 | (주)휴머니스트 출판그룹
출판등록 | 제313-2007-000007호(2007년 1월 5일)
주소 | (03991) 서울시 마포구 동교로23길 76(연남동)
전화 | 02-335-4422 팩스 | 02-334-3427
홈페이지 | www.humanistbooks.com

ⓒ 한민주, 2017

ISBN 979-11-6080-051-7 03910

• 이 도서의 국립중앙도서관 출판예정도서목록(CIP)은 서지정보유통지원시스템 홈페이지(http://seoji.
  nl.go.kr)와 국가자료공동목록시스템(http://www.nl.go.kr/kolisnet)에서 이용하실 수 있습니다.
  (CIP제어번호: CIP2017006469)

만든 사람들

편집주간 | 황서현
기획 | 이효온(lho2001@humanistbooks.com) 박상경 전두현
편집 | 신영숙
디자인 | 한예슬

• 이 책은 아모레퍼시픽재단의 지원을 받아 저술·출판되었습니다.